山西师范大学“文化创意产业学科群”经费资助项目
山西师范大学“学科攀升计划”经费资助项目

# 明初經學思想研究

甄洪永 著

凤凰出版社

图书在版编目（CIP）数据

明初经学思想研究 / 甄洪永著. -- 南京 : 凤凰出版社，2020.6
ISBN 978-7-5506-3204-2

Ⅰ. ①明… Ⅱ. ①甄… Ⅲ. ①经学—思想史—研究—中国—明代 Ⅳ. ①Z126.274.8

中国版本图书馆CIP数据核字(2020)第089998号

书　　名　明初经学思想研究
著　　者　甄洪永
责任编辑　汪允普
装帧设计　陈贵子
出版发行　凤凰出版社(原江苏古籍出版社)
　　　　　发行部电话025-83223462
出版社地址　南京市中央路165号,邮编:210009
出版社网址　http://www.fhcbs.com
照　　排　南京凯建文化发展有限公司
印　　刷　江苏扬中印刷有限公司
　　　　　扬中市大全路6号，邮编：212212
开　　本　880毫米×1230毫米　1/32
印　　张　12.25
字　　数　286千字
版　　次　2020年6月第1版　2020年6月第1次印刷
标准书号　ISBN 978-7-5506-3204-2
定　　价　68.00元
(本书凡印装错误可向承印厂调换,电话:0511-88420818)

# 目 录

序　言 …………………………………………………… 郑杰文 1

第一章　明代经学研究综述 ………………………………… 1
　第一节　明代经学研究专著评析 ………………………… 2
　第二节　明代经学研究得失分析 ………………………… 47

第二章　洪武政治与经学发展 ……………………………… 60
　第一节　洪武政治与经学复兴 …………………………… 61
　第二节　帝王个人喜好与学术抉择 ……………………… 73
　第三节　循经致用与崇尚经义 …………………………… 89
　第四节　实用主张与士人仕隐 …………………………… 97
　第五节　因时制宜与经学重构 …………………………… 102
　第六节　政治诉求与学术主流的背离 …………………… 128

第三章　明初浙江籍学者的经学思想 ……………………… 141
　第一节　宋濂、刘基、王祎的经学思想 ………………… 141
　第二节　其他金华学人的经学思想 ……………………… 196
　第三节　台州府籍学者的经学思想 ……………………… 230
　第四节　浙江其它州府籍学者的经学思想 ……………… 238

**第四章　明初江西籍学者的经学思想** …………………… 246
第一节　抚州府籍学者的经学思想 ………………… 247
第二节　南昌府籍学者的经学思想 ………………… 256
第三节　吉安府籍学者的经学思想 ………………… 262
第四节　临江府籍学者的经学思想 ………………… 274
第五节　袁州府、瑞州府、广信府籍学者的经学思想 … 286

**第五章　明初徽州籍学者的经学思想** …………………… 290
第一节　徽州籍学者的经学思想 …………………… 291
第二节　徽州经学的特色 ……………………………… 313

**第六章　明初福建、江苏、广东籍学者的经学思想** ………… 316
第一节　福建籍学者的经学思想 …………………… 316
第二节　江苏、广东籍学者的经学思想……………… 328

**第七章　明初的经学发展特征** ……………………………… 332
第一节　经学的统一与普及 ………………………… 334
第二节　明初经学发展不平衡 ……………………… 338
第三节　靖难之役与北方经学的兴起 ……………… 340

**结　语** ……………………………………………………… 350
**参考文献** …………………………………………………… 353
**附录:元末明初经学学术编年**………………………………… 362
**后　记** ……………………………………………………… 383

# 序言

在整个断代经学史研究中，由于顾炎武、四库馆臣对明代经学“积衰”时代的基本定位影响，明代经学向来不被重视。然其上承宋代理学、下启清代朴学，在学术史上自有其特色。进入21世纪，学界重新审视中国传统学术史，对阳明学术、阳明后学贡献多积极的评价，但这主要集中在思想史、哲学史领域。由于明代经学著作数目众多，情况复杂，学界尚无完整描述明代经学史发展轨迹的著作。特别是明初经学，作为明代经学发展的开端，其对塑造明初易代经学学术形态，更应有深刻意义。

甄洪永博士在攻读博士学位期间，曾负责纂著我主编的《中国经学学术编年》的明代卷，并在其师姐孔德凌教授的襄助下，完成总字数达170多万字的《明代经学学术编年》，又选择1358—1398年间的经学现象作为研究对象，撰成博士论文《明初经学研究》。顺利答辩后又几经修改，成为《明初经学思想研究》。

综合来看，此书在以下三个方面具有鲜明特色：

第一，此书对目前学界研究较薄弱的明初经学思想进行了系统论说与总结。明初经学研究之所以成为学术史研究中的薄弱环节，当与明末学者，尤其是阳明后学留给世人一个“空疏”的印象有关。虽然明初相比于汉、宋、清等经学成果丰硕的朝代，经学呈“积衰”之象，但却自有其值得关注与总结的学术特点。首先，君主专制制度在明初得到空前强化，因此经学也受到了政治的强力干预。明初经学的这一特点从本书第一章所述朱元璋个人喜好对明初经学发展影响的分析中可见一斑。其次，明初经学上承经学衰微的元代，学者多从事经学“知识”的梳理，而较少对经学思想问题进行深入研讨，因此呈现出疏于学理探讨而善于守成的特点。再次，相比于宋元经学对《四书》的重视，明初经学受政治上复古思潮的影响，开始重提《五经》在经学思想体系中的重要地位。

第二，该书是一部优秀的地域学术史著作。我国幅员辽阔，各地条件千差万别，因而孕育于不同地区的学术文化往往带有各地区思维模式与行为方式打上的烙印，呈现出鲜明的地域特色。中国古代即有将某一时代的学术按地域区分为“南学”、“北学”或“吴派”、“皖派”的做法。近代以来，梁启超、陈寅恪、严耕望以及刘跃进、杨念群等学者在地域学术史的撰著方面取得了丰硕成果。甄洪永此书在继承前辈学人研究方法的基础上，从地域文化角度评述了浙江籍、江西籍、徽州籍，以及福建、江苏、广东籍学者的经学成就，并得出明初经学思想地域发展不平衡的特点：以浙江、江西、徽州三地影响最大，而南方整体上又强于北方。从而为读者从整体上认识、把握明初经学思想提供了新视角。

第三，由于作者之前编撰了《明代经学学术编年》，占有了大量关于明初经学的资料，故此书在论述具体问题时并非逞心游谈，而是呈现出材料充分、线索清晰、归纳有据的特点。除关于明初经学的原始资料外，作者还注重对前人相关论述的引证考辨，注重从历史大背景下对经学史研究问题进行归纳总结，使得全文内容厚重，颇有学术见地。

当然，作为一部填补学术空白之作，本书的缺点也是较明显的。例如学术界一般将明初的下限定在明宣宗宣德年间，而此书仅对明洪武年间的经学思想进行了研究，讨论时段太短，难以完整展现明初经学思想发展的源流递变。其次，作者对明初经学思想中某些问题的讨论仅局限于外围材料而未深入到经学思想内部，显示出作者在明初经学思想史料的融会贯通方面还有较大的提升空间。

盼洪永再接再厉，早日推出研究整个明代经学的佳作。

郑杰文

2020 年 4 月 7 日于山东大学南山小区

# 第一章　明代经学研究综述

经学，即治“经”之学，是以儒家经书为研究对象的一门传统学术。黄开国解释经学为：“训释经书的一套学问。自汉武帝立五经博士，始有经学，并从此一直在古代居于统治地位。”[①]经学思想是中国古代的统治思想，历代执政者多视儒家经典为古代圣人的精意制作，是治理国家和统治人民的工具和思想来源。朱维铮称：“经学是中世纪中国的统治学说。”[②]并且指出：“特指西汉以后，作为中世纪诸王朝的理论基础和行为准则的学说。”[③]经学虽然是中世纪中国的统治学说，但是在漫长的历史发展过程中经历了不同的发展阶段，取得了不同的学术成就，呈现出不同的学术特色。黄开国称：“经学在汉代有今文经学与古文经学两派，今文经学被立于学官，以阐发经书中的微言大义为主；古文经学行于民间，以训解经书文字、名物为主。东汉郑玄混合二派，今文经学与古文经学的对立基本结束。唐代经学主要以疏解汉人经注为主，而重在名物文字训解。宋代经学则以义理为主，对汉、唐经学多所驳难，并对一些经传提出怀疑、删改。清实行文化专制高压政策，知识分子只能从故纸堆中讨生活，清乾嘉汉学因而推崇许慎、贾逵等东汉古文经学大师，专门阐释经书的名物、典制，考

① 黄开国：《经学辞典》，成都：四川人民出版社，1993 年，第 427 页。

② 朱维铮：《中国经学史十讲》，上海：复旦大学出版社，2005 年，第 2 页。

③ 朱维铮：《中国经学史十讲》，第 9 页。

辨文字异同。其后的常州公羊学派则又主张回复西汉今文经学，讲求经书中的微言大义。近代中国经学曾成为康有为变法维新所利用的武器，但却以失败告终；廖平尊孔尊经，学经六变，也未能恢复经学的传统地位，从而，宣告了经学的终结。”[①]《经学辞典》简单总结了两汉的经今古文之争、魏晋的郑王之争、唐代经学统一局面的形成、宋代经学的变古创新、清学对汉学的恢复等特色。值得注意的是，《经学辞典》并没有言及明代经学，对明代经学略有提及的《经学历史》等著作则给明代经学扣上了空疏、剽窃、作伪的帽子，这也是近代学者的共识。经学作为统治学说随着社会发展不断变化而变化。中国社会的发展是连续的，经学作为主流意识形态，其发展也没有中断过。经学随着社会的不断发展积极调整本身，以便适应发展变化了的现实，从这一点上讲，明代经学与明代社会是相适应的。所以，学者不应该忽视对明代经学的研究，即使明代经学空疏，也应说明其原因。梳理明代经学的研究现状成为重新审视和估定明代经学的前提。

## 第一节　明代经学研究专著评析

以经学史命名的专著中，以本田成之《经学史论》、皮锡瑞《经学历史》、周予同《经学史论著选集》、刘师培《经学教科书》、范文澜《经学史讲演录》和《中国经学史的演变》、马宗霍《中国经学史》、钱基博《经学通志》、何耿镛《经学概说》、蒋伯潜《经学纂要》、刘晓东师《经学源流》、许道勋和徐洪兴《中国经学史》、章权才《宋明经学史》为代表，这些著作对于研究明代经学皆有重要的指导意义。

---

① 黄开国：《经学辞典》，第427页。

## 一、本田成之的明代经学研究

中国经学源远流长，经学发展历史长达二千多年，经部典籍浩如烟海。但是，最早的经学史论著却诞生于日本学者之手。周予同认为这是中国学者应该感到惭愧的事情。周予同指出："中国经学研究的时期，绵延二千多年；经部的书籍，据《四库全书总目》所著录，已达一千七百七十三部，二万零四百二十七卷；但是很奇怪的，以中国这样重视史籍的民族，竟没有一部严整的系统的经学通史。自然，经学史料是异常丰富的，广义的经学史或部分的经学史也不是绝无仅有；但是，如果说经学通史，而且严整系统点的，那我们真不知如何回答了。皮锡瑞的《经学历史》、刘师培的《经学教科书》第一册，固然不能说不是通史；但是以两位近代著名的经今古文学大师，而他们的作品竟这样地简略，如一篇论文或一部小史似的，这不能不使我们失望了。最近日人本田成之撰《支那经学史论》，已由东京弘文堂出版。以具有二千多年经学研究的国度，而整理经学史料的责任竟让给别国的学者，这在我们研究学术史的人，不能不刺骨地感到惭愧了。"[①]在感情上，中国学者很难接受这样的现实。但是，在学术上，本田成之对研究中国经学历史的确有不可磨灭的拓荒之功。

本田成之认为明代经学是中国经学史上最薄弱的一环。本田成之将唐宋元明的经学列为其书的第六章，第六章的第四节为《元明的经学》，由此可见，本田成之给予明代经学的关注是何其之少。然而，作为第一部经学史著作，其在明代经学的研究上仍然具有一定的启发意义。

---

① 周予同：《经学历史序言》，见皮锡瑞《经学历史》，北京：中华书局，1959年，第5页。

第一，本田成之抓住了明代经学发展的三个最重要的历史阶段，揭示了明代经学发展的大体脉络和特色。

首先，本田成之肯定了洪武年间经学的实用特色和朴实作风。本田指出这主要表现在奖励哲学、在郡县设立学校、罢黜不作为的儒官三个方面。本田成之虽然不是直接论述经学特色，但这三方面却是洪武时期学术特色的体现和依据。奖励哲学体现了对学术的重视，在郡县设立学校为学术的恢复和发展提供了保障，罢黜不作为的官员则体现了洪武政治对经学提出了经世致用的基本要求，即学术必须要符合社会发展的需要。

其次，本田成之指出永乐时期诏修《五经大全》开启了明代经学空疏的学风。本田成之认为永乐帝诏修《五经大全》的举动与唐代诏修《五经正义》具有同样的地位，但是却没有取得与后者同样的成就。本田成之援引朱彝尊《经义考》之语指出这次官修经书只是一次公开的学术剽窃活动，在学术史上无足轻重。本田成之分析这次官方修订的经书在经学史上遭到冷落有三种原因：“一由他内容的空疏。一由清朝代之以《钦定四书》和《御纂七经》。一由对于经学，为复古运动，考证学盛，对于宋明的学不顾结果。”[1]本田成之对永乐年间《五经大全》备受批评和冷落的分析是客观的，也符合学术发展历史。相较于后来学者只是将批评的角度限制在内容的空疏一个角度，本田成之论述《五经大全》更有说服力。

再次，本田成之指出王阳明心学的兴起加剧了明代经学的衰微。本田成之认为阳明心学秉承了宋代陆象山之余绪，但是没有宋儒宏阔的研究气象。阳明心学“规模只限于方寸，且没有经纬天地，礼乐制度的研究。总之只在实践的精神修养法，仍然有效，

① 本田成之：《经学史论》，江侠庵译，上海：商务印书馆，1934 年，第 301 页。

但学问与其内容，便很空疏”①。本田成之对王阳明经学思想的分析仍然延续了顾炎武与四库馆臣的观点，并没有超越清人。

本田成之将明代经学历史划分为洪武、永乐、阳明心学崛起三个历史阶段，并对三个阶段的经学特色予以了简要评价。这种分期是有一定根据的，目前国内学者研究明代经学一般是从永乐年间纂修《五经大全》开始，对于洪武年间的经学思想多未言及。一般的思想史和哲学史著作在研究洪武时期时也多持批评态度，认为洪武时期严酷的政治环境阻碍了学术的发展。本田成之在研究洪武政治与经学思想时称：“明太祖朱元璋，削平蒙古，统一天下。(一三六八)取严峻的政治，同时并奖励哲学。”②本田成之并没有明显地将洪武政治与经学发展对立起来，这与目前国内学者的观点是有所区别的。

第二，在专经方面，本田成之肯定了来知德的《周易注》和梅鷟的《古文尚书考异》具有一定的学术价值，其它经学研究著作则无足轻重。本田成之认为来氏的《周易注》“专取《系辞》中错综其数，以论《易》象，而以杂卦治之。错谓阴阳对错，综谓上下颠倒。其论错，有四正错，有四隅错。论综有四正综，有四隅综。其论象有种种取象，颇为复杂，要之也即汉以来互体的法，特知德纵横推阐，专明这义，较先儒为详尽。当时这样论《易》很少，所以他特别有名罢了”③。对于梅鷟的《古文尚书考异》，本田成之则推为明儒第一：“梅鷟撰《古文尚书考异》六卷，为明儒最出色的著作。先是吴才老和朱子，已怀惑于《古文尚书》之伪。又朱子推测伪《古文尚书》的序，及书的作者，和《孔丛子》的作者，同是一人。至元吴澄，作《书纂言》，遂把书中古文一部，不加注释，然仍未举出那作

① 本田成之：《经学史论》，江侠庵译，第306页。
② 本田成之：《经学史论》，江侠庵译，第299页。
③ 本田成之：《经学史论》，江侠庵译，第301页。

伪的证据呢。及梅鷟作这部书，就推断《尚书》为皇甫谧的伪作。”[①]明代的专经研究，在《周易》方面，来知德的《周易注》和梅鷟的《古文尚书考异》的确取得了相当高的学术成就。即使是对明代经学多持批评态度的四库馆臣也对这两部著作褒奖有加。四库馆臣称：“百余年来，信其说者颇多。”[②]《古文尚书考异》辨析《古文尚书》之伪方法得当，证据充分，四库馆臣称其：“指摘皆有依据。”[③]这两部著作都被收录于《四库全书》中，其学术价值是值得肯定的，本田成之在众多的经学著作中独具慧眼选中两著也符合学术事实。

第三，本田成之批评了明代伪造经书的不良风气。本田成之认为：“明人大概学问肤浅，但喜作伪书，且伪作这书的由来，却可惊人。”[④]本田成之批评了丰坊伪造《子贡诗传》、《申培诗说》、《古书世学》等书。伪造经书是明代经学史上的重要现象，皮锡瑞曾将此作为明代经学不如元代、宋代经学的重要论据。本田成之的论述也抓住了明代经学发展的重要问题。

总体而言，本田成之的《经学史论》对于明代经学着墨不多，所探讨的问题也比较少，这说明本田成之的明代经学研究虽有拓荒之功，但仍然处于比较粗糙的阶段，这可以从以下两点予以说明：

第一，在对明代经学史的分期划分上，本田成之将明代经学分为三个时期，洪武时期、永乐时期、王阳明心学兴盛时期。其中本田成之将洪武与永乐分为两个经学发展时期则显示了独特的眼光。然而，明代历史长达 270 多年，从纵向上看，本田将明代经

① 本田成之：《经学史论》，江侠庵译，第 301—302 页。

② 永瑢：《四库全书总目》，北京：中华书局，1965 年，第 30 页。

③ 永瑢：《四库全书总目》，第 99 页。

④ 本田成之：《经学史论》，江侠庵译，第 303 页。

学史划分为三个时期显然忽视了河东学派、白沙学派、实学思潮兴起、晚明对宋明学术的反思等重要的经学发展阶段。尤其是本田成之忽略了明代晚期的经学思潮，而肇端于晚明的学术反思思潮直接促成了清学的产生，这可以从梁启超《中国近三百年学术史》的章节安排中得到印证。从横向上看，本田成之忽略了王学内部不同派别的不同经学主张。王阳明的心学有多个派别，这些派别之间有很多的学术争论。本田成之对于阳明心学的经学主张没有做细致研究，这是其不足之一。

第二，在专经分析上，本田成之只是肯定了《周易注》和《古文尚书考异》两书。诚然，这两部经学研究著作在《周易》学史和《尚书》学史上乃至整个经学史上都具有重要的历史地位，但并不能代表整个明代经学。学术研究不应该成为张贴光荣榜式的称赞和表扬。就目前的明代经学研究现状来看，明代经学似乎缺乏自己的特色，在命名上只能依附于宋代，哲学史上称为“宋明理学”。明代成为没有特色的时代，成了鲜有关注的历史阶段。本田成之没有顾及其它著作的存在和价值，这种比较粗疏的研究成果与明代汗牛充栋的经学著作进行比较，则略显不足。

简言之，本田成之的《经学史论》是第一部经学史著作，其立论根植于《四库全书总目》，鲜有创获。但是，较之于后起的经学史著作，它的最大特色在于没有忽略洪武时期在整个经学史上的地位。作为第一部经学史著作，它在明代经学历史的研究方面虽然有开拓之功，但是略显粗疏。

## 二、皮锡瑞的明代经学研究

皮锡瑞（1850—1908），清末学者，湖南善化（今长沙市）人。字鹿门，一字麓云。皮氏博览群书，创通大义，今文经学造诣很深。所著《五经通论》，皆其心得之作，能示学人以治经途径。他撰写的《经学历史》是中国人所撰写的第一部经学历史著作。与本田成之的《经学史论》相比较，皮锡瑞对于明代经学的批评更为苛刻，但是，皮氏对明代经学的研究也有不及本田成之的地方。

《经学历史》将经学发展史分为十期，即经学开辟时代、流传时代、昌明时代、极盛时代、中衰时代、分立时代、统一时代、变古时代、积衰时代、复盛时代，其中明代经学被安排到成就最低的积衰时代。

皮锡瑞对明代经学的批评也建立在顾炎武的论述之上。皮氏称："明时所谓经学，不过蒙存浅达之流；即自成一书者，亦如顾炎武云：'明人之书，无非盗窃。弘治以后，经解皆隐没古人名字，将为己说而已。'其见于《四库存目》者，新奇谬戾，不可究诘。《五经》扫地，至此而极。"①皮锡瑞提出了著名的元不及宋、明又不及元的观点。皮氏称："论宋元明三朝之经学，元不及宋，明又不及元。宋刘敞、王安石诸儒，其先皆尝潜心注疏，故能辨其得失。朱子论疏，称《周礼》而下《易》、《书》，非于注疏功力甚深，何能断得如此确凿。宋儒学有根柢，故虽拨去古义，犹能自成一家。若元人则株守宋儒之书，而于注疏所得甚浅。如熊朋来《五经说》，于古义、古音多所抵牾，是元不及宋也。明人又株守元人之书，与宋儒亦少研究。如季本、郝敬多凭臆说，杨慎作伪欺人，丰坊造《子贡诗传》、《申培诗说》以行世而世莫能辨，是明又不及元也。"②在整个经学史长河中，皮锡瑞认为明代经学乏善可陈，从而展开了对明代经学的批评，并将其列为经学历史中最薄弱的一环。

在专经方面，皮锡瑞推崇《古文尚书考异》所取得的成就。皮氏指出："梅鷟《尚书考异》，辨古文之伪，多中肯綮，开阎若璩、惠

① 皮锡瑞：《经学历史》，北京：中华书局，1959年，第278页。

② 皮锡瑞：《经学历史》，第283页。

栋之先。皆铁中铮铮、庸中佼佼者也。”[①]盖《尚书考异》之治经思路与结论与清儒相类，故清人对此书垂青有加。

皮锡瑞不遗余力地批评了《五经大全》。皮氏指出：“明永乐十二年，敕胡广等修《五经大全》，颁行天下，此一代之盛事，自唐修《五经正义》后，越八百余年而再见者也。乃所修之书，大为人姗笑。”[②]《五经大全》成为皮锡瑞攻击明代经学的重要依据。

将本田成之《经学史论》与皮锡瑞《经学历史》进行比较，就会发现两者观点多有类似之处。两者在批评《五经大全》、阳明心学，在表彰《古文尚书考异》上的观点是一致的。但是皮锡瑞的《经学历史》对明代经学的关注程度尚不如本田成之。本田成之尚能论及洪武时期崇尚哲学的主张，皮锡瑞对此却无涉及，这是皮氏不及本田之处。

皮著并没有总结出明代经学历史完整的发展脉络和特点，皮著有两种缺陷。第一，对明代经学的总体评价不高，视明代经学为经学通史中最薄弱的环节。第二，简单评述明代经学著作，没有梳理出明代经学发展的大致脉络，缺乏对明代经学历史的个案研究，同时也没有涉及明代经学的发展规律。

周予同认为造成皮著缺陷有两点原因。第一，皮锡瑞是一位经今文学者，所以皮氏观点带有较强的主观色彩。第二，皮锡瑞不是史学家，所以史料搜集不完备，材料排比不妥善。

虽然周予同指出了皮著的不足，但是没有否认《经学历史》是一部经学史著作。周予同指出：“把经学史分成十个时期的，还有皮锡瑞的一种意见，他的《经学历史》，全书十章，每章就是经学演变的一个‘时代’。……皮锡瑞关于经学史十个时期的论述，简明

---

① 皮锡瑞：《经学历史》，第 284 页。

② 皮锡瑞：《经学历史》，第 289 页。

扼要。在经学史著作这样缺乏的时候,无论如何,他的书是有一读的价值的。但是,应当指出,他的分期看来是清清楚楚,实则不清不楚。表面上分期,只是现象的求同存异,而没有从根本上探究原因。还因为他立场是今文学,所以主张孔子开创经学,有孔子始有经典(微言大义),以前不过是文献而已,这就偏向极端了。”[①]周予同指出了《经学历史》亟待改进之处,但仍然肯定了其在中国经学研究中的地位,周氏称《经学历史》具有填补空白的历史地位。周氏称:“总之,想真切了解经学的变迁,以上三类书籍只能作为辅助的或分门的参考资料,而仍有待于经学通史。因为这种原因,所以这样简略的皮著《经学历史》竟成为适应需要而另具价值的著作了。”[②]

吴仰湘否认《经学历史》是经学史著作。吴氏指出:“《经学历史》的‘十个时代’,一直被学术界视为皮锡瑞所分中国经学史的‘十期’,并因此将《经学历史》视作中国第一本经学史著作。然而细读《经学历史》,可见书中分十个时代所作的论述,并非是对经学史的分期与评述,而是着力宣扬‘尊孔’、‘崇经’的思想,体现出皮锡瑞‘信古’、‘宗汉’、‘主郑’的经学取向。因此《经学历史》绝非经学史书,而是一本借史立论的经学论著。”[③]论及“经学积衰时代”之时,吴氏称:“人多认为本章是叙述元、明经学历史,但实际所述上自汉唐,下迄明清,并不限于元明两代。所谓‘积衰’,也并非认为元、明经学呈现全面荒落的景象,而是指汉唐经说及其

① 周予同:《周予同经学史论著选集》,上海:上海人民出版社,1996年,第869—871页。

② 周予同:《经学历史序言》,见皮锡瑞《经学历史》,第7—8页。

③ 吴仰湘:《皮锡瑞〈经学历史〉并非经学史著作》,载《史学月刊》2007年第3期,第5页。

精神到这一时期的衰灭殆绝。”[①]吴氏虽然不将其理解为对元明经学历史的概述，而是将“经学积衰时代”分析为汉唐经说精神的缺失。但是皮锡瑞将中国经学发展划分为十个时代则带有明显的历史意识。笔者认为皮氏《经学历史》应该是我国第一部经学历史，该著作虽然呈现出强烈的皮氏色彩，但是带有主观色彩本身就是历史著作的一个特征。真实的历史已经退出了历史舞台，当下的历史研究只能是历史本身缺席情况下的一种重构，因此所谓的史学著作都或多或少的带有学者的主观色彩。皮氏《经学历史》带有强烈的主观色彩，但是并不能否认该著作的经学史书的性质，只能说皮氏著作是一部带有相当主观色彩的经学史著作。马少甫指出了皮锡瑞之《经学历史》虽然是“我国第一部经学通史”[②]，但是“对经学发展过程中的许多重大环节的诠解却多有偏颇”[③]。马氏所云既点明了《经学历史》的史书性质，又指出了因为皮氏本人的主观色彩而导致产生了众多阐释不足之处，这样的界定还是比较公允的。

由以上分析可知，学界关于皮氏《经学历史》是否是经学史论著仍然存在分歧，在充分肯定其在中国经学研究史上具有崇高地位的同时，也应该坦诚地指出《经学历史》仍然存在着缺陷。简言之，皮著没有完整地反映经学发展脉络，读者无法获知对明代经学发展历史的清醒认识。

### 三、刘师培的明代经学研究

刘师培（1884—1920），字申叔，号左盦，江苏仪征人。光绪二

---

① 吴仰湘：《皮锡瑞〈经学历史〉并非经学史著作》，载《史学月刊》2007年第3期，第10页。

②③ 马少甫：《〈经学历史〉与皮锡瑞学术思想初探》，载《北方论丛》2006年第4期，第19页。

年举人，是清末民初政坛、学界的知名人物。刘师培人生短暂，但著述繁多，计有论群经及小学者22种、论学术及文辞者13种、群书校释24种等。刘师培《经学教科书》分两册，第一册总论中国经学的产生、发展及其流变过程。其内容为：第一课至第二课为经学综述、经之定义，第三课至第八课总论孔子与经学，第九课至十五课论两汉经学及传授，第十六课至二十二课论魏晋六朝及隋唐经学及传授，第二十三至二十九课论宋元明经学及传授，第三十至三十六课论清代经学及传授。

《经学教科书》将宋元明三代经学兼而论之。刘师培虽主古文经，但并不存门户之见。刘师培称："宋、明说经之书，喜言空理，不遵古训，或以史事说经，或以义理说经，虽武断穿凿，亦多自得之言。"[①]刘师培肯定了明代经学的地位和成就，称明代经学多自得之言，高度评价了明代经学的创新精神。

刘师培对明代经学的研究集中在该书的第二十三课至第二十九课中。

第二十三课讲宋元明之《易》学。刘氏称："宋元以来，言《易》者，或宗程子，或宗朱子，或参合程朱之说。自是以外，有以心学释《易》者，有据图象说《易》者。"[②]刘氏于明代《易》学取蔡清《易蒙引》、高攀龙《易简说》为代表。言及《周易大全》则称此是汉《易》尽亡的标志，唯一值得称道的是王夫之的《周易稗传》，尚为征实。

第二十四课讲宋元明之《书》学。刘氏指出明代《尚书》学研究有三种趋势。一是对蔡《传》的纠正。永乐时辑《书传大全》以蔡《传》为主，颁为科考功令，惟马明衡、王樵、袁仁稍纠蔡《传》之

① 刘师培：《经学教科书序例》，上海：上海古籍出版社，2006年，第3页。

② 刘师培：《经学教科书》，上海：上海古籍出版社，2006年，第86—87页。

非。二是关于《古文尚书》的辨伪。梅鷟《尚书考异》有考证之功。三是《尚书·洪范》的研究。刘师培着重指出黄道周的《洪范明义》虽疏于考古，亦足为参考之资。

第二十五课为宋元明之《诗》学。宋元明三代《诗经》学多弃置古说，立意新奇。刘氏着重指出永乐时辑《诗经大全》，杂采汉宋之说。何楷《诗经世本古义》、王夫之《诗经稗疏》详于名物训诂，以朱谋㙔《诗故》为最精。

第二十六课讲宋元明之《春秋》学。刘氏指出明代《春秋》学研究有两个重心。一是以胡《传》为中心。宗胡《传》者以《春秋大全》为代表，反对胡《传》者以陆粲、袁仁、杨于庭为代表。二是以《左传》为中心，宗《左传》者有童品之《春秋经传辨疑》、傅逊之《左传属事》。荟萃众说者有王樵之《春秋辑传》、朱朝瑛之《读春秋略传》，以《公》、《穀》为主者则多是宋元学者，明人无与之者。

第二十七课讲宋元明之《礼》学。刘氏指出明代《礼》学以《礼记》、《周礼》为主，而《仪礼》研究则寥若晨星。前者较著者有胡广等人之《大全》，专用宋元之义，古义遂亡；后者以柯尚迁、王应电最为著名。

第二十八课专讲宋元明之《四书》学。刘氏指出，元明以降，《论语》、《孟子》研究"咸以朱子为宗"。[①] 元明讲《大学》、《中庸》者虽也以朱子为宗，但高攀龙考定《大学》，而方孝孺、王守仁则主复《大学》古本，则与朱子不同。

第二十九课专讲《孝经》学与《尔雅》。明代治《孝经》者以徐贲《孝经集善》、项霦《孝经述注》、黄道周《孝经集传》为代表，皆主今文《孝经》。明代治《尔雅》者以朱谋㙔之《骈雅》、方以智《通雅》、杨慎《字说》为代表。

---

① 刘师培：《经学教科书》，第113页。

刘师培的明代经学研究有三个特色:第一,整体上,刘师培不否定明代经学取得的成就,他称赞明代经学富有独立思考精神。第二,专经研究上,刘师培虽然主古文经学,但是并不贬低今文经学的地位,持论公允。第三,刘师培以时代为顺序,以专经为专题,总结历代经学研究的特点及成果,虽只是论其大略,却见解精到,举要籍、明源流、辨得失、重考证,言简意赅而无轩轾。

刘氏的明代经学研究尚有改进之处。第一,刘氏以专经为研究专题,将众多经书分章研究,可以展示专经的纵深发展脉络却无法在横向上展示特定历史时期的经学全貌。第二,刘氏以专经为专题,通过列举评骘专经著作的方式揭示了专经的发展脉络,却没有探寻其中的内在发展动力。这样就只能给读者以结论,却无法展现其论证过程。第三,经书选择上略显苛刻,整个明代,刘师培所称许者仅有三十余种,这很难反映明代经学发展的原貌。

## 四、钱基博的明代经学研究

钱基博(1887—1957),字子泉,自号潜庐,又号老泉,江苏无锡人。钱氏在文学和文学史、经史诸子等领域皆有建树,其经学研究代表作为《经学通志》。此书虽然不以经学史命名,但其内容则以专经为专题,分别列出某个时代的经学史代表作,稍加变通即可视为专题史研究。该书分为八部分,第一部分为《自序》,第二部分为《总志第一》。其余七部分分别为《周易志第二》、《尚书志第三》、《诗志第四》、《三礼志第五》、《春秋志第六》、《小学志第七》。除去《总志》,在六《志》中,钱基博对明代经学著作多有论述。

钱氏论经学不全取《十三经》。钱氏选取《周易》、《尚书》、《诗经》、《三礼》、《春秋》、小学,而未言及《论语》、《孟子》。钱氏的去留标准富有特色,“古之所谓经,乃三代盛时典章法度,常所秉守,见于政教行事之实，而非圣人有意作为文字以传后世也。后世以传为经，以记为经，以群书为经，以经之贰为经，犹以为未快意。或以诸子为经，《孟子》是也。或以经解为经，《尔雅》是也。盖经之书弥多而经之旨弥荒。《春秋》三家之传，《周官》二戴之记，后之读者，尚藉以窥见三代政教行事得失之迹，而无大悖于经纶天下之意，厕之于经，犹可言也。至孟子为儒家之著述，《尔雅》则经传之释词，倘以此为六经之羽翼则可，而径厕于六经则荒矣！”①钱氏独不称许《尔雅》、《孟子》，这与一般经学史著作大异其趣。

1.《周易志》

钱基博称元明两代《易》学特色多不脱离宋儒窠臼。独明古义，不囿风气者，在元有陈应润《周易爻义变蕴》，在明代惟推许姚士粦辑陆氏《易解》和来知德《周易集注》两家。钱氏称《易解》："昔宋王应麟辑郑玄《易注》，为学者所重。而姚士粦抄撮京房《易传注》、李鼎祚《集解》诸书所引之吴陆绩《周易注》，以成陆氏《易解》一卷，虽不及应麟搜讨之勤博，然在陆《注》久佚之余，而掇拾丛残，存什一于千百，于元明人易家之中，倘亦翘然独秀者矣！"②四库馆臣亦重视该书："士粦此本，虽不及应麟搜讨之勤博，而掇拾残剩，存什一于千百，亦可见以见陆氏《易注》之大略矣。"③两家所言，相差无几。钱氏称许《周易集注》："若乃师心自悟，暗与古会，足以卓然名一家者，莫如梁山来知德矣鲜……皆由冥心力索，得其端倪，因而参互旁通，自成一说，当时推为绝学。然《上》《下经》各十八卦，本之旧说，而所说中爻之象，亦即汉以来互体之

---

① 钱基博：《经学通志》，见《近百年湖南学风》（含《经学通志》），北京：中国人民大学出版社，2004年，第125页。

② 钱基博：《经学通志》，见《近百年湖南学风》（含《经学通志》），第141页。

③ 永瑢：《四库全书总目》，第2页。

法。特知德纵横推阐，专明斯义，较先儒为详尽耳！”①四库馆臣评价此书：“其注皆先释象义、字义及错、综义，然后训本卦、本爻正意。皆由冥心力索，得其端倪，因而参互旁通，自成一说，当时推为‘绝学’。然《上》《下经》各十八卦，本之旧说，而所说中爻之象，亦即汉以来互体之法。特知德纵横推阐，专明斯义，较先儒为详尽耳！”②以《周易》为例，笔者发现钱氏所论与四库馆臣相差不多，由此可见，钱氏带有很强的汉学倾向。

2.《尚书志》

钱基博于明代《尚书》学，曾论及《书传会选》、《古文尚书考异》、《书传大全》，但是只称许《书传会选》和梅鷟的《古文尚书考异》两书。钱氏称许《古文尚书考异》不足为奇，历来学者都将此书视为《尚书》研究史上具有标志性意义的著作。钱氏称许《书传会选》则尤见卓识。钱氏称：“每传之下，系以经文及传音释，于字音、字义、字体辨之甚详。其传中用古人姓氏古书名目，必具出处，兼亦考证典故。于《蔡传》之合者存之，不预立意见以曲肆诋排；其不合者则改之，亦不坚持门户以巧为回护。计所纠正凡六十六条。……是洪武中尚不以《蔡传》为主。”③四库馆臣引《书传会选自序》评价此书曰：“凡《蔡传》之合者存之，不预立意见以曲肆诋排；其不合者则改之，亦不坚持门户以巧为回护。计所纠正凡六十六条。”④四库馆臣又引用顾炎武之说对《书传会选》的操作思路予以介绍：“每传之末系以经传音释，于字音、字体、字义辨之甚悉。其传中用古人姓氏、古书名目，必具出处，兼亦考证典

---

① 钱基博：《经学通志》，见《近百年湖南学风》(含《经学通志》)，第142页。
② 永瑢：《四库全书总目》，第30页。
③ 钱基博：《经学通志》，见《近百年湖南学风》(含《经学通志》)，第175页。
④ 永瑢：《四库全书总目》，第98页。

故。”[1]顾炎武《日知录》称：“每传之下系以经文及传，音释于字音、字体、字义辩之甚详。其传中用古人姓字、古书名目必具出处，兼亦考证典故。”[2]钱氏评论《书传会选》之时是否直接借鉴了《日知录》不得而知。钱氏高明之处在于通过《书传会选》得出了“洪武中尚不以《蔡传》为主”的结论，这是钱氏超越四库馆臣之处。

3.《诗志》

论及明代《诗经》学，钱基博批评了《诗经大全》。钱氏认为《诗经大全》的流行直接造成了《毛诗》的废弃。钱氏称：“永乐间，行在翰林学士胡广等奉敕撰《诗经大全》二十卷，亦主于阐扬朱传，遵宪典也。然元人笃守师传，有所阐明，皆由心得。明则靖难以后，耆儒宿学，略已丧亡。广等无可与谋，乃剽窃旧文以应诏。此书名为官撰，实本刘瑾之《诗传通释》而稍损益之，惟改其中‘瑾案’二字为‘刘氏曰’。又刘书以小序分隶各篇，是书则从朱子旧本合为一篇，小变其例而已。自是宋学昌而汉义绌，朱传行而《毛诗》废矣。”[3]四库馆臣所论与之相差无几。四库馆臣称：“广等是书，亦主于羽翼朱传，遵宪典也。然元人笃守师传，有所阐明，皆由心得。明则靖难以后，耆儒宿学，略已丧亡。广等无可与谋，乃剽窃旧文以应诏。此书名为官撰，实本元安成刘瑾所著《诗传通释》而稍损益之。今刘氏之书尚有传本，取以参校，大约于其太冗蔓者略删数条，而余文如故。惟改其中‘瑾案’二字为‘刘氏曰’。又刘书以《小序》分隶各篇，是书则从朱子旧本合为一篇，小变其

---

① 永瑢：《四库全书总目》，第 98 页。

② 顾炎武：《日知录》，见黄汝成《日知录集释》，上海：上海古籍出版社，2006 年，第 1044 页。

③ 钱基博：《经学通志》，见《近百年湖南学风》（含《经学通志》），第 199 页。

例而已。”[①]钱氏所论与四库馆臣所论相差无几，但钱氏从该现象中总结出了“自是宋学昌而汉义绌，朱传行而《毛诗》废矣”的一般性规律。钱氏对《诗经》学研究中坚持毛传、郑笺的著作予以较高的评价。钱基博尤赞赏李先芳《读诗私记》多能从毛郑之说。钱氏称：“监利李先芳伯承撰《读诗记》二卷，释义多从毛郑，毛郑有所难通，则参之吕祖谦《读诗记》、严粲《诗缉》。”[②]《四库全书总目》与之略同。钱氏所称许朱谋㙔《诗故》以《毛诗小序》为主，钱氏分析朱谋㙔取得较高成就的原因也与《四库全书总目》之提要略同。由此可见，钱氏之论与四库馆臣一致之处甚多。

4.《三礼志》

钱基博称明代《三礼》学多空疏之学，几无足称道者。“沿及明代，弥逐颓波，又空疏不事考据，而推论义理，于是考证之学，渐变为论辩之学。”[③]钱氏认为季本《读礼疑图》、唐枢《周礼因论》、王应电《周礼传》《翼传》《图说》、沈瑶《周礼集注》议论多而考证少。舒芬《周礼定本》、陈深《周礼训隽》、柯尚迁《周礼全经释原》、金瑶《周礼述注》、徐即登《周礼说》、郝敬《周礼完解》、郭良翰《周礼古本订注》大多承讹袭谬，窜乱古经。钱基博最推许的是王志长《周礼注疏删翼》，称其一以郑注、贾疏为主，在明代经学荒芜之日，属于精心于古义者。钱氏尤称许明代属意古注者，而对不事考据的著作则予以了严厉的批评，钱氏汉学倾向尤为突出。

5.《春秋志》

钱基博于明代经学，最鄙弃者乃明代的《春秋》学著作。钱氏称：“元仁宗延祐二年，定科举经义经疑取士条格，《春秋》用三传

① 永瑢：《四库全书总目》，第128页。
② 钱基博：《经学通志》，见《近百年湖南学风》(含《经学通志》)，第199页。
③ 钱基博：《经学通志》，见《近百年湖南学风》(含《经学通志》)，第233页。

及胡安国传。然祁门汪克宽德辅作《春秋纂疏》三十卷，一以安国为主。而明成祖命行在翰林学士胡广等撰定《春秋大全》七十卷，即用克宽之胡传《纂疏》为蓝本焉！自是胡传行而三传悉废。儒者驯乃弃经不读，惟以安国之传为主；明儒所谓经义者，实安国之传义而已！故有明一代《春秋》之学为最陋，而其端实于元发之！此元明两代之《春秋》学，所为卑之无甚高论者也！"[①]钱基博于明代《春秋》学独取陆粲之《左传附注》和傅逊之《左传属事》和《左传注解辨误》两家。钱氏称《左传附注》于训诂家多有裨益，其文曰："陆粲乃著《左传附注》五卷以驳正杜注、孔疏暨陆德明之《左传释文》，旁采诸家，断以己意，于训诂家颇为有裨。"[②]《四库全书总目》评价是书曰："是编前三卷驳正杜预之注义，第二卷驳正孔颖达之疏文，第五卷驳正陆德明《左传释文》之音义。多旁采诸家之论，亦间断以己意，于训诂家颇为有裨。"[③]钱氏论傅逊《左传属事》时称："仿建安袁枢《纪事本末》之体，变编年为属事，事以题分，题以国分，更加考注以订杜预之误。"[④]《四库全书总目》称："仿建安袁枢《纪事本末》之体，变编年为属事，事以题分，题以国分，传文之后，各隐括大意而论之。于杜氏《集解》之未安者，颇有更定。"[⑤]钱氏所论与四库馆臣之提要如出一辙。《四库全书总目》称《左传注解辨误》："是编皆驳正杜预之解，间有考证，而以意推求者多。"[⑥]钱氏称该书："会众说以考定《杜注》之误。"[⑦]与四库馆臣所论略有不同。钱基博对明代《春秋》学独取有志于古注者，对胡传之流行、古义之消亡可谓痛心疾首。

---

① 钱基博：《经学通志》，见《近百年湖南学风》(含《经学通志》)，第273页。

②④⑦ 钱基博：《经学通志》，见《近百年湖南学风》(含《经学通志》)，第275页。

③ 永瑢：《四库全书总目》，第230页。

⑤ 永瑢：《四库全书总目》，第232页。

⑥ 永瑢：《四库全书总目》，第247页。

6.《小学志》

钱氏最重小学，但明代之小学著作亦罕有入钱氏法眼者。钱氏称："元明以来，《说文》之学渐微，则语录性理间之也。不坠前型，差强人意者，惟周伯奇、戴侗、叶秉敬诸家耳。"[①]钱基博于明代小学研究者只取叶秉敬一人，但是没有做进一步的说明。

钱氏明代经学研究的最大特色在于没有将传统的《十三经》全部论及，而只是论述传统的《周易》、《尚书》、《诗经》、《三礼》、《春秋》、小学。最为值得注意的是，元明两朝，《论语》、《孟子》经过了朱熹的强化已经获得经书的地位，是科举考试的必考经书。钱氏独不取《论语》、《孟子》，显示出了其独特的研究视角。

钱氏论明代经学亦有三种不足：

第一，钱氏对明代经学著作的评价一以《四库总目提要》为准，鲜有超越后者之处。《经学通志》所称许的著作多带有汉学特色，这说明钱基博站在汉学家的角度评价明代经学，这与《四库全书总目》的评价标准是一致的。笔者不惮其烦地引用《四库全书总目》与《经学通志》对同一经书的评价，发现钱氏所论与《四库全书总目》的论述相同者居多。凡是宗汉学的都予以赞赏，凡宗宋学者则进行不遗余力地批评。两者视角相同，足以说明钱氏之明代经学研究鲜有创新之处。

第二，钱氏所选书目与《四库全书总目》比较，范围更加狭窄，这就不足以反映明代经学发展大略。钱基博所褒扬的明代经学著作多符合汉学家的主张。钱氏所称许的明代经学著作只有《周易集注》、《易解》、《书传会选》、《古文尚书考异》、《读诗记》、《左传附注》、《左传属事》、《左传注解辨误》八部著作，《小学志》中虽然

---

① 钱基博：《经学通志》，见《近百年湖南学风》(含《经学通志》)，第287页。

提及叶秉敬，但也不屑于对其著作予以评价。与此同时，钱氏所选经书又不是完整的《十三经》，钱氏只选择了《周易》等传统的《五经》系统之典籍，而不涉及《论语》、《孟子》，虽然这是钱氏之经学研究特色，但是不可否认的是，这种选取经书的标准显然无法反映明代经学的发展全貌。

第三，钱氏所论很少言及经学发展的学术思想和精神，其立论大多基于《四库全书总目》，这就使其论断缺乏新意和创新性。使学者无法窥见明代经学的内部动力和外在环境及两者之间的互动。

综合以上可知，钱基博的明代经学研究本于《四库全书总目》，又远不及《四库全书总目》丰富，其对明代经学的评价也没有超越《四库全书总目》。钱氏之《经学通志》可谓充满汉学色彩的精简版《四库全书总目》，钱氏选取获得了四库馆臣称赞的具有汉学倾向的明代经学著述予以表彰。这虽然可以彰显钱氏的学术倾向，却无法展示明代经学发展的全貌。

## 五、周予同的明代经学研究

周予同（1898—1981），浙江瑞安人，论著丰富，在中国经学史研究上造诣颇深。《周予同经学史论著选集》是其经学研究的代表性成果，该书收录作者半个世纪以来公开发表的有关中国经学史的主要论著，包括四部专著和三十三篇论文。该书之《中国经学史讲义》在中编设立《经学史诸专题》，其中第六章《汉学与宋学》言及明代经学。周氏指出宋学有程朱学派、陆王学派、浙东学派三大学派。在对陆王学派的介绍中着重阐释了王阳明心学一派的经学观念。周氏指出："明代王阳明发展了陆九渊的思想，强调由内到外，由心到物，这是禅宗的思想……清代学者称程朱学派是'道问学'、陆王学派是'尊德性'，以为前者从学问入手，后者则单刀直入，相信自己，不要信菩萨。”[①]王阳明是明代功绩卓著的思想家，但是其经学思想经常遭到近代学者的批评。周予同并没有对王阳明的经学思想作出价值判断，只是从历史发展角度论述了陆王学派与程朱学派的不同。

周予同并没有割裂宋学与汉学的关系，并不将汉学与宋学视为水火不容的两种完全不同的学术思想。周予同认为所谓的汉学与宋学亦有相关之处："有人以为宋学与清代的'汉学'(朴学)完全不同。其实，宋学与朴学也有相关之处，清代朴学好多东西是从宋学而来的。如顾炎武《日知录》，与宋末王应麟的《困学纪闻》有关。顾炎武《音学五书》，其中《诗本音》、《易本音》，是从明代陈第的《毛诗古音考》而来的。顾炎武反对朱熹的协音说，也源于宋人。伪《古文尚书》的考辨，是从朱熹开始的，怀疑的继之有明代的梅鷟，再继之有清代的阎若璩与惠栋。”[②]学术界所谓的汉学与宋学之争由来已久，尤其是清代汉学家多视宋学为空疏学术的代表，将汉学与宋学完全对立起来。周予同不把汉学和宋学看成完全对立的两种学术风格，是对汉学和宋学严格对立观念的一种修正。

钱穆在《中国近三百年学术史》中明确地表达了调和汉宋的主张。钱穆称："窃谓近代学者每分汉宋疆域，不知宋学，则亦不能知汉学，更无以平汉宋之是非，故先之以《引论》，略述两宋学术概要。又以宋学重经世明道，其极必推之于议政，故继之以东林。明清之际，诸家治学，尚多东林遗绪。梨州嗣轨阳明，船山接迹横渠，亭林于心性不喜深谈，习斋则兼斥宋明，然皆有闻于宋明之绪论者也。”[③]钱穆从清初学者的治学轨迹中得出结论：清初学者所

① 周予同：《周予同经学史论著选集》，第897—898页。

② 周予同：《周予同经学史论著选集》，第899页。

③ 钱穆：《中国近三百年学术史·自序》，北京：商务印书馆，1997年，第1页。

处的历史时代虽然已经与明代不同，但是其治学思路仍然无法摆脱明代学术的影响。钱穆又称："治近代学术者当何自始？曰：'必始于宋。'何以当始于宋？曰：'近世揭橥汉学之名以与宋学敌，不知宋学，则无以评汉宋之是非。且言汉学渊源者，必溯诸晚明诸遗老。然其时如夏峰、梨洲、二曲、船山、桴亭、亭林、蒿庵、习斋，一世魁儒耆硕，靡不寝馈于宋学。继此而降，如恕谷、望溪、穆堂、谢山乃至慎修诸人，皆于宋学有甚契诣。而于时已及乾隆。汉学之名，始稍稍起。而汉学诸家之高下浅深，亦往往视其所得于宋学之高下浅深为判。道咸以下，则汉宋兼采之说渐盛，抑且多尊宋贬汉，对乾嘉为平反者。故不识宋学，即无以识近代也。'"[①]钱穆此论至少包含两种含义：第一，清初诸儒多钟情于宋学，道咸以后诸儒亦视宋学高于汉学。第二，汉学诸儒之成就高低评价之标准为宋学，失去宋学之目，汉学之名亦无存在之依据。汉学与宋学乃相对而生，失去其中任何一方，另一方就没有了存在之必要。钱穆为我国现代历史学家，在中国经学研究上造诣颇深，其对汉学与宋学关系之探讨亦充满辨证色彩。

钱穆对汉学、宋学的探讨与梁启超之研究大为不同。1920年梁启超称："'清代思潮'果何物耶？简单言之：则对于宋明理学之一大反动，而以'复古'为其职志者也。"[②]1923年梁氏又称："平心而论，阳明学派，在二千年学术史上，确有相当之价值，不能一笔抹杀，上文所引诸家批评，不免都有些过火之处。但末流积弊，既已如此，举国人心对于他既已由厌倦而变成憎恶，那么这种学术，如何能久存？反动之起，当然是新时代一种迫切的要求了。"[③]梁启超视汉学为宋学的反动，这就将汉学与宋学对立起来

① 钱穆：《中国近三百年学术史·引论》，第1页。
② 梁启超：《清代学术概论》，上海：上海古籍出版社，1998年，第3页。
③ 梁启超：《中国近三百年学术史》，上海：复旦大学出版社，2016年，第7页。

了。但是，钱穆在同名作之中提出了与梁氏不同的观点。陈勇总结并分析了钱穆对于汉学与宋学关系的论述。陈勇称："对于清代汉学的学术渊源及其与宋学的关系，近代学术界有一种流行的看法，认为清代汉学是对宋明理学的全面反动。此说以梁启超等人为代表，他认为17世纪中叶以后，中国学术思想走上了一条与宋明学术完全不同的路径。这条路径一方面表现为一种反理学思潮（反对理学家空谈心性，束书不观），另一方面则发展为重实证的考据学。他认为从明末到清季这三百年学术史的主潮是'厌倦主观的冥想而倾向于客观的考察'。梁启超把对宋明理学的反动视为清代汉学的本质，并把汉、宋对立这一思想贯穿全书。钱穆不赞同梁启超这一观点。在他看来，宋明理学的传统在清代并没有中断。不仅没有中断，而且对清代汉学仍然有甚深的影响。他提出了清代汉学源于宋学，'不知宋学，则亦不能知汉学，更无以评汉宋之非'的见解。"[①]陈氏之论将梁启超对宋学的评价绝对化了，梁启超并没有完全否认阳明心学的价值，梁启超也不同意清代学人对阳明心学的成绩进行一笔抹杀。实际上，梁氏只是在对比了清代汉学与阳明心学的继承与反对等复杂关系之后，倾向了清学对阳明学的反动这一面。无论如何，梁启超与钱穆在对待清学与宋学的关系问题上各执一端，各有侧重。陈氏道出了钱穆与梁启超的学术主张之不同，当为平允之论。历史文献学家张舜徽同样主张汉学、宋学不可截然划分为两种不同的学术思路。张舜徽称："当乾、嘉朴学极盛时，举世以征实博考相高，鄙蔑宋儒空疏为不足道，诋讥朱子尤厉。章学诚独昌言矫之曰：'今人有薄朱氏之学者，即朱氏之数传而后起者也，其人亦不自知也。沿朱氏之学，一传而为勉斋、九峰，再传而为西山、鹤山、东发、厚斋，三传

① 陈勇：《国学宗师钱穆》，北京：北京大学出版社，2007年，第95页。

而为仁山、白云，四传而为潜溪、义乌，五传而为宁人、百诗，今承朱氏数传之后，所见出于前人，不知即是前人之遗绪，是以后历而贬羲、和也。'(《文史通义·朱陆篇》)论者叹为知言。舜徽尝广其意以推寻之，则有清一代学术无不赖宋贤开其先，乾、嘉诸师特承其遗绪而恢宏之耳。校定《说文解字》，自徐铉始；为《说文解字》作传，自徐锴始；昌言右文，自王圣美始；考论古韵，自吴棫始；为《尔雅》作疏，自邢昺始：此清代小学出于宋也。攻《伪古文尚书》，自吴棫、朱子始；斥河图、洛书，自欧阳修始；为《礼经》作图，自聂崇义始(《隋志》虽著录郑、阮诸家《礼图》，然皆早佚)；尊信《诗序》，自吕祖谦、马端临始；搜辑汉人旧注，自王应麟始：此清代经学出于宋也。……由此观之，有清一代之学，莫不渊源于两宋，后之从事实事求是之学者，数典忘祖，反唇相讥，多见其不知量也。"①张舜徽、钱穆、周予同三位先生皆为史学大家，用史学眼光评价经学史，其结论亦可谓不谋而合。

周予同与钱穆、张舜徽都强调了汉学与宋学有密切的关系，但是各有侧重。周予同从汉学著作多吸收了大量宋学著作观点来论证汉宋是相关联的。钱穆则认为无论是汉学学者还是宋学学者，他们都主张经世致用，明末清初汉学家的思想来源于宋学家就是例证。钱穆指出清代汉学渊源于宋学，两者之间并不存在严格的界限。钱穆对汉学与宋学关系的研究具有消融汉宋界限的深层含义，张舜徽则认为清代与宋代学者拥有一致的研究对象和相近的学术思路，三位学者着眼点不同，但结论相同，这对于当下研究明代经学具有重要的启发意义。

许道勋、徐洪兴与周予同所持观点相近。许、徐共同撰写了《中国经学史》，他们是周予同的学生，但有超越其师之处。大致有三：

① 张舜徽：《广校雠略》，武汉：华中师范大学出版社，2004 年，第 95—96 页。

第一，对经学与理学作出了更细致的划分。长期以来，学者对于经学与理学两个概念的辨析一直处于模糊状态。许、徐指出："以往每每仅谈及'濂学'、'洛学'、'关学'，以所谓'北宋五子'(周敦颐、邵雍、程颐、程颢、张载)作为北宋经学之代表，这固然是流行的学术见解，但这是用理学来涵盖经学，似乎不够全面和准确。北宋时期，实际上还不存在定于一尊的学派，甚至连主流学派也尚未确定，当时思想学术所呈现的是一幅多元取向的繁荣图景。不过，从总体的学术取向来看，北宋经学诸派的共同特征就在于'疑古'、'变古'，以义理解经。"①许、徐有意识地区分"经学"与"理学"的不同，但是最终没有得出最终的结论。不过较之其师已经呈现了严格分析概念的倾向。

第二，许、徐发展了周予同提出的宋学派这一概念，既而提出了"宋学系统"这一概念。与周予同稍有不同，许道勋、徐洪兴对宋学的分析更为精密。许、徐根据历史顺序和地域分布依次分析了宋代的经学派别。许、徐依次分析了庆历之际的苏湖学、泰山学、江西学、濂学；熙丰前后的关学、洛学、新学、涑水学、象数学、蜀学。作者按照时间顺序，依次分析了不同地域经学特色，较之其师，这种研究更有针对性。

第三，许、徐对王阳明经学思想的分析较之周予同更具有系统性。许、徐二氏着重加强了明代经学中"王学"概念的分析。长期以来，学界多用"陆王心学"来称呼陆九渊和王阳明的学术，两者并称"陆王学派"——这种称呼彰显了王阳明与陆九渊之间的学术渊源，许、徐两人则直接称呼阳明学术为"王学"，这说明许、徐二氏已经有意识地区分陆与王了。许、徐二氏没有将陆王统而

① 许道勋，徐洪兴：《中国经学史》，上海：上海人民出版社，2006年，第194—195页。

论之,这是超越其师的地方。该书着重分析了王阳明的"经学即心学"、"五经亦史"的观念。与本田成之、皮锡瑞不同:该书实事求是地把王门学者分成两派,并且对其经学思想进行了具体分析。一是以王畿和李贽为代表。该派"从'经学即心学'出发,轻视经典,甚者则更有所谓'粪土六经'之说"[①]。另外一派不同意上述学说,但是人数较少。许、徐两先生指出:"如王艮提倡'以经证悟,以悟释经',罗汝芳、焦竑、陈第等也颇重经学研究。但是总的来看,王门后学大多不重经学,至其末流则'束书不观'而流为'狂禅'。明清之际学术转向,经学复兴,其中的原因固然不少,但与当时学者痛定思痛而力纠此偏弊不无关系。"[②]许道勋、徐洪兴对明代经学并没有持否定态度,而是从学理上分析了王氏经学的特点。较之其师,许、徐在分析陆王心学之时更加细致,这表明明代经学研究正在走向细致化道路。

## 六、范文澜的明代经学研究

范文澜(1893—1969),初字芸台,改字仲沄(一说字仲潭),浙江绍兴人,我国著名史学家。范文澜的经学史研究成果主要集中在《中国经学史的演变》和《经学史讲演录》中。前者是作者在1940年9月在延安所作的三次学术讲演稿,后者是作者于1963年为《红旗》杂志社等单位的理论工作者所作的讲演记录。

在《中国经学史的演变》中,范文澜将中国经学划分为汉学系、宋学系、新汉学系三个派别。范文澜总结了明代经学的哲学化特征:一是明代朱学极盛,占据官方统治地位。二是王阳明心学大昌,其所倡导的"致良知"学说导致了后期经学的禅学化色

① 许道勋,徐洪兴:《中国经学史》,第217页。
② 许道勋,徐洪兴:《中国经学史》,第217—218页。

彩,尤其是王畿、王艮等人将经学变成了佛教的禅学。三是无论是程朱还是陆王都是哲学化的经学,是佛老化的经学,其中程朱派经学,得到统治阶级的赞许而盛行,朱注《四书》取得经的地位。

作为史学家,范文澜并没有否定明代经学的历史地位,主要表现在三个方面:

第一,范文澜指出宋元明三朝的科举考试制度对经学发展有推动作用。范文澜称:"南宋的博学宏词科,要求多读书,预备文章材料,无意中成为考据学的开端。"①这就肯定了科举文化对经学的推动作用。科举考试对于经学的影响是巨大的,因为唐宋之际是中国社会发展的一个关节,从中国历史发展来看,科举考试是这一变革的最重要的标志。陈寅恪指出:"经术乃两晋、北朝以来山东士族传统之旧家学,词彩则高宗、武后之后崛兴阶级之新工具。至孤立地胄之分别,乃因唐代自进士科新兴阶级成立后,其政治社会之地位逐渐扩大,驯致旧日山东士族如崔皋之家,转成孤寒之族。"②胡戟发扬了陈寅恪的论述,胡氏称:"如果我们以秦始皇到清逊帝溥仪退位的 2132 年的皇帝时代作为框架中国历史的中心,也就是把此前的夏商周春秋战国的王国时代视为前皇帝时代,此后的民国和北洋军阀以降的时代视为后皇帝时代,再前再后为原始民主时代和现代民主时代,用这样的五段来划分中国史,那么皇帝时代应该用门阀士族贵族政治和科举官僚政治来区分为前后两段,前期的自秦汉经魏晋南北朝到隋唐,是门阀士族酝酿产生发展极盛到逐渐衰落而终结的历史。"③唐宋之际的

---

① 范文澜:《中国经学史的演变》,见《范文澜集》,北京:中国社会科学出版社,2001 年,第 284 页。

② 陈寅恪:《唐代政治史述论稿》,上海:上海古籍出版社,1997 年,第 78 页。

③ 胡戟:《试述陈寅恪先生对士族等问题的开拓性研究》,见中山大学历史系编《陈寅恪与二十世纪中国学术》,杭州:浙江人民出版社,2000 年,第 33 页。

社会变革的最大制度保证就是科举制度取代了门阀制度，科举成为选拔统治人才的重要手段。而经学仍然在科举考试中占据重要地位，这就可以保证经书拥有大量的习读者。范文澜以宋代为例分析了科举对经学起到的客观作用。实际上，宋元明时代同处于科举官僚政治的发展阶段。这不仅与社会政治发展有莫大关系，对于经学的影响也是巨大的。因此，范文澜认为南宋的博学宏词科在客观上导致了考据学的产生从而最终促进经学的发展。明代科举从洪武十七年开始实行八股取士，课式程文。《四库全书总目》批评明代经学空疏的一大原因就在于明代的科举导致了讲章之学的兴盛，从而产生了大量为了科举而作的经学著作。这与南宋的博学宏词科是不同的，但是从科举考试与经学关系出发研究明代经学，也是一种新的思路。实际上，洪武时期的科举考试并没有废除古注疏，这就保证了汉唐注疏仍然拥有为数不少的读者，这在客观上也促进了经学的发展。

第二，明人对经学的反思产生了清学萌芽。范文澜指出："明人重八股，空虚浅鄙，八股外一无所知；理学家空谈性命，与八股家同样庸腐。有些人感觉得知识界空虚无聊，愿意读书，被宋学废弃的古典书籍逐渐复活起来了，明人讲求文字学、音韵学、校勘学、目录学、辨伪学，都是读古书的准备功夫。进一步发展就成为清代的新汉学。"[①]在这一点上，范文澜与钱穆、周予同有异曲同工之妙。这表明明代经学的空疏并非从明代开始的，同时也不是贯穿整个明代历史的。本田成之曾经论述洪武年间经学的笃实作风，《四库全书总目》对明代前期的学术也多有褒奖之词。孙钦善亦称："明朝除程、朱的影响之外，陆九渊的影响也存在，如明初宋濂宣扬'六经皆心学'，鄙薄训诂和考据，但是他在辨伪方面又

① 范文澜：《中国经学史的演变》，第284—285页。

表现出考据作风。……因此在古文献学方面，不仅有王守仁向壁虚造、师心穿凿的影响，也有朱熹义理与考据并重的影响，致使明代的考据学承袭前代继续发展，而与空疏之学形成对立。如梅鷟、胡应麟等的辨伪成果和杨慎、焦竑、陈第、方以智的考据成果，都是比较扎实的，对清代的辨伪学、考据学都产生了直接的影响。”①肯定明代经学成就及其在经学历史中的地位是范文澜对明代经学研究的贡献。

第三，范文澜还指出了外来文明对中国传统学术的影响。范文澜称：“明末清初西洋天主教徒来中国，天文历算之学，大受中国学者的欢迎，科学方面影响考据学。”②这对于研究明代经学亦有启发意义。

范文澜的另一部经学史著作是《经学史讲演录》，范氏对明代经学也作出了辨证的分析。

首先，范文澜指出了王学与八股取士对经学带来的伤害。范氏指出：“王阳明把佛家的明心见性一套思想拿过来，改装成一旦豁然贯通，即可成圣人的理论。王阳明自己还有些办事的本领，其末流空谈之风越来越厉害。明亡与士大夫阶层不务实学，光事空谈有关系。明朝时候的八股文，就是宋学的表现形式，是宋学的文风。明永乐时颁布《四书大全》以朱熹注为正宗。于是明人只读朱注《四书》，连《五经》也不读。因为读熟《四书》，即可考取进士作大官。考进士的题目都出在《四书》上，所以读《五经》的人很少。”③范文澜对科举制度的评价是辨证的，范文澜曾经指出宋

---

① 孙钦善：《中国古文献学史简编》，北京：高等教育出版社，2001年，第374—375页。

② 范文澜：《中国经学史的演变》，第285页。

③ 范文澜：《经学史讲演录》，见《范文澜集》，北京：中国社会科学出版社，2001年，第324页。

代实行的博学鸿词科在客观上促进了考据学的发展，但是在论述八股制艺与经学之关系时，范文澜就严厉批判了八股制艺对经学造成了戕害，这说明范文澜对科举制度的分析是全面的。具体到洪武时期，因为这个时期的科举考试并不废除古注疏，这就保证了汉唐注疏仍然能够在读书人中间流行。尤其值得注意的是朱元璋曾经废除过科举考试，所以要客观地分析研究洪武时期的科举与经学之间关系。

其次，范文澜又重点表彰了明代学者中的杰出代表。范文澜着重论述了梅鷟的《尚书考异》、朱谋㙔的《周易象通》、陈第的《毛诗古音考》和赵宧光的《说文解字》研究、焦竑的校勘学所取得的成就。范氏指出清初顾炎武、黄宗羲、王夫之的学术研究就是这种学风的进一步发展。

范文澜是史学名家，所以他对经学史的研究就比一般的学者更具有史学眼光，其结论就更具备客观性。范文澜把明代经学史放到宋代、明代、清代三个历史朝代中进行考察，其视野就比简单地论述清代朴学与明末学术的关系要广阔。尤其是范文澜指出南宋博学鸿词科的设立客观上导致了考据学的兴起，这是范氏高出一般学者的独特之见。

## 七、马宗霍的明代经学研究

马宗霍之《中国经学史》共分为十二篇，第一篇为古之六经，第二篇为孔子之六经，第三篇为孔门之经学，第四篇为秦火以前之经学，第五篇为秦火以后之经学，第六篇为两汉之经学，第七篇为魏晋之经学，第八篇为南北朝之经学，第九篇为隋唐之经学，第十篇为宋之经学，第十一篇为元明之经学，第十二篇为清之经学。整部《中国经学史》只有第十一篇合论元明之经学，共计十二页。专论明代经学者，不足七页，可见马宗霍亦不重视对明代经学的研究。

马宗霍首先对明代经学作出总体评价。马氏引用了郑晓、吴任臣、顾炎武之语批评洪武制度及《五经大全》,引用朱彝尊、皮锡瑞之言总体评价明代经学成就低下,最后引用《明史·儒林传序》总括有明一代经学发展大略。马氏借助前人之言得出了明代经学没有取得较高成就的结论,其论述明代经学采取“略就其可考者述之”的方式,通过分析专经的方式对明代稍有成就的著作予以评价。马宗霍对洪武时期经学不弃古注疏多加褒奖,对于《五经大全》、《四书大全》的批判仍然继承了顾炎武的观点,在总体上否定了明代经学。

马氏指出:“明自永乐以后,以《大全》取士,四方秀艾,困于帖括,以讲章为经学,以类书为策府。其上者复高谈性命,蹈于空疏,儒林之名,遂为空疏藏拙之地。故《明史·儒林传序》曰:‘有明诸儒,专门经训,授受源流,则二百七十余年间,未闻以此名家者。’黄宗羲亦曰:‘明人讲学,袭《语录》之糟粕,不以六经为根柢,束书不观,但从事于游谈。’阮元亦曰:‘终明之世,学案百出,而经训家法,寂然无闻。盖科举盛而儒术衰,理学昌而经学微,亦其势然也。’”①

马宗霍依据以上的学术观点,对明代专经进行了简要评价。

《周易》方面,马宗霍称:“明人于《易》,言数者入道家,而不出陈、邵;言理者近释氏,而不越程、朱。”②其中为汉《易》者有熊过之《周易象旨决录》、陈士元之《易象钩解》。专言象者有胡居仁之《易象钞》、钱一本之《像象管见》、吴桂森之《周易像象述》、朱谋㙔之《周易象通》、来知德之《周易集注》。由此可见,马氏专以汉学

① 马宗霍:《中国经学史》,长沙:湖南师范大学出版社,2018 年,第 112 页。
② 马宗霍:《中国经学史》,第 112 页。

家的眼光选择明代《周易》学著作，不宗汉学者则无取焉。

《尚书》方面，马宗霍称："李维桢谓'今之解《书》者，有古义，有时义'。高皇帝御注《洪范》，命刘三吾等为《书传会选》，后有直指、辑注、会通、纂义、疏意、书绎数十家，是为古义；而经生科举之文不尽用，自《书经大全》布在学官，独重蔡氏注，经生习之，其主蔡氏而为之说者，坊肆所盛行亦数十家，皆便科举之文，是为时义。案此言足括有明一代之《书》学。"[①]马宗霍选取了与蔡《传》旨趣不同者，有袁仁之《尚书砭蔡编》、马明衡之《尚书疑义》、陈泰交之《尚书注考》，同时指出这些著作是从蔡《传》中指摘条目，尚不成一家之学。唯有梅鷟的《尚书考异》、《尚书谱》发明古文之伪。陈第又笃信古文，虽立意不同，然则可自成一家。马氏对明代《尚书》学著作的评价仍然没有呈现出新意。

《诗经》方面，马宗霍称："明人于《诗》莫不推衍朱子，或申或补，罔或违之。"[③]马氏独赞许与朱子论《诗经》不同者。马氏赞许者有袁仁之《毛诗或问》、吕柟之《毛诗说序》、朱谋㙔之《诗故》、何楷之《诗经世本古义》、李先芳之《读诗私记》、陈第之《毛诗古音考》，从其所取著作可以窥测出其鲜明的汉学倾向。

《春秋》方面，马宗霍称明人于《春秋》，大抵范围于胡《传》。马氏总结明代《春秋》学著作有三种选择趋向。第一，明代《春秋》学著作有专门攻击胡《传》者，有笃守朱子者。马氏尤其欣赏攻击胡《传》者，将其视为明代《春秋》学中的精品。马氏选取了张以宁之《春秋王正月考》、陆粲之《胡氏传辨疑》、袁仁之《胡传考误》、杨于庭之《春秋质疑》等四部专力攻胡者予以表彰。第二，马氏又选取了不仅专攻击胡《传》者，对于攻击其他诸家之作亦大加褒奖。马氏所选有湛若水之《春秋正传》、熊过之《春秋明志录》、高拱之

①③　马宗霍：《中国经学史》，第113页。

《春秋正旨》、王介之的《春秋四传质》。第三，马氏又选出能成一家之学的《春秋》学著作，例如王樵之《春秋辑传》、高攀龙之《春秋孔义》、冯时可之《左氏释》。简言之，马氏对明代《春秋》学著作的分类比较客观，符合明代《春秋》学发展的历史进程。

《三礼》方面，马宗霍称："'三礼'，本征实之学，汉唐注疏，无以上之。然《周礼》自宋王荆公作《新义》，学者多推寻于文句之间，由考证渐变为论辨，且自朱申以后，苟趣简易，以《叙官》为无用而删之，经遂有目无纲。自俞廷椿、邱葵以后，窜乱五官以补《冬官》之阙，经遂更无完简。沿及明代，弥逐颓波，破碎支离，益非其旧。"[①]马宗霍于明代《三礼》学著作惟取王志长之《周礼注疏删翼》、张凤翔之《礼经集注》、朱朝瑛之《读仪礼略记》、徐师曾之《礼记集注》、黄道周之《礼记解》。

马宗霍预存一"反动"思想在头脑中，在此思想指导下研究具有汉学倾向的著作，这样就可以展示出明代经学尚有征实、好古的特点，但是却无法展示明代经学发展的全部面貌。他认为明代经学的主流仍然是宋学思潮影响下。总体而言，马宗霍并没有超越顾炎武、本田成之、皮锡瑞等人，也没有脱离《四库全书总目》的研究范围和观点。

## 八、何耿镛的明代经学研究

何耿镛《经学简史》分为五部分。第一部分为经和经学，第二部分为经学的流传，第三部分为经学的派别，第四部分为经学的盛衰，第五部分为经书的注释。作者在第四部分将中国经学历史划分为六个阶段，分别为汉代经学、魏晋经学、唐代经学、宋学、明代经学、清代经学。在每一个经学发展阶段，作者都描述该阶段

① 马宗霍：《中国经学史》，第 114 页。

经学特色。宋学的特征是经学的变古，明代经学的特征是经学的衰落，清代经学是经学的复兴。作者只有在论述明代经学时使用了“衰落”二字，明代成了经学历史中最为灰暗的时代。何耿镛对明代经学的批评主要集中在以下几点：

第一，作者批评官方主持编纂的《五经大全》缺乏创新。《五经大全》只是对宋元经学的抄袭，这是作者在借鉴顾炎武的“无非盗窃而已”的基础上得出的结论。何氏认为八股取士制度是导致明代经学衰落的重要原因。何氏称：“明代用八股时文取士。八股文形式僵化，内容空洞，无病呻吟。永乐时颁行《四书大全》，以朱熹注为正宗。参加科举考试的人，只读朱注《四书》，《五经》很少人去过问，所以明人学问非常狭隘浅陋。”[①]何氏大段引用顾炎武《日知录》之语论述了明代科举对经学的破坏。

第二，何氏指出明代学者的私家著述亦多穿凿臆断之作。何耿镛列举了《易学四同》、《诗说解颐》、《读礼疑图》、《周易正解》、《尚书辨解》、《春秋私考》、《子贡诗传》、《申培诗说》、《四书酌言》共计九部经学著作。何氏借助《四库全书总目》指责这些著作存在着割裂经文、刻意标新立异、以禅解经等诸多不足之处。

第三，何氏严厉批评了明代中叶以后的河东、姚江两大学派，指出河东学派与姚江学派都无助于经学的复兴。“明代中叶以后，理学出现了两个流派：一是以薛瑄、吴与弼等人为代表的‘河东学派’，这派以程朱理学为本，以躬行复性为主，即有所撰述，亦不过是祖述程朱学说而已。另一派就是以王守仁为代表的‘姚江学派’。王守仁，当时学者称为阳明先生。他思想反动，多次主持镇压农民起义的罪恶活动。”[②]河东学派以践履为主，于朱子经学

① 何耿镛：《经学简史》，厦门：厦门大学出版社，1993 年，第 214 页。

② 何耿镛：《经学简史》，第 215—216 页。

无所发明，这是该派学术之特点。姚江学派之主张复杂，何氏简单以“反动”二字总结阳明心学可谓无的放矢。

第四，何氏肯定了部分经学著作的学术成就。何氏称：“明人学问的空疏，历史已有定论。不过，也有一些人，在国家面临危亡之际发奋读书，成就卓著。清初的几位大学问家如黄宗羲、顾炎武、王夫之等人就是在这种环境和气氛中成长起来的。明代在经学上的某些方面也有成绩，如梅鷟的《尚书考异》是《尚书》辨伪的首创之作。”①

该书初稿完成于 1981 年冬，1984 年以《经学概说》为名出版，1993 年以《经学简史》为名出版，与半个世纪之前本田成之《经学史论》的论述相比较仍然逊色不少。本田成之尚论述到洪武年间经学笃实之风、明代作伪之风，该书对于这些问题都没有涉及。值得注意的是，《尚书》学的辨伪之风，并不是由梅鷟首创的。在梅鷟对《古文尚书》的怀疑之前尚有吴才老、朱熹的怀疑。该书在一些重大问题的探讨上存在一定的失误，因此，在明代经学历史的研究上没有超越前人，没有任何创新之处。

## 九、蒋伯潜的明代经学研究

蒋伯潜的《经学纂要》共有十四章，第十三章是《经学史鸟瞰》。蒋伯潜没有直接评价明代经学，而是首先肯定了明代文学取得的成就。蒋氏于明代经学只肯定了《尚书考异》一书，对其它经学著作多持批评态度。蒋伯潜称：“宋明是理学特盛的时期，经学既成为掏掘故纸堆的、局促于注疏之中的、枯燥而烦琐的学问，学风自然要转易方向了。而佛学传入既盛，禅宗一派又别开一面，直指心性，不落言诠。于是我国原有的儒道之说，遂与之融合，

① 何耿镛：《经学简史》，第 217 页。

而产生了所谓性理之学。另一方面，则文学还在继续地发展，如词之特盛于南宋，更衍变而成曲，元代北曲杂剧，明代南曲传奇，各有特殊的成就。而白话小说，由短篇而为章回的长篇，也是这时期特殊的成绩。所以这时期的经学，仍承前一时期没落的趋势，由衰颓而几至中绝。……伪古文《尚书》之可疑，朱子及吴棫已启其端，明人梅鷟更从而发挥之，已开清儒之先河。……至于元明，则惟能掇拾宋儒唾余而已。明代之《五经大全》，虽与唐代之《五经正义》同为奉诏官修之书，但其成绩，更不如唐了。"[①]蒋伯潜认为明代心学和禅宗破坏了明代经学。

蒋氏之经学研究将宋明并论，且篇幅短小，其主要主张亦从顾炎武之处得来，既没有理论上的突破，也没有对明代经学做更为细致的研究，当然也就无从展示明代经学发展历程了。诚然，这与该书的体例有关，该书名为《经学纂要》，其研究重点不是探讨经学史。《经学纂要》共计十四章，第一章为十三经解题，第二章、第三章研讨十三经作者，第四章介绍今文古文，第六章至第十二章为专经述要，介绍每部经书的大致内容，第十三章为经学史鸟瞰，对经学史作最为简略的叙述。第十四章为经今古文学，介绍今文学和古文学的发展脉络。

蒋氏的《经学纂要》著述重心不在研究经学发展史，所以其对经学历史尤其是明代经学历史着墨甚少，并且没有太多突破之处。

## 十、刘晓东师的明代经学研究

刘晓东师 1992 年出版《经学源流》。他对明代经学的总体评价基本上继承了顾炎武的观点，但稍有不同。该书充分肯定了明

① 蒋伯潜：《经学纂要》，长沙：岳麓书社，1990 年，第 146—147 页。

代后期的经学成就,指出了明代后期经学开辟了清初经学研究的正确道路。

在梳理了整个经学史发展过程以后,《经学源流》总结明代经学的特征是“空疏”。刘晓东师指出:“元明两代经学没有什么发展和深入,基本上是沿着宋学的路子走,不过走得更远了,以至于可以不读经书,认为每个人心中都有一个成为‘圣人’的因子——‘良知’,只要通过启发开悟而把它扩充开来就行了。我们说,如果说唐代以前经学的流弊是‘学而不思’的话,这时的流弊就是‘思而不学’了,因此元明时期的经学更算不上一派,只能说其特征,那就是空疏。”①

《经学源流》着重分析了两部《大全》、八股文、河东学派、王阳明心学的历史地位和特点。

《经学源流》批评了明代永乐时期颁行的《四书大全》、《五经大全》。刘晓东师指出:“明代的统治者,继承了南宋及元代统治者的做法,用政治力量提倡程朱理学,进一步限制、禁锢读书人的思想。从明太祖朱元璋开始,他们就这样做了。到明成祖永乐十二年(公元1414年),朝廷命令颁行《四书大全》、《五经大全》……似乎洋洋大观,其实在学问上几乎没有一点新东西。”②刘晓东师延续了对《大全》的批评,这种批评是中肯的。

《经学源流》指出八股文是造成了明代经学狭窄浅陋的主要原因,并引顾炎武之论作证。刘晓东师指出:“明代科举要做八股文,连题目都是从《四书》上出,所以到后来读书人只要看《四书》就可以了,《五经》都很少有人过问。而且《四书》经文篇幅很短,可出的题目不太多,有些有钱有势的人家,花钱请人把《四书》中

① 刘晓东师:《经学源流》,济南:山东人民出版社,1992年,第10页。
② 刘晓东师:《经学源流》,第283页。

可出的题目找出来，各做一篇文章，按篇数付报酬，让子弟们背诵。到了考场上，也就碰个八九不离十。这种风气一兴起，有些考生连《四书》也不读了。所以明代学界人的特点就是读书少，知识往往很狭窄、浅陋。”①

薛瑄是明代河东学派的代表人物，被《四库全书总目》推为醇儒。《经学源流》批评明河东学派经学研究缺乏创新能力。刘晓东师称：“明代对经书的字句章句的注释，远不如汉、唐，这是不用说的了；由于明代人读书少，所以明朝的思想界也没有宋代那么多的成果。明中叶后出现的王守仁，可算是明代思想家中成就较高的一位。明代中期，理学出现了两个流派。一个叫‘河东学派’，这一派主要继承二程和朱熹的学说，没有什么新的发展。”②黄宗羲指出：“河东之学，悃愊无华，恪守宋人矩矱，故数传之后，其议论设施，不问而可知其出于河东也。若阳明门下亲炙弟子，已往往背其师说，亦以其言之过高也。然河东有未见性之讥，所谓‘此心始觉性天通’者，定非欺人语，可见无事乎张皇耳。”③黄宗羲指出河东学派没有学术上的创新，只是墨守宋人规矩。河东学派在思想上株守程朱，没有进行理论创新，该学派以笃行见长但缺乏理论创新能力，因此在经学研究上也没有取得突破性的发展。刘晓东师对河东学派经学的分析可谓一语中的。

《经学源流》分析王守仁“姚江学派”的经学特色时没有完全否认阳明学派的经学成绩。刘晓东师别出心裁地指出了王阳明学派在经学历史上具有革新意义。

首先，《经学源流》指出王阳明的心学思想对于改变当时学风有矫正作用。刘晓东师称：“既然在心之外没有学问、没有良知，

---

① 刘晓东师：《经学源流》，第283—284页。

② 刘晓东师：《经学源流》，第284页。

③ 黄宗羲：《明儒学案》，北京：中华书局，2008年，第110页。

所以王守仁反对当时流行的死记硬背的读书方法。他生活的时代,学风很坏,不少读书人死记硬背,埋头于古书之中,成为毫无办事能力的书呆子。王守仁觉得,这样做,是向心以外求理求道,妨碍致良知。而且,那些人记忆背诵那些东西完全是为了应付科举考试,而把力量都用在无用的空文上面,又滋长了名利等私欲,更会蒙蔽了心中的良知。王守仁对当时的学风、科举制度的批评和否定,是有一定的道理的,但他从一个极端走向了另一个极端。"①对于王阳明心学带给经学之影响,多数学者持批评态度,认为是王学的空疏学风给经学带来了灾难,实际上王学在当时的确起到了解放思想的作用。王学的兴起打破了学界对朱子学的神化,使朱子经学的权威遭到质疑,这在一定程度上有利于解放经学研究中的思维定势,从而给经学研究带来新鲜空气。

其次,《经学源流》指出王阳明心学的流传带来了不读书的坏风气。刘晓东师指出:"与陆九渊的态度差不多,王守仁也反对一字一句地研究经书和注释。因为我的心就是良知,所以《六经》也是我心中的东西,只不过是我心中良知的记录,读经书的作用,只是在于印证我心的良知。他还特别指出读书是为了阐发印证心中的良知,如果达不到这个目的,就宁肯不读。"②

《经学源流》通过赞扬梅鷟、赵宧光、陈第的经学成就,揭示了清学来源于宋学的学术真相。刘晓东师指出梅鷟对古文《尚书》的辨伪有重要贡献,并称这是清学的先声。"由于梅鷟的发起,到清初学者阎若璩又从多方面分析考证,终于证明流行了一千多年,唐代由孔颖达还做了疏解的古文《尚书》及孔传都是假的。"③

①② 刘晓东师:《经学源流》,第 287 页。

③ 刘晓东师:《经学源流》,第 289 页。

刘晓东师指出赵宧光、陈第的经学成就主要体现在在音韵学上否定了宋儒的“叶音说”。① “明代人赵宧光研究文字、音韵学，就指出古人用古音押韵，后代人乱改字音是不对的。到了明末，学者陈第写了《毛诗古音考》、《读诗拙言》等书，明确指出由于时间有古今不同，空间上有地域差别，文字上古今有变化，所以，语音的差异是必然的，因而坚决反对叶音的做法。他的研究，开辟了古音研究的正确方向，引起了后人的兴趣，所以，清代的古音学研究才取得了重大成就。由于这些学者的研究态度是扎扎实实的，所以给后人打下了好的基础。清初的几位大学问家，像黄宗羲、顾炎武、王夫之等人，就是在这种环境中成长起来的。陈第等人的做法，是清代汉学复兴的先声。”②

《经学源流》的最大特色是没有完全局限于《日知录》、《四库全书总目》的论述，反而提出了“清学的开端在明代”的观点，这与上文所引张舜徽论证的“两宋诸儒实为清代朴学之先驱”有异曲同工之妙。从刘晓东师和张舜徽的研究可以看到清代学术的源头所在。应当说这是对明代经学的客观评价，也正确揭示了清代朴学与明代经学的历史渊源。

### 十一、章权才的明代经学研究

章权才《宋明经学史》共分为八章。在第八章《明代的政治统一与社会矛盾的发展　经学由理学而心学的演变》中，作者专门研究了明代经学。

章权才的明代经学研究分为五节。章氏将明代经学概括为四个历史阶段：一是明初经学，主要指洪武年间以《六经论》、《春

① 刘晓东师：《经学源流》，第 289 页。

② 刘晓东师：《经学源流》，第 289—290 页。

秋明经》为代表旨在强化专制政体的宋濂、刘基的经学。二是永乐时期,主要指三部《大全》的撰定及其保守的理论体系。三是明代中叶封建统治危机的加深与经学中心学的崛起。在该节中,作者以王阳明的《大学问》为基础分析王阳明的经学思想。四是明代后期对王学的反动,以《尚书考异》为代表的反思时期。

从对明代经学发展历史的分期看,章权才延续了以上诸位学者的历史划分方法。在专经上,作者高度评价了《尚书考异》的经学成就。可见,章权才仍然继续着清代的学术思维,用朴学的观念来衡量明代经学的成绩。

然而章氏论明代经学史有三处超越前人。

第一,章权才没有完全否定明代的经学成就,即使是对三部《大全》的评价也不囿于顾炎武等人的论断。章权才称:"明初撰定《四书大全》、《五经大全》和《性理大全》,在经学史上毕竟是一件大事。虽然成书仓促,体系上也存在相互抵牾的地方。但它的出现,毕竟有其必然,它在历史上所发挥的作用毕竟也不能一笔抹煞。"[①]历来研究者多将《大全》视为剽窃之作,并予以严厉的批评。章权才对《大全》的论述表明为清代学者所诟病的三部《大全》的研究出现了反思的倾向。

第二,章氏将经学发展与明代社会、政治发展密切联系起来。中国古代学术鲜有脱离社会政治者,所谓经学亦是社会的主流意识形态。将经学发展与社会联系起来进行研究可以挖掘经学发展的深层原因和动力,使经学研究进入更为深入的层次。

第三,在个案研究上,章权才加强了对洪武年间经学的研究。众多经学史著作中,只有本田成之和章权才重视洪武年间的经学发展。章氏加强了对宋濂、刘基经学思想的研究,并将其视为明代

① 章权才:《宋明经学史》,广州:广东人民出版社,1999年,第280—281页。

经学第一个阶段的代表人物。这在经学史研究上具有突破意义。诸多思想史、哲学史、学术史的著作对两人都有所涉及，但都没有具体系统地论述两人的经学思想，这与两人在洪武时期的重要地位是不对称的。宋濂、刘基都是洪武时期著名的浙江学者，对于洪武政权的建立和巩固都发挥了不可忽视的贡献，所以研究这两者的经学思想尤为必要。可惜，章氏《宋明经学史》对宋濂、刘基两人的论述仍然比较简略，尚不足展示两人经学思想的核心和全部。

总体而言，章氏论明代经学较之前人有所开拓，但是仍然没有说明经学发展的大致脉络。其立论虽然对顾炎武有所修正，但总体上仍然延续着顾炎武的观点。

近代对明代经学史的研究大有帮助的是《续修四库全书总目提要》(经部)。《续修四库全书总目提要》(经部)是对《四库全书总目》的反思和补充之作。后者乃乾隆年间修撰《四库全书》时所为，其主要观点受顾炎武影响颇深。四库馆臣提出汉学、宋学之称，并且主张"参稽众说，务取持平，各明去取之故"，[①]实际上多持汉学主张，对明代经学多持贬斥态度，除了《古文尚书考异》等几部著作之外，四库馆臣很少称许明代经学著作。这一倾向直接影响到近现代学者的思路。大规模地反思《四库全书总目提要》的学术活动出现在二十世纪的三四十年代，其代表作品是《续修四库全书总目提要》(经部)。

在这部全新的提要中，撰写者总结和反思了《四库全书总目》的不足，其间亦多有涉及明代经学者，这部不以经学史命名的学术巨著实际上带来了反思明代经学的新鲜空气。罗琳在《整理说明》中称："清乾隆年间由纪昀总纂的《四库全书总目提要》，是一

① 永瑢：《四库全书总目》，第1页。

部重要的书目工具书，但因时代局限和条件限制，这部书仍存在着诸如对重要书籍的失收、未收，以及部分内容评价的失当等缺陷。”[①]《续修四库全书总目提要》（经部）的撰写者多为耆旧硕儒，其经学主张亦可作为二十世纪三四十年代经学思想之代表。总体而言，《续修四库全书总目提要》（经部）促进了明代经学研究。

第一，《续修四库全书总目提要》（经部）补充了《四库全书总目》收书不足的缺憾，在一定程度上再现了明代经学著述全貌。《四库全书》名为“全书”实则不全，因此《四库全书总目》也没有将明代经学作品全部概括于内。《续修四库全书总目》（经部）在补充明代经学著作方面居功至伟。根据笔者统计，《续修四库全书》（经部）补录明代《周易》类二十二人的二十三部作品，补录《尚书》类共计十一人的十一部作品，补录《诗经》类共计三十二人的三十七部作品，补录《三礼》类共计四人的四部作品，补录乐类共计八部作品，[②]补录《左传》类共计五人的五部作品，补录五经总义类共计十七人的十九部作品，补录《孝经》类共计十一人的十三部作品，补录《大学》类共计九人的十三部作品，补录《中庸》类共计三人的三部作品，补录《孟子》类共计三人的三部作品，补录《四书》总义类共计十六人的十七部作品，补录小学类共计十六人的二十六部作品，补录群经总义类共计十六人的十五部作品，[③]补录汇编类共计一人的一部作品。《续修四库全书总目提要》（经书）弥补了《四库全书总目》的不全之弊，在最大程度上为研究者呈现了明代经学著作的全貌。这样就使得研究者可以较客观地评价明代经学的得失。

---

① 中国科学院图书馆：《续修四库全书总目提要》（经部），北京：中华书局，1993年，第1页。

② 《续修四库全书》（经部）《乐类》之《皇明乐律书》不著作者。

③ 《续修四库全书》（经部）之《十三经古注》为两位作者同撰。

第二,《续修四库全书总目提要》(经部)在一定程度上摆脱了《四库全书总目》的束缚,提出了迥异于后者的观点。《续修四库全书总目提要》(经部)的撰写者深刻反思四库馆臣撰写提要的思路,认真总结其得失利弊,对于《四库全书总目》的失当之处作出了补正,提出了一些新观点。余嘉锡曾经盛赞《四库全书总目提要》的成就,与此同时也指出了其中的不足。余嘉锡称《四库全书总目》:“剖析条流,斟酌今古,辨章学术,高挹群言,尤非王尧臣、晁公武等所能望其项背。故曰自《别录》以来,才有此书,非过论也。故衣被天下,沾溉靡穷,嘉、道以后,通儒辈出,莫不资其津逮,奉作指南,功既钜矣,用亦弘矣。虽然,古人积毕生精力,专著一书,其间抵牾尚自不保,况此官书,成于众手,迫之以期限,绳之以考成,十余年间,办全书七部,荟要二部,校勘鲁鱼之时多,而讨论指意之功少,中间复奉命纂修新书十余种,编辑佚书数百种,又于著录之书,删改其字句,销毁之书,签识其违碍,固已日不暇给,救过弗遑,安有余力从容研究乎?且其参考书籍,假之中秘,则遗失有罚,取诸私室,则藏弆未备,自不免因陋就简,仓卒成篇。故观其援据纷纶,似极赅博,及按其出处,则经部多取之《经义考》。”[①]由此可见,《四库全书总目》存在着大量的失当之处,《四库全书总目提要》(经部)的撰写者部分地纠正了前提要的错误。以《诗经》为例,《四库全书总目》对钟惺、谭元春的《诗经》评点派大为不满,称其“于经义一字无关”[②],“盖钟惺、谭元春诗派盛于明末,流弊所极,乃至以其法解经。《诗归》之贻害于学者,可谓酷矣。”[③]“隆、万以后,公安三袁始攻击王、李诗派,以清巧为工,风气一变。天门钟惺更标举光新、幽冷之词,与元春相倡和,评点

---

① 余嘉锡:《四库提要辨证》,北京:中华书局,1980年,第48—49页。

② 永瑢:《四库全书总目》,第141页。

③ 永瑢:《四库全书总目》,第143页。

《诗归》，流布天下，相率而趋纤仄，有明一代之诗，遂至是而极弊。论者比之诗妖，非过刻也。元春之才较惺为劣，而诡僻如出一手，日久论定，徒为嗤点之资，观其遗集，亦足为好行小慧之戒矣。”①四库馆臣对钟惺、谭元春之《诗经》评点方法大加讨伐，《续修四库总目提要》（经部）却肯定了钟惺、谭元春之评点方式。张寿林撰写《批点诗经》之提要时指出：“今考其书，大旨欲以意逆志，以破汉儒之拘牵。盖惺本文士，又为竟陵一派之宗主，故其说《诗》，意在品题，与经生说《诗》之株守门户，斤斤于名物训诂者，固自不同。其于经文之旁，加以圈点，且各附眉批旁注，以摘发字句，标示语脉。虽不脱时文之习，然其间品题玩味，多出新意，不肯剽袭前人。揆之性情，参之义理，颇能平心静气，以玩索诗人之旨，于篇内微言，词外寄托，未尝无所阐发。”②《续修四库总目提要》（经部）已经开始视《诗经》为文学作品，故其对钟惺、谭元春之评点多持同情之意。张寿林更借助对明代张元芳、魏浣初同撰的《毛诗振雅》的评价表达了对《四库全书总目》的质疑。张寿林指出：“大率首论全篇大意，次则分章诠释，中截列举经文，每章之下有章旨，每篇之下有篇旨。经文之旁更有旁注，以表明笔法，且加以朱笔圈点。下截则节录各家批评文法之语。大抵不甚训诂章句，意在阐明诗旨，评论文法。案晚明之世，学者治诗，喜以公安、竟陵之诗派，窜入经义。《四库全书总目提要》深斥其贻害于学者。然《诗》之为书，本古昔歌谣之辞，与汉魏乐府，初无以异，而学者知《诗》之为经，不知《诗》之诗，实诗学之一蔽。晚明学者，以治五七言诗之法，治三百篇，正足以破腐儒之陋。《四库全书总目提要》过而斥之，是门户之见，非天下之公议也。”③恢复《诗经》为文学

① 永瑢：《四库全书总目》，第1627页。
② 中国科学院图书馆：《续修四库全书总目提要》（经部），第321页。
③ 中国科学院图书馆：《续修四库全书总目提要》（经部），第323页。

作品的本来面目是近代以来《诗经》学史的最突出贡献之一，《古史辨》曾专门结集讨论此问题。由此可见，二十世纪三四十年代的经学研究具有了新动向和新发现。

《续修四库全书总目提要》(经部)在一定程度上打破了《四库全书总目》的门户之见，对整个经学史的研究具有一定的启发意义。因此，《续修四库全书总目提要》(经部)虽然不是严格意义上的经学史著作，但是却能够提供给学者以重要的启示，从而推动整个经学史研究。

## 第二节　明代经学研究得失分析

迄今为止，上述诸位学者的经学研究代表了明代经学史研究的最高水平。通过对其专著分析可知，诸多学者在明代经学研究中取得了重大成就，同时也暴露了某些不足之处。

### 一、经过多位学者的努力，明代经学研究取得了突出成就

第一，在明代经学发展的历史分期上，诸位学者取得了一致意见。诸多论著都研究了明代经学的历史分期。明代经学在每一个阶段都具备不同的研究特色和风气。例如本田成之论述了明代洪武年间经学发展具有笃实风气，刘晓东师分析了王阳明心学思潮对经学风气的改变、河东学派的因袭、明后期对王学的反动。划分经学发展历史阶段是建立在对明代经学总体特色的整体上的准确把握上的更高级的学术总结，诸位学者多将目光集中到了永乐年间三部《大全》的修撰、王阳明心学崛起、明后期对王学的反动等关键历史阶段，这是研究明代经学的重点。

第二，诸位学者都高度评价了《古文尚书考异》、《毛诗古音

考》等几部重要的具有开创性的经学著作。诸多学者站在汉学立场上给予整个明代经学以较低的评价，但是却对这几部著作给予了高度评价，并且指明这是清代汉学兴起的先声。

第三，对明代具有代表性的学派的经学思想和成就的评价已经逐渐脱离了偏激轨道，走上了较为客观的研究道路。尤其是对阳明心学的评价已经走出了全面批判的怪圈。本田成之、皮锡瑞、何耿镛、马宗霍、蒋伯潜对阳明心学进行了不遗余力的批判，认为是阳明心学导致了明代经学的空疏。但是，范文澜、周予同、徐兴无、刘晓东师等则在批评阳明心学的同时，也肯定了阳明心学对明代经学学风和研究方法的变化具有重要的推动作用。特别是某些研究已经突破了汉学、宋学的界限，直到今天这些研究仍然有重要的指导意义。钱穆、张舜徽、刘晓东师等的明代经学研究明确指出了清代汉学的源头在明代，这在明代经学研究史上具有开创性意义，同时也是今后明代经学研究需要继续加强的地方。

第四，明代经学研究呈现多样性的研究模式。明代经学研究呈现三种不同的研究模式。本田成之、皮锡瑞、何耿镛、蒋伯潜、刘晓东师主要按着历史发展的线索进行论述，描述出了明代经学发展的大致轮廓。刘师培、钱基博、马宗霍多从专经角度进行研究，将明代经学按照《周易》、《尚书》、《诗经》、《三礼》、《春秋》、《四书》、小学等专题进行分析研究。尤其是钱基博并没有将传统的《十三经》进行逐个研究，而是挑选了作者认为比较重要的经书进行研究评述。范文澜、周予同、徐兴无则是按照汉学派、宋学派、清学派（或者新汉学派）进行研究的。对三派经学的研究也只是从义理上进行研究，并没有否定明代的宋学派的经学成就。三种不同的研究可以从立体上展示明代经学的发展大概。

## 二、明代经学研究的不足之处

从上文分析可知，经过众多学者的努力，明代经学研究取得了突出成就。但是，随着时代的发展，明代经学研究中存在的问题也逐渐暴露出来了。

第一，受顾炎武和《四库全书总目》的影响，学者对明代经学的成就多持否定意见。明末清初的学者鉴于明代讲学之风的流弊，对心学和科举制度予以了严厉的批评和深刻的反思。他们对三部《大全》和阳明心学都进行了严格的反思，而顾炎武和四库馆臣是其中的主要代表。他们对明代经学的反思一直影响到当代学者。本田成之、皮锡瑞、周予同、钱基博、范文澜、蒋伯潜、何耿镛、刘晓东师虽然盛赞明代的《古文尚书考异》等个别经学著作，但总体而言，对明代经学评价不高。明代经学之所以会落下空疏的不良名声，与顾炎武对明代经学的评价有关。

可以说，顾炎武对明代经学的贬斥已经确定了明代经学研究的基调，后人鲜有突破这一思维定势者。直到修撰《续修四库全书总目》(经部)，才出现了与传统评价异样的声音。例如《周易》部分，尚秉和高度评价了明代象数学取得的成就。张寿林在《诗经》学方面肯定了竟陵诗派从文学角度审视儒经的创新勇气。可以说，明代经学正处于一次重大的重估阶段。曹道衡在为刘毓庆《从经学到文学——明代〈诗经〉学史论》作序时称自己经常思考的一个问题就是“清代的考据学是否在明代已开其端”。[①] 刘毓庆借助明代《诗经》学研究进行反思：“《诗经》学从汉唐迄宋元的一千多年间，都迷失在了经学与理学的迷雾之中，只有明代《诗》

---

① 曹道衡：《从经学到文学——明代〈诗经〉学史论序》，见刘毓庆《从经学到文学——明代〈诗经〉学史论》，北京：商务印书馆，2001 年，第 2 页。

学走出了这迷雾，寻回了自己的路。在此我们感到诧异的是，《诗》学史上如此重大的巨变，如此突出的贡献，几百年来竟不为人所重，而且明代《诗经》学一直是一片荒凉地，只有极少的学者去开发。造成这种状况的原因与三百年来中国历史上两位非常杰出的大学者的'误导'不无关系。一是明末清初开清代朴学风气之先的顾炎武，一是现代学术史上开一代疑古之风的顾颉刚。此二人都是极具权威性的'宗师'。顾炎武在其大著《日知录》中，对明代学术的攻击几乎不遗余力，认为古学弃于明，经学亡于明，改窜古书之习猖獗于明，制义所利在'空疏之人'，最没有学问的也就数明代人了。这样一来，明代的经学几乎一无可取了，而后之学者尊信权威，便捉住明儒的一二破绽，大斥其'空疏'、'浅陋'。像全祖望、王鸣盛、钱大昕、章学诚、崔述、江藩、龚自珍、陈澧、李慈铭、王先谦、罗振玉、梁启超等著名学者，无不持此观点。清代张廷玉奉敕编撰的《明史·儒林传》中，全面采纳了顾炎武的意见。……于是在非常权威的《四库全书总目》中，贬抑明代学术之言便随处可见。……顾炎武的误导，导致了《明史》及四库馆臣对明代经学几乎全面否定的终判，更导致了数百年来对明代《诗》学不屑一顾的局面。"[①]明代《诗经》学研究园地的荒芜在刘毓庆的《从经学到文学——明代〈诗经〉学史论》出版以后得到了改变。但是《诗经》只是传统的《十三经》之一，明代经学仍然有很大的研究空间。在《尚书》研究领域，已经出现了与传统观点不同的声音，郭仁成在《尚书今古文全璧》之绪言《论晚〈书〉二十五篇仍不可废》中对于传统的《伪古文尚书》之命名提出疑问。郭氏称："传统的所谓伪《尚书》，是相对于人们心目中早已的真《尚书》而言的，现在既然压根儿没有过什么真《尚书》，也就无所谓伪《尚书》

① 刘毓庆：《从经学到文学——明代〈诗经〉学史论序》，第15—16页。

了,也就用不着再去为各种《尚书》版本和篇目贴什么‘真’、‘伪’的标签了。”①重新反思《古文尚书》的真伪已经进入部分学者的视野。张富祥在《尚书概说》中称:“我们以为对于今本《尚书》的经、序、传可以分别看待。‘小序’晚出,‘大序’和‘孔传’假托于西汉孔安国,这些并不就证明其古文经一定出于魏晋人的托撰。现存古文经或杂有前世经师的传记之文,然《尚书》各篇皆历经整理,难免 会掺入传记文字。只要不把古本经文想象得过于整齐,则有些传记文字在久而转化为经文之后,亦不大悖于文理,正不必视之为伪。”②从对《尚书》的反思中可以《尚书》研究的新方向,这就逐渐打破了对清代汉学和《四库全书总目》的神话。但是,这种思考目前处于初级阶段,只有在《诗经》和《尚书》领域内展开,诸如《诗经学史》、《春秋左传学史稿》、《春秋学史》等专经研究史仍然遵循顾炎武之余绪。辨证地分析顾炎武的结论,心平气和、事实求是地研究明代经学任重道远。

第二,从经学发展历史上看,明代经学的研究仍然处于相对薄弱环节。

从整个经学史的研究现状来看,明代经学是最容易被忽略的环节。中国经学发展经历了漫长的发展阶段。马宗霍把经学发展分为古之六经、孔子之六经、孔门之经学、秦火以前之经学、秦火以后之经学、两汉之经学、魏晋之经学、南北朝之经学、隋唐之经学、宋之经学、元明之经学、清之经学十二个历史发展阶段,而历代研究者多将研究的重点放到了两汉之经学、隋唐之经学、清代之经学三个历史阶段,对其它阶段的经学研究则着力不多,尤

① 郭仁成:《论晚〈书〉二十五篇仍不可废》,见《尚书今古文全璧》,长沙:岳麓书社,2006 年,第 8 页。

② 张富祥:《尚书概论》,见郑杰文师《经学十二讲》,北京:中华书局,2007 年,第 113 页。

其是论述明代经学时候，学者多用空疏一词进行概括。对汉唐经学、清代朴学多作浓墨重彩式的研究，对明代经学的研究则寥寥数笔，这种轻描淡写式的研究与明代文化在整个封建社会中的地位是极不对称的。

第三，从明代经学内部发展来看，明代经学研究仍处于不平衡的阶段。

从明代经学的发展阶段上看，学者的目光多集中到了阳明心学对经学以及明后期学术思想与清代朴学的关系上，这就造成了对整个明代经学整体性全面性研究的缺乏。

从整个明代学术发展来看，明代经学在洪武、建文年间仍然保持着笃实的学风。在程朱学派经学发展到正德、嘉靖年间而陷入困境的时候，明代学术才发生了突变。这次突变有两种方向：一是在哲学领域，王阳明心学兴起，这是理学内部的一种自我反省。二是在思想领域，实学思想的兴起。这两种方向共同的学术背景是复古思潮，明代文学史上的“前七子”、“后七子”就是此种复古思潮的体现。目前学界的关注点多集中在明代后期，而忽略了明代前期的研究。

与此同时，王阳明之心学也处于发展变化状态，并非像多数学者论述的那样从始到终都是以空疏为特征的。

首先，从时间上看，早期的王阳明心学仍有笃实之风，直到阳明后学成为学术中坚之时，各派皆奉自己为王学嫡派而诋毁其它派别，不可否认，个别派别走向了空疏一路。用发展的眼光研究阳明心学就会发现，王学前期与后期是存在一定差别的，顾炎武所批评的王学当是王学末流之特征。

其次，从王学后学看，王学门徒中可以分为众多学派。以王畿和王艮为代表的激进派越来越偏离了实用轨道，其它学派则在修正王学激进派的观点，最重要的体现就是继续调和程朱陆王。

有些学者则强调多读书，这从《明史》的列传中可以找到证据。

综合以上分析可知，在明代经学研究中仍然留下了很多薄弱环节，细致具体地分阶段地研究明代经学是新的突破点。

第四，明代经学研究虽然有三种不同的研究模式，但其实质仍然是按照时间发展顺序进行研究的，即使是专题性研究也仍然没有脱离时间顺序。其实质仍然是传统纪传体著作的编辑方法，这就造成了明代经学的研究仍然带有光荣榜式的特点。明代经学是一个连续的学术发展过程，研究者因为独特的学术背景对明代经学的评价多集中到有限的几个时间段上。顾炎武对明代经学的评价不高，后来学者受其影响，只在漫长的明代经学历史中寻找个别符合汉学家学术思维和主张的经学发展阶段和经学著作。例如在明代经学发展历程中多探讨永乐十二年三部《大全》的修撰、王守仁心学兴盛、明代后期实学的兴起三个阶段。虽然这三个时间是关系着明代经学发展的重要标志，但是这样的研究仍然无法组成明代经学连续的发展历程。对于明代的经学著作多是集中到《五经大全》、《四书大全》、《毛诗古音考》、《古文尚书考异》等有限的几部著作上。钱基博关注的著作较多，但是仍然没有脱离汉学家的眼光。由于研究者学术视野的不同，所以选取的经学著作只能呈现出某种研究思路支配下的一种片面性的成果，而无法涵盖全部明代经学著作，这就不能反映出明代经学发展的整体概况。

纪传体与编年体是中国传统史书的两种编纂方式，而编年体史书的编写要相对薄弱。中国经学史的编纂也是以纪传体为主要体裁，上文所举的经学史专著都是纪传体体裁，而没有编年体体裁著作诞生。经学史是在一定的空间和时间中展开的。纪传体的时间意识和空间意识以若干个焦点学者、著作为坐标，对经学史的发展流程把握大体判断。其优势在于，可以忽略细微而直接把握大局，上文所屡屡引用的《五经大全》、阳明心学、实学思潮都是纪传体体裁经学史重点研究的对象。

按照历史发展进行论述是明代经学史研究的必要思路，但是仍然需要加强编年体体裁著作的编写。纪传体经学史不足以展现经学发展的全貌，而编年体则可以解决这一问题。鲁迅称："分类有益于揣摩文章，编年有利于明白时势，倘要知人论世，是非看编年的文集不可的，现在新作的古人年谱的流行，即证明着已经有许多人省悟了此中的消息。"①从历史发展看，明代的前期和后期，程朱学派占据上风，而明代中叶尤其是正德、嘉靖年间阳明心学占据上风。对于明代经学的细致考察就会发现现存经学史著作在此方面存在着不足。

从这个角度讲，明代经学研究仍然处于初步阶段，现存的经学史著作中对明代经学的论述囿于传统观点的束缚。因此近年学界开始重新反思明代经学，刘毓庆的《从经学到文学——明代〈诗经〉学史论序》是为代表。

这部专著所取得的成就不仅仅在于以全新的视角对明代的《诗经》学进行了重新梳理和评价，使明代《诗经》学研究呈现出富有创造性的成果，还在于通过对明代《诗经》学的研究方法思路创新为明代经学的整体评价提出了新的借鉴。2005 年 9 月李圣华发表《重估明代学术价值　建构"明学"研究新体系——从竟陵派"学殖浅陋"谈起》一文。该文呼吁学界重新估定明代的学术价值，还明代学术之本来地位，该文的主题思想是建立"明学"。作者指出："明代的理学、经学、史学、佛学、地理学、天文历算学等都取得了相当高的成就。应正视明人之学，重估明代学术的价值，

① 鲁迅:《且介亭杂文·序言》，见《鲁迅全集》第 6 卷，北京：人民文学出版社，2005 年，第 3 页。

确立新的研究思路，使之成为与‘汉学’、‘宋学’、‘清学’并立的一门学问。在建构‘明学’研究新体系上，应重新认识阳明心学在明代学术史上的地位，避免使之成为明代学术的代名词；不以清人的学术标准来衡量明代学术，学术史研究不应成为简单的‘表章某某，罢黜某某’；反思 20 世纪的明代学术研究史，在继承传统之上，努力突破旧的研究范式；在中国学术史大背景下，重新考察明代学术的发展流变历史，编著能较全面反映一代学术风貌的学术史论著。”①文章在论及明代经学时以明代竟陵派为代表指出当前明代经学研究仍然是一个被忽略的领域。文章指出：“明代的经学，在中国经学史上是一个最容易被忽视的领域。清代学者大都相信顾炎武所说的明永乐年间朝廷颁布《四书大全》、《五经大全》，造成士子‘仅取已成之书，钞誊一时，上欺朝廷，下诳士子，唐宋之时，有是事乎？经学之废，实自此始’的话，现代学者杨东莼《中国学术史讲话》、马宗霍《中国经学史》都承绪此说。明代科举考试，以《四书大全》、《五经大全》为书目，废注疏不用，确实造成应试者不读经书原文、束书不观、转相抄习的现象，给经学的发展带来很大的负面影响。但笔者认为，明代的经学实未尝因此而废。检黄虞稷《千顷堂书目》，卷一所录‘书类’著述有 130 余种，‘诗类’著述近 120 种，‘春秋类’著述也在 200 种之上。”②李圣华特别指出顾炎武对后世学者的影响深远，要重新评价明代经学就必须加强独立思考，辨证分析顾炎武之结论的时代背景、作者主观倾向等因素。

值得注意的是“明学”一词的外延很大，李圣华所说建立明

① 李圣华：《重估明代学术价值建构“明学”研究新体系——从竟陵派“学殖浅陋”谈起》，载《郑州大学学报》，2005 年第 5 期，第 113 页。

② 李圣华：《重估明代学术价值建构“明学”研究新体系——从竟陵派“学殖浅陋”谈起》，载《郑州大学学报》，2005 年第 5 期，第 114 页。

学的新体系本身就包括经学、理学、史学、佛学、地理学、天文历算学等内容。日本学者也提出了"明学"这一概念。"论者或曰,明学不过是宋学之糟粕而已。此论果真得当吗?从宋学到明学的展开,如前所述,是从性(理)学到心学的展开。但是,从心学的观点来说,明学既可以说是因陈白沙、王阳明而兴,又可以说陈学是王学的先驱。而且严格地说,这也许比明学因王阳明而兴的说法更贴切。为什么这么说呢?这是因为,虽然王学是通过陆学溯源到孟子的心学而加以发展的,但陈学则可以说是出自吴康斋(吴与弼)的朱子学而提倡心学的,其心学是静澄端本之学,其中具有与依靠具体流动之心的陆学相悖的,而有与以本心之静虚为宗的象山门人杨慈湖之学相通的地方。所以,一般来说,在陈学中存在着与朱子学相通的因子,即把性置于心之上、并具有静的倾向。"[①]冈田武彦与李圣华都特别重视明学,并且力图使明学成为与汉学、宋学、清学具有同等地位的思想学术体系,尤其是要将明学从宋学中独立出来。

"明学"概念的提出表明明代学术研究进入了深刻反思以清代学术为标准的时代,明代经学作为明代学术的重要组成部分,也应该得到相应的重视。因此,重写明代经学史已经提到日程上来。那么重新反思明代经学研究的突破口在什么地方呢?

明代经学研究的重心,从时间上说学者多重视明代中后期经学的研究。例如对于王阳明心学的研究以及心学对经学的冲击的研究比较充分。在几乎所有的以哲学史、经学史、理学史、思想史命名的著作中都可以看到这样的研究成果。学界对王阳明心学对经学的冲击以及实学思想兴起的研究已经比较成熟。孙钦

① 冈田武彦:《王阳明与明末儒学·绪论》,重庆:重庆出版社,2016年,第9—10页。

善在《中国古文献学史简编》中对明代的杨慎、焦竑、梅鷟、胡应麟、方以智等人的考据学和辨伪学都做出了较深刻的研究。陈鼓应等人在《明清实学简史》中对王廷相、吕坤、杨慎、焦竑、胡应麟、东林学派等学者或学术团体的实学思想都作了深入研究。以上两本著作对明代中叶发生的学术思想变化予以了高度评价。孙钦善指出:“综观杨慎的考据成果,有广度而缺乏深度,承袭胜于独创。亦有出于猎奇心理而轻信伪书、伪物的情况。……杨慎的古文献学研究成果,还有不少疏误,但成就是突出的。他是明代考据学者的突出代表,对当时和后世都产生了积极影响。”①陈鼓应指出:“杨慎倡导汉学,强调考据训诂,崇尚博洽以及对人生意义的新探索,已突破了十六世纪传统的心性伦理之学的藩篱。虽然杨慎生前并没有完成一部完整的经学史论著,但他在经典诠释学理论的建树,却在他生后得到了迅速的传播,并直接影响了此后数百年间经典诠释的大致方向。”②这与张舜徽、钱穆的观点有所不同。张舜徽主要从宋学的主张中发现了汉学的因子,钱穆则主张消除汉学与宋学之间的人为壁障,而陈鼓应和孙钦善则是通过清代学术的标准来衡量发生在明代中期的考据学和辨伪学的。这两种著作虽然不以经学名,但其所论述的内容亦可以视为明代经学研究的新突破了。郭素红的博士论文主要是沿着这条思路进行了更为深刻和详细的研究,试图改变认为明代空疏无学的旧成见。

明代前期的经学研究处于相对寂寞之中。在明代前期的经学发展过程中,学者的研究大多集中在了永乐时期三部《大全》的编纂上,这在以上诸位学者的研究综述中都可以得到明证。

---

① 孙钦善:《中国古文献学史简编》,北京:高等教育出版社,2001年,第403页。

② 陈鼓应、辛冠华、葛荣晋:《明清实学简史》,北京:社会科学文献出版社,1994年,第84—90页。

那么明代前期经学研究的成果又如何呢？本田成之曾经肯定了朱元璋统治的洪武年间经学的实用特色和朴实作风，这主要表现在奖励哲学、郡县设立学校、罢黜不作为的儒官三个方面。孙钦善、杜泽逊师、司马朝军曾经对处于元代末年明朝初年的宋濂的辨伪学进行过研究。孙钦善指出："宋濂《诸子辩》虽多袭前人如柳宗元、朱熹、高似孙、晁公武、黄震等之说，但对众家之说亦有补充或辨驳，特别是在态度上要比宋人谨慎，因此在辨伪方法和具体结论方面多有创获。"[①]肯定明初的经学成就成为一种更为客观的研究成果。值得注意的是，重视明代前期的经学研究不是填补学术研究空白的一时之举，而是尊重学术发展客观规律的一种体现。

《明史·儒林传》称："原夫明初诸儒，皆朱子门人之支流余裔，师承有自，矩矱秩然。曹端、胡居仁笃践履，谨绳墨，守儒先之正传，无敢改错。学术之分，则自陈献章、王守仁始。"[②]张廷玉继承顾炎武之论，对明初经学简单概括为朱子之支流余裔，从而直接过渡到对曹端、胡居仁、陈献章等学者的研究。实际上，《明史》之结论并没有展现明初经学的真相。原因如下：

从时间上讲，三部《大全》的编纂是在永乐十二年，陈献章出生于宣德三年十月二十一日，陈献章筑阳春台，静坐其中是在景泰五年或六年，其复游太学名震京师在成化二年。从三部《大全》的颁布到陈献章成名之间尚相隔洪熙、宣德、正统、景泰、天顺四朝共计 52 年的时间。王阳明龙场悟道，大倡"致良知"则在正德元年，从颁布三部《大全》到阳明悟道之间有 92 年的时间，学界对这段历史时期内的经学的研究则比较疏略。更何况，对洪武朝和

① 孙钦善：《中国古文献学史简编》，第 418 页。

② 张廷玉：《明史》，北京：中华书局，2000 年，第 4827 页。

永乐朝的研究也仅仅是注意到朱元璋的残暴政策和永乐帝编纂《大全》而已。从近人的研究成果看，对这段历史时期的经学应该加强研究力度。诚然，这是一个相对沉寂的阶段，曹端、薛瑄、吴与弼算是其中三个稍有名气的儒者。在“靖难之役”中不幸罹难的方孝孺在历史视野中也多是一位殉道者，对他的经学思想的研究就更逊色了。学界对洪武、建文两朝经学研究的关注则更显不足，从研究现状看，明代前期是一个尤其应该注意的时代。

从学术发展的过程来看，广东陈献章和浙江王阳明的崛起都不是空穴来风，心学思想是经过了前代多年的积累和探索而形成的。舍弃对这段积累和探索过程的研究也就无法弄明白心学为什么会在明代中后期大行其道了。因此，从学术本身的发展过程来看，明代前期也是一个值得关注的历史阶段。

因此，本书主要研究明代前期的经学发展历程，上限是1358年，这一年，朱元璋聘请了元明之际著名的儒者刘基和宋濂来到应天府。二人开始了辅佐新主的历史，并用自己的思想影响到了有明一代的制度建设。下限是1403年，这一年，朱棣夺取了建文帝的帝位，改元永乐。这个历史阶段属于明代初期，在经学史上尚属于比较容易被忽略的阶段，同时也是明代经学较为活跃的一个历史时期。

# 第二章　洪武政治与经学发展

公元1368年是中国政治史上的重要年份，朱元璋经过多年征战登基称帝，国号明，建元洪武。部分学者，尤其是《剑桥明代史》的作者特别强调这一年份在中国历史上的重要性。作者指出："从14世纪的40年代起到17世纪的60年代止的大约300年间，精确地说是从1368年到1644年的277年间为明朝正式统治时期，它是1126年自从北宋陷入女真人之手以后直至1911年辛亥革命推翻帝制这段中华帝国后期史唯一由汉人统治中国本土的一个王朝。本地王朝和外族征服者王朝的这一更替当然对中国人的生活产生了不同程度的影响，但它最具破坏力的影响也未曾中断中国文化的连续发展。可是，汉人胜利地重新夺回了政权，这在历史上却是很重大的事件。"①蒙元与洪武政权的交替带给了社会巨大变化，不仅影响到了士人的心态，还带来了经学的变化。

在鲁迅看来，思想史上的变化不及政治波动剧烈。虽然政权已经易手，但是整个社会的思想和信仰并没有呈现明显变化。鲁迅称："中国人对于异族，历来只有两样称呼：一样是禽兽，一样是圣上。从来没有称他朋友，说他也同我们一样的。"②"我回忆自己的得到一点知识，真是苦得可怜。幼小的时候，我知道中国在

---

① 牟复礼、崔瑞德：《剑桥中国明代史导言》，北京：中国社会科学出版社，1992年，第1页。

② 鲁迅：《随感录第48》，见《鲁迅全集》第1卷，第352页。

'盘古氏开天辟地'之后,有三皇五帝……宋朝、元朝、明朝、'我大清'。到二十岁,又听说'我们'的成吉思汗征服欧洲,是'我们'最阔气的时代。到了二十五岁,才知道所谓'我们'最阔气的时代,其实是蒙古人征服了中国,我们做了奴才。"①元朝虽然是蒙古族建立的政权,但是对于讲求实践理性而轻视玄想的中国人来说,经过百年左右的发展,这个由少数民族掌握的政权早就被汉族人接受。不仅有众多的汉人充当了这个政权的工作人员,掌握着相应的管理权力,同时大部分文人和儒生都已经接受了这个政权的合法性地位,并且为其服务。宋濂就称蒙元入主中原是顺应天命之举,元明鼎革之际,甚至出现了为这个政权隐居或者殉难的经学学者。(例如郑玉邃于《春秋》,在明军进徽州之时,不屈而死。)因此,从政治史上说,1368 年是一个重要的年份,在思想史上却延续着蒙元的发展轨迹,在文化上仍然是儒者发挥经世致用作用的时代。本书所要论述的经学学者也与新生的洪武政权存在着复杂的关系。因为中国传统学术与政治之间固有的密切关系,明太祖为了巩固政权也大力恢复和营造经学发展的环境,使儒经研究者可以更好地继承其服务社会思想、政治的文化传统。

## 第一节　洪武政治与经学复兴

1368 年朱元璋建立洪武政权,当时社会的主要任务是巩固新生的大明政权。为此,朱元璋采取了各种行之有效的措施,其中在思想文化方面的最大手笔就是实行各种政策使经学沿着经世致用的健康道路发展。通过经世致用政策的颁布,朱元璋笼络

① 鲁迅:《随便翻翻》,见《鲁迅全集》第 6 卷,第 142 页。

了知识分子，也控制了学术界。

## 一、恢复信心

经学是以儒家经典为研究对象的学术，经学研究的主体是儒家学者。随着朱元璋军事力量的壮大，元末隐居的知识分子多闻风而动，燃起了参与创建新政权的热情。蒙古族入主中原之后虽然也在北方部分地恢复了经学，但是元朝实行民族分化和民族压迫政策，这就导致大部分知识分子在统治者的歧视政策中失去仕进机会，"九儒十乞"的流行表明了元代儒家学者的地位是何等的低下！元朝实行的民族分化和压迫政策体现在多个方面。统治者把全国人民分为蒙古人、色目人、南人、汉人，其中南人和汉人的地位最低。元仁宗虽然恢复了科举制度，但是统治者却采取分榜录取的方法，蒙古人、色目人为一榜，南人、汉人为一榜。南人、汉人的试题难度高，录取比例低，授予的职位低。在这种政策的压迫下，南人、汉人几乎没有仕进机会。他们失去了仕进信心，纷纷隐居草野，韬光养晦。朱元璋在军事斗争中不忘拉拢知识分子，对于学术界有突出贡献的学者予以优厚待遇。即使是已经亡故的学者，朱元璋也按照礼节予以厚葬，这就传递给知识分子以重视人才、尊重知识的信号。随着朱元璋军事力量的壮大和新生政权的诞生，过去失宠的知识分子纷纷表示要为新的政权服务。新政权的建立使知识分子重新看到了修齐治平的道路，恢复了读经的兴趣和信心，从而扫除了复兴经学的心理阴霾。

## 二、保存典籍

在战斗中最需要的是军事才能，朱元璋一开始并不重视儒家思想。随着朱元璋对儒家思想的认识不断加深，他逐渐改变了儒者迂阔不中用的思维定势。元至正十三年，他首次吸收了儒士冯国胜、冯国用兄弟，两人皆通兵法，有智略。后又得儒士李善长、李习、陶安，这些儒臣皆明了历代兴衰，对朱元璋取得军事胜利和建立政权都起到了重要作用。例如，洪武元年，儒士吴广在镇压温州叛乱中就发挥了重要作用。"温州南溪人董孟怡等聚众起事，温州卫指挥佥事吴广以兵往，先谕散其党，执孟怡等三人杀之，事平。广，合肥人，尝受学余阙，通儒术。"[①]在《赐诚意伯刘基还乡》中，朱元璋表示了对刘基看法的改变。朱元璋称："朕闻古人有云：君子绝交，恶言不出；忠臣去国，不洁其名。尔刘基括苍之士，少有英名，海内闻之。及元末群雄鼎峙，孰辨真伪者谁？岁在戊戌，天下正当扰乱之秋，朕亲帅六军下双溪而有浙左，独尔括苍未附，惟知尔名耳。吾将谓白面书生，不识时务。不久而括苍附，朕已还京。何期仰观俯察，独断无疑，千里之余，兼程而至，谒朕陈情，百无不当。"[②]朱元璋手下的刘基视儒家思想为治国良方。获胜后的朱元璋对刘基大有轻视之意，但仍欢迎刘基的"自荐枕席"之举。

儒士的才能使朱元璋意识到经学思想的重要性，从而对古代文化思想产生浓厚的兴趣，并且信任经学思想。在《曲阜知县孔克畲敕文》中称："朕闻古人有必报而不忘者，先师也。盖谓传德明道，终身不受祸患，固报之。朕与臣民同世于斯时，方知大成至圣文宣王当世之先师。时人去古既远，有失报礼。稽诸古典，报则有光，其光之显扬，师徒共之。若果诚能报之，则益而无损。"[③]表达了对孔子的尊敬。洪武十七年二月，在《敕封衍圣公孔讷诰文》中，朱元璋称："三皇五帝之道，明陈攸叙，大展彝伦，协天地阴

① 孙正容：《朱元璋系年要录》，杭州：浙江人民出版社，1983年，第165页。

② 朱元璋：《赐诚意伯刘基还乡》，见钱伯城《全明文》(第1册)，上海：上海古籍出版社，1992年，第61页。

③ 朱元璋：《曲阜知县孔克畲敕文》，见钱伯城《全明文》，第36页。

鹜定民居者为此也。至周，文繁于《三坟》，道迷于《五典》，兼《八索》、《九丘》之泛，而诸家之说并生，是致道纵途横，虽欲驰之，莫知所向。独先师孔子明哲心，枢睿智，定真析伪，以成《诗》、《书》。其修道之谓教，可谓至矣。率性之谓道，可谓坚矣。由是天鉴善德，血食之祀万世，子孙弘衍于今，耿光而弗磨者，因幽明之诚无间，感通上下，故若是也。"[①]朱元璋视孔子删定的《诗》、《书》为通向治道的令典。由此可见，朱元璋很重视儒家经典的作用。

这些治国安邦的至理名言保存在了儒家经书之中，因此朱元璋对于经书也表示出了一定的尊敬。早在元至正二十六年五月，朱元璋就令有司访求古今书籍。洪武元年冬十月，又下诏收秘书监典籍图书及访求民间遗书。十一月建大本堂，命取古今图籍充盈其中，聘请儒臣教授太子、诸王经书。朱元璋所诏求的典籍并不一定全部是儒家经书，然其中必然有儒家经书。至正二十六年，令有司访求古今书籍时，朱元璋谓詹同曰："吾每于宫中无事，辄取孔子之言观之，如节用而爱人，使民以时，真治国之良规。孔子之言，诚万世之师也。"[②]这说明朱元璋有感于《论语》于治道多有裨益，故诏求书籍。洪武元年访求书籍充大本堂的直接目的就是令儒者教授太子经书。保护并利用儒家经书，为明初经学的发展奠定了良好的物质基础。同时，朱元璋有感于明代初期南北文化发展水平存在巨大差距这一现实，对于北方学术多有政策上的帮助。除了调动南方学者到北方进行教学活动，还多次颁布经书于北方，试图提高北方的经学水平。这对于平衡南北文化水平，吸引并获取北方士人的信任有莫大帮助。

---

① 朱元璋：《袭封衍圣公孔讷诰文》，见钱伯城《全明文》，第 39 页。

② 胡广：《明太祖实录》，台北：历史语言研究所，1962 年，第 287 页。

## 三、发展教育

明代制度建设最醒目的举措是废除丞相制度,加大皇权在政治事务中的决策力量,这就造成了有明一代更加严厉的专制。但是,明代的诸多制度中,有一点仍为后人所称道,即加强教育。朱元璋重视教育,视学校为道理之原。洪武五年十二月,朱元璋发布《农桑学校诏》:"农桑衣食之本,学校道理之原。朕常设置有司,颁降条章,使敦笃教化,务欲使民丰衣足食,理道畅焉。何有司不遵朕命,往往给由赴京者,皆无桑株数目、学校缘由,甚与朕意相违。特敕中书令有司:今后敢有无农桑学校者,论拟违制杖降罚,历三年后注以吏事出身。"[①]将教育与农桑相提并论,足见其对教育的重视。民以食为天,朱元璋将儒家经书思想视为精神食粮,由此可见,其对教育的重视程度。

朱元璋重视教育,主要体现在设立各级教育机构、鼓励刻苦学习精神、加强师资、平衡南北教育四个方面。

### (一)建立各级教育机构,组成自下而上的完整教育体系

《明史·选举志》记载:"科举必由学校,而学校起家可不由科举。学校有二:曰国学,曰州、府、县学。"[②]国子学之设始于己巳。"洪武元年令品官子弟及民俊秀通文义者,并充学生。选国琦、王璞等十余人,侍太子读书禁中。入对谨身殿,姿状明秀,应对详雅。太祖喜,因厚赐之。天下既定,诏择府、州、县学诸生入国子学。又择年少举人赵惟一等及贡生董昶等入学读书。赐以衣帐,命于诸司先习吏事,谓之历事监生。取其中尤英敏者李扩等入文华、武英堂说书,谓之小秀才。其才学优赡、聪明俊伟之士,使之

① 朱元璋:《农桑学校诏》,见钱伯城《全明文》,第2—3页。

② 张廷玉:《明史》,第1119页。

博极群书，讲明道德经济之学，以期大用，谓之老秀才。”①

朱元璋又设立太学，精选名儒耆旧教育皇子及大臣之子。朱元璋称：“太学之设，无知古称，但始自汉唐，所以设此而教君之嗣、责臣之子，故立名曰太学。既立之矣，则爵官以司之，以专文学，乃曰师。师乃泛称。又官称，官称曰何？曰祭酒、司业、博士、助教，皆有肄焉。”②

朱元璋又设立社学以弥补州、府、县学之不足。《明会要》记载：“洪武八年正月，诏天下立社学。方克勤知济宁府，立社学数百区。十六年，诏民间立社学，有司不得干预。吴良守江阴，暇则延儒生讲论经史。新学宫，立社学。二十年，令民间子弟，兼读御制《大诰》及律令。”③洪武十六年正月丁亥，命天下立社学。朱元璋谓中书省臣曰：“昔成周之世家有塾、党有庠，故民无不知学，是以教化行而风俗美。今京师及郡县皆有学而乡社之民未睹教化，宜令有司更置社学，延师儒以教民间子弟，庶可导民善俗也。”④洪武二十四年，倪基上书请设社学。《明实录》载：“湖广宝庆卫百户舍人倪基言四事：……陛下即位之初，诏郡县兴举学校，作养贤才，与图治道，故乡社有校，郡县有学，今郡县之学兴举而乡社之校颇废，非所以广教化也。伏愿陛下诏乡社举明经之士或年老致仕之人，百家置一师，以经史教授民间子弟，日就月将，则渐染成材，自然向化，而官使有人矣。”⑤但是社学的教学内容与州、郡、县教学内容都以经史为主。王凯旋指出：“社学是明代官学系统

---

① 张廷玉：《明史》，第1119—1120页。

② 朱元璋：《国子祭酒诰》，见钱伯城《全明文》，第47页。

③ 龙文彬：《明会要》，北京：中华书局，1956年，第411—412页。

④ 胡广：《明太祖实录》，第1655页。

⑤ 胡广：《明太祖实录》，第3153—3154页。

的最基础部分。”①

洪武一朝是中国封建专制主义不断加强的时代，但是其教育体系则值得称道。由上文分析可以看出，明代的教育系统非常完整和发达，这就保证了经书拥有固定的阅读群体。

**（二）鼓励刻苦学习精神，要求士人全面发展**

朱元璋从小就经历生活的磨难，起事以后重视知识分子在军事战斗中的重大作用，注重知识的实用性，因此在建立政权以后，对于士子也提出了较高的要求。洪武二十年二月，朱元璋发现部分幼儒虚度光阴，于是撰文予以批评。朱元璋称：“朕于暇中观幼儒权官人，皆空度光阴，略不见志出于群者。且诸人年俱未满三十，所读之书不解旨义，其于字也少知运用，束手闲目，一日一日而已。呜呼惜哉！孰不知光阴不待人之逸也。所以自幼渐壮，自壮渐老，自老渐衰，自衰至于殁，终无立行名身之道，而乃同于常民耳，可不嗟乎！”②朱元璋要求士人树立荣誉感，珍惜光阴，不可虚度岁月。

朱元璋还要求士人文武兼习，全面发展。《明太祖实录》载：“洪武二年六月庚午，上召国子生问曰：‘尔等读书之余习骑射否？’对曰：‘皆习。’曰：‘习熟否？’对曰：‘未。’乃谕之曰：‘古之学者文足以经邦，武足以戡乱，故能出入将相，安定社稷。今天下承平，尔等虽专务文学，亦岂可忘武事。《诗》曰：“文武吉甫，万邦为宪”，惟其有文武之才则万邦以之为法矣。尔等宜勉之。’”③洪武二年，政权初建，兵戈未息，所以朱元璋要求国子生要文武兼修。不仅士人需要习武，武臣子弟亦需学文。洪武十四年十一月甲

① 王凯旋：《论明代社学与学校教育》，载《广西师范学院学报》（哲学社会科学版）2005 年第 4 期，第 137 页。

② 朱元璋：《谕幼儒敕》，见钱伯城《全明文》，第 92 页。

③ 胡广：《明太祖实录》，第 844—845 页。

辰，朱元璋召吏部、兵部臣谕之曰："三代学者无所不习，故其成才，文武兼备。后世九流判立，士习始分。服逢掖者，或不闲于武略；被介胄者，或不通于经术；兼资之者，惟达才乎？……今武臣子弟，朕尝命之讲学，其间岂无聪明贤智有志于学者，若概视为武人而不用，则失之矣。卿等其审择用之。"①

严格要求士子珍惜时间，认真学习，端正学习态度，这就督促学者掌握真才实学。文武兼修的教学目标也保证了人才培养的质量。

**（三）加强师资，保证教育质量**

朱元璋认识到儒生的作用，聘请名儒为教师，以此拉拢知识分子，这在客观上也提高了教育质量。元至正十八年朱元璋置中书分省于婺州，延请叶仪、宋濂为五经师，戴良为学正，吴沉、徐原为训导。洪武二年四月，朱元璋命令博士孔克仁等授诸子经。洪武六年朱元璋又重申了提高教师水平的原则，《明实录》载："礼部奏增广国子生。上曰：'须先择国子学官，师得其人，则教养有效。非其人，增广徒多，何益？盖瞽者不能辨色，聋者不能辨声，学者而无师授，亦如聋瞽之于声色。朕观前代学者出为世用，虽由其质美，实亦得师以造就之。后来师不知所以教，弟子不知所以学，一以记诵为能，故卒无实用。'"②是年三月，以儒士赵俶、钱莘、贝琼、郑涛、马胜、金泯、谢徽为国子助教。洪武四年命郡县访求明经老成儒士为儒学训导。朱元璋努力提高教育的师资水平，这对于教育质量的提高有至关重要的作用，同时也有利于经学的恢复和发展。

**（四）强化北方教育，平衡南北文化水平**

北方文化从宋代开始就落后于南方，经过长期的战乱和蒙元

① 胡广：《明太祖实录》，第 2203 页。

② 胡广：《明太祖实录》，第 1431 页。

百年左右的统治，北方文化又遭到了严重的破坏。顾炎武称："夫北人，自宋时即云：'京东西、河北、河东、陕西五路举人拙于文辞声律'，况又更金、元之乱，文学一事不及南人久矣。今南人教小学先令属对，犹是唐、宋以来相传旧法，北人全不为此，故其习比偶、调平仄者，千室之邑几无一二人，而八股之外，一无所通者比比也。"[①]《明史》称："洪武二年，太祖初建国学，谕中书省臣曰：'学校之教，至元其弊极矣。上下之间，波颓风靡，学校虽设，名存实亡。兵变以来，人习战争，惟知干戈，莫识俎豆。"[②]而北方文化的处境更为惨淡。直到洪武十四年，朱元璋颁布经书于北方之时，北方仍然缺乏最基本的经书。"北方自丧乱以来，经籍残缺，学者虽有美质，无所讲明，何由知道？"[③]北方既乏经书，又无宿儒，其士子文辞又逊色于南方，故很难通过科举考试参与到社会政治管理中来，从而造成了南北政治势力对比不平衡。

为了尽快缩小南北文化差距，朱元璋采用了三种方式提高北方文化水平。

首先，向北方颁布经书，朱元璋于洪武十四年、洪武二十四年颁布经书于北方，不惮其烦。

其次，向北方派遣儒生，支援北方教育。洪武八年三月，朱元璋就向北方派遣教师。朱元璋称："致治在于善俗，善俗本于教化。教化行，虽闾阎可使为君子；教化废，虽中材或坠于小人。近北方丧乱之余，人鲜知学，欲求方闻之士甚不易得。今太学诸生中年长学优者，卿宜选取，俾往北方各郡分教，庶使人知务学，贤才可兴于是。"[④]向北方派遣南方的儒生，这样就提高了北方的师

① 顾炎武：《日知录》，见黄汝成《日知录集释》，第 984 页。

② 张廷玉：《明史》，第 1126 页。

③ 《明太祖宝训》，台北：历史语言研究所，1962 年，第 82 页。

④ 胡广：《明太祖实录》，第 1672—1673 页。

资水平，加强了北方的师资力量，为北方文化的复兴和崛起奠定了基础。

再次，优待北方士人，刺激北方士子的学习积极性。南北文化的差异导致北方士子在科举考试中处于劣势，朱元璋为了调动北方士人的积极性，实行南北分榜制度，保证北方士子有仕进希望。南北榜事件的发生就是照顾北方士人的极端体现。

朱元璋实行封建专制统治，并且加强了专制主义。历来研究者多研究其专制政策的弊端，但是却忽略了其实行的教育政策有力地促进了全国文化的发展，并最终推动经学的复兴。钱穆深谙洪武教育的优点，钱穆认为："明代是中国传统政治之再建，然而恶化了。恶化的主因，便在洪武废相。……第二个恶化的原因，在于明代不惜严刑酷罚来对待士大夫。"①但是明代仍然有几项好制度，其中最为显著的是明初之学校制度建设。钱穆指出："明祖一面废宰相，用重刑，一面却极看重学校。明祖盖知政治不得不用读书人，故一面加意培植养成，一面却设法削其权任，杀其气焰。洪武八年，颁行学校贡举事宜。生员分二等。府、州、县学舍生员之资格，以官员子弟，及民俊秀、年十五以上、读过《四书》者充之。……其考试分按月考验，及三年大比。贡士天子临轩召见，分科擢用。其任用有为御史、知州、知县、教官、经历、县丞、部院书吏奏差、五府掾史不等。其乡里学舍之师资，由守令择有学行者教之。考试亦三年一大比，师生皆有升进。学校之盛，为唐宋以来所不及。"②由此可知，明初教育实有优于前朝者。教育之兴盛直接带动学习经学人士的增加，提高了整体的教育和学术水平。

---

① 钱穆：《国史大纲》，北京：商务印书馆，1996 年，第 665—666 页。

② 钱穆：《国史大纲》，第 681—682 页。

从内容上看，经学是教育内容的主体。明太祖的教育思想以道德为主，以经学为实现道德之必须途径。他把对学生进行孔子的“尊王正名”和朱熹的“明人伦”教育作为学校教育的根本，以陶冶性情，培养人才，而实现道德教育的主要教材则是儒经。朱元璋于洪武十四年三月辛丑，颁《五经》、《四书》于北方学校。朱元璋谓廷臣曰：“道之不明，由教之不行也。夫《五经》载圣人之道者也。譬之菽粟布帛家不可无，人非菽粟布帛则无以为衣食，非《五经》、《四书》则无由知道理。”[①]《明史》载：“赵俶，字本初，山阴人。元进士。洪武六年征授国子博士。帝尝御奉天殿，召俶及钱宰、贝琼等曰：‘汝等一以孔子所定经书为教，慎勿杂苏秦、张仪纵横之言。’诸臣顿首受命。俶因请颁正定《十三经》于天下，屏《战国策》及阴阳谶卜诸书，勿列学宫。”[②]朱元璋要学生饱读经书，获取知识，以通晓帝王之道、礼乐之教及古今成败之迹，经书成为学校教育的主要内容，这有利于经学的普及和传播。

从施教范围上看，朱元璋对于少数民族聚居区的教育更予以特别关照。明初，西南地区分布着众多少数民族。朱元璋在这些地方实行土司和流官相结合的治理方法，同时在思想上加强对当地的控制。朱元璋利用经书中的怀柔远人的办法，招引各土司酋长的子弟到京师就学，使其饱读经书，以通晓礼乐教化之事、君臣父子之道。同时还诏诸土司皆设立儒学，就地教化各土司辖区的各族子弟。这就在更广的范围上传布了经学思想。

## 四、实行科举制度

科举制度是中国封建社会后期的重要制度。隋唐之前，中国

---

① 《明太祖宝训》，第 82 页。

② 张廷玉：《明史》，第 2628 页。

社会基本上由世家大族把持着政治大权，隋唐形成并完善了的科举制度打破了世家大族对政权的垄断。寒族读书人通过熟读经书也可以参加到社会管理中来，故在唐宋之际中国社会经历了一次伟大的变革，科举制度保证为变革后的社会提供社会管理者。通过科举第一次实现了社会管理权的公平，只要熟读经书，通过内圣外王的锻炼，经生就可以通过科举考试参加到社会管理中来。科举考试的内容是以儒家经书为标准的。在利禄的诱惑下，这项稳定的官员选拔制度保证儒家经书拥有为数众多的学习群体。早在元至正二十七年三月丁丑，朱元璋就设立了文科取士制度。洪武三年诏设科举取士制度。定以三年一举，子、午、卯、酉乡试，辰、戌、丑、未会试，乡试以八月，会试以二月。又诏定科举格，初场试经义、四书义，一场试论，三场试策。中式者，十日后试以骑、射、书、算、律五事。并严格规定文臣皆由科举而选，非科举者毋得为官。这就在制度上保证了科举的严肃性和文臣出仕道路的唯一性，从而使经学思想的传播获得了制度化保证。

学校教育和科举考试是明代重要的政治制度，对于经学的发展有着巨大的推动力，促进了文化传播。

关于科举与经学的关系，聚讼不已。顾炎武曾经痛斥明代的八股考试对经学带来的戕害，但是近人多能更为客观地分析科举与经学的关系。

学校和科举制度是明代选取官员的主要制度，士人进入仕途几乎都要通过这条道路，有为之耗尽一生精力者。但是从另外角度分析，学校和科举制度也对文化传播起到了推动作用。学校和科举指挥棒指导提高了明人的识字率，科举考试在客观上促进了经书的流传和研究。赵子富指出："学校、科举制度是明代重要的政治制度，不仅对教育制度、取士方法、官僚构成产生重大影响。而且也与学术文化的发展有密切关系。……明代的学校、科举制度作为高度中央集权政治制度下的产物，以绝对统一的程式取士，禁锢思想，形式与内容趋于僵化贫乏，不利于学术研究和文学形式的发展。但同时学校、科举制度的推行，读书人数增多，又在一定程度上促进了知识的普及与文化的传播。”①科举作为进入仕途的最重要的途径，是教育的指挥棒，各级学校的建立和教育的发展为经学的发展奠定了良好的基础。

这些措施的颁布在一定程度上对明代教育和经学都起到了积极的推动作用。

## 第二节　帝王个人喜好与学术抉择

朱元璋不是学者，他是一代帝王与政治家，在他身上体现的最多的是治国思想和策略。他对经学的理解缺乏系统性，他所颁布的经学政策也往往带有很强的偶然性和随意性。但是，我们却不能忽略朱元璋在明初经学发展中的地位。他个人对经学的理解和主张往往通过帝王特有的权力直接影响到学术界。

之所以要分析朱元璋的学术口味，主要是因为他具有帝王身份。作为社会中的一员，个体对整个社会的影响最直接的莫过于皇帝喜好和政策了。朱元璋在各种文化的对比中选择最有利的思想作为帝国的统治思想。他的治国思想是以儒家思想为核心，又参照佛道两家思想。

在朱元璋的治国思想中，佛教占有一席之地。朱元璋的青少年经历决定了他对佛教存在深厚的感情。

---

①　赵子富:《明代学校、科举制度与学术文化的发展》，载《清华大学学报》1995年第2期，第83页。

少年时期的朱元璋就曾被送进寺院中学习和生活。至正四年，朱元璋时年十七岁，因为父、母、兄相继亡故，朱元璋孤苦无依，于是委身皇觉寺。数月后，他便开始了自己的游历生活。在三年的时间里，他游历了光州、固州、汝州、颍州等地方，后又返回皇觉寺。青年时代的朱元璋曾经皈依佛教，当上游方僧之后，又周游了诸多地区。值得注意的是朱元璋游历之处既是红巾军的根据地，又是彭玉传播明教发动起义的地区，这就很自然地使朱元璋接受明教教义的影响。明教是由摩尼教发展而成的秘密宗教组织，五代、宋、元常被利用为组织农民起义的工具。明教主张"二宗三际"。二宗指明与暗，三际指过去、现在、未来；明教信奉"米勒下凡，明王出世"。元末韩山童、刘福通、杜遵道等四处宣传此教以便发动反元战争。朱元璋于1352年参加到明教首领郭子兴领导的红巾军。在长期的军事生涯中，他利用明教来实现自己的远大抱负，打着明教的旗帜来领导反元斗争。吴晗认为明王朝国号与明教也有关系。吴晗称："大明的意义出于明教。明教本有明王出世的传说，经过五百多年公开和秘密的传播，明王出世成为民间所熟知的预言。韩山童自称明王起事，败死后，他的儿子韩林儿继称小明王。西系红军的别支明昇也称小明主。朱元璋原来是小明王的部将，害死小明王，继之而起，国号大明。据说是刘基的主意……用大明作新皇朝的称号，第一表示新政权是继承小明王的，所有明教徒都是一家人，应该团结在一起，共享富贵；第二告诉人民以明王已经在世，只此一家，其他的全是冒牌，不要相信；第三使人民安心，老实本分，享受明王治下的和平合理生活。"[1]起义之过程、国号之确立都与明教有关，朱元璋受其影响可谓深刻。

---

① 吴晗：《朱元璋传》，北京：三联书店，1965年，第142页。

在他当了皇帝以后，日益崇奉佛教。他征集东南的高僧大德在南京蒋山大开法会，亲自率领臣子膜拜佛菩萨，仪式十分隆重。他又以官府的名义主持重新刊刻《大藏经》。与此同时，他还撰写了《释道论》、《三教论》、《明施论》、《习唐太宗圣教序》等佛学文章，为《心经》作序言，又亲著《集注金刚经》一卷，诏告天下僧侣通读《楞伽经》。这说明，朱元璋对佛教有一定的认识和了解，佛教是他治国思想的一个重要组成部分。

道教思想也是朱元璋统治思想中的一部分。道教在明代一直作为朱元璋的精神统治工具而受到尊崇。他在起义过程中借道士周颠之口宣传自己乃天命所归。在与陈友谅的战斗中利用道士制造的谶言来稳定军心，鼓舞士气。元末正一教在南方势力强大，具有相当规模宗教组织和深厚的群众基础。在攻克南昌之后，朱元璋便去征召正一教教主张正常。洪武元年，张正常入朝庆贺朱元璋，朱元璋授张氏为嗣教真人。朱元璋曾作《御制玄教立成斋醮仪文序》，对正一教予以很高的评价。在整个明代，正一教都受到官方的支持，统领全国道教。这说明道教也是朱元璋的思想的重要组成部分。洪武七年十二月甲辰，朱元璋注《道德经》成，“其对儒臣举《老子》所谓五色令人目盲、五音令人耳聋与圣人去甚去奢去泰之类，曰：‘老子此语岂徒托之空言？于养生治国之道亦有助也。但诸家之注各有异见，朕因为注以发其义。’”①他在《道德经序》中称：“一日试览群书，检间有《道德经》一册，因便但观，见数章中，尽皆明理。其文浅而意奥，莫知可通。罢观之后旬日，又获他卷，注论不同。再寻较之，所注者人各异见。……见本经云：‘民不畏死，奈何以死而惧之。’当是时，天下初定，民顽吏弊，虽朝有十人而弃市，暮有百人而仍为之。如此者，岂不应经之

① 胡广：《明太祖实录》，第 1644 页。

所云？……遂于洪武七年冬十二月甲午，著笔强为之辩论，未知后世果契高人之志欤？朕虽菲材，惟知斯经乃万物之至根，王者之上师，臣民之极宝，非金丹之术也。故悉朕之丹衷，尽其智虑，意利后人，是特注耳。”[①]朱元璋实行重典，奈何民不畏法，朱元璋从民不畏死的教训中感到《道德经》乃治理天下之名言，故对《道德经》推崇备至，奉若神明。

由以上分析可知，朱元璋主要是从实用角度来评价道教与佛教的。对于帝王而言，任何可以巩固政权的措施与思想都可以引进使用，而不必斤斤计较于学术差异，所以朱元璋主张兼修三教。沈德符在《圣祖兼三教》中指出：“盖上于吾儒及释道二氏精究秘奥，虽专门名家有不及。然崇佛而无封帝师西天佛之异典，讲道而羽流辈无孤卿伯爵之横恩，即表章圣学，而不屑屑议笾豆舞佾升降，及改革公侯等事，至三教一论，和合同异，具在御制集中，尤为抉微扼要，万古至言，真天生圣人也。”[②]凡是有利于社会统治的思想都可以加以利用，基于同样的目的，朱元璋对经学也大为赞赏，对儒生提出了实用性的要求。

在明代儒释道渐趋融合的大背景下，在朱元璋频繁与当世大儒接触的过程中，朱元璋的知识水平尤其是儒家学识有了很大的提高。赵翼在《廿二史札记》中详细描绘了朱元璋与当时最为著名的儒家学者交往的过程。赵翼称：“明祖以游丐起事，目不知书，然其后文学明达，博通古今，所传御制集，虽不无词臣润色，然英伟之气，自不可掩。至如凤阳《皇陵碑》，粗枝大叶，通篇用韵，必非臣下代言也。此固其聪明天亶，然亦勤于学问所致。下金华后，聘刘基、宋濂在军中，朝夕讨论，固人所共知。而其初取滁州，

---

① 朱元璋：《道德经序》，见钱伯城《全明文》，第188—189页。

② 沈德符：《万历野获编》，北京：中华书局，1959年，第787页。

范常谒见，即留置幕下，有疑辄问。渡江取太平，即召陶安参幕府。克集庆，即辟夏煜、孙炎、杨宪等十余人。取镇江，闻秦从龙宿学，即令从子文正甥李文忠以金币聘致，常书漆简，问答甚密。又以从龙荐，聘陈遇侍帷幄，呼为先生而不名也。取婺州，即辟范祖干、叶仪、吴沉、许干、叶瓒玉、胡翰、汪仲山、李公常、戴良等十三人会食省中，分直讲经史。计其时，距起兵才数年，已留意文事如此，故文义已早通贯。”①朱元璋不仅仅通过与儒生的接触提高了自己的文化水平，还利用儒生制定国家制度，奠定了明初的政治格局。赵翼指出：“明祖初不知书，而好亲近儒生，商略千古。徐达往取镇江，令访秦从龙，致愿见之意，即令侄文正、甥李文忠以币聘至应天，朝夕过从，以笔书漆简，问答甚密。从龙又荐陈遇，遇不受官，而尊宠之逾于勋戚。后置江南行中书省，省中自李善长、陶安外，又有安思颜、李梦庚、郭景祥、侯元善、杨元杲、阮弘道、孔克仁、王恺、栾凤、夏煜、毛骐、王濂、汪河等，皆燕见无时，敷陈治道。又聘刘基、宋濂、章溢、叶琛至，曰：‘我为天下屈四先生。’下婺州后，又召吴沉、许元、叶瓒玉、胡翰、汪仲山、李公常、金信、徐孳、童冀、戴良、吴履、张起敬等。会食省中，日令三人进讲经史。其后定国家礼制，大祀用陶安，祫禘用詹同，时享用朱升，释奠耕籍用钱用壬，五祀用崔亮，朝会用刘基，祝祭用魏观，军礼用陶凯，一代典礼皆所裁定。……帝尝谓听儒生议论，可以开发神智。盖帝本不知书，而睿哲性成，骤闻经书与旨，但觉闻所未闻，而以施之实政，遂成百余年清晏之治。正德以前，犹其遗烈也。”②赵翼认为，正是朱元璋与儒家学者的接触，才能保证明代前期的健康发展。

---

① 赵翼：《廿二史札记》，见王树民《廿二史札记校证》，北京：中华书局，1984年，第738页。

② 赵翼：《廿二史札记》，见王树民《廿二史札记校证》，第837—838页。

朱元璋不是学者，他对经学的认识主要体现在与诸儒之间的对问之中。从现存的资料看，朱元璋对于儒家经书都有所知晓，并有一定的心得体会。

1. 朱元璋与《周礼》

洪武元年正月戊寅，自旧内迁新宫。朱元璋晓谕中书省臣曰："成周之时，治掌于冢宰，教掌于司徒，礼掌于宗伯，政掌于司马，刑掌于司寇，工掌于司空，故天子总六官，六官总百执事，大小相维，各有攸属，是以事简而政不紊，故治。秦用商鞅变更古制，法如牛毛，暴其民甚而民不从，故乱。卿等任居宰辅，宜振举大纲以率百僚，赞朕为治。"①洪武元年二月乙卯，朱元璋退朝御东阁。时翰林侍讲学士朱升、待制詹同在侧。朱元璋对朱升等称："近观《周礼》，见有所谓六梦者，因思去秋尝梦在乡里游舍，南仰见群鸟摩天而下，少近则类鸠鸟之状。忽一鹤冲起其中，徐度东南。予四顾，鹤已不见。……见朕长子衣青衣而立，忽然梦觉。若此者，其思梦邪，正梦邪？"②考《周礼》确有六梦之说，其文曰："占梦：掌其岁时，观天地之会，辨阴阳之气，以日、月、星、辰占六梦之吉凶。一曰正梦，二曰噩梦，三曰思梦，四曰寤梦，五曰喜梦，六曰惧梦。季冬，聘王梦，献吉梦于王，王拜而受之。乃舍萌于四方，以赠恶梦，遂令始难驱疫。"③这说明朱元璋对于《周礼》六梦之说有所了解。洪武二年八月，朱元璋命令吏部定内侍诸司官制。他称："朕观《周礼》阍寺未及百人；后世至逾数千，卒为大患。今虽未能复古，亦当为防微之计，可斟酌其宜，毋令过多。"④《明史》记载，朱

① 胡广：《明太祖实录》，第487页。

② 胡广：《明太祖实录》，第526—527页。

③ 郑玄注、贾公彦疏：《周礼注疏》，上海：上海古籍出版社，2010年，第938—943页。

④ 吴乘权：《纲鉴易知录》，北京：中华书局，1960年，第2598页。

元璋根据《周礼》五辂制度而弃置了玉辂。《明史》称:"明初大朝会,则拱卫司设五辂于奉天门,玉居中,左金,次革,右象,次木。驾出则乘玉辂,后有腰舆,以八人载之。其后太祖考《周礼》五辂,以询儒臣,曰:'玉辂太侈,何若只用木辂?'"①

以上事例说明,朱元璋非常熟悉《周礼》。《周礼》是一部记述王室职官制度的著作,通过记述三百多种职官的职掌而阐述对社会政治制度的设想。宋代的王安石在宋神宗的支持下曾利用《周礼》变法。王安石创作《周官新义》,企图借助《周礼》实现富国强兵。四库馆臣称:"安石以《周礼》乱宋,学者类能言之。然《周礼》之不可行于后世,微特人人知之,安石亦未尝不知也。安石之意,本以宋当积弱之后,而欲济之以富强。又惧富强之说必为儒者所排击,于是附会经义以钳儒者之口,实非真信《周礼》为可行。迨其后,用之不得其人,行之不得其道,百弊丛生,而宋以大坏。其弊亦非真缘《周礼》以致误。"②元代的王冕曾仿照《周礼》著书,称其为致太平之书。元明之际的胡翰曾主张仿照《周礼》恢复井田制。这表明:在宋元明三朝,《周礼》曾被视为治理天下、发展经济的教科书。朱元璋利用《周礼》作为某些制度的指导思想,则说明朱元璋视《周礼》为致用之书,并对其寄予了厚望。

2. 朱元璋与《尚书》

诸经之中,朱元璋对《尚书》最熟悉,他不仅仅经常引用《尚书》中的典故教育皇子、晓谕臣下,还亲自为《尚书》中的《洪范》作了新的注释,并且在国子监亲自讲解《尚书》,同时要求以《尚书》的语言风格为榜样。

洪武元年正月辛巳,以李善长等皆兼东宫官。朱元璋要求李

---

① 张廷玉:《明史》,第1068页。

② 永瑢:《四库全书总目》,第150页。

善长辅导太子，要以“周公教成王，告以‘克诘戎兵’，召公教康王，告以‘张皇六师’”为榜样。“克诘戎兵”典出于《尚书·周书·立政》，“张皇六师”典出于《尚书·周书·康王之诰》。洪武元年闰七月己酉，征天下贤才至京，授以守令，厚赐而遣之。朱元璋对中书省臣曰：“治国家以德贤为先。贤者，天下之望也。然布衣之士，新授以政，必有以养其廉耻，然后可责其成功。《洪范》曰：‘既富方穀’，此古人之良法美意也。”[①]洪武三年冬十一月，朱元璋大封功臣，其标准是根据功劳大小确定爵位高低。朱元璋引用《尚书》之言“德懋懋官，功懋懋赏”并称：“今日所定，如爵不称德，赏不酬劳，卿等宜廷论之，无有后言。”[②]洪武十四年九月丙午，朱元璋晓谕四辅官王本等曰：“天道福善祸淫，不言而见。君有德则降祥以应之，不德则降灾以警之，故天之于君犹父之于子，子不善而父警之，安敢不惧？盖谨惧无违犹虑有非，尝之灾若恣肆不戒，岂能免当然之祸，朕与卿等皆当慎之。”[③]“福善祸淫”出于《尚书·汤诰》，这说明朱元璋谙熟《尚书》所记载的历史教训。

朱元璋还要求作文要以《尚书》的语言特色为标准。洪武二年三月，朱元璋敕翰林为文无事浮藻，谓詹同曰：“古人为文，以明道德，通世务，《典》、《谟》之言皆明白易知。至如诸葛孔明《出师表》亦何尝雕刻为文，而诚意溢出，至今诵之，使人忠义感激。近世文士，立辞虽艰深，而意实浅近，即使过于相如、扬雄，何裨实用！自今翰林为文，但取通道理、明世务者，无事浮藻。”[④]洪武六年九月庚戌，诏禁四六文词。朱元璋称：“唐虞三代，《典》、《谟》、

---

① 胡广：《明太祖实录》，第581页。

② 佚名：《北平录》，见《四库全书存目丛书》史部第45册，济南：齐鲁书社，1995—1997年，第264页。

③ 胡广：《明太祖实录》，第2192页。

④ 吴乘权：《纲鉴易知录》，第2596页。

《训》、《诰》之词，质实不华，诚为千万世法；汉魏之间犹为近古；晋宋以降文体日衰，骈丽琦靡而古法荡然矣；唐宋之时名儒辈出，虽欲变之而卒未能尽变；近代制诰表章之类仍蹈旧习。朕尝厌其雕琢，殊异古体，且使事实为浮文所蔽，其自今凡告谕臣下之词，务从简古以革蔽习，尔中书宜播告中外臣民，凡表笺奏疏毋用四六对偶，悉从典雅。”①这种以经书的语言标准要求当时文章风格的作法，表明朱元璋对《尚书》的语言特色也有一定的了解。其实质是朱元璋将《尚书》视为经与文的综合体，要求修辞要以经书为准。《尚书》之文不仅载道，还是后世学者作文之标准。顾炎武称：“典谟、爻象，此二帝三王之言也。《论语》、《孝经》，此夫子之言也。文章在是，性与天道亦不外乎是。故曰：‘有德者必有言。’善乎游定夫之言曰：‘不能文章而欲闻性与天道，譬犹筑数仞之墙，而浮埃聚沫以为基，无是理矣。’后之君子，于下学之初即谈性道，乃以文章为小技而不必用力。然则夫子不曰‘其旨远，其辞文乎？’不曰‘言之无文，行而不远乎？’曾子曰：‘出辞气，斯远鄙倍矣。’尝见今讲学先生从语录入门者，多不善于修辞，或乃反子贡之言以讥之曰：‘夫子之言性与天道，可得而闻，夫子之文章不可得而闻也。’杨用修曰：‘文，道也；诗，言也，语录出而文与道判矣，诗话出而诗与言离矣。’自嘉靖以后，人知语录之不文，于是王元美之《札记》、范介儒之《肤语》，上规子云，下法文中，虽所得有浅深之不同，然可谓知言矣。”②顾炎武有感于明后期文风之浇漓，于是提倡为文须以经书语言为本，倡导文以载道。朱元璋对语言特色的要求与顾炎武的主张是一致的，这可以说明两个问题：首先朱元璋对于经学的文学特色，尤其是语言特色的认识是比较深

① 《明太祖宝训》，第81页。

② 顾炎武：《日知录》，见黄汝成《日知录集释》，第1095—1097页。

刻的。其次，顾炎武从修辞角度肯定了《尚书》的语言特色，同时也对明代嘉靖之前的文风予以了肯定。从这一点上讲，朱元璋与顾炎武对于文学语言特色的主张是暗合的。

不仅如此，朱元璋还亲自在国子监讲解《尚书》。洪武十五年五月乙丑，朱元璋到国子监谒先师孔子，释菜礼成，退御讲筵。等祭酒吴颙等人以次讲毕，朱元璋又讲解了《尚书》中的《大禹谟》、《皋陶谟》和《洪范》等篇。根据《明实录》记载，朱元璋的这次讲演是成功的："上幸国子监谒先师孔子，释菜礼成，退御讲筵。祭酒吴颙等以次讲毕。上谓之曰：'中正之道，无逾于儒。上古圣人不以儒名，而德行实儒；后世儒之名立，虽有儒名，或无其实。孔子生于周末，负儒道、行儒行、立儒教，率天下后世之人皆欲其中正。惜乎！鲁国君臣无能用之者。当时独一公父文伯之母知其贤，责其子之不能从，则一国可愧矣。卿等为师表，正当以孔子之道为教，使诸生咸趋于正，则朝廷得人矣。'复命取《尚书》、《大禹谟》、《皋陶谟》、《洪范》亲为讲说，反复开谕，群臣闻者莫不悚悦。"[①]洪武十五年秋七月庚戌，朱元璋与翰林学士宋讷探讨《尚书》曰："朕每观《尚书》，至'敬授人时'，尝叹敬天之事，后世中主犹能知之，敬民之事则鲜有知者。盖彼自谓崇高，谓民皆事我者，分所当然，故威严日重而恩礼寝薄，所以然者，只为视民轻也。"[②]洪武二十年十二月甲辰，朱元璋的《洪范注》完成。洪武二十七年，朱元璋观察到蔡氏《书传》象纬运行，与朱子《诗传》相悖，其它注与鄱阳邹季友所论亦有未安，于是征诏天下宿儒订正之，并最终形成了《书传会选》。

由此可见朱元璋与《尚书》渊源颇深。他不仅熟悉《尚书》的

---

① 胡广:《明太祖实录》，第 2278 页。

② 胡广:《明太祖实录》，第 2290 页。

典故,还通晓《尚书》的语言特色。他要求为文须以《尚书》为榜样,说明朱元璋已经开始注意到了《尚书》的文学特色,这在《尚书》学史上是具有先见之明的。他对蔡沈《书集传》的怀疑则体现了他不迷信学术权威的务实态度。朱熹是宋代理学集大成者,他几乎重新注释了所有经书,唯独没有注释《尚书》。朱熹把注释《尚书》的任务交给了弟子蔡沈,可以说蔡氏《书集传》代表了朱熹学派《尚书》学的最高成就。但是朱元璋发现蔡沈的观点不仅与朱熹的主张不同,也与实际天象不合,于是征召宿儒进行修撰,应该说这是一种正确的学术研究态度与方法。

3. 朱元璋与《周易》

洪武元年夏四月丙辰,朱元璋禁止宦官预政典兵。朱元璋引用汉唐之史实,同时也借用《周易》之语加强了该项政策的必要性和严肃性。朱元璋对侍臣曰:"吾见史传所书,汉、唐末世,皆为宦官败蠹,未尝不为之惋叹。《易》称:'开国承家,小人勿用。'其在宫禁,止可使之供洒扫,给使令而已,岂宜预政典兵。汉、唐之祸,虽宦官之罪,亦人主宠爱之使然。向使宦官不得典兵预政,虽欲为乱,其可得乎?'"[①]洪武二年三月乙未朔,朱元璋与儒臣论《易》,至"天地养万物,圣人养贤以及万民",朱元璋说:"人主职在养民,但能养贤与之共治,则民皆得所养,然知人最难。若所养果贤而使之治民,则国无虚禄,民获实惠;苟所养非贤,反厉其民,何补于国哉?故人主养贤非难,知贤最难。"[②]洪武十八年九月庚午,朱元璋到华盖殿,命令文渊阁大学士朱善讲《周易》,讲至《家人》卦。朱元璋曰:"齐家、治国,其理无二,使一家之间,长幼内外,各尽其分,事事循理,则一家治矣。一家既治,达之一国,以至

① 谷应泰:《明史纪事本末》,北京:中华书局,1977年,第198页。

② 胡广:《明太祖实录》,第801页。

天下，亦举而措之耳。朕观其要，只在诚实而有威严。诚则笃亲爱之恩，严则无闺门之失。”①

朱元璋还喜欢阅读京房《易》学灾异说。京房闻名于中国学术史，是因为他开创了今文《易》学“京氏学”。《易》作为中国学术源头之一，研读者代不乏人，京房是其中颇有影响的一位。京房的《易》学得之于焦延寿。焦延寿讲《易》，喜推灾异，以自然灾害解释卦象，推衍人事。焦氏《易》分六十卦更值日用事，以风雨寒温为候，各有占验。汉代《易》学流变为术数，焦延寿是始作俑者。京房从焦延寿学《易》，深得焦氏《易》学真谛。他把焦延寿以灾异讲《易》的做法扩大化，使《易》学此一流派在当时声名显赫，对后世影响极大，以致人们把这一流派称之为今文《易》学“京氏学”。朱元璋于洪武十年秋天，因为感觉居住之所多阴雨，因阅汉代京房的灾异之说。这说明，朱元璋在自己政权的合法性上仍然存在着疑虑。灾异说在中国人心目中占有一席之地。这种把灾异与政治结合起来的学说往往能给统治者带来一定的压力。朱元璋对于灾异说的重视还体现在提高了董仲舒的地位，这位汉代的大儒因为提倡“罢黜百家，独尊儒术”获得了当朝者的青睐，在明代他的地位也因为朱元璋的爱好而获得一定的提高。最终，他把投靠到王莽政权之下的杨雄挤出了孔子庙廷。董仲舒以公羊学起家，但其理论之根源仍在灾异说。这种由来已久，经过董仲舒和京房的发挥而获得统治者欣赏的学说在明代又焕发了青春。《易》学史上有两大派别：义理派和象数派，朱元璋的《易》学主义理之说。他不对《周易》作高深的哲理化和解说，而是将《周易》的思想作为历史经验予以运用。反对空言，注重实用，将《周易》与社会现实紧密结合起来，体现了一种务实的学术主张。

① 胡广：《明太祖实录》，第2657—2658页。

4. 朱元璋与《诗经》

洪武二年六月庚午，朱元璋召见了国子生，要求这些高材生必须文武兼修。朱元璋称："古之学者，文足以经邦，武足以戡乱，故能出入将相，安定社稷。今天下承平，尔等虽专务文学，亦岂可忘武事。《诗》曰：'文武吉甫，万邦为宪。'惟其有文武之才则万邦以之为法矣。尔等宜勉之。'"[①]"洪武二十四年七月乙巳，龙江卫吏以过罚书写，值母丧，乞守制。尚书詹徽不听。吏击登闻鼓诉之。太祖召徽，切责之曰：'吏虽罚役，天伦不可废，使其母死，不居丧，人子之心终身有慊。夫与人为善，犹恐其不善，若有善而沮之，何以为劝？《诗》曰："孝子不匮，永锡尔类。"乃独不然耶？徽大惭，吏遂得终丧。'"[②]《诗经》是我国第一部诗歌总集，也是一部经书。在漫长的历史中，学者对《诗经》性质的认识经历了由文学到经学，又由经学到文学的发展过程。刘毓庆的博士论文《从经学到文学——明代〈诗经〉学史论》专门研究明代《诗经》学的新倾向，即研究者逐步恢复和发现了《诗经》学的文学面目。朱元璋没有论及《诗经》的文学色彩，所以他视《诗经》为经书。值得注意的是，朱元璋关注更多的是《诗经》的历史色彩。朱元璋引用《诗经》语句晓谕臣下，其实质就是将《诗经》记载作为历史事实来对待。

5. 朱元璋与《论语》

洪武二年六月庚午，朱元璋读《叔孙通传》，至"鲁两生不肯行"一节，对侍臣曰："叔孙通虽云窃礼之糠秕，然创制礼仪于煨烬之余，以成一代之制，亦可谓难矣。如两生之言，不无迂耶。若礼乐必待百年而后可兴，当时朝廷之礼废矣。朕闻先王之礼因时制宜。孔子亦曰期月、三年、必世，盖亦因时制宜之谓。若谓必待百

---

① 胡广：《明太祖实录》，第844—845页。

② 《明太祖宝训》，第125页。

年，则诚迂矣。”[①]“期月”、“三年”、“必世”皆出自《论语·子路》篇。朱元璋用《论语》之语对鲁国两生所坚持的百年之说予以了批驳。洪武六年二月癸酉朔，朱元璋引用《论语》“祭如在，祭神如神在”，强调事神应该诚敬。《罪惟录》记载朱元璋曾经“迂阔朱熹《集注》，每以己意释《论语》”。何孟春记载：“攻乎异端，斯害也已。宋孙奕言：攻如攻人之恶之攻，已如末由也，己之己，己止也。谓攻其异端，使吾道明，则异端之害人者自止。如孟子距杨墨，则欲杨墨之害止。韩子辟佛老，则欲佛老之害止者也。我太祖皇帝亦有此论，与孙暗合。”[②]这与朱熹的解释不同。《罪惟录》也称朱元璋的解释“与宋孙奕之解暗合”。[③] 从以上分析可知，朱元璋对于《论语》也有自己的独特见解。朱元璋身边的儒臣多属于程朱学派学者，他们接受的多是程朱学派的观点。他们对朱元璋讲解经书的时候一般会宣扬程朱学派的观点。但是，朱元璋对该句的解释与朱熹大相径庭，个中原因则在于朱元璋的致用思想在起作用。明初思想界的主要问题是统一思想。如何统一思想，使儒家思想能够在尽可能短的时间内，在尽可能广泛的空间上占据人们的头脑是当时的一个最直接的问题。朱元璋的意图是尽可能的减少异端思想的影响，所以故意做出了与朱熹不同的解释。

6. 朱元璋与《孟子》

朱元璋与《孟子》之关系是一段学术公案，其核心事件是《孟子节文》的出台。朱元璋不满于《孟子》所表现出来的民本思想及纵横之气，下令对《孟子》进行删改，删掉的相关内容多达八十五条。朱元璋对《孟子》的大肆删改体现了专制皇权对学术的无情干预。然而，永乐十二年在朱棣的许可下，《孟子》的全文本已经

① 胡广：《明太祖实录》，第 845 页。

② 何孟春：《余冬序录》，济南：泰山出版社，2000 年，第 625 页。

③ 查继佐：《罪惟录》，杭州：浙江古籍出版社，1986 年，第 509 页。

可以继续流通了。

朱元璋对孟子的功劳也曾经有过肯定的评价。洪武十八年冬十月甲辰，朱元璋晓谕工部臣曰："孟子传道，有功名教，历年既久，子孙甚微，近有以罪输作者，朕闻，即命释之，假令朕不知之，或致死亡，则贤者之后浸以微灭，是岂礼先贤之意哉？尔等宜加询问，凡有圣贤之后在输作者，依例释之。"①朱元璋因为孟子言辞激烈而罢其陪祀孔庙的资格，又颁行《孟子节文》，这说明朱元璋对《孟子》有深刻的理解。

7. 朱元璋与《春秋》

《春秋》一书因为包含着所谓的"微言大义"，讲正统，所以历代王朝对于此经书特别重视。洪武二十八年七月戊午，朱元璋下诏，国子生必须通晓《春秋》。诏书称："孔子作《春秋》，明三纲，叙九法，为百王轨范，修身立政，备在其中，未有舍是而能处大事、决大疑者。近诸生专治他经者众，至于《春秋》鲜有明之继，今宜习读以求圣人大经大法，他日为政临民，庶乎有本。"②这表明朱元璋视《春秋》为讲正统之书，里面含有"微言大义"，这对新生的王朝政权是必要的。

8. 朱元璋与《大学》

《大学》本为《礼记》中的一篇，经过了朱熹的强化，其地位得到了大幅度的提高，最终成为《四书》之一，并且获得了几乎与《五经》同样的崇高地位。朱元璋与《大学》的接触主要是儒臣的进献和讲解。至正十八年范祖干持《大学》以进，宣称治国之道不出此书。洪武四年，朱元璋阅读真德秀的《大学衍义》，结合残酷的战争现实，深起恤民之叹。洪武五年，命书《大学衍义》于殿之两庑。

---

① 胡广：《明太祖实录》，第 2667—2668 页。

② 胡广：《明太祖实录》，第 3482 页。

洪武十年，命儒臣为太子讲《大学衍义》。洪武十七年又与诸侍臣探讨《大学衍义》，称其："有益于治道者多矣，每披阅便有警省，故令儒臣日与太子、诸王讲说，使鉴古验今，穷其得失。大抵其书先经后史，要领分明，使人观之容易而悟，真有国之龟鉴也。"①朱元璋对《大学》的重视可见一斑。

9. 朱元璋与群经

以上诸例说明，朱元璋对各种儒家经书几乎都有所涉猎。其实，朱元璋对儒家经书的熟悉程度还通过他连用三种经书晓谕群臣的行动中体现出来。洪武九年冬十月甲寅，朱元璋晓谕群臣曰："《书》云：'惟辟作福，惟辟作威，惟辟玉食，臣无有作福作威玉食。'君臣之分如天尊地卑，不可逾越。故《春秋》有谨始之义，《诗》有陵分之讥，圣人著之于经，所以垂训天下后世者，至矣。尔在廷群臣以道事朕，当有鉴于彼，毋擅作威福，逾越礼分，庶几上下相保，而身名垂于不朽也。"②由以上分析可知，朱元璋对儒家经书还是比较了解的。他对于《周易》、《尚书》、《诗经》、《周礼》、《论语》、《孟子》、《春秋》、《大学》中的相关内容都有自己的阐释和理解。

朱元璋的阅读兴趣比较广泛，这位出身寒微的帝王并没有严格的学术限制和规定，他评价一切学术思想的标准就是能否对新生政权有价值。《明史》记载解缙曾经劝告朱元璋要专心留意经书。解缙称："臣见陛下好观《说苑》、《韵府》杂书与所谓《道德经》、《心经》者，臣窃谓甚非所宜也。《说苑》出于刘向，多战国纵横之论。《韵府》出元之阴氏，抄辑秽芜，略无可采。陛下若喜其便于检阅，则愿集一二志士儒英，臣请得执笔随其后，上溯唐、虞、

① 胡广：《明太祖实录》，第2489页。

② 胡广：《明太祖实录》，第1819—1820页。

夏、商、周、孔，下及关、闽、濂、洛，根实精明，随事类别，勒成一经，上接经史，岂非太平制作之一端欤？又今《六经》残缺。《礼记》出于汉儒，踳驳尤甚，宜及时删改。访求审乐之儒，大备百王之典，作乐书一经以惠万世。尊祀伏羲、神农、黄帝、尧、舜、禹、汤、文、武、皋陶、伊尹、太公、周公、稷、契、夷、益、傅说、箕子于太学。孔子则自天子达于庶人，通祀以为先师，而以颜、曾、子思、孟子配。自闵子以下，各祭于其乡。鲁之阙里，仍建叔梁纥庙，赠以王爵，以颜路、曾皙、孔鲤配。一洗历代之因仍，肇起天朝之文献，岂不盛哉！”①这说明直到朱元璋统治的后期，他仍然保留着博览杂收的阅读习惯和文化政策。但是他在位的三十一年中，探讨最多最深刻的还是儒家经书。朱元璋的经学思想就是建立在他对这些经书的认识和理解之上的。朱元璋对经书的态度主要取决于经书能否为当下的社会思想和制度的建设提供丰富的资源。

## 第三节　循经致用与崇尚经义

大明政权建立之前，儒生的决策使朱元璋取得了某些军事上的胜利。这使朱元璋深刻认识到儒生在战争中的重要性，继而改变了对经学和儒者的看法。历来武将多视儒者为迂阔之人，明朝开国大将徐达认为书生不知大计。《明史纪事本末》载：“太祖以淮东诸郡既平，遂议讨张士诚，召中书省大都督府臣谓曰：‘张士诚据姑苏，数侵扰吾近地，为吾境内之寇，不可不讨。诸公其熟计之！’李善长对曰：‘张氏宜讨久矣。然以臣愚观之，其势虽屡屈，而兵力未衰，土沃民富，又多积储，恐难猝拔，宜候隙而动。’徐达

① 张廷玉：《明史》，第 2735—2736 页。

进曰:'张氏骄横,暴殄奢侈,此天亡之时也。其所任骄将如李伯升、吕珍之徒,皆齷齪不足数,惟拥兵将为富贵之娱耳。居中用事,黄、蔡、叶三参军辈,迂阔书生,不知大计。臣奉主上威德,率精锐之师,声罪致讨,三吴可计日而定。'"[①]朱元璋本人也曾视经生为迂阔之辈。《明史》记载:"章溢,字三益,龙泉人。始生,声如钟。弱冠,与胡深同师王毅。毅,字叔刚,许谦门人也,教授乡里,讲解经义,闻者多感悟。溢从之游,同志圣贤学……文忠之征闽也,存道以所部乡兵万五千人从。闽平,诏存道以所部从海道北征。溢持不可,曰:'乡兵皆农民,许以事平归农,今复调之,是不信也。'帝不怿。既而奏曰:'兵已入闽者,俾还乡里。昔尝叛逆之民,宜籍为军,使北上,一举而恩威著矣。'帝喜曰:'孰谓儒者迂阔哉!然非先生一行,无能办者。'"[②]经过实践,朱元璋认识到了儒者并非完全弄笔之人,亦有经济大略,可以助成大业。朱元璋的外甥李文忠是武将出身,但爱惜儒生,亦取得了不小的军事成就。可以说,儒者的军事才能改变了朱元璋对儒生的印象。因此,朱元璋对儒生的根本要求是实用,在具体的战争中,儒生能否提供良好的军事策划方案是朱元璋能否看重儒生的重要尺度。值得注意的是,朱元璋欣赏的是儒生的军事才能,而不是儒生的经学成就。这与元末群雄并起、战争频繁是分不开的。虽然儒生的才能只是在战争中得到了体现,但是却改变了朱元璋心目中儒生迂阔不中用的形象,这也为儒生在新政权的建设中争得了有力位置。

经学与皇权之间的密切关系决定了经学思想是社会价值和学术价值的矛盾结合体,这也是和中国经学振荡式发展规律相契

---

① 谷应泰:《明史纪事本末》,第66—67页。
② 张廷玉:《明史》,第2513—2514页。

合的。郑杰文师指出:“社会发展的不同阶段性需求,是造成经学振荡式发展的根本原因。经学的振荡式发展还由于儒家社会理想和学术思想的矛盾性。……实现儒家的社会价值就要不断改造儒经原义,而追求儒经的原始品味却要保持儒经原义。儒家社会理想和学术思想的矛盾,即追求实现儒家社会价值和追求保持儒家正宗学术品味的矛盾,是造成经学振荡式发展的直接原因。”[①]因此经学思想可以体现在两个方面,从社会价值讲,是皇权所要求的经学思想。从学术价值上讲,是知识分子所要求的思想,两者之间是相关又相互区别的。知识分子可以实现社会价值和学术价值的统一,但知识分子也可以执着追求学术价值而放弃社会价值。

经学作为一种思想学说始终没有脱离对政治的依赖。鲁迅曾经犀利地指出中国传统文化与政治的关系。鲁迅称:“中国的文化,我可是实在不知道在那里。所谓文化之类,和现在的民众有甚么关系,甚么益处呢?近来外国人也时常说,中国人礼仪好,中国人肴馔好。中国人也附和着。但这些事和民众有甚么关系?车夫就没有钱来做礼服,南北的大多数的农民最好的食物是杂粮。有什么关系?中国的文化,都是侍奉主子的文化,是用很多的人的痛苦换来的。”[②]“中国向来的老例,做皇帝做牢靠和做倒霉的时候,总要和文人学士扳一下子相好。做牢靠的时候是‘偃武修文’,粉饰粉饰;做倒霉的时候又以为他们真有‘治国平天下’的大道,再问问看,要说的直白一点,就是见于《红楼梦》上的所谓‘病笃乱投医’了。”[③]“据说天子的行事,是都应该体帖天意,不能胡闹的;而这‘天意’也者,又偏只有儒者们知道着。这样,就决定

① 郑杰文师:《经学十二讲》,第45—46页。

② 鲁迅:《老调子已经唱完》,见《鲁迅全集》第7卷,第326页。

③ 鲁迅:《知难行难》,见《鲁迅全集》第4卷,第347页。

了:要做皇帝就非请教他们不可。然而不安分的皇帝又胡闹起来了。你对他说'天'么,他却道,'我生不有命在天?!'岂但不仰体上天之意而已,还逆天,背天,'射天',简直将国家闹完,使靠天吃饭的圣贤君子们,哭不得,也笑不得。于是乎他们只好去著书立说,将他骂一通,豫计百年之后,即身殁之后,大行于时,自以为这就了不得。"①经学作为传统文化的重要组成部分自然也脱离不了这样的关系。经学与政治密切联系着,与皇权密切相关。陈寅恪曾指出儒家学说对中国传统政治有重要的指导作用:"故自晋至今,言中国之思想,可以儒释道三教代表之。此虽通俗之谈,然稽之旧史之事实,验以今世之人情,则三教之说,要为不易之论。儒者在古代本为典章学术所寄托之专家。李斯受荀卿之学,佐成秦治。秦之法制实儒家一派学说之所附系。《中庸》之'车同轨,书同文,行同伦。'(即太史公所谓'至始皇乃能并冠带之伦'之'伦'。)为儒家理想之制度,而于秦始皇之身,而得以实现之也。汉承秦业,其官制法律亦袭用前朝。遗传至晋以后,法律与礼经并称,儒家周官之学说悉采入法典。夫政治社会一切公私行动,莫不与法典相关,而法典为儒家学说具体之实现。故二千年来华夏民族所受儒家学说之影响,最深最巨者,实在制度法律公私生活之方面,而关于学说思想之方面,或转有不如佛道二教者。"②鲁迅用批判的眼光揭示了中国学术与政治之间相互利用的关系。陈寅恪主要从儒家学说对社会制度建设方面论述了儒学与政治的密切联系。虽然两者的立论角度不同,但都说明了儒学作为传统社会的主流学术思潮富有强烈而明显的政治性。明代经学作为学术史上的一个发展阶段也没有背离这个论断。

---

① 鲁迅:《谈皇帝》,见《鲁迅全集》第3卷,第269页。

② 陈寅恪:《冯友兰中国哲学史下册审查报告》,见《金明馆丛稿二编》,北京:三联书店,2001年,第283页。

当政权建立并巩固以后，朱元璋最看中的仍然是儒生的社会管理能力和思想控制能力。儒生的军事才能虽然得到了体现，但这毕竟不是儒生的本行。儒生最大的用途在于利用自己掌握的学术文化思想为新生政权提供智力支持。朱元璋曾经多次表达了对儒生的要求。洪武九年八月，朱元璋下诏给魏鉴、瞿庄："卿，郡之籍民也，如民焉。殊于民者何？至于学焉。而闾里曰儒，如儒焉已而。超于儒者云何？乃至于尚志焉，故官于朝。"[①]洪武四年朱元璋思念宋濂，称像宋濂这样的儒者勉强能够达到致用标准，其文曰："昔君天下者，官有德而赏有功，世之文武，莫不云从。尔濂虽博通今古，惜乎临事无为，每事牵制弗决。若使尔检阅则有余，用之于施行则甚有不足。然方今儒者，以文如卿者甚少，朕念卿相从久矣，特授卿翰林学士承旨。尔宜懋哉。"[②]前者是正面要求饱学之士应该列于朝堂为君分忧，后者则从反面表达儒者不仅仅应该具备为文能力，也应该具备处理事情的真本领。然其旨归则是一致的，那就是儒生与经学都必须担当起一定的社会责任。

朱元璋深刻认识到了儒生在新政权建设中的作为，把争取儒生为新兴政权服务作为当务之急。依靠军事胜利取得的政权最终需要思想文化上的支持和论证才能获得公信力，这一点从朱元璋对知识分子的谦虚态度上可以看出来。

洪武年间是中国经学思想发展史中特殊的一环。从中国社会发展进程来看，宋代以后中国就进入了封建社会发展的后期，这个时期较之前一个时期最大的变化就是科举制度的盛行改变了社会的统治结构，即由世家大族控制政权的局面逐步转变为寒

---

① 朱元璋：《谕福建承宣布政使司参政魏鉴瞿庄诏》，见钱伯城《全明文》，第11页。

② 朱元璋：《翰林承旨宋濂诰》，见钱伯城《全明文》，第30页。

族通过科举考试取得政权管理权力的方式。但是在洪武年间，却出现了一个短暂的复古潮流，就是在一定程度上恢复了汉代的制度，至少在思想史上出现了复古运动。

洪武时期，经书得到广泛的应用，《周礼》、《礼记》、《仪礼》等经书成为洪武时期设置各种具体制度的指导思想。根据记载，洪武年间，众多制度的设置就直接借鉴了《三礼》的相关记载。根据《明实录》、《明太祖宝训》、《明史》的记载，约略如下：

洪武元年。正月，借鉴《周礼》设立六部。二月壬寅朔，借鉴《周礼・大司乐》、《尚书》、《孝经》确定祭祀礼仪。二月，朱元璋依《周礼》问六梦之说。依《周礼》"以槱燎祀司中、司命、风师、雨师"[①]之说确定灵星诸神、分日而祀。依据《礼》制定庶人娶妇礼仪，借《尚书》、《诗经》决定王者遣将礼仪，利用《周礼》考察五辂制度。

洪武二年。二月，引用《孟子》语要求祭祀之时减省牲畜数目。三月，引用《周易》表达用贤之难。六月，引用《诗经》之语要求国子监学生要文武兼修，引用《论语》之语高度评价叔孙通。八月，根据《周礼》记载阍寺未及百人之例严格限制内侍官数量。礼部尚书崔亮依据《周礼》定大祀制度。礼部依《礼记・郊特牲》、《周礼・笾人》确定祭祀器物规格。礼部尚书崔亮依《周礼》制定五祀制度。九月，依据《尚书》、《周礼》制定蕃王朝贡礼。十月，按照《礼记・檀弓》葬常遇春。二年冬，崔亮依《礼运》、《郊特牲》、《周礼疏》讨论仁祖之配。依据《王制》、《周礼》、《诗序》等经书，建议岳渎诸神专祀，设坛享祀之所。

洪武三年。正月，礼部以《周礼》、《礼记》奏定朝日夕月礼。十月，崔亮据《周礼・大宗伯》、《礼记・郊特牲》奏上迎尸求神礼。

---

① 郑玄注、贾公彦疏：《周礼注疏》，第646页。

十一月，朱元璋引用《尚书》确定封赏原则。同月，朱元璋引用《诗经》论天命转移。十二月，万镒以《诗经》言天人感应。同月，明太祖与陶凯论经书中鬼神观念。

洪武四年，太常寺依《周礼》制定官员陪祀礼仪。

洪武六年，诏禁四六文辞，为文须以《尚书》之《典》、《谟》、《训》、《诰》为标准。

洪武七年五月癸巳，礼部尚书牛谅依据《周礼》制定的《进膳礼》，朱元璋以其过侈罢之。

洪武十年，依据《尚书》、《周礼》探讨社稷分祭问题。

洪武十三年，依据《周礼》设立四辅官。

由以上统计可知，终洪武朝，各种制度的建设多依赖于传统的儒家经书作为指导思想。这是洪武时期经学得到重视的重要标志。较之元代对儒学的相对轻视，洪武初为经学的利用和发展提供了更为广阔的空间。制度建设必须借力于经学提供的经验和规矩，这也是陈寅恪所说的"儒者在古代本为典章学术所寄托之专家"在现实中的体现吧。

朱元璋对礼乐的重视也是基于对经学的深刻认识之上的。在洪武时期，朱元璋多次与臣下探讨礼乐制度。不仅各种祭祀制度、官职的设置直接借鉴《三礼》的内容；在行为规范、治国思想上，朱元璋也对礼乐表现出了浓厚的兴趣。其中最明显的例子就是，在关于礼乐和刑政之间的选择上，朱元璋更多是倾向礼乐制度。

洪武十七年六月庚午，朱元璋到奉天门，晓谕群臣曰："治天下之道，礼乐二者而已。若通于礼而不通于乐，非所以淑人心而出治道。达于乐而不达于礼，非所以振纪纲而立大中，必礼乐并行，然后治化醇一。或者曰有礼乐不可无政刑。朕观刑政二者，不过辅礼乐为治耳。苟为治，徒务刑政而遗礼乐，在上者虽有威严之政，必无和平之风；在下者虽存苟免之心，终无格非之诚。大抵礼乐者，治平之膏粱；刑政者，救弊之药石。卿等于政事之间，宜加此意，毋徒以礼乐为虚文也。’”①朱元璋对礼乐与刑政关系的探讨与孔子、朱熹的思想是一脉相承的。《论语》“道之以政，齐之以刑，民免而无耻；道之以德，齐之以礼，有耻且格。”朱熹注为：“政，谓法制禁令也。齐，所以一之也。道之而不从者，有刑以一之也。免而无耻，谓苟免刑罚而无所羞愧。盖虽不敢为恶，而为恶之心未尝忘也。礼，谓制度品节也。格，至也。言躬行以率之，则民固有所观感而兴起矣，而其浅深厚薄之不一者，又有礼以一之，则民耻于不善，而又有以至于善也。一说，格，正也。《书》曰：‘格其非心。’愚谓政者，为治之具。刑者，辅治之法。德礼则所以出治之本，而德又礼之本也。此其相为终始，虽不可以偏废，然政刑能使民远罪而已，德礼之效，则有以使民日迁善而不自知。故治民者不可徒恃其末，又当深探其本也。”②盖礼乐主于内，防患于未然；刑政主于外，惩戒于后。

中国自古以来就是以“礼仪之邦”著称于世的。“礼”是中国古代儒家思想体系中的核心价值观念，也是中国传统文化的主体内容。它包含了我国古代社会生活各个领域的制度和规范，而且还包含了与之相适应的思想观念。儒家经学主张以礼乐治国，而在漫长的历史发展过程中，“法治”思想逐渐占据了更重要的地位。但是在具体的历史阶段，对礼和法的选择仍然体现出了不同的倾向。向燕南指出：“在中国古代社会的历史转折中，作为因维护社会秩序，调整社会关系的需要而产生的‘礼’，虽然在阶级社会形成以后，其统治只能逐渐为‘法’所取代，但是在具体的社会

① 胡广：《明太祖实录》，第2516—2517页。

② 朱熹：《四书章句集注》，北京：中华书局，2011年，第55页。

里，仍然具有十分重要的规范意义。对于这一点，朱元璋深有体会。……建国之初，在制定《大明律》等法律的同时，亦广征耆儒，开局修礼。三十多年间先后制定并颁布了《大明集礼》、《洪武礼制》等十余礼制，对社会各个阶层的各种行为做出严格的规定，绝对不允许僭越，否则将予以严厉的处罚。”①传统儒家多以礼乐为本，朱元璋以礼乐为重的思想显然受到了儒家经学的深刻影响。

## 第四节　实用主张与士人仕隐

朱元璋对经学的最根本要求是实用，所以处于中国封建社会中后期的明朝要利用历史悠久的经学思想，其所应当坚持的原则就是因时制宜。当经学思想与当下的政治要求发生矛盾的时候，经学往往居于被动的地位。掌握经学知识的学者能否发挥其作用，能否愿意发挥其价值将直接决定其人生命运。

经学致用原则的首要体现就是朱元璋对知识分子采取了严酷的统治政策。朱元璋不仅仅对不乐为新朝效力的知识分子采取残暴手段，对于那些为新生政权效命的士人也常常通过严密的特务侦察手段，监视其言行。

### 一、争夺政权的斗争中，知识分子发挥了重要作用

朱元璋年经时候的经历，使他认识到阅历与知识的重要性。率军征战过程中，朱元璋觉察到，军中不乏骁勇善战的武将，但是缺乏懂地理、知天文、会韬略、明兴衰的儒士。此时朱元璋求贤若渴，迫切需要知识分子为其服务。1353 年，他首次吸纳了儒生冯

① 向燕南：《中国史学思想通史》（明代卷），合肥：黄山书社，2002 年，第 23 页。

国胜、冯国用兄弟，两人皆通兵法，雄永多智略。朱元璋委以重任。同年，朱元璋率兵攻打滁州，得儒士李善长，此人少有大志，精通法家学问，沉稳老练，与朱元璋一见如故。1355年朱元璋攻取太平路，太平路名儒李习、陶安率众来降。朱元璋利用这些知识分子，创立了渡江后的第一个政权。至正十六年，朱元璋攻下南京，马上聘请当地名儒夏煜、孙炎、杨宪等十余人，委以重用。徐达攻下镇江之后，寻得秦从龙，朱元璋命令侄子朱文正和朱文忠两人重礼聘请。至正十八年，朱元璋进军宁国、徽州，访问故老耆儒，通过各种礼遇手段来笼络知识分子。时时召元池州学正朱升问对经史，询以大计。至正二十年，朱元璋占领浙东诸地，召见浙东四大儒刘基、宋濂、章溢、叶琛。这种礼贤下士的谦虚作风吸引了不少受到元朝排斥的知识分子。一时间，韬光养晦之士纷纷来投效朱元璋，这一时期，在他身边聚集了一批知识分子。这些知识分子为朱元璋出谋划策，为其提供创业经验，帮助建立仁义之师。这批知识分子为朱元璋制定了一系列正确的政策和策略，还扩大了朱元璋的统治基础。尤其是刘基出身青田的名门大族，是浙东知识分子中的佼佼者，被朱元璋礼聘出山之后，带动了不少儒士悉归附于朱元璋。这批知识分子的加入使朱元璋在群雄逐鹿的战斗中占据了有利形势。

## 二、巩固新政权之时，儒生仍然得到重用

朱元璋深知武定祸乱、文致太平的道理。明朝初建，百废待兴，新政权的一切朝仪、制度、法规的制定，以及如何吸收前代的兴亡经验教训来巩固新王朝，这都是摆在朱元璋面前的首要任务，而依靠、重用知识分子便成了实现这一目标的关键。朱元璋通过科举制、荐举制、兴办学校等政策培养知识分子为新政权效力。这批儒臣在洪武统治的三十一年中为新政权制定了一整套

的规章制度。《元史》、《大明律》、《御制大诰》、《大诰三编》、《祖训录》、《昭鉴录》、《皇明祖训条章》等一大批典章、著作都是经过文人之手编订的。儒臣依据朱元璋的意愿编纂的经学著作有《书传会选》、《春秋本末》、《六经师律》、《群经类要》、《孟子节文》等，这都表明在朱元璋的军事和政治生涯中非常依赖知识分子。

朱元璋重视知识分子，原因在于朱元璋明白知识分子可以为政权的合法性提供智力支持。传统观点认为知识分子掌握着天命的解释权，能否获得知识分子的支持是判断政权是否获得正统地位的标志。因此，获得了知识分子的支持就等于获得了对政权的支持，这是朱元璋重视知识分子的最深层的原因。利用自己所掌握的知识论证政权正统地位和合法性就是通经致用的一种表现，所以知识分子是否乐意为新朝服务就是其是否支持新政权的体现。朱元璋对经学的实用主张就是通过对知识掌握者的重视体现出来的。

### 三、朱元璋对某些不合作者采取了恐吓和杀戮的政策

明代建国伊始，各级官僚机构的建立，使对儒生的需求更加急迫，朱元璋也因此屡屡下诏征求人才。但是由于朱元璋出身低贱，又是依靠农民起义起家，加之朝廷推行严刑峻法，导致许多知识分子对新生政权有所顾忌，他们心存疑虑，不愿贸然出山为新生政权效力，而是持观望态度。洪武元年三月，徐达攻下济宁。孔门后裔孔克坚称疾，只遣儿子孔希学来见。徐达送孔希学至京师，孔希学奏父病不能行。朱元璋敕谕克坚，称疾则不可。克坚于是来朝，惶恐兼程，进见于谨身殿。孔克坚诚惶诚恐来见，与朱元璋的严刑酷法有关，《明史》记载："太祖开国之初，惩元季贪冒，重绳赃吏，揭诸司犯法者于申明亭以示戒。又命刑部，凡官吏有犯，宥罪复职，书过榜其门，使自省。不悛，论如律。累颁犯谕、戒

谕、榜谕，悉象以刑，诰示天下。及十八年《大诰》成，序之曰：'诸司敢不急公而务私者，必穷搜其原而罪之。'凡三《诰》所列凌迟、枭示、种诛者，无虑千百，弃市以下万数。贵溪儒士夏伯启叔侄断指不仕，苏州人才姚润、王谟被征不至，皆诛而籍其家。'寰中士夫不为君用'之科所由设也。"①不为新朝服务就是犯罪，并且写入《大诰》之中。不应诏就遭到杀戮，这就是朱元璋对知识分子实行的恐吓政策。一方面，我们可以看到宋濂、刘基、章仪等儒生在明朝获得了显赫的地位，另一方面，又必须看到很多不乐仕进的知识分子遭到了无情的杀戮。除了姚润、王谟惨遭杀戮外，郑玉在大兵刚至之时就自缢身亡，伯颜子中也在洪武十二年饮鸩身亡。伯颜子中，西域人，祖父仕江西，遂定居江西。伯颜通《春秋》，五领乡荐，授东湖书院山长，升建昌路儒学教授。四方起兵，江西行省以便宜授子中赣州路经历。明朝建立之后，"誓不复仕。悲歌慷慨，未尝一日忘于元也。尝怀鸩自随，曰：'如有强我者，便当死以答之。'郡县闻而义之，不之强。至是，立本专招之，子中见使者，慨然曰：'吾今死亦晚矣。'乃具牲酒祭其父祖师友，为歌七章，饮鸩而死。"②这些都说明心地偏狭、性好猜忌的明太祖对儒生文臣的矛盾心理：一方面急需儒生对皇朝的支持，另一方面又对儒生心怀猜忌，惟恐儒生讥讽自己，不为己用，所以对不合作的儒生采取了严酷的手段。

## 四、对仕于新朝的儒生也采取了严加防备的政策

朱元璋利用各种手段严密观察着儒生的举动，使知识分子只能在惶恐中度日如年。

---

① 张廷玉：《明史》，第1549—1550页。

② 胡广：《明太祖实录》，第2041—2042页。

朱元璋利用特务机构，派出大量名为“检校”的特务人员，遍布朝野，暗中监视。有一次，学士宋濂上朝，朱元璋问宋濂昨天在家喝酒没有，请了哪些客人，宋濂一一照实回答。朱元璋听后满意地说：“你果然没有骗朕。”著名儒士钱宰被征参编《孟子节文》，一日散朝回家，随口吟诗道：“四鼓冬冬起着衣，午门朝见尚嫌迟。何日得遂田园乐，睡到人间饭熟时。”结果第二天上朝，朱元璋便问钱宰：“昨天的诗不错，不过朕没有‘嫌’迟，改作‘忧’字，如何？”钱宰一听，吓得忙磕头请罪。① 吴琳告老归家，“帝尝遣使察之。使者潜至旁舍，一农人坐小杌，起拔稻苗布田，貌甚端谨。使者前曰：‘此有吴尚书者，在否？’农人敛手，对曰：‘琳是也。’使者以状闻。帝为嘉叹。”②钱穆先生指出：“宋太祖惩于唐中叶以后武人之跋扈，因此极意扶植文儒。明太祖则觉胡元出塞以后，中国社会上比较可怕的只有读书人。但是所谓传统政治，便是一种士人的政治。明太祖无法将这一种传统政治改变，于是一面广事封建，希望将王室的权利扩大。一面废去宰相，正式将政府直辖于王室。既不能不用士人，遂不惜时时用一种严酷刑罚，期使士人震慑于王室积威之下，使其只能为吾用而不足为吾患。这是明太祖一人的私意。”③朱元璋的实用主张与知识分子的个体追求发生了冲突矛盾。仕于新朝者多战战兢兢，惶惶不可终日，臣工上朝必先与家人诀别。

一方面，朱元璋对知识分子展示了谦虚的态度，重用知识分子；另一方面又大肆杀戮知识分子，这两种截然相反作法的实质则是相同的。那就是朱元璋非常重视知识分子，他既利用知识分子的仕进态度表明自己的政权是得民心的政权，又直接利用知识

---

① 《皇明世说新语》、《皇明从信录》、《水东日记》所载大致相同。

② 《皇明史窃》、《献征录》、《明史》、《西园闻录》所载大致相同。

③ 钱穆：《国史大纲》，第668—669页。

分子提供的历史经验巩固新政权。对于不乐仕进,不愿意为新朝服务的知识分子则采取了恐吓和杀戮的手段。

## 第五节　因时制宜与经学重构

### 一、文化崇古与因时制宜

明代初期,尤其是洪武时期,朱元璋行事多模仿汉高祖,体现出了浓厚的复古气息。循经制度成为崇尚经义的有力表现,但是朱元璋又不囿于传统,在循经制度的基础上又倡导因时制宜,这样不仅做到了原则性与灵活性统一,同时又实现了对经学的重构。

1368年,在经过十多年的战争攻克大都,驱逐了蒙元统治者和打败了陈友谅、方国珍、明昇等政权竞争者以后,朱元璋终于正式登基,建立了中国封建社会后期的唯一汉人政权,从而开启了自己多达三十一年的统治历史。

洪武统治时期是明朝的初期,作为刚刚成立的政权,社会的主要矛盾有两个:第一,新生的政权要时刻提防蒙元的反扑,巩固新政权。第二,朱元璋要解决国内恢复经济、统一思想、完善各种制度的问题。这两个问题的核心就是维护政权,保证政权能够在尽可能长的时间里掌控在朱氏家族中。这两个问题的解决都需要依赖儒家经书和儒生的支持,这些古老的典籍以及知识的诠释者为新生政权提供了强有力的思想文化支持。在洪武时期,经学出现了以下几种新动向:

如前文所述,朱元璋主张以儒学为核心,三教兼修,这是朱元璋对文化的基本要求。凡是可以为新朝利用者皆可拿来使用,实用主义是其核心思想，这就要求学术思想必须因时制宜，必须符合已经发展变化了的社会实际。这种实用主义的主张在朱元璋的文集中不胜枚举。在这种思想的指导下，洪武时期的学术思想呈现出思想复古与学术更新的双重变奏。

朱元璋曾多次表示要借鉴古人经验，以儒治国，其中汉代制度尤其能够吸引朱元璋的兴致。洪武十三年，朱元璋表示对尧舜之治的渴望，朱元璋称："朕闻尧舜之君，德备天地；禹汤之治，大洽民心。朕本才疏德薄，惟知图治，弗克行仁。乖上帝后土之好生，负海岳之呵护，累祖宗于地下，致五雷奉命，著迹于殿廷。"①洪武四年，朱元璋表示出对汉代休养生息政策的渴慕，他对徐兴祖称："昔汉治天下，官不技艺，商不乘马，锦绣不得衣。于戏禁哉！朕统御以来，随所善而应是职，使有知而不妄。其前代必欲以无知而役有知，朕不知何。"②洪武十二年十一月，朱元璋表示要效仿汉代封侯制度，封仇成为安庆侯。他称："昔者圣君定赏报功，惟贤能受之。朕观古制，汉封最多，然侯之名则同，其食禄世守者各有等差。为功有先后，业有巨微，所以食禄有等，阶级有序，以辨轻重也。尔大部督府佥事仇成，从朕渡江，所向皆战，每必当先，为敌众而我寡……特封尔为开国辅运推诚宣力武臣荣禄大夫柱国安庆侯。"③同年，他以同样理由分封了蓝玉、谢成、张龙、吴复、金朝兴、曹兴、叶昇、曹震、张温、周武、王弼等人。朱元璋渴望士子为君所用，并称自古以来，只有到了汉代士子才有此等荣耀。他说："自汉以来，惟贤志者得与君同游，稽其所任之事，则宰国朝之典章。凡侍左右，必慎容仪、致礼节于上。若言则阐先圣之威德、尧舜之道统，无稽之言不语，故职名曰五经博士。以

① 朱元璋：《答太师李善长等表请御正殿制》，见钱伯城《全明文》，第26页。
② 朱元璋：《光禄卿徐兴祖诰》，见钱伯城《全明文》，第30页。
③ 朱元璋：《安庆侯仇成诰文》，见钱伯城《全明文》，第34页。

今言之，则翰林院官之职是也。”[1]即使崇尚道教亦推尊于汉代，朱元璋称：“昔之能名，名于海内。始汉至今所以不泯者，盖为御灾捍患之妙，功达于君，利及于民，故有不泯者为此也。迩闻服制且终，当正教中之首，率徒以修。符至一来，朕当谕尔。尔其不贰其心，则上下格矣。”[2]朱元璋对汉代制度表现出浓厚的兴趣，他曾经向学士咨询汉代制度。“昔汉制，商贾技艺，毋得衣锦绣乘马。朕审之久矣，未识汉君之本意如何。《中庸》曰：‘来百工也。’又古者日中而市，是皆不可无也。况商贾之士皆人民也，而乃贱之。汉君之制意，朕所不知也，诸生详而细对。”[3]洪武十八年，朱元璋以明仿古制为题策士举人。他称：“朕稽古名世者，惟敬事而畏神人，趋事以历知，涉难以立志，日运不息，岁运无已，虽在寝食，未尝忘其所以，由是大辅人君，福臻黎庶，所以名世者为此也。朕自代元统一华夷，官遵古制，律仿旧章，孜孜求贤，数用不当。有能者委以腹心，或面从而志异。有德者授以禄位，或无所建明。中材下士，寡廉鲜耻，不能克己。若此无已，奈何为治？尔诸文士当进学之秋，既承朕命，悉乃心力，立身扬名，在斯始举。其条陈之。”[4]由此可知，朱元璋立国之初多仿古制，复古成为当时的主流声音。赵翼曾称：“明祖行事多仿汉高”，见之于行事者有“明祖以布衣起事，与汉高同，故幕下士多以汉高事陈说于前，明祖亦遂有一汉高在胸中，而行事多仿之。……今观其初定都金陵，方四出征伐，而已建都城，宫阙极壮丽，即萧何造未央宫之例也。徙江南富人十四万户于中都，即汉初徙齐、楚大族昭氏、屈氏、景氏、怀氏、田氏，以实关中之例也。分封子弟于各省以建屏藩，即汉初分

① 朱元璋：《翰林承旨诰》，见钱伯城《全明文》，第 47 页。
② 朱元璋：《谕故真人张正常嗣子宇初敕》，见钱伯城《全明文》，第 99 页。
③ 朱元璋：《敕问文学之士》，见钱伯城《全明文》，第 140 页。
④ 朱元璋：《奉天殿试举人策》，见钱伯城《全明文》，第 492 页。

王子弟，以弟交王楚，从弟贾王荆，从子濞王吴，子肥王齐，如意王赵，文帝王代之例也。诏天下富民年八十以上赐爵里士，九十以上赐爵社士，即汉初赐民爵七大夫以上之例也。甚至胡、蓝之狱，诛戮功臣，亦仿菹醢韩、彭之例，此则学之而过甚者矣。”①

朱元璋行事多模仿汉代刘邦，体现出了浓厚的复古气息。这种浓厚复古气息的突出表现就是依据古老的儒家经典作为典章制度的参照物。经学得到了极大的重视，循经制度与崇尚经义使经学获得了最大程度的利用。

尤其可贵的是朱元璋又不完全拘泥于儒家经典，他在很多场合又表达了因时制宜的思想。洪武五年，朱元璋发布《告天下诏》，在诏书中引用三皇五帝治理天下之经验，表达了随时制宜的思想。《告天下诏》称：“朕闻三皇立极，导民以时，庖厨稼穑衣服始制，居民舍焉。五帝之教以仁信，不过遵三皇之良规，益未备之时宜。当时之君，示其所以，天下从之。自周至汉唐宋，亦因时损益，国乃昌，民乃安。”②洪武十三年正月癸卯，朱元璋在《布告天下诏》中再次表达了治理国家随时制宜的思想：“朕膺天命，君主华夷，当即位之初，会集群臣，讲求官制，远稽汉唐，略加损益，亦参以宋朝之典。”③“朕闻三皇五帝下及唐宋，皆华夏之君，建都中土。《诗》云‘邦畿千里’，然甸服五百里外，要荒不治，何小小哉。古诗云‘圣人居中国而治四夷’，又何大哉。询于儒者，考乎其书，非要荒之不治，实分茅胙土，诸侯以主之，天王以纲维之。然秦汉以下不同于古者何？盖诸侯之国以拒周，始有却列土分茅之祚，擅称三十六郡，可见后人变古人之制如是也。若以此观之，岂独如是而已乎？且如帝尧之居平阳，人杰地灵，尧大哉圣人，考终之

① 赵翼：《廿二史札记》，见王树民《廿二史札记校证》，第737页。
② 朱元璋：《告天下诏》，见钱伯城《全明文》，第395页。
③ 朱元璋：《布告天下诏》，见钱伯城《全明文》，第439页。

后，舜都蒲坂，禹迁安邑。自禹之后，凡新兴之君，各因事而制宜，察形势以居之，故有伊洛陕右之京。”[①]再次明确表达了因时制宜的思想。在丧礼问题上，他批评一些儒生不懂得随时制宜之理：“丧礼之说，闻周朝已备至，秦火乃亡。汉儒采诸说以成书，号曰《周礼》、《仪礼》。或云新书而未行，历代儒臣往往以为定式，以佐人主。若识时务者，则采可行而行之。其有俗士执古以匡君，君不明断，是以妨务而害理，中道废焉……朕览书度意，实非万古不易之法。若果依前式，其孝子之家，为已死者伤，见生者十亡八九，则孝礼颓焉。民人则生理罢焉，王家则国事紊焉。又闻周公《无逸篇》，述殷王中宗享国七十五年，高宗享国五十九年，祖甲享国三十三年。自时厥后，惟耽乐之从，或十年，或七八年，或五六年，或四三年，寿可稽而短可考，岂不明矣。然周公止知如是，不知定期服，已失人伦，终致后王寿短而社稷移者，亦由庶母无服焉。或父归而子乘之，人伦安在？所以寿促而王纲解。迂儒茫然哉？朕观宫生之君好内，山林之士任为，股肱爪牙暴贵其身，致君牵制文义，优游不断，国之危亡，非迂儒者谁？其丧礼之论，时文之变态，儒乃不能审势而制宜，是古非今，灼见其情，甚不难矣。”[②]通过以上实例可知，朱元璋复古思想的原则是随时制宜，根据不断变化的社会现实采取不同的方针政策。反映在洪武时期循经致用上就是朱元璋虽然借鉴了儒家经书制定了一些典章制度，体现了通经致用的原则，使经学为社会建设提供更多的智力支持，同时也有不遵用儒家经书之举。

在对待《周礼》问题上，朱元璋虽然多次根据《周礼》确定某些制度的指导思想，但是朱元璋也有矛盾的举动：一方面，在洪武时

① 朱元璋：《阅江楼记》，见钱伯城《全明文》，第 173 页。

② 朱元璋：《孝慈录序》，见钱伯城《全明文》，第 191—192 页。

期，因为各种礼乐制度需要重新确定，所以《周礼》得到了重视。另一方面，臣子依据《周礼》制定的某些礼乐制度也有遭到朱元璋否定的。洪武六年八月庚寅，诏礼官考五辂制度。朱元璋曰："五辂之制起于成周，然玉辂太奢，今欲止用木辂，以朱漆之，朴素浑坚，奢俭得中，然须为二乘。其一惟以朱漆，不用皮革，于祭祀用之；其一以皮鞔者，行幸用之。尔其与工部参酌古制，务合时宜，将以郊祀御焉。"①明朝建国初期，多采用古代礼仪典籍如《周礼》、《礼记》、《仪礼》以及历史上的古例作为根据，体现了一种浓厚的复古特色。但是明太祖的治国理念是因时制宜，既要遵循古礼规定，又要体现时代性。根据明初要恢复和发展经济的主要任务，明太祖主张节约，杜绝浪费。因此，虽然玉辂制度于古有征，但是考虑到明初的经济状况，明太祖毅然放弃这样的奢侈举动，体现了明太祖对于经学的活学活用思路中的原则性和灵活性的统一。这样的节省是必要的，也是值得称赞的，但是并没有遵从《周礼》之成说。这一点也在洪武二年睢嫁欲仿效《周礼》要求读法于民间，而遭到朱元璋拒绝的事例中体现出来。《明太祖实录》记载："洪武二年八月戊子，监察御史睢嫁言：'《周官》有悬法象魏之文，《礼经》载乡饮读法之说，皆导民之礼法而远刑辟也。今新律颁布天下，乡井细民犹有不通其说者，宜仿古人月吉读法之典，命府、州、县长吏，凡遇月朔，会乡之老少，令儒生读律，解析其义，使之通晓则人皆知畏法，而犯者寡矣。'上曰：'威人以法不若感人以心，敦信义而励廉耻，此化民之本也。故羞恶之心生则非僻之私格，外防之法密则苟免之行兴。乡言读律，固可禁民为非，若谓使民无犯，要当深求其本也。'"②这是朱元璋以礼治国思想的体

① 胡广：《明太祖实录》，第1502页。
② 胡广：《明太祖实录》，第873页。

现,是值得肯定的,但是也没有真正地遵从《周礼》的记载。对于是否运用和贯彻《周礼》,朱元璋表示要结合当下的社会现实而定,不必一味泥古不化,这一点在洪武元年制定太庙祭器的事例中已经体现出来了。《明太祖实录》记载:"洪武元年正月丙子,诏制太庙祭器。上曰:'今之不可为古,犹古之不能为今。礼顺人情,可以义起,所贵斟酌得宜,必有损益。近世泥古,好用古笾豆之属以祭其先,生既不用,死而用之,似亦无谓。孔子曰:"事死如事生,事亡如事存。"其制宗庙器用服御皆如事生之仪。'于是造银器以金涂之。"①通过朱元璋对复古的论述可以知道,朱元璋对于经学虽然表现出了足够的重视,但是也并非惟经学马首是瞻,学术思想能不能得到当权者的利用首先取决于当权者的意志和当时社会的需要。因此,洪武时期经学的社会价值是建立在致用基础上的因时制宜思想的一种体现。在因时制宜思想的影响下,洪武时期的经学发展呈现出了复杂的局面,经学重构成为一种学术潮流。

儒家经书有传统意义上的《十三经》,这些经书数目不大,但是历代注疏之作可谓汗牛充栋,卷帙浩繁,使人目不暇接。洪武政权要在建国初期论证自己政权的合法性,要实现思想的统一与普及,就必须在两个方面进行重构:在内容上论证明代政权的合法性,建立政权对学术思想的领导地位;在形式上适应已经落后的文化水平,力争在最短的时间内实现经学思想的传播和覆盖的最大化。

## 二、经学内容的重构

在经过了蒙元百年左右的统治和十多年战争的破坏以后,明

① 胡广:《明太祖实录》,第 484 页。

代初年的文化水平已经降到了不可想象的地步，这一点在北方体现得尤其明显。明太祖针对明初北方学术落后的现状，分别于洪武十四年、十九年、二十年、二十四年四次颁布典籍于北方学校。这是朱元璋针对北方文化水平比较落后的现实而采取的文化倾斜政策。但是，这只是事情的一个方面，因为无论北方还是南方都是朱元璋的统治区域，颁布经书于北方并不代表放弃了对南方的思想控制。相反，为了使得全国的思想都统一到儒家思想上来，朱元璋命令儒臣重新编译典籍以适应新形势，实现对经学的重构。

洪武政权对经学内容的重构主要有四种方式：

**（一）变编年体为国别体，实现对《春秋》学思想的重构**

洪武政权初建，蒙元虽然隐遁漠北，但其威胁仍然存在。中国在蒙元统治百年之中思想上发生了巨变，有的经学学者甚至不接受新政权的合法地位，拒绝与新政权合作而走上饮鸩自杀的道路。所有这一切都表明洪武政权在通过武力取得天下以后，必须完成对政权正统性的论证。

朱元璋多次强调自已通过武力取得的政权是顺应天命的举动。洪武元年的即位诏书明白地表达了这一点。“朕惟中国之君，自宋运既终，天命真人于沙漠，入中国为天下主，传及子孙，百有余年。今运亦终。海内土疆，豪杰分争。朕本淮右庶民，荷上天眷顾，祖宗之灵，遂乘逐鹿之秋，致英贤于左右，凡两淮、两浙、江东、江西、湖、湘、汉、沔、闽、广、山东及西南诸部蛮夷，各处寇攘，屡命大将军与诸将校奋扬威武，已皆戡定，民安田里。今文武大臣、百司众庶合辞劝进，尊朕为皇帝，以主黔黎。”①朱元璋没有否定蒙元政权的合法性和正统性，他承认蒙元打败宋朝，入主中

① 朱元璋：《即位诏》，见钱伯城《全明文》，第2页。

原亦是天命所为。现在自己打败蒙元,一统华夏亦是天命所归。朱元璋在各种场合都宣称洪武政权是正统所在。他宣扬:“握乾符,君天下,惟陈纪而立纲,施以当时,取法后世,所以为王者也。朕受上天明命,履前王之规,发号施令,但有赏善罚恶耳。”①“大明皇帝记谕大元幼君曰:顺天者昌,逆天者亡,古今通论如是,非新造之语。自古无千载国家,亦理之常也。”②洪武八年四月朱元璋又称:“昔者元政不纲,英雄并起,民不堪命,苦殃不可禁。荷蒙昊天上帝后土皇帝祇悯世民之艰苦,授命于臣,赐以文武,人多良能。八年以来,除民祸殃。臣蒙上帝后土之恩,文武之能,非臣善为。当大军初渡大江之时,臣每听儒言,皆曰有天下者,非都中原,不能控制奸顽,既听斯言,怀之不忘。忽尔上帝后土授命于臣。”③洪武十一年六月,在《祭元幼主》文中,朱元璋宣称:“呜呼!生死废兴,非一时之偶然,乃天地之定数也。所以大圣贤者,于斯四事,若或有一临之,皆不以为色难。盖谓知天命之必然,是所以生顺天地之命,虽死亦无后恨,此所以知天命而不惑也。”④在以上所引诸文中,朱元璋都将大明政权与蒙元政权进行比较,试图说明自己取代元朝是天命所归。可以说,在洪武政权建立初期,如何论证自己政权的正统地位是非常必要的。在儒家《十三经》之中,《春秋》是讲正统之经,朱元璋要想证明洪武政权的合法性就必须从《春秋》之中寻找智力支持。《春秋本末》的出台就是这一思想的产物。

《春秋》是一部经书,也是我国现存最早的编年体史书。在漫长的封建社会中,《春秋》被视为道名分、讲正统之书,里面包含着

---

① 朱元璋:《西安卫都指挥使叶昇林济峰诰》,见钱伯城《全明文》,第 27 页。
② 朱元璋:《谕元幼主书》,见钱伯城《全明文》,第 55 页。
③ 朱元璋:《中都告祭天地祝文》,见钱伯城《全明文》,第 257 页。
④ 朱元璋:《祭元幼主文》,见钱伯城《全明文》,第 263 页。

微言大义。《庄子·天下》篇云:“《春秋》以道名分。”[①]《礼记·经解》篇说:“属辞比事而不乱,则深于《春秋》者也。”[②]《荀子·劝学》篇:“《春秋》之微也。”[③]这都表明《春秋》有严密的规范,遵守勿失,即可以保持正道。《孟子》所言“孔子惧,作《春秋》。《春秋》,天子之事也;是故孔子曰:‘知我者其谓《春秋》乎!罪我者其谓《春秋》乎!’”[④]孟子把《春秋》说成天子之事,与大禹治水、周公驱逐猛兽有同样崇高的意义。洪武时期,《春秋本末》的出台表面上是为了化繁为简的学术活动,实际上却是新政权企图获得正统解释权的一个重要政治举动。

历史上关于主张编订《春秋本末》的始作俑者有两种说法:一是朱元璋,二是皇太子。杨士奇《东里集》主张是朱元璋要求编订此书,宋濂《春秋本末序》、黄虞稷《千顷堂书目》、朱彝尊《经义考》主张皇太子要求编订此书。宋濂《春秋本末序》称:“洪武十一年夏五月,皇太子御文华殿,命侍臣讲读《春秋左氏传》……命宫臣纂辑成书。”[⑤]《千顷堂书目》记载:“懿文太子命宫臣傅藻等编。先是洪武十一年夏五月皇太子御文华殿,命侍臣讲读《春秋左氏传》,以列国之事,错见间出,难于考究终始,乃命藻等分列国而类聚之,附以《左氏传》。首周王之世,以尊正统。次鲁公之年,以仍旧文。列国则先齐晋而后吴楚,以为内外之别。十二年六月书成,太祖闻而嘉之,赐名《春秋本末》。”[⑥]杨士奇则认为编订《春秋本末》是朱元璋的主张。杨士奇称:“《春秋》,仲尼因鲁史之旧笔

---

① 郭庆藩:《庄子集释》,北京:中华书局,2013年,第937页。

② 王文锦:《礼记译解》,北京:中华书局,2016年,第750页。

③ 王先谦:《荀子集解》,北京:中华书局,2012年,第12页。

④ 杨伯峻:《孟子译注》,北京:中华书局,2005年,第155页。

⑤ 宋濂:《春秋本末序》,见黄灵庚编《宋濂全集》,北京:人民文学出版社,2014年,第640—641页。

⑥ 黄虞稷:《千顷堂书目》,上海:上海古籍出版社,2001年,第60页。

削之，以著法戒。《春秋本末》，我太祖高皇帝命儒臣因仲尼之旧汇稡之以便览观。首天王以尊正统，先中国而后夷狄，义例甚精，皆圣制也。”[①]由此可见，到底是朱元璋还是皇太子首先提出编订《春秋本末》在明初已经出现疑问。宋濂曾为之作序，称是皇太子所为。杨士奇为三朝重臣，亦为明初人物，且其曾获得该书二十册，称是朱元璋所为。《千顷堂书目》则调和两说，称是皇太子所为，朱元璋赐名。两种说法各有理由，姑采取调和之说。

根据宋濂《春秋本末序》，此书出台的主要原因是皇太子惮于《左传》之繁琐，故假借《春秋分记》之例而类入之。《春秋分记》为程公说著，包括《年表》九卷、《世谱》七卷、《名谱》二卷、《书》二十六卷、《周天王事》二卷、《鲁事》六卷、《大国世本》二十六卷、《次国》二卷、《小国》七卷、《附录》三卷。《春秋本末》仿照《春秋分记》进行重新编辑。其操作手段为：“依世本次第成书，先周，尊天王也；次鲁，内望国也；次齐、晋，主盟中夏，故列之鲁后，而齐复后于晋，以晋于周、鲁为亲，其霸视齐为长也。自齐而下，次宋、卫、蔡、陈，地丑德齐，而宋以公爵列于三国之首。卫、蔡、陈之爵，皆侯也；郑、曹、燕、秦，皆伯也；陈、秦独后，异姓也。若楚、若吴、若越，以僭号，见抑于《春秋》，并居其后，而小国戎狄附焉。”[②]《春秋分记》之国别安排为周、鲁、晋、齐、宋、卫、蔡、陈、郑、曹、燕、秦、楚、吴。由此可见，在大国世本中，《春秋本末》重新调整了齐、晋之位次。《春秋本末》先齐后晋，而《春秋分记》则先晋后齐。

《春秋本末》的出台将原来《春秋》的编年体变成了国别体，而列国事迹之安排则类似纪传体史书《史记》中的《世家》。这种体例的变更并不能改变《春秋》所载之事实，却强化了正统意识。洪

---

① 杨士奇：《东里集续编》，见《景印文渊阁四库全书》第1238册，台北：台湾商务印书馆，1986年，第581页。

② 宋濂：《春秋本末序》，见黄灵庚编《宋濂全集》，第640页。

武政权的最大收益是通过对《春秋》的改造在学术思想文化上掌握了对正统的解释权，这也是编订《春秋本末》的最为深层的原因和意义所在。

**(二) 变丛书为单主题文献，实现经书的史料价值**

中国的专科性丛书最早可以追溯到《六经》，在先秦时期已经形成。后来儒家经书发展为《十三经》，可以说《十三经》就是儒家的丛书。其性质为经，但是仍然蕴藏着丰富的史料价值。在洪武时期，传统的儒家《十三经》成为编纂各种单一主题文献的原始资料来源。

洪武时期，在因时制宜思想的指导下，经书成为编辑单主题文献的资料来源和学术标准，最著名的事例是经书成为研究兵法的原始资料。洪武二年六月庚午，朱元璋在国子监要求国子生必须文武兼修，这说明朱元璋鉴于蒙元军事实力的存在，仍然保持着对军事的高度重视。洪武十六年八月丙戌，吴沉进讲后期，考功监劾其怠于职事，降侍书，寻改为国子博士。是时文治大兴，吴沉独谓兵不可废，因言《武经七书》多依托之言，惟《司马法》与孙、吴为可信者。吴沉尝以《易》、《诗》、《书》、《礼》、《论》、《孟》诸经词义有涉于戎事者辑而类之，定为五篇。一曰《兵象》，二曰《兵用》，三曰《兵礼》，四曰《兵诗》，五曰《兵训》，总而题之曰《六经师律》，其论兵礼尤为确言。吴沉根据经书辑成《六经师律》，从经书中寻找兵事记载，从过程上看是将经书当成了历史资料而进行的第二次加工，从结果上看是将经书变成了子书的资料来源。《经义考》载其原序，称该书乃惩于春秋列国兵法军制非王之旧制而作。吴沉称："是编之所以一本于经而不容附以他书之说也。天下之事固有以新奇而为世所好者，亦有以陈常而为世所厌者。有人于此曰我善为孙、吴则必肃然听之矣，如曰《六经》之中未尝无兵法存焉，则必哗然难之矣。习俗之移人至此乎，方当四方合一，文治聿兴之时，草茅之士得以余力及此，极知牵缀圣人之经，犯非所当言之戒，其罪无所逃之。然有备可以无患，考古所以制今，世之君子当有采焉。"①在经书中寻找兵法资料并进行研究，是近代研究者的一种研究思路。例如张高评《〈左传〉兵法评证》《〈左传〉兵学及其思想》、吴竟成《〈左传〉兵事类钞按语》、魏禧《左氏兵法》、朱宝庆《左氏兵法》、姜国柱《周易的兵法》、李汉三《兵戎在易辞》、冯沪祥《周易与兵法浅论》、安矜群《易与兵略》、王路《〈需〉筮辞与古代兵法》、王向清《再论〈孙子兵法〉的辩证思维——兼论〈易经〉与〈老子〉的辩证思维特点》、周止礼《以易演兵——〈易经〉中的军事思想》、沈融《〈尚书·顾命〉所列的兵器考》、陆懋德《〈书经·顾命篇〉侍臣所执兵器考》、张颂之《孔子、兵家文化、传统文化》，以上论著是现当代学者以军事学的视角研究传统经书的成果。而在洪武十六年吴沉就已经将《六经》中有关于军事的资料纂集到一处并阐发其遵礼思想了。

吴沉根据经书改编类书的第二个成果为《精诚录》。《明史·艺文志》著录《精诚录》三卷，《千顷堂书目》载："《精诚录》三卷，洪武十六年二月，东阁大学士吴沈等撰进。类编古圣贤敬天、忠君、孝亲之言，散见于《六经》、《语》、《孟》、《国语》诸书者，每事各为一类，命沈为序。"②郑楷为该书作后序，盛赞此书云："兹录出自太祖宸衷而殿下继太祖之志，述太祖之事，宜得老于文学之臣而铺张之，而乃命之于寡陋之臣，此臣所以战兢惧弗克荷者也。切闻惟辟奉天，惟子止孝，惟臣以忠，其皆本于精诚乎？精诚者，天之道也。天者，理之所自出。身者，亲之所由生。为君者，理我所以生者也。君能精诚，则奉天之道得矣；臣能精诚，则事君之道得

① 朱彝尊：《经义考》，北京：中华书局，1989年，第1249页。

② 黄虞稷：《千顷堂书目》，第312页。

矣；子能精诚则事亲之道得矣，而其精诚之所以致其力焉，又皆本于敬乎！敬者，圣学之所以成始而成终者也。伏惟殿下德迈前王，心存圣学，诚敬精微之道，实与太祖同一机而无间者也。所以人同此心，心同此理，而思诚以造夫精诚者盖如此。太祖创之于前，殿下广之于后。是编一行，家传人诵，前圣之经一展卷而大纲举，一人心而忠孝生，则帝王垂裕之道至矣尽矣。孔子集群圣之道而为一大成，实万世之永赖焉，精诚之录同一揆也。"[①]书凡三卷，敬天一卷，取《易》十章，《书》七十二章，《诗》十七章，《礼记》二十七章，《孝敬》、《论语》各一章。忠君一卷，取《易》、《大学》、《中庸》各一章，《书》四十六章，《诗》十章，《礼记》十四章，《左传》六章，《国语》一章，《论语》十四章，《孟子》十二章。孝亲一卷，取《易》二章，《书》三章，《诗》九章，《礼记》四十八章，《论语》十一章，《孝经》十九章，《大学》二章，《中庸》三章，《孟子》十章。《精诚录》的编纂是在朱元璋的授意下进行的，朱元璋急于推行儒家思想以期达到控制社会思想的目的。他选择了三个主题，分别是敬天、忠君、孝亲，命令儒臣围绕这三个主题在经书中选择与之相关的材料汇成一编。其实质就是把经书的内容重新编辑成为单一主题文献，使之更有利于传播与利用。值得注意的是，吴沉所选经书之范围不仅仅包括传统意义上的《六经》、《论语》、《孟子》，还包括《国语》。吴沉视《国语》为经书，这与当下的学术观点是有所差别的。

由于专科丛书《十三经》的内容十分庞杂，思想繁复，而洪武时期的社会文化水平又相对落后，小型单一主题文献的出现可以更好地促进经学思想的传播。从经书中搜寻相关资料编辑成单

① 郑楷：《精诚录后序》，见程敏政《皇明文衡》，《四部丛刊初编》本，上海：商务印书馆，1919 年。

行本，这是洪武时期经学随时制宜思想的标志之一，也是经学发挥史料价值的体现。值得注意的是，洪武政权所强调的“敬天”、“忠君”、“孝亲”、“军事”四大主题也正是当时亟待解决的社会问题。

**（三）变全本为残本，彰显专制威力**

洪武时期经学史上的一大重要事件为《孟子节文》的修撰。无论在整个经学史，还是在《孟子》学史上，这都是一个不可回避的话题。

将《孟子节文》与杨伯峻《孟子译注》对比，可知《孟子节文》所删节条目的详细情况。现将所删条目列于下：

《梁惠王上》删去 6 条，分别为：1.1(P1)、1.2(P2)、1.4(P8)、1.5(P10)、1.6(P12)、1.7(P14)。（括号内数字为杨伯峻《孟子译注》中所标页码，下同。）

《梁惠王下》删去 11 条，分别为：2.1(P26)、2.2(P29)、2.4(P33)、2.5(P36)、2.6(P40)、2.7(41)、2.8(42)、2.10(P44)、2.11(P45)、2.12(P47)、2.16(P52)。

《公孙丑上》删去 5 条，分别为：3.1(P56)、3.2(P61)、3.3(P74)、3.4(P75)、3.9(P83)。

《公孙丑下》删去 6 条，分别为：4.2(P88)、4.5(P96)、4.6(P97)、4.11(P106)、4.12(P107)、4.13(P109)。

《滕文公上》删去 1 条，为 5.3(P117)。

《滕文公下》删去 6 条，分别为：6.4(P145)、6.5(P147)、6.6(P151)、6.7(P152)、6.8(P153)、6.10(P158)。

《离娄上》删去 12 条，分别为：7.1(P162)、7.2(P165)、7.3(P166)、7.5(P167)、7.6(P167)、7.7(P168)、7.8(P170)、7.9(P171)、7.13(P174)、7.14(P175)、7.16(P177)、7.20(P180)。

《离娄下》删去 9 条，分别为：8.3(P186)、8.4(P187)、8.5

(P187)、8.9(P188)、8.17(190)、8.22(P193)、8.24(P194)、8.32(P203)、8.33(P203)。

《万章上》删去4条,分别为:9.2(P209)、9.3(P212)、9.5(P219)、9.6(221)。

《万章下》删去7条,分别为:10.1(P232)、10.3(P237)、10.4(P239)、10.6(P244)、10.7(P247)、10.8(P251)、10.9(P251)。

《告子上》删去1条,为11.9(P264)。

《告子下》删去4条,分别为12.4(P280)、12.8(P290)、12.9(P293)、12.14(P297)。

《尽心上》删去4条,分别为13.8(P303)、13.31(P315)、13.35(P317)、13.43(P321)。

《尽心下》删去13条,分别为14.1(P324)、14.4(P325)、14.7(P327)、14.8(P327)、14.11(P328)、14.12(P328)、14.13(P328)、14.14(P328)、14.20(P331)、14.27(P335)、14.28(P335)、14.30(P336)、14.34(P339)。

整部《孟子节文》所删条目共计89条,这89条涉及的内容非常广泛。但朱元璋的核心目的是严格控制知识分子追求学术自由的权利,剥夺知识分子批评政权的自由。同时,朱元璋也忌讳知识分子所描述的国家灭亡的下场,所删条目基本上将知识分子的权利限定于为国家贡献计策,但不允许知识分子提出批评。由此可见,洪武时期的文化氛围并不宽容。

**(四) 文本纠谬,彰显学术求真精神**

诸经之中,朱元璋对《尚书》是比较了解的,他屡屡引用《尚书》之语晓谕群臣,并亲自在国子监讲解《尚书》中的某些篇章,这些都显示了朱元璋对《尚书》的熟稔。但是朱元璋对于《尚书》亦非完全精通,从他不了解《尚书》之语言特色就可以窥见其《尚书》学水平。朱元璋曾经命词臣撰《大祀乐章》,词臣在乐章中使用了

"予"、"我"字，朱元璋大怒，疑其不敬，将坐以罪，召桂彦良问，桂彦良对曰："昔成汤祀天之文，有曰：'予小子履'、'敢用玄牡，敢昭告于皇。'武王祀文王配天之诗，曰："我将我享，唯羊唯牛，唯天其右之言。"桂彦良解释说用"予"、"我"等字是为了令表示对先人的亲近之意。[①] 桂彦良是从表达情感的角度予以解释的，实际上这是语言风格的问题。章太炎称："《尚书》中的《盘庚》、《洛诰》，在当时不过一种告示，现在我们读了，觉得'佶屈聱牙'，这也是我们没懂当时的白话，所以如此。《汉书·艺文志》说：'《尚书》直言也。'直言就是白话。古书原都用当时的白话，但我们读《尚书》，觉得格外难懂，这或因《盘庚》、《洛诰》等都是一方的土话，如殷朝建都在黄河以北，周朝建都在陕西，用的都是河北的土话，所以比较的不能明白。"[②]从这方面讲，朱元璋并没有系统的语言文字学知识，他尚不明白《尚书》的性质及其语言风格。但是我们不能仅仅从这一点就否认朱元璋对《尚书》的理解有独到之处。首先，直到明代末年学者才明白语音是变化的这个道理，陈第（1541—1617）提出了著名的"时有古今，地有南北，字有更革，音有转移"观点。况且陈第是著名的学者，朱元璋并不是学者，所以不能从朱元璋不懂得《尚书》的语言特色来否定朱元璋在《尚书》学上的贡献。朱元璋的《尚书》学贡献在于发现蔡沈《书经集传》的错误，率领学者进行大胆的纠错，最终形成了《书传会选》一书。

《书传会选》取得了较高的学术成就，即使是对明代经学持批评态度的顾炎武和四库馆臣也给予了此书以较高的评价。四库馆臣引顾炎武称："盖宋、元以来，诸儒之规模犹在。而其为此书者，皆自幼为务本之学，非由八股发身之人。故所著之书虽不及

---

① 事见乌斯道《春草斋集》卷七《晋王傅清节桂先生传》。

② 章太炎：《国学概论》，上海：上海古籍出版社，1997年，第9页。

先儒，而尚有功于后学。”[①]钱基博也曾在《经学通志》中称赞此书具有较高的学术价值。

《书传会选》是由朱元璋发起编订的一部旨在纠正《书经集传》错误的经学著作。朱元璋观测天象，发现蔡沈《书经集传》所载不同，于是组织学者对蔡沈的《书经集传》进行修订。

1. 修撰《书传会选》是学术发展的要求

朱子于诸经皆有著述，但是《尚书》除外，朱子将这一任务交给了蔡沈[②]。据蔡沈称《书经集传》之二典、三谟曾经得到朱子的订正，其余部分则多有偏离朱子原意之处，因此《书经集传》与朱子所论多有异同。可见，《书传会选》之修撰是学术潮流之趋势。

在《书传会选》之前，曾有多部著作指摘《书经集传》中的错误。张葆舒《尚书蔡传订误》、黄景昌《尚书蔡氏传正误》、程直方《蔡传辨疑》、余苞舒《读蔡传疑》、陈栎初《书传折衷》都曾对《书经集传》中的错误提出商榷。但是元仁宗延祐二年议复贡举，定《尚书》义用蔡氏。蔡氏之作既然被悬为令甲，所以反对其观点的《尚书》研究典籍便在竞争中被淘汰。即使是曾经作《书传折衷》的陈栎也重新作《尚书集传纂疏》以疏通蔡《传》之意。纠正蔡《传》之失成为当时学界的主流，但是当蔡《传》成为科考之本后，鲜有学者再提出异议。从学术发展史而言，学界无人主动批评蔡《传》已经成为学术缺乏动力的表现。无论蔡《传》中存在多少错误，研读者只能接受不能批评。在这种情况下，朱元璋从个人生活实践经验出发，发现了蔡《传》中的错误，决定对《书经集传》进行重新修订。朱元璋鸠集刘三吾、门克新、胡季安、王俊华、张美和、钱宰、

① 永瑢：《四库全书总目》，第98页。

② 中华书局整理本作“蔡沉”。

许观、张信、马京、卢原质、齐麟、张显宗、景清、戴德彝等学者参加修订，命刘三吾董其事。

2.《书传会选》的出台是顺应思想统一的内在要求

《书传会选》是统一政权下的必然产物。朱元璋建立明朝，力图在思想上完成统一，其在文化上的表现就是重新解释经典。政权通过重新解释经典使自己变成文化的代言人。其序文曰："今天下车同轨，书同文，行同伦。当大德圣人在天子位之日，举议礼制度考文之典，谓《六经》莫古于《书》，帝王治天下之大法莫备于《书》。今所存者仅五十八篇，诸儒训注又各异同。至宋九峰蔡氏本其师朱子之命，作为《集传》，发明殆尽矣。然其书成于朱子既殁之后，有不能无可议者。"①由此可见，编订《书传会选》除了在学术上纠正蔡《传》之失外，还有彰显"天下一统"的要求。洪武政权可以通过征集诸儒修订经书表明以经学治国的决心，同时在行动上宣示政权对文化具有绝对的控制权。

3.《书传会选》学术价值的探讨

《书传会选》虽然是朱元璋鸠集群儒所为，但是在《尚书》学史上应该具有一席之地。平和的学术态度、高水平的学者群体、规范的体例保证了该书的质量和水平。蔡《传》之合者存之，不合者进行辨析，择善而从。编修者事先并不先存一主观诋毁观念于心中，故持论公允，剪裁得当。四库馆臣称："明太祖始考验天象，知与蔡《传》不合，乃博征绩学，定为此编。凡蔡《传》之合者存之，不预立意见以曲肆诋排；其不合者则改之，亦不坚持门户，以巧为回护。"②

第一，《尚书》释义纠谬与补充并存。

《书传会选》本为纠错而作，刘三吾等专门纠正蔡《传》之失。

① 刘三吾：《书传会选序》，见《景印文渊阁四库全书》第63册，第3页。

② 永瑢：《四库全书总目》，第98页。

细检全文,《书传会选》不仅有文义纠谬,还有补充文义之处。

释义纠谬多用直接剔除原文的方式进行。其序称:“蔡《传》有须易者以他说易之。”[①]

释义纠谬有出于当时政治要求者。蔡氏《书经集传》解释《尧典》之九族为:“九族,高祖至玄孙之亲,举近以该远,五服、异姓之亲亦在其中也。”[②]《书传会选》则称:“九族,夏侯氏曰:‘父族四、母族三、妻族二。’”[③]刘三吾直接用夏后氏的解释替代了蔡沈之解释。九族之说由来已久,汉代今古文经学在九族之上亦有争论。古文经学认为九族仅限于父宗,包括上自高祖下至玄孙的九代直系亲属。今文经学家认为九族包括父族四、母族三、妻族二。今文说满足了统治者利用血缘姻亲关系实现对本阶级及整个社会最大限度控制的需要。洪武时期,朱元璋要加强严酷的政治统治,所以希望将九族解释为今文经学家的观点。通过修改九族之意义,洪武政权加强了对人民的控制。

释义纠谬更多的则是出于对《尚书》原义的探讨。除了顾炎武在《日知录》中所说的天左旋日月五星违天而右旋主陈氏祥道,高宗肜日谓祖庚绎于高宗之庙主金氏履祥等例子之外,《书传会选》亦多选取前人之说予以补充说明。“申命和叔”条目之下加上“唐孔氏曰:春言星鸟,以象言;夏言星火,以次言;秋冬言虚昴,以宿言。文不同者,互相通也。”[④]在“使宅百揆亮采惠畴”下加上王氏、孙氏之说。《书传会选》引用前人之说甚多,共计有孔安国、夏侯胜、王辅嗣、郭景纯、孔颖达、张横渠、苏轼、吕祖谦、新安王氏、

---

① 刘三吾:《书传会选》,第 4 页。

② 蔡沉:《书集传》,北京:中华书局,2017 年,第 2 页。

③ 刘三吾:《书传会选》,第 10 页。

④ 刘三吾:《书传会选》,第 11 页。

程伯圭、五峰胡氏、许月卿、林之奇、陈大猷、王应麟、邹补之、新安陈氏、仁山金氏、董氏、胡氏等二十家之多。

第二，音释部分颇具汉学特色。

《书传会选》的体例中，"音释"部分是刘三吾等学者的独创之处。《书传会选》剔除了蔡沈《书经集传》中的注音，采用了新的语音，这与朱元璋大力改变当时文风有关系。朱元璋曾经命令用口语翻译群经，用浅显的语言颁布法律，其立意在于推广流行，而非束之高阁。朱元璋命令刘三吾等修撰的《书传会选》也致力于推广使用口语，故对于文中注音尤为注重，力图使习读者都能掌握最新的注释。应当注意的是，音释部分内容丰富，不仅仅包括最新注音，还掺有大量的文字形体辨析等内容。把"音释"部分整合为一书，就是一部语言学的专著。

以解释"曰"字为例。《书传会选》称："曰，王伐反，音与越同。上画不满，与日字异。稽坚奚反，唐玄度《九经字样》云：'字左旁从禾，木之曲头也。'从禾者非，详见《说文》。"[①]此条"音释"中辨析"曰"之字形，指出"曰"与"日"的不同。又辨析"稽"之字形字义。今检《九经字样》于"稽"下云："音雞，从尤从旨从禾，禾音。稽木之曲头止不能上也，从禾者非。"[②]刘三吾还说明"从禾者非"并非《九经字样》一家主此说，又请读者参阅《说文解字》的相关论述：今检《说文解字》，于"稽"下云："稽，留止也。从禾从尤，旨声。凡稽之属皆从稽。"[③]刘三吾等人通过"音释"部分解决了《尚书》中的读音问题。我们则可以通过其"音释"部分得出关于明初经学的新特点。《书传会选》并不抛弃小学，唐玄度《九经字样》对"稽"之解释尚未言及《说文解字》，而刘三吾等人却提出详见《说

① 刘三吾：《书传会选》，第 10 页。
② 唐玄度：《九经字样》，见《景印文渊阁四库全书》第 224 册，第 298 页。
③ 许慎：《说文解字》，北京：中华书局，1963 年，第 128 页。

文》的观点，这足以说明《书传会选》对小学的重视。

如果说重视小学是汉学与宋学的一大区别的话，那么《书传会选》则具备汉学特色。这对于重新评价明代经学有一定的启发意义。

## 三、经学语言的重构

经书注疏、章句卷帙浩繁，明初承多年战乱，文化水平相对落后，朱元璋迫切需要统一与普及经学思想，除了在内容上完成新时代经学内容的重构之外，还需要在语言形式上予以改革和重构，使传递经学思想的语言能够为当下的大众更容易地接受。于是朱元璋又在形式上对经学进行了重构。

朱元璋很重视语言文字的改革，对经学语言进行重构是朱元璋要求改变当时文风的一贯要求，其重要措施有三种：

第一，革除冗长文风。

如上文所引，朱元璋要求为文当以《尚书》中的典谟为准，不可冗长繁琐。朱元璋颁布《建言格式序》，以茹太素为例要求文章必须简洁。朱元璋称："近臣刑部主事茹太素以五事上言，其书一万七千字。朕命中书郎中王敏立而诵之，至字六千三百七十，乃云：才能之士，数年以来，幸存者百无一二，不过应答办集。又云：所任者多半迂儒俗吏。言及至斯，未睹五事实迹，意其妄言，故召问之：尔为刑部之官，彼刑部官吏二百有余，尔可细分迂儒俗吏乎？彼乃不答。使分之，而又无知其人者，于是扑之。次日深夜中，朕卧榻上，令人诵其言。直至一万六千五百字后，方有五事实迹。其五事之字，止是五百有零。朕听至斯，知五事之中，四事可行。当日早朝，敕中书、都府、御史台著迹以行。吁，难哉！古今上书陈言者，未尝不为国为民而为君，而言者虽有，责人以难，故要其名者亦甚不多。今朕厌听繁文而驳问忠臣，是朕之过。有臣如此,可谓之忠矣。"[1]朱元璋厌恶冗长文风由此可见一斑。改变冗长文风是朱元璋提高办公人员效率的一种方式。

第二,崇尚古文,禁止骈文。

洪武六年九月庚戌,诏禁四六文词。朱元璋称:"唐虞三代,《典》、《谟》、《训》、《诰》之词,质实不华,诚为千万世法;汉魏之间犹为近古;晋宋以降文体日衰,骈丽琦靡而古法荡然矣;唐宋之时名儒辈出,虽欲变之而卒未能尽变;近代制诰表章之类仍蹈旧习。朕尝厌其雕琢,殊异古体,且使事实为浮文所蔽,其自今凡告谕臣下之词务从简古以革蔽习,尔中书宜播告中外臣民,凡表笺奏疏毋用四六对偶,悉从典雅。"[2]明太祖加强了文风文体的限制,要求奏章拟以《典》、《谟》、《训》、《诰》为的,重视内容对形式的决定性作用,讲究文章传递信息的实效性,凸显文艺的认识价值,对于明初文学朴素文风的建设有重要的指导意义。

第三,加强口语教育。

早在1366年朱元璋就开始要求臣子编定《公子书》与《务农技艺商贾书》。《太祖明实录》载:"壬辰,修《公子书》及《务农技艺商贾书》成。先是,儒士熊鼎、朱梦炎等至建康,延居上宾馆,令纂修是书。上谓之曰:'公卿贵人子弟,虽读书,多不能通晓奥义。不若集古之忠良奸恶事实,以恒辞直解之,使观者易晓。他日纵学无成,亦知古人行事可以劝戒。其民间商工农贾子弟,亦多不知读书,宜以其所当务者,直辞解说,作《务农技艺商贾书》,使之通知大义,可以化民成俗。'至是书成,命颁行之。"[3]吴元年十二月戊午,朱元璋颁布《律令直解》,以期用浅显的语言使法律条文得到更广泛的传播。《明太祖实录》记载:"戊午,命颁《律令直

---

① 朱元璋:《建言格式序》,见钱伯城《全明文》,第193—194页。
② 《明太祖宝训》,第81页。
③ 胡广:《明太祖实录》,第308页。

解》。先是，上以律令初行，恐民一时不能尽知法意，或有误罹于法令者。乃谓大理卿周祯等曰：'律令之设，所以使人不犯法，田野之民岂能悉晓其意。有误犯者，赦之则废法；尽法则无民。尔等前所定律令，除礼乐制度、钱粮选法之外，凡民间所行事宜，类聚成编，直解其义，颁之郡县，使民家喻户晓。'至是，书成，以进。上览而喜曰：'前代所行通制条格之书，非不繁密，但资官吏弄法，民间知者绝少，是聋瞽天下之民，使之不觉犯法也。今吾以《律令直解》遍行，人人通晓，则犯法者少矣。'"[①]由此可见，朱元璋为了适应民众的阅读理解水平，命令儒臣特别颁布语言明白易晓的书籍，务必使政令、法令畅通无阻。这是朱元璋随时制宜思想的具体运用。

在经学领域，朱元璋同样完成了经书的通俗化工作，其主要表现就是重塑经书的语言风格。语言是思想的载体，接受者的阅读能力是决定其能否理解思想的关键。洪武时期，民众的阅读能力相对低下，要想普及经学就必须对经学语言进行再加工，提高典籍的可读性。洪武政权通过三种方式重新塑造了经学语言风格。

第一，化古为今，变古奥典雅为通俗易懂。

经书注释本为解经而作，然随着时代发展，后来学者对解经之作亦无法理解，于是就必须对这些解经之作重新做新解，这就是将古代语言转化为当代语言的过程。洪武政权为了推行经学思想，加大思想控制力度，在推行经学过程中使用了化古为今的办法，其代表作是《群经类要》。

《罪惟录》称："洪武六年正月，上取诸经要言，以浅语释之，名《群经类要》，仍手释二章以为式。至是，书成。御制《春光记》。

① 胡广：《明太祖实录》，第 431—432 页。

上尝迂阔朱熹集注，每以己意释《论语》。至‘攻乎异端’，云：攻去异端，其害自止。与宋孙奕之解暗合。诸类是。”[①]“以浅语释之”的目的在于使其明白易晓。《经义考》载：“孔氏克表等《群经类要》，未见。黄虞稷曰：‘明太祖命儒臣孔克表、刘基、林温等以恒言注释群经，使人易通晓。亲解《论语》二章以为之式，克表等承命释《五经》、《四书》以上，赐今名。’”[②]所谓恒言指的是就是通行的俗语。所谓俗语是指广泛流传于民间，群众口头经常使用的词语，通俗易懂，富有生活气息，生命力强。在经学盛行的封建社会里，朱元璋却要求用恒言解释古朴典雅的经书，这是朱元璋推行经学致用政策下的举动，导致了经学的通俗化，实现了经学思想覆盖范围的最大化。

第二，化繁为简，变繁缛冗长为简洁易晓。

经学传注，浩如烟海，辞繁而意深，这就直接影响了经学思想的传播和接受，因此洪武政权大力倡导简洁文风。明代初年，宋代理学大兴，朱熹著作大行其道。但是，朱熹之著作大多卷帙浩繁，常人难以卒读，这在鲜识俎豆的明初体现得尤其明显。缩减原著篇幅，编订通俗的流行本是当时学术界、思想界和政治界的共同要求。朱廉缩减《朱子语类》辑为《理学纂言》，就是其中的代表。

《朱子语类》是朱熹与其弟子问答的语录汇编。《四库全书总目》详细记载了该书的版本流传情况：“初，朱子与门人问答之语，门人各录为编。嘉定乙亥，李道传辑廖德明等三十二人所记为四十三卷，又续增张洽录一卷，刻于池州，曰“池录”。嘉熙戊戌，道传之弟性传续蒐黄干等四十二人所记为四十六卷，刊于饶州，曰

① 查继佐：《罪惟录》，第509页。
② 朱彝尊：《经义考》，第1249页。

“饶录”。淳祐乙酉，蔡杭又裒杨方等二十三人所记为二十六卷，亦刊于饶州，曰“饶后录”。咸淳乙丑，吴坚采三录所余者二十九家，又增入未刊四家为二十卷，刊于建安，曰“建录”。其分类编辑者，则嘉定己卯黄士毅所编，凡百四十卷，史公说刊于眉州，曰“蜀本”。又淳祐壬子王佖续编四十卷，刊于徽州，曰“徽本”。诸本既互有出入，其后又翻刻不一，讹舛滋多。靖德乃裒而编之，删除重复一千一百五十余条，分为二十六门，颇清整易观。”[①]《朱子语类》不仅仅是理学研究的重要资料，也是经学研究的重要参考书，但是其版本流传较为复杂，内容多少不一，所以元末明初之交的朱廉对其进行了删改。根据《明太祖实录》记载，朱廉于洪武十一年三月庚子致仕。《明太祖实录》概括其学术源流和活动大要为：“赐楚府长史朱伯清致仕。伯清，名濂，以字行，婺之义乌人。幼从元侍讲学士黄溍学。洪武三年，用荐预修《元史》及《大明日历》，授翰林编修。尝扈从凤阳，途中作《纪行诗》以献，上览之嘉叹，寻和其诗赐之，升楚府长史。居官恭谨自持，所著有文集及《理学纂言》二卷。至是，以耳聩致仕，后终于家。”[②]《明史》记载：“廉好程、朱之学，尝取《朱子语类》，摘其精义，名曰《理学纂言》。”[③]由此可知，《朱子语类》因为卷帙庞大，不利于流通，而经过朱廉修改后的《理学纂言》则只有两卷，全部是其书的精义部分，上文所提及的《群经类要》从篇幅角度讲也是一种化繁为简的工作。这是经学典籍简约化倾向在学者领域中的体现，朱元璋大力推行的通俗化也是适应这一学界潮流的体现。

第三，沟通中外，翻译外族文字。

朱元璋曾经多次颁布经书于朝鲜，通过颁赐经书彰显洪武政

---

① 永瑢：《四库全书总目》，第 782 页。

② 胡广：《明太祖实录》，第 1920—1921 页。

③ 张廷玉：《明史》，第 4892 页。

权对朝鲜的控制力。这表明洪武政权非常善于利用文化优势巩固政权。由于明代是接替蒙元而起，研究元代史料成为当时重要的文化活动。为了更好地研究蒙古材料，洪武十五年，翰林院侍讲火原洁和编修马沙亦黑奉命编译了蒙汉对照词汇集《华夷译语》，并于洪武二十二年刊行。该书共计七门，存有 840 条词语。《今言》称："洪武十五年，命翰林侍讲火原洁等编类《华夷译语》。上以前元素无文字，发号施令但借高昌书，制蒙古字，行天下。乃命原洁与编修马懿赤黑等以华言译其语，凡天文、地理、人事、物类、服食、器用，靡不具载。复令《元秘史》参考，以切其字，谐其声音。既成，诏刊布。自是使臣往来朔漠，皆能得其情。"①

这种主动沟通汉语与少数民族语言的举动不仅仅有利于洪武政权更好地研究蒙元历史，还能更有利地促进不同民族之间的交流，当然也能够促进中原经学文化向外传播。

洪武政权的务实风格使得经学在洪武期间完成了一次重构。洪武政权通过重构经学内容完成了对政权正统地位的论证，加强了思想控制。洪武政权通过对学风的改造和对经学语言的重塑完成了经学的普及和传播。

## 第六节　政治诉求与学术主流的背离

长期以来，学者对洪武时期的经学研究多集中在科举制度的设立和《孟子节文》的删定两件事情上。研究者多将前者称为明代学术空疏的源头，将后者称为政权对学术的野蛮干涉，并不作更深入的研究。究其原因，学者多将洪武时期看成宋明学术发展

① 郑晓：《今言》，北京：中华书局，1984 年，第 194 页。

史上的普通一环，认为洪武时期的经学发展没有什么特别之处，故不作继续之研究。但是，在经过了上述分析以后，可知洪武时期的经学仍然有值得深入挖掘之处。

诚然，朱元璋并不是知识分子，他对于经学的理解以治国安邦为出发点。作为一代帝王，他对经学的理解是粗疏的，也缺乏系统性。洪武朝治国思想的核心是随时制宜，所以洪武时期的经学也作出了因时制宜的改变。通过洪武时期的循经致用与经学的重构过程，我们可以发现洪武时期的政治诉求与学术主流之间的背离。

朱元璋的帝王思维要求经学必须为现实服务，而经学学者也能出色地完成此使命。朱元璋对经学有利用，也有研究，从朱元璋对经学的利用可以看出洪武经学发展的另一侧面。这个侧面与主流经学学者的主张有三点不同：

第一，从汉学与宋学的分野来看，洪武时期，《五经》系统占据了主导地位。

经学分为汉学与宋学两派，此说是由四库馆臣提出的。《四库全书总目》称："经禀圣裁，垂型万世，删定之旨，如日中天，无所容其赞述。所论次者，诂经之说而已。自汉京以后垂二千年，儒者沿波，学凡六变……要其归宿，则不过汉学、宋学两家互为胜负。夫汉学具有根柢，讲学者以浅陋轻之，不足服汉儒也；宋学具有精微，读书者以空疏薄之，亦不足服宋儒也。"①

经学史上的汉学与宋学的区别是多方面的。蔡方鹿认为："汉学与宋学经典诠释之不同，大致可以从以下几个方面加以区分：一是就经典诠释所依傍文本的重心而言，汉学以五经系统为主，宋学以四书系统为主；二是就经典诠释的方法而言，汉学重训

① 永瑢：《四库全书总目》，第1页。

诂，宋学重义理；三是从经典诠释的理论深度而言，汉学以经学诠释为主，宋学则在经学诠释的基础上加以哲学诠释；四是就儒家经学与宗教的关系而言，汉学以排斥佛、道为主，宋学则对佛、道二教既有排斥又有吸取。当然，汉学与宋学的区别不是绝对的，双方在经典诠释上亦有一定程度的沟通。”①汉学与宋学在经典诠释上的不同首先体现在所依赖的文本不同。束景南、王晓华更为详细地指出：“中国经学由汉学向宋学的划时代转型，以四书学的兴起为标志，其思想渊源可追溯到汉唐以来的四书升格运动。《大学》、《中庸》、《论语》、《孟子》四书自汉唐以来经历了由子升传、由传升经的升格历程，到宋代都上升为儒家经典。经学领域中四书学兴起，直接促成汉学向宋学的转型。随着四书的升格运动，新的四书学经典阐释体系滥觞于隋唐王通、韩愈，到宋初四书学兴起。王安石把四书学上升为官学，二程建立理学的四书学体系，到朱熹完成集大成的‘理一分殊’的四书学体系，四书学成为儒家十三经经学体系的重心。”②由此可见，宋学与汉学的主要区别就是汉学倚重《五经》，宋学倚重《四书》。

《五经》系统和《四书》系统的区别在于：前者多记载了历史事实、典章制度等内容，其主要用途在于为王朝提供制度经验，其服务社会的方向是向外的。《四书》系统则主要强调内省，主张加强个人的道德、伦理的修养，提高内省的自觉性，最终达到成圣的目的，其服务于社会的手段主要是通过约束个人的行为而实现的，而其约束个人行为的过程是内省的，这是一种向内的作用。周予同称：“汉学家是比较功利的，想要发挥社会作用。宋学家比较偏

---

① 蔡方鹿：《论汉学、宋学经典诠释之不同》，载《哲学研究》，2008年第1期，第64页。

② 束景南、王晓华：《四书升格运动与宋代四书学的兴起——汉学向宋学转型的经典诠释历程》，载《历史研究》，2007年第5期，第76页。

于玄想，企图在‘根本’问题上加以解决。”[1]唐宋之际的社会变革是促成经学发生改变的主要原因。知识分子强调个人的内在修养推动了四书学的兴起。

但是在各种制度急需完善的洪武时期，《五经》系统在一定程度上占据了统治地位。从朱元璋多次引用经书的语言可以看到这种现象。《周礼》、《尚书》是被引用最多的经典，而《四书》被引次数远不如《五经》。这说明，在特定的历史时期，在特定的制度需要之下，即使在宋学占据主要地位的学术背景下，汉学所依赖的《五经》系统仍然有自己的一席之地。这种因为政治需要而产生的对《五经》的依赖与当时的宋学主流是有所区别的。

其中，《五经》系统中的《尚书》和《春秋》得到了洪武政权的重视。这两部经书都得到了重视，但仍然有一定的区别。洪武政权对《尚书》重视的动机是学术研究，而对《春秋》重视的目的是利用其为政权服务。洪武政权重视《尚书》的代表是《书传会选》，重视《春秋》的代表除了《春秋本末》的编辑之外，就是对灾异学说的重视。前文已经研究过《春秋本末》，兹不赘述，此处重点探讨洪武时期灾异学说的兴起。

朱元璋是我国古代延续几千年的天命观的继承者。前文已经多次例举朱元璋利用天命学说论证洪武政权的合法性，并且以之解释蒙元北遁是顺应天命之为。天命观曾经是汉代的主流思想观念，这一观念从天开始，通过祥瑞、灾异等征兆，预示人间帝王统治的优劣。董仲舒在天命观的发展中占据着重要地位。他认为人间帝王是顺应天命的天子，但是天子必须接受来自上天的监督，上天通过显示祥瑞以奖励其政绩，通过显示灾异以警告帝王。朱元璋很重视灾异学说，每当天降灾异，他总是能够及时通

---

① 周予同:《周予同经学史论著选集》，第 894 页。

过自我检讨予以积极回应。

吴元年六月戊辰大雨，《明太祖实录》载："先是，上因久旱，日减膳，素食，宫中皆然，俟天雨复膳。既而雨，群臣请复膳。上曰：'亢旱为灾，实吾不德所致。今虽得雨，然苗稼焦损必多，纵肉食奚能甘味?'廷臣对曰：'昔武王克商，屡获丰年，诗人颂之曰："绥万邦，屡丰年。"主上平海内，拯生灵，上顺天心，下慰民望，而忧勤惕励，感兹甘雨、丰年之祥，其有兆矣。'上曰：'人事迩，天道远，得乎民心则得乎天心。今欲弭灾，但当谨于修己，诚以爱民，庶可答天之眷。'乃诏免民今年田租。"[①]洪武二年三月丙申，朱元璋因为旱灾而祈告先祖。《明实录》载："丙申，上以旱灾相仍，因念微时艰苦，乃减膳省衍。告皇考仁祖淳皇帝、皇妣淳皇后曰：'惟祖宗积德百灵，佑助勘定祸乱，上帝命为天下生民主，任以司牧，使厚民生。惟恐弗胜，日怀忧惧。伏见去年四月四方旱灾……以答天谴，敢告知之。'"[②]同年三月丁酉，朱元璋以久旱不雨，祭告诸神："上以春久不雨，告祭风云雷雨、岳镇海渎、山川城隍旗纛诸神。"[③]诸如此等，不胜枚举。每当遇到灾异，朱元璋或下特赦诏书，或减膳，或劝谕臣子，旨在表明自己顺应天命，时刻自我反省。

董仲舒的地位在洪武年间获得提高正是天命观、灾异学说盛行的标志。董仲舒的灾异谴告学说称："天地之物有不常之变者，谓之异，小者谓之灾。灾常先至而异乃随之。灾者，天之谴也；异者，天之威也。谴之而不知，乃畏之以威。《诗》云：'畏天之威。'殆此谓也。凡灾异之本，尽生于国家之失。国家之失乃始萌芽，而天出灾害以谴告之；谴告之而不知变，乃见怪异以惊骇之，惊骇

① 胡广：《明太祖实录》，第345页。
② 胡广：《明太祖实录》，第801—802页。
③ 胡广：《明太祖实录》，第804页。

之尚不知畏恐，其殃咎乃至。”[①]董仲舒之学说契合了朱元璋的治国思想，因此根据杨砥之建议，董仲舒在洪武二十九年获得从祀孔庙的待遇，这是其地位获得提高的重要标志。

值得注意的是，董仲舒是汉代著名的春秋公羊学大师。汉代经学学者在洪武年间获得最高统治者的重视，这说明汉学在洪武时期仍然占有一定的地位。洪武时期的学界并非完全是宋学的天下。

第二，孟子的升格运动遭到短暂挫折。

孟子的升格运动主要经历了从子至传，从传至经的过程。周予同指出：“元延祐间，复行科举，《四书》一名更见于功令。于是《孟子》遂与《论语》并称，而由子部儒家上跻于经部。”[②]有的学者认为孟子升格运动是宋代儒学转型的主要标志。周淑萍称：“在中国历史上，孟子在宋代以前的地位一直隐而不显，他的地位甚至不及周公、颜回，至多与荀子比肩齐名，然而到了宋代，一场声势浩大的孟子升格运动从此确定了孟子在中国历史上的地位。原因之一，就是孟子为宋代儒学走出困境、完成儒学的转型，不仅提供了思想资源，而且提供了方法的支持。”[③]这表明孟子在宋明理学中具有崇高的地位。

然而，孟子在洪武年间的政治地位却并不如他的学术地位高。孟子在洪武时期的命运可以从三件事情上体现出来。

首先，孟子配享地位仍然不稳定。孟子罢享文庙始于洪武五年。《明史》记载：“五年罢孟子配享。逾年，帝曰：‘孟子辨异端，

---

① 董仲舒：《春秋繁露》，见苏舆撰，钟哲点校，《春秋繁露义证》，北京：中华书局，1992年，第259页。

② 周予同：《周予同经学史论著选集》，第290页。

③ 周淑萍：《宋代孟子升格运动与宋代儒学转型》，载《史学月刊》，2007年第8期，第89页。

辟邪说，发明孔子之道，配享如故。’”①究其原由在《明史》卷一百三十九《钱唐传》可以找到答案。《明史》记载：“钱唐，字惟明，象山人。博学敦行。洪武元年举明经。对策称旨，特授刑部尚书。……帝尝览《孟子》，至‘草芥’、‘寇仇’语，谓非臣子所宜言，议罢其配享，诏有谏者以大不敬论。唐抗疏入谏曰：‘臣为孟轲死，死有余荣。’时廷臣无不为唐危。帝鉴其诚恳，不之罪。孟子配享亦旋复。”②孟子学说中的民本思想与朱元璋的猜忌性格形成了直接的冲突。钱唐誓死捍卫了孟子亚圣的地位。洪武六年，孟子配享的地位得以重新恢复。

其次，孟子后裔中仍然有因罪而输作者。优待圣人后裔是洪武时期崇尚儒学的一种表现。圣人后裔在明代一般能获得特殊的照顾，例如孔孟颜三氏学的建立就是独立于明代整个教育体系中的特殊教育机构。衍圣公倘若犯罪可以获得一定程度的豁免权。孟子后裔也是圣人之后，在洪武十八年，朱元璋晓谕户部臣，凡孟子后裔有因罪输作者，一概予以免除。朱元璋有感于孟子传道有功，倘若对其后裔不加以优待就不足以显示自己的礼贤之心。实际上这并不是朱元璋主动的行为，这是应了孔希善之请才做出的决定。《国榷》卷八载：“（太祖洪武十八年十月）癸巳，翰林待诏孔希善言孟氏子孙有以罪输作者二人。上曰：‘大贤之后，当屈法宥之’，遂遣还。谕工部曰：‘孟氏后甚微，脱或死，行凋尽矣，凡在输作者，尔等询其出自圣贤，即便释还。’”③

再次，《孟子节文》的出台是皇权对学术赤裸裸的干涉，《孟子》虽然成为了经书，但仍然逃脱不了被删改的命运。通过《孟子节文》的出台，我们也可以看出：《孟子》虽然已经升为经，但是其

---

① 张廷玉：《明史》，第865页。
② 张廷玉：《明史》，第2645页。
③ 谈迁：《国榷》，北京：中华书局，1958年，第658页。

地位还不稳固。《十三经》中的其他经书都没有这样的经历，唯独这本最后才升为经的典籍遭到了如此坎坷的命运。众多儒家经书，为什么洪武政权唯独对《孟子》痛下毒手呢？这说明在洪武这个特殊的时期，所谓的宋学赖以确定自己思想来源的《四书》系统的地位仍然不稳定，这一点也可以从明太祖君臣对问中获得支持。《明太祖实录》记载："洪武元年正月乙酉，上谓刘基曰：'曩者群雄角逐，生民涂炭，死亡既多，休养难复。今国势已定，天下次第而平，思所以生息之道如何？'基对曰：'生息之道在于宽仁。'上曰：'不施实惠而概言宽仁，亦无益耳。以朕观之，宽仁必当阜民之财而息民之力，不节用则民财竭，不省役则民力困，不明教化则民不知礼义，不禁暴则民无以遂其生，如是而曰宽仁，是徒有其名而民不被其泽也。故养民者必务其本，种树必培其根。'基顿首曰：'陛下尽心如此，民其有不受惠者乎？《传》曰"以仁心行仁政"，实在今日天下之幸也。'"[①]仁心仁政一语乃化用《孟子·离娄》"尧舜之道，不以仁政，不能平治天下。今有仁心仁闻而民不被其泽、不可法于后世者，不行先王之道也"。[②] 刘基所说的《传》，当指《孟子》。由此可见，虽然在学术领域，《孟子》已经由子升为传，又由传升为经，但是在刘基看来，《孟子》仍然是传，并没有获得同经一样的地位。从这一点上说，程朱理学并没有占领洪武学术的全部阵地，宋学系统的基本典籍没有获得完全的统治权。

需要说明的是，孟子所遭遇的三桩事件最后都得到了解决，孟子获得了陪祀地位，孟子后裔也得到了照顾，《孟子》全文在永乐年间也得到恢复。孟子地位的动摇与朱元璋的乖戾性格有一

---

① 胡广：《明太祖实录》，第496页。

② 杨伯峻：《孟子译注》，第162页。

定的关系，孟子地位的动摇只是一时之事，孟子地位的动荡带有很大的偶然性。

第三，汉唐注疏仍然占有一定地位。

朱子学术在洪武时期并没有获得全部尊崇。《明太祖实录》记载，洪武元年七月戊戌，儒士李讷上言，其略曰："《诗》云：'哿矣富人，哀此茕独。'《书》云：'怀保小民，惠鲜鳏寡。'此王政之先务也，今天下生民幸脱丧乱，沐浴清化，犹去戴盆而仰白日，出阴谷而登春台，莫不欢欣鼓舞，以获更生。然亿兆之中，臣尝见有无父母孤子女者，索然无依，艰于衣食，愿敕有司存养以广仁恩。上览之，谓讷曰：'尔言良是，吾前已命中书赈恤，正谓此也。'"①"哿矣富人，哀此茕独"一语出于《小雅·正月》："仳仳彼有屋，蔌蔌方有谷。民今之无禄，天夭是椓。哿矣富人，哀此茕独！"周振甫翻译为："好过的是富人，哀怜这些孤独！"②关于此诗主旨，《毛诗序》称："《正月》，大夫刺幽王也。"③王先谦称："三家无异义。"④朱熹《诗集传》则没有关于此诗创作时间和诗旨的详细解释。"怀保小民，惠鲜鳏寡"出于《尚书·无逸》。其文曰："周公曰：'呜呼！厥亦惟我周太王、王季，克自抑畏。文王卑服，即康功田功。徽柔懿恭，怀保小民，惠鲜鳏寡。自朝至于日中昃，不遑暇食，用咸和万民。文王不敢盘于游田，以庶邦惟正之供。文王受命惟中身，厥享国五十年。'"⑤《史记·鲁周公世家》云："周公归，恐成王壮，治有所淫佚，乃作《多士》，作《毋逸》。"⑥郭仁成称："此篇今文古文

---

① 胡广：《明太祖实录》，第576页。

② 周振甫：《诗经译注》，北京：中华书局，2010年，第277页。

③ 毛亨传、郑玄笺：《毛诗传笺》，北京：中华书局，2018年，第264页。

④ 王先谦：《诗三家义集疏》，北京：中华书局，1987年，第665页。

⑤ 孔颖达：《尚书正义》，见阮元刊刻《十三经注疏》，北京：中华书局，1980年，第220页。

⑥ 司马迁：《史记》，北京：中华书局，2013年，第1839页。

皆有，但自宋胡宏以来，学者仍疑其为晚出，或以为春秋时人所作。”[①]李讷引用《诗经》、《尚书》描述了明初人民生活的艰苦状况，以期明太祖施行仁政。实际上李讷暗中遵从了《毛诗序》的说法。《尚书》之《无逸》，自从宋代以来一直被怀疑为晚出之伪书，李讷仍然坚持使用该篇之典故进行劝谏。朱元璋对于《诗经》也是取其可资利用的道理，而不究心于学术的研讨。《无逸》篇即使被怀疑为晚出之伪书，但是仍然达到了劝谏的目的。这表明，学术研究的最新成果并没有反映到日常运用中来。宋人对经书的诠释并没有获得完全统治地位，汉唐注疏在政治生活中仍然占有重要的地位。

洪武二年六月庚午，朱元璋引“文武吉甫”要求国子生文武兼备。“文武吉甫”出于《六月》，“薄伐猃狁，至于大原。文武吉甫，万邦为宪。”《毛诗序》：“《六月》，宣王北伐也。”《郑笺》：“《六月》，言周室微而复兴，美宣王之北伐也。”[②]朱熹《诗集传》曰：“成、康既没，周室浸衰。八世而厉王胡暴虐，周人逐之，出居于彘。猃狁内侵，逼近京邑。王崩，子宣王靖即位，命尹吉甫帅师伐之，有功而归。诗人作歌以序其事。”[③]朱熹分析《六月》的主旨与《毛诗序》、《郑笺》相同，这说明朱熹的《诗经》学并没有完全抛弃汉唐旧说，也说明朱元璋并不在意该诗主旨的本来面目如何，凡是能为己用者，悉数拿来使用。

洪武三年，朱元璋封赏诸将时引用了《尚书》之《仲虺之诰》。《北平录》记载：“洪武三年冬十一月，上御奉天殿。皇太子、亲王侍，丞相率文武百官列于丹陛左右。上诏诸将谕之，其略曰：‘汝等其听：朕今日定封行赏，非出己私，皆仿古先帝王之典……《书》

---

① 郭仁成：《尚书今古文全璧》，第243页。

② 毛亨传、郑玄笺：《毛诗传笺》，第234页。

③ 朱熹：《诗集传》，北京：中华书局，2011年，第151页。

云:‘德懋懋官,功懋懋赏。’今日所定,如爵不称德,赏不酬劳,卿等宜廷论之,无有后言。’”[①]明太祖所引出于《仲虺之诰》。《仲虺之诰》:“夏王有罪,矫诬上天,以布命于下。帝用不臧,式商受命,用爽厥师。简贤附势,实繁有徒。肇我邦于有夏,若苗之有莠,若粟之有秕。小大战战,罔不惧于非辜。矧予之德,言足听闻。惟王不迩声色,不殖货利。德懋懋官,功懋懋赏。用人惟己,改过不吝。克宽克仁,彰信兆民。”[②]《书序》:“汤归自夏,至于大坰,仲虺作诰。”[③]郭仁成云:“此篇古文有,今文无,故学者多疑惟东晋时人所假托。”[④]这里值得注意的是,《古文尚书》的真伪在《尚书》学史上聚讼不已,明太祖深谙《尚书》,对于今古文的真伪问题恐亦有涉猎。洪武君臣不因宋元诸儒的怀疑而弃而不用,说明学术研究与政治利用之间存在着脱节。

通过以上所列的三组事例可以看出,朱元璋虽然对经学有一定的研究,但是其对经学最本质的态度是实用。汉学、宋学的区别,宋代义理学与汉唐注疏的区别,真书与伪书的辨析,这些学术史上的主要问题在洪武政治那里并不重要。

政治对学术的干预使得学术研究的新成果并不能及时地在政策中得到体现,政治上的规定总是落后于学术研究。洪武三年下诏颁布科举考试的科目。其中《书经》主蔡氏《传》、古注疏,《诗经》主朱氏《传》、古注疏,《春秋》主左氏、公羊、穀梁、胡氏、张洽传,《礼记》主古注疏。在这些科目中,汉唐注疏仍然占有一定的比重。朱子经学在当时也取得了较高的成就,钱穆总结朱熹经学的五大成就时指出:“朱子治经,于诸经皆分别其特殊性,乃及研治此经之特殊方法与特殊意义之所在。……朱子治经,除经之本

---

① 佚名:《北平录》,见《四库全书存目丛书》史部第45册,第264页。

②③ 孔颖达:《尚书正义》,第161页。

④ 郭仁成:《尚书今古文全璧》,第94页。

文之外，必兼罗汉唐以下迄于宋代诸家说而会通求之，以期归于一是。……朱子说经，虽在理学立场上素所反对如苏东坡，尤甚者如张横浦，苟有一言可取，亦皆纳入。……朱子说经，极多理据明备创辟之见，清儒亦不理会。……朱子论《尚书》、论《春秋》，每及于史，并有置史于前之意。清代史学，则只成经学附庸，治史亦只如治经，不见有大分别。上之五项，皆其荦荦大者。至如训诂考据校勘，清儒自所夸许，实则宋儒治经，亦无所不及此诸项。"[①]观钱穆之言，则朱熹之于经学，其功至伟。但是在洪武三年颁布的科举诏令中，汉唐注疏与朱学新注几乎平分秋色，不分伯仲。这说明朱子经学虽然在学术领域获得了崇高地位，但在功令政策方面只能占半壁江山。

这是政治对学术的态度，是政治视野中经学实用性的一种体现。可以说学术领域的探讨与政治实用之间存在着一定的距离。明了这一点，对于认识洪武学术的真正面目有一定帮助作用。《明史·儒林传》所谓明初诸儒，皆朱子门人之支流余裔，是针对学术领域的大势而言，却不符合洪武朝皇权压制下的经学发展具体而微的历史。

在朱元璋实用思想的引导下，明初各种制度的建设都借鉴了经书的记载。朱元璋并不计较汉学与宋学的区别，倘若对国家制度建设有利，即使是伪书也可以引用。在朱元璋的干预下，经学的社会价值得到了极大的发挥。从朱元璋所依赖的经典看，《五经》系统显然占据了较大比重。同时，孟子其人其书都没有获得稳定的政治地位。从经学的实际运用看，朱元璋的经学思想具有明显的汉学倾向。

朱元璋的经学思想以实用为特色，因此不计较汉学与宋学的

---

① 钱穆：《朱子学提纲》，北京：三联书店，2002年，第178—179页。

区别，不在乎经书之真伪，不顾《孟子》一书已经被广大学者承认为经的现实毅然对其进行删削。这表明：帝王心目中的经学只是为政权服务的一种学说而已，学术价值的高低取决于为现实社会贡献的大小。这是帝王思维影响下的经学利用出现的新特征，这中间没有对经义的探讨，只有对经义的利用，还不是洪武时期经学发展的全部面貌。实际上，洪武时期经学发展所取得的成绩仍然出于知识分子的独立思考。

洪武政权利用经学制定各种社会制度，学者在洪武时期获得了较大的活动空间。洪武时期存在三大经学学术团体，一是以宋濂、刘基、王祎、方孝孺为代表的金华学派学者，一是以汪克宽、赵汸、朱升为代表的徽州学派学者，一是以梁寅、危素为代表的江西学派学者，这三大地域学派构成了明代前期的经学核心。

# 第三章　明初浙江籍学者的经学思想

在历史长河中，浙江人文荟萃，名人辈出，在哲学、政治、军事、科技、文化等各个领域都出现了不少杰出的人物。在元末明初的政治格局中，浙江学者发挥了重要的作用。其中浙东学派文人积极入世，在元末明初的起义中和朱元璋新政权的建设中发挥了不可替代的作用。明代浙江分为杭州府、严州府、嘉兴府、湖州府、安吉府、绍兴府、宁波府、台州府、金华府、衢州府、温州府、处州府，共计十二府，其中金华府籍学者取得的经学成就最高。

## 第一节　宋濂、刘基、王祎的经学思想

金华府的经学成就主要是得益于金华学派的存在。浙江经学，以金华朱学最著，金华朱学居于洪武时期学术界的主流。陈寒鸣认为金华朱学是洪武儒学的主流。陈氏称："正是这种强烈的实用理性精神，方才使得金华朱学大行于世，成为洪武儒学的主潮。"[①]刘宗周称赞方孝孺："神圣既远，祸乱相寻，学士大夫有以生民为虑、王道为心者绝少，宋没，益不可问。先生禀绝世之

① 陈寒鸣:《明代朱学述论》，载《中华文化论坛》，2001 年第 4 期，第 95 页。

资,慨焉以斯文自任。会文明启运,千载一时,深维上天所以生我之意,与古圣贤之所讲求,直欲排洪荒而开二帝,去杂霸而见三王,又推其余以淑来祼,伊、周、孔、孟合为一人,将旦暮遇之,此非学而有以见性分之大全不能也。”①方孝孺作为宋濂的学生继承了宋濂学术的精神,成为洪武时期第二代金华学派的精神代表。宋濂、刘基、王祎则是洪武时期金华学派第一代之代表。董刚称:“浙东地区自南宋以来就一直是儒学传承的重要区域,是朱学嫡脉所在。元末明初之际浙东人文鼎盛、英才辈出,他们籍贯相同、学脉相通、交往频繁,逐渐形成了一个规模庞大、关系紧密的士大夫群。元末,以宋濂、刘基为代表的第一代浙东士大夫们大量进入朱元璋政权,组成高层顾问和官僚群,在元明易代和创建明朝的过程中发挥了重要作用。”②宋濂、刘基、王祎外,第一代金华学派重要成员还有许元、许亨、胡翰、苏伯衡、俞有庆、朱廉、傅藻、戴良、张丁、郑涛、吴沉、吴履、章溢、叶琛、陈基、方克勤、徐一夔。洪武时期,该派学人在政治上非常活跃,加入朱元璋统治集团以后积极参与洪武政权的建设。他们经学思想的核心是通经致用,故积极利用自己掌握的经学知识为新生政权服务。

## 一、宋濂

宋濂(1310—1381),字景濂,学者称潜溪先生,浙江金华人。身历元明鼎革,五十一岁之前是在元代度过的。元代后期,宋氏声名鹊起。兵事大作,宋氏隐居浙东龙门山,读书著述,静观其变。1360年朱元璋取南京,占婺州,称吴王,招纳儒士,宋濂遂出山应诏。朱元璋任命他为郡学经师,次年经李善长推荐任江南儒

① 黄宗羲:《明儒学案》,第1页。

② 董刚:《元末明初浙东士大夫群体研究》(博士论文),2004年,未发表。

学提举。自此以后，他告别隐居生活，参与到洪武政权的建设中来。

宋濂所学非止一家，曾在几个师门受业。全祖望引谢山《宋文宪公画像记》称："文宪之学，受之其乡黄文献公、柳文肃公、渊颖先生吴莱、凝熙先生闻人梦吉，四家之学，并出于北山、鲁斋、仁山、白云之递传，上溯勉斋，以为徽公世嫡。予尝谓婺中之学至白云而所求于道者，疑若稍浅，渐流于章句训诂，未有深造自得之语，视仁山远逊之，婺中学统之一变也。义乌诸公师之，遂成文章之士，则再变也。至公而渐流于佞佛者流，则三变也。犹幸方文正公为公高弟，一振而有光于西河，几几乎可以复振徽公之绪。惜其以凶终，未见其止，而并不得其传。虽然，吾读文献、文肃、渊颖及公之文，爱其雅驯不佻，粹然有儒者气象，此则究其所得于经苑之坠言，不可诬也。词章虽君子之余事，然而心气由之以传，虽欲粉饰而卒不可得。公以开国巨公，首倡有明三百年钟吕之音，故尤有苍浑肃穆之神，旁魄于行墨之间，其一代之元化，所以鼓吹休明者与？"①

全祖望对宋濂的学术思想有褒有贬。全氏对宋濂佞佛、流为文章之学多持不满之意，但全氏也肯定了宋濂的文章之学仍有儒者之相。宋濂是史学家，曾主持《元史》的编纂工作，史学家大多继承了孔子"我欲载之空言，不如见之于行事之深切著明也"②的理念，其使命就是将历史上人物活动之行迹进行描述，使后人能够从历史人物之举动、典章制度之沿革中总结历史发展规律，吸收借鉴其经验教训。宋濂作为史学家亦重视人物之行迹的作用，根据人物活动和历史功绩评价其学术，这是研究宋濂经学思想的

---

① 全祖望：《宋元学案》(四)，杭州：浙江古籍出版社，2012 年，第 298—299 页。

② 司马迁：《史记》，第 4003 页。

基本出发点。

### (一) 宋濂的经学主张

#### 1. 倡导“大儒家”观

儒之来源久矣,近人徐中舒尝以甲骨文所见之儒论之。目前学者普遍可以接受的观点是儒来源于古代的巫。王纲解纽,学术下移,道术为天下裂,知识分子因为所持观点不同而划分为不同类别。《汉书·艺文志》将诸子分为儒家、道家、阴阳家、法家、名家、墨家、纵横家、杂家、农家、小说家等十家。儒家处于第一位置,与其它九家有所区别。

宋濂论儒则迥异于《汉书·艺文志》。宋濂有《七儒解》一文,对儒做出了新的解释。“儒者非一也,世之人不察也。有游侠之儒,有文史之儒,有旷达之儒,有智数之儒,有章句之儒,有事功之儒,有道德之儒,儒者非一也,世之人不察也。”①在这篇短文中,宋濂把田仲、王猛列为游侠之儒;把司马迁、班固列为文史之儒;把庄周、列御寇列为旷达之儒;把张良、陈平列为智数之儒;把毛苌、郑玄列为章句之儒;把管仲、晏婴列为事功之儒;把孔子列为道德之儒。这与传统的学术分类略有不同,司马迁、班固是史学家,庄周、列御寇属于道家,管仲、晏婴是著名的政治家,张良、陈平是武将和贤相,毛苌、郑玄则是经学学者。

宋濂对儒的分类略显芜杂,这就造成了儒家范围的扩大。从今天观点看,宋濂心中之儒乃是有功于社会、在历史发展中留下痕迹的人物。这些人物不仅仅局限于知识分子,虽然宋濂表示要学习孔子之儒也就是道德之儒,但是其实质则将经学降低到诸子学地位,这与传统中经学的崇高地位是有所不同的。

宋濂论儒超越前人,宋濂论“文”亦以标新立异为特征。宋濂

---

① 宋濂:《七儒解》,见黄灵庚编《宋濂全集》,第1880页。

对儒家的分类可谓新颖独特，究其实质则是其事功观的反映。宋濂是史学家，故其最关注历史人物之行迹对社会发展的影响。宋濂在《华川书舍记》中称："呜呼，文岂易言哉！日月照耀，风霆流行，云霞卷舒，变化不常者，天之文也；山岳列峙，江河流布，草木发越，神妙莫测者，地之文也。群圣人与天地参，以天地之文发为人文，施之卦爻而阴阳之理显，形之《典》、《谟》而政事之道行，咏之《雅》、《颂》而性情之用著，笔之《春秋》而赏罚之义彰，序之以礼、和之以乐而扶导防范之法具。虽其为教有不同，凡所以正民极、经国制、树彝伦、建大义，财成天地之化者，何莫非一文之所为也。自先王之道衰，诸子之文，人人自殊。管夷吾氏则以霸略为文，邓析氏则以两可辨说为文，列御寇氏则以黄、老清净无为为文，墨翟氏则以贵俭、兼爱、上贤、明鬼、非命、尚同为文，公孙龙氏欲屈众说，则又以坚白、名实为文，庄周氏则又以通天地之统、序万物之性，达死生之变为文，慎到氏则又以刑名之学为文，申不害氏、韩非氏宗之，又流为深刻之文，鬼谷氏则又以捭阖为文，苏秦氏、张仪氏学之，又肆为纵横之文，孙武氏、吴起氏则又以军形、兵势、图国、料敌为文。"①宋濂论"文"有天之文，有地之文、有人之文。其"文"之主要特征在于能够于社会发展历史中留下影响。

宋濂论文已经超越了一般的"文学"、"文章"的内涵。宋濂论"文"之核心含义是行动，并不限于著述。宋濂论"文"最关注的是历史人物之事功，所以他能够不拘泥于传统的"儒"、"文"之含义。其对"儒"与"文"的解释体现出了创新精神。

2. 崇尚经学，经世致用

宋濂论"儒"、论"文"多关注其在历史发展的事功与作用，故其论经学亦主于致用。宋濂在《经畬堂记》中称："圣人之言曰

---

① 宋濂：《华川书舍记》，见黄灵庚编《宋濂全集》，第 76 页。

'经',其言虽不皆出于圣贤,而为圣人所取者亦曰'经'。'经'者,天下之常道也。大之统天地之理,通阴阳之故,辨性命之原,序君臣上下内外之等。微之鬼神之情状,气运之始终。显之政教之先后,民物之盛衰,饮食衣服器用之节,冠昏朝享奉先送死之仪。外之鸟兽草木夷狄之名,无不毕载。而其指归,皆不违戾于道而可行于后世,是以谓之'经'。《易》、《书》、《春秋》用其全,《诗》与《礼》,择其纯而去其伪,未有不合乎道而可行于世者也。故《易》、《书》、《诗》、《春秋》、《礼》皆曰'经'。《五经》之外,《论语》为圣人之言,《孟子》以大贤明圣人之道,谓之'经'亦宜。其它诸子所著,正不胜谲,醇不逭疵,乌足以为经哉?"[①]宋濂视经学为至道,经学内容无所不包,经学作用无所不至。经学大而言之可以统天地之理,通阴阳之故,辨性命之原,序君臣上下内外之别;小而言之可以包括鬼神之情状,气运之始终。经学之作用可以显之于政教之先后,民物之盛衰,饮食衣服器用之节,冠昏朝享奉先送死之仪。经学之意义可谓大哉。

宋濂在自况之文《白牛生传》中称:"白牛生者,金华潜溪人,宋姓濂名。尝骑白牛往来溪上,故人以白牛生目之。生躯干短小,细目而疏髯。性多勤,他无所嗜,惟攻学不怠。存诸心,著诸书,《六经》;与人言,亦《六经》。或厌其繁,生曰:'吾舍此不学也。《六经》其曜灵乎,一日无之则冥冥夜行矣。生学在治心,道在五伦,自以为至易至简。"[②]宋濂高度评价了经学的作用,原因在于经学能够给予习读者以指导,使其能够在社会中发挥作用。

宋濂还有实例说明经学之实用价值。宋濂称:"予旧友吕君遂出守合肥,患寇盗未息而民或不知有父子之亲,因刻《孝经集

① 宋濂:《经畬堂记》,见黄灵庚编《宋濂全集》,第225—226页。
② 宋濂:《白牛生传》,见黄灵庚编《宋濂全集》,第294页。

注》于学宫，俾家传而人诵之。呜呼！吕君之意则善矣，亦幸遭夫有道之朝，尊用儒术，故得以专行其志焉尔。……抑尝闻在宋之季，雪岩先生郑公霖因讲《中庸》一篇，而使寇退不敢来攻城者。此又明效大验见于事为，非止空言而已也。有若吕君此举，实知为治之要，而非刀笔吏所可及。予恐流俗之未能喻也，犹以为迂，故为题诸篇末如此云。”[①]讲解《中庸》可以使敌人不来侵犯，此可证明经学之用矣。

**（二）宋濂的治经方法**

宋濂重视经学的作用，原因是经学能够为社会发展提供智力支持，因此理解经书的含义成为利用经学的首要任务。宋濂在与师友的接触和自己习读经书的过程中掌握了习读经书的原则和方法。

1. 宋濂主张阅读经书原文，倡导独立思考，不束缚于前人

宋濂有《河图洛书说》一文，文中宋濂分析了关于河图洛书的各种不同说法，然后提出了读经原则。宋濂称：“群言不定质诸经。圣经言之，虽万载之远不可易也。其所不言者，固不强而通也。《易大传》曰：‘河出图，洛出书，圣人则之。’《书·顾命篇》曰：‘《河图》在东序。’《论语·子罕篇》曰：‘河不出图。’其言不过如是而已。初不明言其数之多寡也，言其数之多寡者，后儒之论也。既出后儒，宜其纷纭而莫之定也。夫所谓‘则之’者，古之圣人但取神物之至著者。而画卦陈范，苟无《图》、《书》，吾未见其止也。故程子谓观象亦可以画卦，则其他从可知矣。初不必泥其《图》之九与十也，不必推其即太一下行九宫法也，不必疑其为《先天图》也，不必究其出于青城山隐者也，不必实其与《太极图》合也。唯刘歆以八卦为《河图》，班固以《洪范》初一至次九六十五字为《洛

① 宋濂：《跋新刻孝经集注后》，见黄灵庚编《宋濂全集》，第971—972页。

书》本文，庶几近之。"[①]宋濂主张阅读经书原文，而不必拘泥于后儒之说。宋濂理解《河图》、《洛书》，所依据的书籍包括《周易》、《论语》等经书，而不包括后儒之作。宋濂又称："虽然九师兴而《易》道微，三传作而《春秋》散，吾儒且尔，予又不得不为学佛者惧也。"[②]宋濂认为汉代九师解《易》导致《易》道不显，三传出而《春秋》之旨晦，提倡阅读经书原著的主张。实际上，这是宋儒舍传读经的方法在实际过程中的运用。

2. 宋濂主张积极吸收和借鉴宋儒的经学成就

虽然宋濂主张独立思考，努力做到不受前人的影响，但是他又主张重视宋儒的著作。在宋濂看来，宋儒之作，尤其是程朱之作就代表了经书原意。从某种意义上讲，宋儒解经之作同经学元典具有同样崇高的地位。宋濂称："文日以多，道日以裂，世变日以下，其故何哉？盖各以私说臆见哗世惑众，而不知会通之归，所以不能参天地而为文。自是以来，若汉之贾谊、董仲舒、司马迁、扬雄、刘向、班固，隋之王通，唐之韩愈、柳宗元，宋之欧阳修、曾巩、苏轼之流，虽以不世出之才，善驰骋于诸子之间，然亦恨其不能皆纯，揆之群圣人之文，不无所愧也。上下一千余年，惟孟子能辟邪说，正人心，而文始明。孟子之后，又惟舂陵之周子、河南之程子、新安之朱子完经翼传而文益明尔。"[③]宋濂对汉唐学者的经学成就多不称许，对于宋代周、程、朱三子则崇拜有加。他曾在名医朱震亨的表辞中称："夫自学术不明于天下，凡圣贤防范人心、维持世道之书，往往割裂撦拾，组织成章，流为哗世取宠之具。间有注意遗经，似若可尚，又胶于训诂之间，异同纷拿，有如聚讼。

① 宋濂：《河图洛书说》，见黄灵庚编《宋濂全集》，第 1950—1951 页。

② 宋濂：《送慧日师入下竺灵山教寺受经序》，见黄灵庚编《宋濂全集》，第 431 页。

③ 宋濂：《华川书舍记》，见黄灵庚编《宋濂全集》，第 76 页。

其视身心，皆藐然若不相关，此其知识反出于不学庸人之下。于戏！秦汉以来，则或然矣。然而灵豸不鸣，孽狐之妖弗息；黄钟不奏，瓦缶之音日甚。天开文运，濂洛奋兴，远明九圣之绪，流者遏而止之，胶者释而通之，一期阊廓其昏翳、挽回其精明而后已。至其相传，唯考亭集厥大成。”[①]由此可见，宋濂对宋儒之崇敬几乎达到了无以复加的地步。

宋濂转益多师，这对宋濂治经方法之养成多有帮助。宋濂在《元隐君子东阳陈公先生鹿皮子墓志铭》中援引皮氏之言云：“秦汉而下，说经而善者不传，传者多不得其宗。淳熙以来，群儒之说尤与洙、泗、伊、洛不类。余悉屏去传注，独取遗经，精思至四十春秋，一旦神会心融，灼见圣贤之大指。譬犹明月之珠，失之二千年，上自王公，下至氓隶，无不伥伥日索之终不可致，牧竖乃获于大泽之滨，岂可以人贱而并珠弗贵乎？吾今持此以解《六经》，决然自谓当断来说于吾后云。”[②]皮氏解经之方法与宋儒之法一脉相承，当对宋濂也有一定的影响。

### （三）宋濂的治经目的

#### 1. 注重践履、经世致用是宋濂治经的终极目的

宋濂视经学为大经大法，经世致用是学者的最终归宿，因此他注重践行，反对陋儒的章句之学，这一点从宋濂论孝中可以体现出来。

宋濂称：“夫君子之为学，劬简编，惫精神，穷年矻矻，犹以为未足，岂务为哗世取宠之具哉？亦曰学为忠与孝耳。然其道无二致，能忠于君，必能孝其亲。”[③]宋濂于诸经之中尤其重视《孝经》，

---

① 宋濂：《故丹溪先生朱公石表辞》，见黄灵庚编《宋濂全集》，第1726页。

② 宋濂：《元隐君子东阳陈公先生鹿皮子墓志铭》，见黄灵庚编《宋濂全集》，第1327页。

③ 宋濂：《送和赞善北归养母诗序》，见黄灵庚编《宋濂全集》，第507页。

宋濂认为孝之为道贵在践履。他在《题李时伯画孝经图后》中称："濂闻史皇作画，仓颉制字，本出于一源。圣人因字以著经，而善绘事者，则因经而作图。故古人或绘《诗》与《春秋》，或像《论语》，或画《尔雅》，而图《孝经》尤多。人观之者有若亲逢其事，感悦而歆慕，不待辞说，而意趣自显，则其于经，似不为无助也。……然而王者之所宝，在孝不在画也。历代贤王，其声光流于无穷，鲜不以能孝而致之。载诸史册，尚可考见。经曰：'昔者明王，事父孝，故事天明；事母孝，故事地察；长幼顺事，故上下治。'斯言至矣，愿王日加之意焉。"①《孝经图》虽然精美，但却无法替代实际行动，宋濂认为孝在践行，强调了践行经学主张的重要性。

2. 宋濂反对陋儒的章句之学

宋濂为赵友桂作墓志铭时称："自师废民散，士安于寡陋，猎取凡近，以斧藻厥躬，妄相标榜，谓彼为毛、郑，此为韩、张，嶷然若可名世。及叩其传记所存，虽古人常通习者，吃吃不能道一语，惟瞪目视左右，若土偶人。是果何为者邪！"②宋濂批评了时人浮躁无学的不良风气。

反对章句之学是宋濂师友的一贯主张。宋濂在为吴行可作墓志时称赞吴氏之学曰："公读书欲通大义，务在力行，不屑为区区章句之学。其于《鲁论》言忠信及'事君能致其身'之语，尤深有契悟，终身言必思践。至于国家有急，辄欲忘躯徇之，而不以为难。经史格言，可以断大事决大疑者，皆谨记之。故其临事未尝少惑。"③宋濂主于事功之学，所以极力反对不学无术之辈。

---

① 宋濂：《题李伯时画孝经图后》，见黄灵庚编《宋濂全集》，第841页。

② 宋濂：《赵诜仲墓志铭》，见黄灵庚编《宋濂全集》，第1309—1310页。

③ 宋濂：《元故集贤大学士荣禄大夫致仕吴公行状》，见黄灵庚编《宋濂全集》，第1847页。

3. 因文入道，崇实务本

即使是文章之学，宋濂亦罕言之。宋濂的文章之学在明初堪为一流，但是宋濂亦忌讳他人视自己为文人。在《白牛生传》中，宋濂辩解自己不是徒事文辞的文人。其文曰："生好著文，或以文人称之，则又艴然怒曰：'吾文人乎哉？天地之理欲穷之而未尽也，圣贤之道欲凝之而未成也。吾文人乎哉？'或求学文，生曰：'其孝弟乎？文则吾不知也。'"[①]他一再标榜自己爱慕圣贤之道。

宋濂主张因文入道，崇实务本。在《文原》中，宋濂指出："余讳人以文生相命。丈夫七尺之躯，其所学者，独文乎哉？虽然，余之所谓文者，乃尧、舜、文王、孔子之文，非流俗之文也，学之固宜。浦江郑楷、义乌刘刚、楷之弟柏尝从予学，已加以道为文，因作《文原》二篇以贻之。其上篇曰：人文之显，始于何时？实肇于庖牺之世。庖牺仰观俯察，画奇偶以象阳阴，变而通之，生生不穷，遂成天地自然之文。非惟至道含括无遗，而其制器尚象亦非文不能成。如垂衣裳而治，取诸《乾》、《坤》，上栋下宇而取诸《大壮》，书契之造而取诸《夬》，楫牛马之利而取诸《涣》、《随》，臼棺椁之制取诸《小过》、《大过》，重门击柝而取诸《豫》，弧矢之用而取诸《睽》。何莫非粲然之文？自是推而存之，天衷民彝之叙，礼乐刑政之施，师旅征伐之法，井牧州里之辨，华夷内外之别，复皆则而象之。故凡有关民用及一切弥纶范围之具，悉囿乎文，非文之外别有其他也。"[②]宋濂讳人以文生相命。此处释"文"乃根植于经学之文。盖经学思想体大精微，无文则不显；文之不显则人莫知学焉。故宋濂主张经学须发之为文，其所论文亦以宗经为主要特色。经学为文章的终极标准，文须载道，道由文显。宋濂以为文章的内容

---

① 宋濂：《白牛生传》，见黄灵庚编《宋濂全集》，第 294 页。

② 宋濂：《文原》，见黄灵庚编《宋濂全集》，第 2002 页。

无所不包，但荟萃于《六经》，《六经》是文章的标准和要表达的主要内容。从文与道的关系上，文须载道，道也应该通过文来表达。文章的优劣不在于语言文字，而在于所表达的内容。文章不是学者所应该追求之事，学者应该追求修身齐家平天下之道。在《赐梁建中序》中，宋濂称："文，非学者之所急。昔之圣贤，初不暇于学文。措之于身心，见之于事业，秩然而不紊，粲然可睹者，即所谓文也。"①宋濂不屑为文，但他在文学史上却以文得名。虽然，他的文章多充满道学气，但他所提倡的文章要以《六经》为标准则带有明显的复古倾向，这对后来归有光、唐顺之等人提倡唐、宋文，以文从字顺纠正七子模拟秦、汉之失具有启发意义。

### （四）宋濂的经学特色

1. 援佛入儒，儒佛相通

全祖望批评宋濂有佞佛之弊，这与宋濂所处的时代思潮有关系。宋濂所处的时代是一个儒学心学化、儒释道三教合流的时代。因此，他对佛教思想的关注也是比较深切的，自称自壮龄潜心内典，三阅大藏，可谓佛书无所不览，研究亦颇为深刻。根据李道进统计："从他留传下来的《宋学士文集》中可以看到，在七十五卷约计九百个篇目中，佛塔铭、佛像赞、和尚语录序跋、庙殿功德碑记等与佛教有关的文章篇目达一百十余篇，约占总篇目的百分之十三，还不包括其他文章中涉及禅学思想的篇目。如果将这一部分也计算在内，那末关于佛教的内容，在他的著作中所占的比重将在百分之二十以上。"②在宋濂文集中有如此大比重的佛教文字，表明宋濂对佛教的研究也达到了一定的深度。在《夹辅教

① 宋濂：《赠梁建中序》，见黄灵庚编《宋濂全集》，第 491 页。

② 李道进：《宋濂的佛教观》，载《浙江学刊》，1995 年第 3 期，第 85 页。

编序》中宋濂称:“予本章逢之流,四库颇尝习读。逮至壮龄又极潜心于内典,往往见其说广博殊胜,方信柳宗元谓与《易》、《论语》合者为不妄。”[①]宋濂认为儒佛可以相通,从佛典中可以发现明心见性之旨,他的经学思想中也就具备了心学化的倾向。在佛教典籍的影响下,宋濂作为金华朱学的嫡脉,其思想中已经出现了调和朱陆的倾向。

2. 心学特色

宋濂在《六经论》提出了“经学皆心学”的观点。在《六经论》中,宋濂对汉唐注疏表示了怀疑。“秦汉以来,心学不传,往往驰骛于外,不知六经实本于吾之一心。所以高者涉于虚远而不返,卑者安于浅陋而不辞,上下相习,如出一辙,可胜叹哉。然此亦皆吾儒之过也,京房溺于名数,世岂复有《易》? 孔、郑专于训诂,世岂复有《书》、《诗》? 董仲舒流于灾异,世岂复有《春秋》? 乐固亡矣,至于小大戴氏之所记,亦多未醇,世又岂复有全《礼》哉? 经既不明,心则不正。心既不正,则乡间安得有善俗? 国家安得有善治乎? 惟善学者,脱略传注,独抱遗经而体验之,一言一辞,皆使与心相涵。始焉,则戛乎其难入;中焉,则浸渍而渐有所得;终焉,则经与心一,不知心之为经,经之为心也。何也? 六经者,所以笔吾心中所具之理故也。周、孔之所以圣,颜、曾之所以贤,初岂能加毫末于心哉,不过能尽之而已。”[②]

宋濂把汉唐著述视为体验心学的障碍,要想体会圣人之心、经学之心,就必须独抱遗经,放弃汉唐注疏,进行独立思考。这种对汉唐注疏的怀疑精神正是宋学的精神内涵。正是这样的怀疑精神保证宋濂能够进行独立的思考,宋濂的《七儒解》看似荒诞不

① 宋濂:《夹注辅教编序》,见黄灵庚编《宋濂全集》,第563—564页。
② 宋濂:《六经论》,见黄灵庚编《宋濂全集》,第1878页。

羁,其实也是他怀疑精神的一种体现。

3. 调和朱陆

宋濂提出的经学皆心学的观点,貌似陆九渊的学术主张,但两者是有区别的。可是,从宋濂佞佛的事实分析,在宋濂身上已经体现出了调和朱陆的思想倾向。

佛教讲的不二法门方法要求直指本心,这种方法与儒家的治心养性的修身方法仍有区别。佛教讲究出世,不关心世俗,而儒家讲积极入世,希望通过自己的学术思想干预社会。宋濂在综合了佛儒两法之后提出了一个综合的办法,就是对佛家的方法加以改造,作为儒家修身的办法。他在多篇文章中表达了这种儒佛合流的思想倾向,在思维方式上奠定了朱陆合流的基础。

传统观点认为,明初学术朱学占据统治地位,直到陈献章才出现了心学新思路,王阳明予以发展广大。这是《明史·儒林传》的传统观点。现代研究者认为从陆九渊去世的1193年算起到1456年陈献章跟随吴与弼学而无得,返回家乡悟道之间隔着260多年。陆氏心学不可能在260多年以后异军突起,其间必然有某些过渡性的学术思潮出现,陈献章只是从朱子学转向陆学学者中比较著名的一位学者而已。实际上,在元末明初就已经出现了调和朱陆的倾向。冈田武彦称:"朱子学一到明初也渐渐有了注重心的倾向。据说,在明开国文臣宋景濂、王士元的学说中,已经有了这种倾向。接着又有薛文清、胡敬斋等。即使从这些所谓明初著名朱子学者的学风来看,恪守朱子学立场,以至于坚守朱子学的二元论倾向,或追求细密分析和博大知识的朱子学特色,已愈益减弱,而出现了重视一元论和心之存养的倾向,这在思想方法上可以说是一种接近陆学的风潮。即使是禅宗,在明初也呈现出偏爱如同陆学那样崇尚的简易直截的风潮。当时流行着'当下直悟'的观念。念佛禅的流行，或许显示了明初禅风的一种特色。”[①]明初之学术，除了程、朱，陆九渊的影响仍然存在。孙钦善认为：“明朝除程、朱的影响之外，陆九渊的影响也存在，如明初宋濂宣扬‘六经皆心学’，鄙薄训诂和考据。”[②]“这与陆九渊‘六经注我’的观点如出一辙。”[③]

侯外庐认为宋濂所宣扬的“六经皆心学”与陆九渊所宣扬的“心学”是有区别的。侯氏认为最大的区别是：“这里所谓‘心学’，非指陆象山本心论的心学，而是指伪《尚书·大禹谟》中‘人心惟危……’等十六字心传，又称心法，理学家谓此为圣人相沿不绝的秘传。”[④]孙钦善没有对两家的心学概念做出更进一步的区分。侯外庐虽然对两家心学概念做出严格的区分，但同样承认宋濂学术具有调和朱陆的倾向。侯外庐主要是从宋濂习读佛书进行探讨的：“宋濂以吾心为天下最大，而求吾心的方法是用佛教的不二法门向内冥求，这在理学流派上说，他是偏重于心的。……从理学发展史来说，宋濂对朱、陆的这种调和态度，反映了元末明初的理学，在儒、佛更趋接近的情况下所出现的一种思想动向。这一朱、陆调和的思想动向，虽不能说当时的理学家都是如此，但至少说明在部分的理学家那里，他们所重视的不是朱学烦琐的格物穷理，而是向内的身心冥悟。这种思想状况，如果联系在宋濂之后的另一朱学人物吴与弼，和自称二程后裔的程敏政，就更值得注意了。”[⑤]宋濂调和朱陆的态度说明明代中叶产生并大放异彩的心学思潮在元明之际已经有了初步的发展，也

---

① 冈田武彦：《王阳明与明末儒学》，第 9 页。

② 孙钦善：《中国古文献学史简编》，第 374—375 页。

③ 孙钦善：《中国古文献学史简编》，第 420 页。

④ 侯外庐：《宋明理学史》（下卷），北京：人民出版社，1997 年，第 65 页。

⑤ 侯外庐：《宋明理学史》（下卷），第 74—76 页。

说明陆九渊的心学思想虽然没有获得官方的承认，但也没有随着陆九渊的去世而消亡，在元明之际仍然可以感受到陆九渊心学的影响。

4. 经史互助

经学与史学的关系，在中国传统学术中，有两种不同的看法：

一是强调经学与史学的差别，把经学的地位看得要高于史学。经、《六经》是圣人之道的载体，经即经典，具有不可侵犯的神圣性。

二是以经为史、《六经》皆史的观点。此种观点将《六经》视为一种历史记录。这些记录反映了当时的时代风貌、政治事变、社会状态，因而成为客观的历史研究对象。元明时期，浙江学者在经史关系上主张经史会通、博学多识，并不坚守门户之见。

在宋濂看来，《周易》中记载了礼乐刑政之施，师旅征伐之法，井牧州里之辨，华夷内外之别。经书的内容无所不包，但是各种制度或者义理必须借助于文字才能表达出来，而史学就是最重要的表达手段之一。重视史学是浙东学派的优秀传统。全祖望所说婺学的发展方向是流之于文，这种文不仅包括一般的文章，而且还包括史学著作。宋濂是《元史》的总裁官，也是《元史》大纲的确定者，发凡举例都要依赖宋濂的最后确定。《元史》的重要特色在于《文苑传》与《儒林传》合为《儒学传》，这对于认识宋濂的儒学思想与文学思想有重要的指导意义。《儒学传》称："前代史传，皆以儒学之士，分而为二，以经艺专门者为儒林，以文章名家者为文苑。然儒之为学一也，《六经》者斯道之所在，而文则所以载夫道者也。故经非文则无以发明其旨趣；而文不本于六艺，又乌足谓之文哉。由是而言，经艺文章，不可分而为二也明矣。元兴百年，上自朝廷内外名宦之臣，下及山林布衣之士，以通经能文显著当世者，彬彬焉众矣。今皆不复为之分别，而采取其尤卓然成名、可以辅教传后者，合而录之，为《儒学传》。”[①]宋濂主张将《儒林传》与《文苑传》合二为一的依据是“《六经》者斯道之所在，而文则所以载夫道者也”。道在《六经》之中，而其外在的形态则是文。按照传统学术分类，经史子集在古代学术中是有高低之别的，宋濂表示文是载道之具，道必须借助于文才能表现出来，这就在无形之中降低了经的地位而提高了史学、文学的地位。这也就是全祖望所批评的流之于文的真实含义。史学的表现形态也是文，史学中同样蕴含着圣人的大道。他在《周易》经传中发现了古代的典章制度，说明宋濂意识到经学中也包含着历史。因此，宋濂的经学思想与史学思想是紧密不可分的。

宋濂关于经史关系的论述同样见其《文原》。宋濂指出，世之文有两种：一为载道之文，一为载事之文。其中，经属于载道之文，史属于载事之文。作为载道之文的《六经》是根本；而载事之文的史相对经来说是枝、是叶：“世之论文者有二：曰载道，曰纪事。纪事之文，当本之司马迁、班固，而载道之文，舍六籍吾将焉从？”[②]宋濂对于经史关系的论述在《春秋属辞序》中表达得也很清楚：“《春秋》，古史记也，夏、商、周皆有焉。至吾孔子，则因鲁国之史修之，遂为万代不刊之经。其名虽同，其实则异也。盖在鲁史，则有史官一定之法；在圣经，则有孔子笔削之旨。自鲁史云亡，学者不复得见，以验圣经之所书，往往混为一涂，莫能致辨。所幸《左氏传》尚明鲁史遗法，《公羊》、《穀梁》二家多举书不书以见义，圣经笔削粗若可寻。然其所蔽者，左氏则以史法为经文之书法，公、穀虽详于经义而亦不知有史例之当言，是以两失焉尔。左氏之学既盛行，杜预氏为之注，其于史例推之颇详。杜氏之后，

① 宋濂：《元史》，北京：中华书局，1975 年，第 4313 页。

② 宋濂：《文原》，见黄灵庚编《宋濂全集》，第 2004 页。

唯陈傅良氏因公、穀所举之书法以考正《左传》笔削大义，最为有征。斯固读《春秋》者之所当宗。而可憾者，二氏各滞夫一偏，未免如前之弊。有能会而同之，区以别之，则《春秋》之义昭若日星矣。”[①]宋濂认为《春秋》经过一个由史到经的发展过程。其后，三家盛行，但左氏偏于事迹记载，关注点在史；公羊、穀梁多见义，而疏于纪事，两者各有所长但亦有所失。《春秋》之义必须依赖历史事迹方能昭显，这表明宋濂有经由史出、藏经于史的观念。在经史关系的认识上，宋濂思想受到婺学经史兼重学术传统的影响。

**（五）宋濂的辨伪学成就**

宋濂在学术思想上不仅调和朱、陆，使陆九渊心学学脉得以承传不息，为后来陈献章和王阳明的登场奠定了基础，同时在文献辨伪方面也取得了突出成绩。明代学术一直遭到后世学者指责的重要原因在于对于古文献进行了一定的破坏，例如大量伪书的出现，私刻古书造成古书失真。直到明代后期，实学思想兴起，才出现了对古书的辨伪倾向。这种发端于明代后期的辨伪学风气直接开启了清代朴学的序幕。学界对明代辨伪学成绩的肯定主要是从明代后期开始的。但是在明代前期，宋濂已经对辨伪学做出了突出的贡献。

宋濂著有《诸子辨》（又名《龙门子》），考辨四十余种书籍的真伪。宋濂考辨的典籍计有《鬻子》、《管子》、《晏子》、《老子》、《文子》、《关尹子》、《亢仓子》、《邓析子》、《鹖冠子》、《子华子》、《列子》、《曾子》、《言子》、《子思子》、《慎子》、《庄子》、《墨子》、《鬼谷子》、《孙子》、《吴子》、《尉缭子》、《司马穰苴兵法》、黄石公《三略》、吕望《六韬》、李卫公《问对》、《尹文子》、《素问》、《尔雅》、《商子》、《公孙龙子》、《荀子》、《韩子》、《燕丹子》、《孔丛子》、《淮南鸿烈

① 宋濂：《春秋属辞序》，见黄灵庚编《宋濂全集》，第683页。

解》、《扬子法言》、《抱朴子》、《刘子》、《文中子中说》、《天隐子》、《金华子》、《齐邱子》、《聱隅子》、周子《通书》、《子程子》等。

宋濂的《诸子辨》是明代最早的辨伪学著作，也是我国第一部辨伪学专著，有着里程碑式的意义，但是长期以来不为学人所看重，因此，应该重新估定《诸子辨》在辨伪学史的地位。

近人研究《诸子辨》的学者主要有孙钦善、杜泽逊师、董恩林、司马朝军、向燕南等几位先生。孙钦善在《中国古文献学史简编》称："宋濂《诸子辩》虽多袭前人如柳宗元、朱熹、高似孙、晁公武、黄震等之说，但对众家之说亦有补充或辨驳，特别是在态度上要比宋人谨慎，因此在辨伪方法和具体结论方面多有创获。"[①]孙钦善同样指出宋濂辨伪学的不足之处，就是迷信经传、尊崇正统，取以为准绳判断真伪的局限。

杜泽逊师称："宋濂是在元末颠沛流离中写成这部具有历史意义的专书的，这是我们不能不深表敬佩的。宋濂这部专书的出现，打破了古书辨伪的零散状态，明代胡应麟作《四部正讹》、清代姚际恒作《古今伪书考》，乃至近人张心澂辑《伪书通考》，可以说无不以《诸子辨》为先导。"[②]

而董恩林则指出了《诸子辨》仍然不够精当。董氏称："明初大学者宋濂的《诸子辨》则是这一时期代表性的成果，共辨别子书四十四种，材料多取自《文献通考·经籍考》。是书虽然谈不上精当，但毕竟是辨伪学史上第一部专书，考辨方法也颇有可取之处。"[③]对宋濂《诸子辨》首先作出系统研究的则是司马朝军。司马朝军在《文献辨伪学研究》中对宋濂所考辨的书通过列图表的

① 孙钦善：《中国古文献学史简编》，第418页。
② 杜泽逊师：《文献学概要》，北京：中华书局，2001年，第244页。
③ 董恩林：《中国传统文献学概论》，武汉：华中师范大学出版社，2008年，第120页。

方式予以系统说明。该表包括主目四十条,附目十条,共计五十条。表格中特别列出"评析"一栏,对宋濂的辨伪方法予以详细分析。司马朝军总结宋濂辨伪学特点有四点:解释作伪类型,正统色彩较为浓厚,辨伪态度较为客观,探索古书通例。[①] 他以《论语》、《尔雅》为例提出了宋濂辨伪学的对象不仅仅包括诸子,还包括经书,从而推翻了关于宋氏《诸子辨》只辨子部的观点。这对于研究宋濂的经学思想多有裨益。司马朝军把宋濂辨伪学的研究向前推进了一步。

向燕南指出宋濂的辨伪学表现出了尊儒尊经的正统学术思想。宋濂认为诸子学的出现是衰世的征兆,乱世的表现。"先王之世,道术咸出于一轨",故有先王之治。周末礼崩乐坏,九家之徒竞以立异相高,所以儒者必须奋而卫道,对所谓九家之徒及后世模仿之作,必须进行辨析,最终使学术思想统一于周程等大儒。

以上诸先生的研究对后学颇有启发意义,但是仍然留下了继续研究的余地。尤其是宋濂在《诸子辨》中体现了他的某些经学主张。

首先,宋濂把对经书的辨伪蕴含到了诸子辨伪中。司马朝军指出宋濂对《尔雅》的怀疑是在《尹文子》的辨伪中提及的,对《论语》的怀疑是通过辨析《扬子法言》而提及的。这是将经书辨伪寓于诸子辨伪的事例。与此同时,宋濂对《曾子》的辨析则是通过核对《曾子》与《大戴礼记》相关内容而得出的结论。"《曾子》,孔子弟子,鲁人曾参所撰也。《汉志》云十八篇,《唐志》云二卷,今世所传,自《修身》至《天圆》凡十篇,分为二卷,与《唐志》合,视汉则亡八篇矣。其书已备见大《戴礼》中。"[②]

---

① 司马朝军:《文献辨伪学研究》,武汉:武汉大学出版社,2008年,第25—27页。

② 宋濂:《诸子辨》,见黄灵庚编《宋濂全集》,第1902页。

这与宋濂富于个性化的诸子学思想也有关系。在《七儒解》中，宋濂把知识分子分成七种儒。“儒者非一也，世之人不察也。有游侠之儒，有文史之儒，有旷达之儒，有智数之儒，有章句之儒，有事功之儒，有道德之儒，儒者非一也，世之人不察也。”①值得注意的是，这七儒中有许多就是诸子学者。孔子也是儒，虽然宋濂表示要以孔子的道德之儒为学习的榜样，但是这就无形之中把儒家的地位降低了。在《诸子辨》中，宋濂把《曾子》、《子思子》、《孔丛子》等书作为诸子著作进行辨析，实际上这都与经学有着密切的联系。

其次，宋濂对《论语》的定位，有自己的独特理解。《论语》经过朱熹的强化成为《四书》之一从而取得了经的地位。但是在宋濂的心目中，《论语》仍然是“传”。“传有之，‘有德者必有言’，信哉！‘七十而从心’，进学之序；‘七十免过’，勉人之辞。其立言迥然不同也！”“有德者必有言”，是出现于《论语》的名句。宋濂称《论语》为传，而不称其为经。这说明，虽然《四书》在宋学家的推崇下具备了同《五经》同样崇高的地位，但是在宋濂的思维中，《论语》并没有获得同《五经》一样的地位。这种对《论语》的定位反映了《论语》要想获得经的地位，要想获得大多数学者的承认仍然需要打破学者们长期形成的思维定势。

《诸子辨》对经书的怀疑是宋学贵疑特色的体现。在《六经论》一文中，宋濂表达了对汉唐注疏的怀疑和批判，宋濂主张自己体悟经书大旨而不依赖于注疏。这种独立思考的学术品格以及宋濂在浙东学派中的崇高地位使宋濂敢于表达对经书的质疑。

再次，宋濂辨析诸子，但并未放弃对诸子的研究和利用。宋濂辨析诸子主要是辨析某书非某自作。例如宋濂辨析《管子》非

---

① 宋濂：《七儒解》，见黄灵庚编《宋濂全集》，第1880页。

管仲自著、《孔丛子》非孔鲋自作、《论语》非孔子自作。但是这丝毫不妨碍他对这些书的研究和利用,在《七儒解》中,宋濂仍表示要以孔子的道德之儒为学习的榜样。

宋濂对《通书》的辨伪对《周易》学史的研究大有裨益。"《周子通书》四十章,本号《易通》,春陵子周子惇颐之所著也。自孟子没,孔子之学不传,千载之下,独周子得之,以授二程氏,遂大白于天下。安定胡宏有云:'一回万古之光明,如日丽天;将为百世之利泽,如水行地。'其论不亦至哉!第每篇之首,宏辄加以'周子曰'三言,而损其旧有篇名,失其旨矣。是书文虽高简,体实渊悫,诚可上继孟氏,非余子比也。然莫知其师传之所自,彼妄男子谓'同胡文恭公受学于鹤林寿涯师'者,固为诡诞。而云'传《太极图》于穆修,修传《先天图》于种放,放传于陈抟'者,亦恐知周子未尽也。其殆不阶师授,超然独觉于千古之上者欤!"[①]宋濂又作《河图洛书说》,怀疑陈抟之《易图》,把陈抟之《易》与古《易》区分开来,并认为象数在《周易》本身之内。宋儒伪造的《易图》对于建构宋明理学至关重要,清代胡渭曾作《易图明辨》专门辨析《易图》之谬。梁启超曾对胡渭的《易图明辨》予以很高的评价。梁氏称:"东樵所给思想界最大影响,还是在他的《易图明辨》。《易图明辨》是专辨宋儒所传'太极''先天''后天'——即所谓'河图'、'洛书'等种种矫诬之说。这些图是宋、元、明儒讲玄学的唯一武器,闹得人神昏眼乱,始终莫名其妙。但他们说是伏羲、文王传来的宝贝,谁也不敢看轻他,看不懂只好认自己的笨拙罢了。明清之交,黄梨洲、晦木兄弟,始著专书辟其谬,东樵曾否见他们的书不可知,但他却用全副精力做十卷的书,专来解决这问题。他把这些图的娘家找出来,原来是华山道士陈抟弄的把戏,展转传到邵

① 宋濂:《诸子辨》,见黄灵庚编《宋濂全集》,第149页。

雍。又把娘家的娘家寻根究底，原来是误读谶纬等书加以穿凿附会造出来的。于是大家都知道这些都是旁门左道，和《易经》了无关系。”①由此可见，宋濂对陈抟《易图》的怀疑是具有先见之明的。

宋濂辨伪学的最大意义在于保留了一脉博学的传统因子，影响了后来的方孝孺、杨慎、胡应麟等学者。对于宋濂的辨伪学功绩，顾颉刚予以了高度评价：“宋代辨伪之风非常盛行，北宋有司马光、欧阳修、苏轼、王安石等，南宋有郑樵、程大昌、朱熹、叶适、洪迈、唐仲友、赵汝谈、高似孙、晁公武、黄震等。宋濂生在他们之后，当然受到他们的影响，所以他的书里征引他们的话很多，尤其是高似孙、黄震二家，而此书的体裁也与《子略》和《黄氏日钞》相类。接着这书的有他的弟子方孝孺《逊志斋集》中《读三坟》、《周书》、《夏小正》诸篇和他的后学胡应麟《四部正讹》诸书。这一条微小而不息的川流流到了清代，就成了姚际恒的《古今伪书考》，公然用了一个‘伪书’的类名来判定古今的书籍，激起学者的注意了。”②

宋濂经学的成就是多方面的，他调和朱陆、融汇儒佛；主张经史互助、为文宗经；倡导经世致用、不为空言。宋濂的经学主张和特色显示了明初经学具有复杂性的一面，同时对我们研究明代经学提出了更高的要求。

## 二、刘基

刘基，字伯温，处州青田人，在世六十五年，有五十年在元代度过。他初习《春秋》，博通经史。早年曾欲作道，未遂，后从郑复

① 梁启超：《中国近三百年学术史》，第81页。

② 顾颉刚：《诸子辨序》，见《顾颉刚古史论文集》（卷十一），北京：中华书局，2011年，第742页。

初受濂洛之学。元末农民起义爆发，隐居著述。元至正二十九年(1360)，朱元璋称吴王，刘基与宋濂等一批浙东儒士，欣然应诏，向朱元璋献《时务十八策》。1361年，刘基力劝朱元璋脱离小明王韩林儿的政权，自立政权，大展宏图，并且为朱元璋制定了先灭陈友谅后灭张士诚的征讨大计。1364年，朱元璋即吴王位，刘基参赞军务，朱元璋礼遇刘基甚隆。1365年7月，吴置太史监，以刘基为太史令。从此，刘基的政治活动从军事转移到制度方面。1367年，吴置御史台，以刘基为御史中丞，平反滞狱若干人。十一月，上《戊申大统历》。1368年，任太史院使、御史中丞，复兼太子率更令。三月，改太子赞善大夫。1370年四月，兼弘文馆学士，协助朱元璋恢复科举制度，与丞相胡惟庸交恶。1371年，告老还乡，隐居山中。1372年遭胡惟庸构陷，朱元璋移文切责，并下旨夺其俸禄。七月，刘基至京引咎自责，从此留京不复返乡。1375年，刘基病重，四月十六日卒。

**(一) 刘基的学术背景**

《明开国翊运守正文臣资善大夫赠太师谥文成护军诚意伯刘公神道碑》记载："(刘基)神知炯绝，读书能七行俱下。年十四，入郡胶，师受《春秋》，未尝执经诵读，而默识无遗。辩决疑义，出人意表。为文辄有奇气。诸家百氏，过目即洞其旨。尝游燕京，间阅书肆天文书，翊日背诵如流，其人大惊，欲以书授公，公曰：'此已在吾胸中矣。'时从郑复初先生游，讲濂洛之学，先生大器异之，语公父曰：'吾将以天道不报善人，此子必高公之门矣。'揭文安公曼硕见公，辄曰：'此魏徵之流，而英特过之，将来济时器也。'西蜀赵天泽亦以为诸葛孔明之俦。盖虽未试于用，亦已颖露囊中矣。"[1]《明史》记载："基博通经史，于书无不窥，尤精象纬之学。西

① 刘基：《刘基集》，杭州：浙江古籍出版社，1999年，第638页。

蜀赵天泽论江左人物，首称基，以为诸葛孔明俦也。……帝每恭己以听，常呼为老先生而不名，曰：‘吾子房也。’又曰：‘数以孔子之言导予。’顾帷幄语秘莫能详，而世所传为神奇，多阴阳风角之说，非其至也。”①

他早年师从郑复初，郑氏即永嘉学派的传人。郑元善，字复初，江西玉山县人，延祐间进士。郑复初是一位精通伊洛之学的饱学之士，被四方学者称为“四经师”。刘基师从郑复初，苦读八年，深得濂洛心法。郑复初被列于《宋元学案补遗》卷五十二《艮斋学案补遗》之“贝氏学侣”条中，艮斋为开永嘉学派先河的薛季宣，全祖望称：“永嘉之学统远矣。其以程门袁氏之传为别派者，自艮斋薛文宪公始。艮斋之父，学于武夷，而艮斋又自成一家，亦人门之盛也。其学主礼乐制度，以求见之事功。”②黄百家称：“汝阴袁道洁溉，问学于二程，又传《易》于薛翁。已得薛季宣，器之，遂以其学授焉。季宣既得道洁之传，加以考订千载，凡夫礼、乐、兵、农，莫不该通委曲，真可施之实用。又得陈傅良继之，其徒益盛，此亦一时灿然学问之区也。然为考亭之徒所不喜，目之为功利之学。”③薛季宣及其弟子陈傅良论学都以“实事实理”为旨归，叶适虽然以“经制言事功”而与薛季宣“主礼乐制度，以求见之事功”有所不同，但其学术思想则承继了薛、陈二人。因此，无论是濂洛之学，还是事功之学，刘基年轻时期都有所承润。④

浙东学派包括永嘉学派、永康学派和金华学派。刘基成年时期的行迹，除了有四五年在江西做官之外，他的主要活动区域是处州、绍兴、杭州、南京等地，而这些地方正是浙东学派的文化区

---

① 张廷玉：《明史》，第2505—2508页。

② 全祖望：《宋元学案》(三)，第50页。

③ 全祖望：《宋元学案》(三)，第51页。

④ 周群：《刘基评传》，南京：南京大学出版社，1995年，第144页。

域。浙东学派虽然有三大派别，但是都主张事功，讲求务实，强调经世致用。郑复初的思想中既有程朱之学的成分，也有永嘉事功学说的影响。

刘基接受了儒家思想的熏陶，而其身后却留下了一串神秘传说。这说明在刘基死后，人们多视其为不同凡响的神秘人物，这与刘基喜爱谶纬术数有密切关系。刘基有《灵棋经解序》一文，文称："昔者圣人作《易》以前，民用灵棋，象易而作也。《易》道奥而难知，故作灵棋以象之。灵棋之象，虽不足以尽《易》之蕴，然非精于《易》者，又焉能为灵棋之辞也哉?"[①]由此可知，刘基深明《易》理与易象。事实上，《明史·艺文志》与《千顷堂书目》都著录了刘基的《解皇极经世稽览图》。周群由此判断该书"继承了邵氏象数学的传统"。[②] 刘基形象的术士化与其精通《易》理与天文占卜之学有一定的联系。如上文所引，刘基尝从燕京阅书肆天文书，翊日背诵如流。刘基对天文术数的热爱也为其政治生涯铺平了道路。朱元璋迷信术数，在军事较量中多方延揽名儒，视为术士，朱升就曾数次为之占卜。刘基归附朱元璋之后投其所好，建言建策时常饰以天文历数之语。《明史·艺文志》著录有刘基的多种术数类著作。天文历算类有《天文秘略》，卜筮阴阳类有《玉洞金书》、《注灵棋经》、《解皇极经世稽览图》，星象类有《三命奇谈滴天髓》，勘舆类有《金弹子》、《披肝露胆》、《一粒粟》、《地理漫兴》。这些书籍见于《四库全书总目》者，只有《天文秘略》、《披肝露胆经》二种，《总目》编撰者已辨析其伪妄。其余诸书，或未提及，或已亡佚，当亦属托名之作。《总目》提及而未见于《明史·艺文志》者，表明"撰"的有《演禽图诀》、《佐元直指图解》，表明为"注"的有《白

---

① 刘基:《刘基集》，第92—93页。

② 周群:《刘基评传》，第151页。

猿经风雨占候说》、《青囊奥语》、《灵城精义》、《玉尺经》，四库馆臣亦证其为伪托之作。宣德五年李时勉在《犁眉公集序》称："先生自少颖敏。既长，于书无所不读，凡天文地理、阴阳卜筮、诸子百家之言，莫不涉猎。元末登第，为瑞之高安县佐。县耆老有稍知天文术数之学者，而其书甚具，先生召与语，其人曰：'公既聪明绝人，而器识宏远，当为一代伟人。吾书尽以相付。'先生遂得究观其说而领其要。"①由此可知，刘基既深于儒家思想的研究，对传统的术数也颇有研究，这就使其本人有了儒生与术士的双重身份，其经学思想就是在儒家思想与术数思想双重影响下形成的。周群总结刘基的儒学特点时已经指明了他融合儒道的特色。周群指出："刘基的儒学思想特点有二：一是以'措诸用'为旨归，对于明初的学风产生了直接的影响；二是兼综众说：既融会理学诸派而以朱陆和会为主，又儒道互补，体现了明初思想多元的特征，影响了明初学术思想的走向。"②章太炎认为刘基的术数之学也是为了迎合朱元璋的个性而不得已为之。"凡诸云物风角形法壬遁之言，前世豪杰，或兼知之。公善为天官历象及《灵棋经》，明祖起香军，所任周颠、张中之徒甚众，性不可移，或时举占候，令易听用。要其发纵指示，处以人事，而不以方术断也。"③即使是用方术的方式提出建议，也是以人事原则进行处理，这里体现了刘基为政的灵活和机敏。

### （二）刘基的经学思想

刘基在元末明初与宋濂齐名，朱元璋称之为开国文臣之首。

---

①　刘基：《刘基集》，第680页。

②　周群：《刘基儒学思想刍议》，载《浙江工贸职业技术学院学报》，2004年第2期，第6页。

③　章太炎：《诚意伯集序》，见《太炎文录初编》，上海：上海人民出版社，2014年，第531页。

但是刘基的经学作品不多，文少而行著是刘基经学思想的特色，同时也是研究刘基经学思想的最大障碍。

章太炎认为刘基作品不多的主要原因有三：一是刘基不屑于处理琐碎事物，其建言建策多宏阔纲领，故形诸文字则少。章氏称："世人怪公筹略广而文疏少，遂以神怪之言傅之。古之名世，若诸葛武侯、鲁横江者，其盛美独在定策数言，不于行军曲折，事事指而数之也。"①二是刘基与明祖所议多是军国帷幄大事，太祖言听计从，无庸章奏之繁，故其文少。章氏称："公文多胡元时作，入明差少，其帷幄密议则绝。诚以篇第残夺，亦由军国大议，造次立陈，君臣无壅，无待章奏封事云云。"②三是朱元璋建立政权之后，刘基奏议并不见用，非其文少，朱元璋不采纳之故也。章氏称："及以御史中丞留守，惩宋、元宽弛，以严为纪。其后明祖斩断逾溢，又言霜雪之后必有阳春，为政宽猛如循环。徒恨明祖不尽采用，其言非少也。"③因此，刘基留下的作品就显得比较少了。

章太炎称："昔胡元陆梁，轶我保介，百年乃有韩、徐诸雄，起于荆、豫，顾骄侈不足与共大事。而张士诚、方国珍据吴、越间，又羁属元，受其爵赏。其唯明祖，高才荦确，为有长人之德。公以耆硕，为之师保。其始经略不满千里，而能西刘陈明，东羁张方，命率北征，胡酋鸟窜，掩有禹域，光复旧物，皆由公赞画为多。成功盛德，上方留侯，故无得而称焉。其性行刚廉，不随流俗，灼然效于文辞，发言奘驵，刚健旁通，又为明一代宗师，甚非后进所能褒颂也。"④对刘基的军事才能大加赞赏。

究其实质，刘基乃治国良才，其名并不以文著。刘基秉承了永嘉学派的事功思想，一以立功为学术最终目的，故其文少而行

①②③ 章太炎：《诚意伯集序》，第531页。

④ 章太炎：《章太炎全集》，第530页。

迹著。刘基立意推翻元朝统治，故其行迹多著于方国大略的制定中，初不意以文不朽于后世也。这就使他比宋濂更接近朱元璋的统治核心，而其功绩也较宋濂更为显赫。

虽然刘基的经学作品不多，现在存世的只有《春秋明经》，但是从其文传世文集中，我们仍然可以窥见刘基的经学主张。

1. 经学须致用是刘基的基本主张

经学是中国封建社会的主流意识形态，经学须为社会发展提供智力支持，发挥其社会价值。刘基通过盛赞孔孟、提倡教育、儒者须有为三个方面表达了经学必须有益于社会的观点。

盛赞孔孟。刘基文集中有三处直接称赞孔孟之学。刘基在《诸暨州重修州学记》称："学校以教民明人伦，见于书传，肇自虞夏，以逮于今，莫不以先代圣人为师。圣人，人伦之至也。自太皞迄于孔子，圣人迭出，莫不以道德被于民物，垂于后世。孔子既出，而天下翕然师孔子。自汉以来，释奠先师，皆于孔子。……故论学至孔子而始备。微孔子，师不知所以教，弟子不知所以学，往古之言行无所折衷，而人不知轨范。故至孔子而后大中之论定，亘古今，弥天地，不可易也。"①《养志斋记》："事亲莫大于养志。孟子之言至矣！华亭唐伯让书而扁诸室，盖将以朝夕观省，而致孝于其父母，属予言以记之。"②《大勇斋记》曰："勇，天下之达德也，而圣人有时乎弗德。夫人之于道，知足以知之，而行弗逮者，无勇也。弗能择乎中庸，而冥行焉者，鲜有不惑于其近似，而沦于六蔽，君子实深病之。故勇者，仁知之卒徒也。仁知帅乎中，坚挺乎其不回，于是选锋劲骑，听指麾而疾驰，如雷如霆，不可遏也，夫是之谓勇。盖仁知不能自行，而驾勇以行，及其成功，则勇亦得参

① 刘基：《诸暨州重修州学记》，见《刘基集》，第120—121页。

② 刘基：《养志斋记》，见《刘基集》，第114页。

乎仁知，同为达德。……庐陵张生名其室曰‘大勇’。‘大勇’之云，盖出自《孟子》。”[①]刘基在《诸暨州重修州学记》盛赞孔子为至圣先师，没有孔子则行无伦，师不知教，生不知学。在《养志斋记》中，刘基称赞孟子论孝本于“养志”乃至论。“事亲莫大于养志”一语出于《孟子·离娄》，其文曰：“孟子曰：‘事，孰为大？事亲为大；守，孰为大？守身为大……若曾子则可谓养志也。事亲若曾子者可也。”[②]刘基化用《孟子》之言称其论孝为至论，表达了对孟子的崇敬。大勇出于《孟子·公孙丑》，其文曰：“昔者曾子谓子襄曰：‘子好勇乎？吾尝闻大勇于夫子矣：自反而不缩，虽褐宽博，吾不惴焉；自反而缩，虽千万人吾往矣。’”[③]

刘基论经学之作并不多见，却三次直接盛赞孔孟之言，表明对孔孟的崇敬，这是刘基崇尚经学的表现之一。

提倡教育。经学发展与传播离不开教育，且孟子曾将得天下英才而教育之视为君子三乐之一。刘基也持同样观点，他曾表彰那些献身教育的人士。《海宁州贾希贤义塾诗序》云：“人有积货财而不能散者，君子谓之愚，知散之而不要诸道，其为愚一也。……贾氏为海宁大家，而希贤益厚。念邑之子弟多不知学，或贫不能自致师以学，乃构宇买田，招名儒以为师，俾乡里之俊秀与闾巷之童儿，莫不来学，其食饮器用，咸取给于贾氏。呜呼！可谓积而能散，散而得其道者矣。”[④]在《季氏湖山义塾记》中刘基称：“有名谦字伯益者，好学尚义，故其家日裕。乃谓其人曰：‘人孰不爱其子孙而不知所以爱之者……故愿制产以建读书之所，延名儒为师，以训子弟，以及族姻之人，咸知所学。大则修身齐家，以用于时，

① 刘基：《大勇斋记》，见《刘基集》，第128—129页。

② 杨伯峻：《孟子译注》，第179页。

③ 杨伯峻：《孟子译注》，第61页。

④ 刘基：《养海宁州贾希贤义塾诗序》，见《刘基集》，第67页。

小亦不失为乡里之善士,不亦可乎?'乃筑于其居之侧,以为堂,中设孔子像,旁立斋舍,翼以廊庑,缭以周坦。买田若干亩,以给师、弟子之食。萃其族之子弟,悉入学。于是襟佩衣裳,肃肃有容;弦诵之音,蔼蔼旁达。入其乡者,莫不感叹而慕悦也。"①海宁贾氏、湖山季氏皆乐善助学之人,刘基通过对其义举的表彰表达了对经学的肯定。

儒者须有为。刘基主张儒者须有益于社会,因此他称赞儒者忻生行医的善举。《全婴堂序》称:"术有可以寓道者,其医乎?夫济人利物,无位者不能焉。惟医以救死扶生为功,苟志于斯,使恻隐之心恒存而不死,岂非为仁之机括耶?……武林忻生,儒者也,而工为医,以'全婴'名其堂,先难也。夫以儒为医,固当与常医殊。他日达而用于时,则又举其为医之心而措之,岂曰小补云乎哉!"②他认为学习《诗经》有裨于世教。《照玄上人诗集序》云:"夫诗何为而作哉?情发于中而形于言。《国风》、二《雅》列于《六经》,美刺风戒,莫不有裨于世教。"③刘基曾直接表达了士要勇于用世的主张,《送谢教授序》称:"士有急于用世者,非苟为利禄计也。少而学,壮而欲行之,不得一命,则抱材而无所施。古之人皇皇焉,出疆必戴质,夫岂苟而然哉?今之由学校掌出内,为儒官,循次待用,至得一教授,亦难矣。教授名九品职而不得与民事,故谓之冷官。繇是以达于县府,然后得行其所志,壮日去而老及之矣,如之何其不皇皇也!"④刘基认为"士"之楷模当为孔子,刘基称:"孔子称使于四方,不辱君命,可谓士矣。"⑤刘基在《送高生

① 刘基:《季氏湖山义塾记》,见《刘基集》,第99页。
② 刘基:《全婴堂序》,见《刘基集》,第73页。
③ 刘基:《照玄上人诗集序》,见《刘基集》,第74页。
④ 刘基:《送谢教授序》,见《刘基集》,第89页。
⑤ 刘基:《赠宣使王民则诗序》,见《刘基集》,第97页。

序》中更直接地表达了要见之于行的经学学习目的,他强调:“圣人作经以明道,非逞其文辞之美也,非所以夸耀于后世也。学者诵其言,求其义,必有以见于行。问之无不知也,言之无不通也,验之于事,则偭焉而背驰,揭揭焉不周于宜,则虽有班、马、杨、韩之文,其于世之轻重何如耶!”[①]经生之学须见之于行,这是刘基对经学的最基本要求。刘基认为儒者掌握经学的最终目的应该为社会服务,为君所用。大者为君献言献策,小者为一乡之楷模,皆为有用之儒。

盛赞孔孟、提倡教育、儒者须有为是刘基表达其经学主张的三种方式。这三种方式中并不包含着对经书具体内容的探讨,却直接指向了经学的最终目的。

2. 随时制宜,不拘泥于汉宋之别

刘基倡导经学须有益于社会,故其利用经学亦无一定之规矩,大抵随时制宜,不囿于常规。刘基除了《春秋明经》之外并没有专门的解经之作,只能从其为他人做序之文中窥测其对经学的理解。

关于《诗经》,刘基发现了《诗经》的文学特色和感情色彩,但是仍然坚持其经学本质。刘基认同传统的孔子删诗说,在其文集中有两处表达了此观点。在《郁离子・螇螰第七》中借用郁离子之口吻称:“孔子作《春秋》,为贤者讳,故齐桓、晋文皆录其功,非私之也,以其功足以使人慕,录其功而不扬其罪,虑人之疑之,立教之道也。故《诗》《书》皆孔子所删,其于商周之盛王,存其颂美而已矣。”[②]在《苏平仲文集序》中称:“文与诗,同生于人心,体制虽殊,而其造意出辞,规矩绳墨,固无异也。唐虞三代之文,诚于

---

① 刘基:《送高生序》,见《刘基集》,第65页。

② 刘基:《郁离子・螇螰第七》,见《刘基集》,第30页。

中而形为言，不矫揉以为工，不虚声而强聒也，故理明而气昌。玩其辞，想其人，盖莫非圣贤之徒，知德而闻道者也，而况又经孔子之删定乎！”①

孔子删诗说是《诗经》学史上的重要问题之一，历来聚讼不已。郑杰文师称：“‘删诗’说于先秦古籍无征，亦不见于《史记》以外其他两汉文献，似难以令人置信。……然而，孔子可能确乎编定过一个《诗》的本子，并以其传授子弟。……那么，孔门《诗》的传本是否就是今本《诗经》呢？答曰：基本是，可能小有变动。”②由此可见，关于孔子删诗说历来存有疑问。刘基对此却深信不疑，显然是遵从了汉代的学说。

《送章三益之龙泉序》云：“古之人有行，则歌诗以送之，其来远矣。故《烝民》所以饯山甫，《崧高》所以赠申伯，皆褒述其德行，以勉进其勋业。”③关于《烝民》的主旨，《毛诗序》称：“《烝民》，尹吉甫美宣王也，任贤使能，周室中兴。”④《诗集传》称：“宣王命樊侯仲山甫筑城于齐，而尹吉甫作诗以送之。”⑤刘基显然是遵从了宋代朱熹的主张，而抛弃了汉唐经学家的主张。关于《崧高》的主旨，《毛诗序》称：“《崧高》，尹吉甫美宣王也。天下复平，能建国亲诸侯，褒赏申伯焉。”⑥《诗集传》称：“宣王之舅申伯出封于谢，而尹吉甫作诗以送之。”⑦关于《崧高》之主旨，汉、唐、宋学者均无异议，刘基遵从了朱熹的主张，当然也遵从了汉唐学者之主张。

《棣萼轩记》称：“棣萼之义，出自《小雅》，周公不幸遭管、蔡之

---

① 刘基：《苏平仲文集序》，见《刘基集》，第 88 页。
② 郑杰文师：《经学十二讲》，第 14 页。
③ 刘基：《送章三益之龙泉序》，见《刘基集》，第 82 页。
④ 毛亨传，郑玄笺：《毛诗传笺》，第 431 页。
⑤ 朱熹：《诗集传》，第 284 页。
⑥ 毛亨传，郑玄笺：《毛诗传笺》，第 427 页。
⑦ 朱熹：《诗集传》，第 283 页。

变，故作《棠棣》之诗，极天下之人情，以致儆于世之为兄弟者。”[①]《棠棣》之诗出于《诗经·小雅》。《毛诗序》称：“《常棣》，燕兄弟也。闵管、蔡之失道，故作《常棣》焉。”[②]《诗集传》称：“此燕兄弟之乐歌，故言常棣之华，则其鄂然而外见者，岂不韡韡乎？凡今之人，则岂有如兄弟者乎？”[③]《毛诗序》与《诗集传》对该诗的主旨理解是一致的。从对《诗经》的运用来看，刘基遵从汉代的删诗说，在对具体诗篇的理解上却遵从朱熹的主张，特别是汉、宋学者有异议时更以朱子之说为宗。这说明刘基对于《诗经》并不拘泥于一家之说，而是结合实际灵活选用。

刘基注重《诗经》的教化作用，同时也开始关注《诗经》的文学和感情色彩。刘基在《送张山长序》中称：“是故诗有《崧高》、《烝民》，缱绻激切，情意恳至，是盖温如春阳，馥如兰芷，而重于南金、夜光之遗赠也。”[④]如上文所引《毛诗序》和《诗集传》，毛氏与朱氏多从人伦、道德角度论述两诗，刘基却又超越两人，从感情方面理解两诗。刘基用形象的比喻将各种感情描述的惟妙惟肖，这是刘基解诗之特色。这表明刘基已经开始注意到了《诗经》的文学特色，这在《诗经》学史上有一定的启示意义。

刘基曾经称《左传》、《礼记》、《中庸》、《京房易传》为《传》。《送熊文彦归江西序》云：“《传》曰：‘君子以友辅仁’，天下之大伦五，友其一也。”[⑤]其中“君子以友辅仁”出自《礼记·檀弓》。《尚节亭记》称：“《传》曰：事前定则不困。平居而讲之，他日处之裕如

① 刘基：《棣萼轩记》，见《刘基集》，第 113 页。
② 毛亨传，郑玄笺：《毛诗传笺》，第 211 页。
③ 朱熹：《诗集传》，第 133 页。
④ 刘基：《送张山长序》，见《刘基集》，第 76 页。
⑤ 刘基：《送熊文彦归江西序》，见《刘基集》，第 74 页。

也。”[1]其中“事前定则不困”出自《中庸》。《郁离子·麋虎》：“《传》曰：天裂，阳不足；地动，阴有余。然乎？”[2]其中“天裂，阳不足；地动，阴有余”出自《京房易传》。《郁离子·九难》曰：“《传》曰：象有齿以焚其身，贿也。仆不愿也。”[3]其中“象有齿以焚其身，贿也”出自《左传》。儒家经书一般都指《十三经》，但是正如钱基博所言，后世有以传为经，以记为经，以群书为经，以经之贰为经者。刘基将《左传》、《礼记》、《中庸》、《京房易传》都视为传，这表明在刘基时代虽然《礼记》中的《中庸》获得了与经书同样的地位，但在学者头脑中，《中庸》仍然为传，尚不能厕于经之列。如果结合朱元璋将《论语》也视为传，那么称后起之经为传就是学者的思维定势在起作用了。

3.《春秋明经》的主旨及意义

《春秋明经》是刘基唯一的经学著作，围绕这部书还有很多问题，其中《春秋明经》的创作时间、思想主旨是最为重要的两个问题。

弄清楚刘基创作《春秋明经》的时代成为研究其《春秋》学思想的首要问题。迄今为止，关于《春秋明经》的著作年代，根据朱鸿林总结，主要有以下四种说法：(1) 容肇祖、郝兆矩、吕立汉等认为它是刘基早年习举应试之作。(2) 侯外庐等《宋明理学史》认为作于元末隐居浙东之时。(3) 周群认为它萌芽于元末习举之时而写定于明朝初年。(4) 杨讷认为它作于刘基元末投奔应天之前。目前尚无新材料与观点出现，各家所论亦各有曲直，笔者姑采纳周群的观点。

华夷之辨是《春秋明经》的主旨之一。在传统的儒家思想中，

---

① 刘基：《尚节亭记》，见《刘基集》，第116页。
② 刘基：《郁离子·麋虎》，见《刘基集》，第57页。
③ 刘基：《郁离子·九难》，见《刘基集》，第61页。

有所谓的“用夏变夷”的问题。其大意就是指周天子礼乐文化的影响范围及次序，由其国而诸夏，由诸夏而至于夷狄，由近及远地向外推化，使之进于大同。刘基在《春秋明经》中也坚持“用夏变夷”的思想。刘基对用夷变夏的事情尤其担心，并予以严厉的批判。春秋诸夏诸侯与蛮夷的交往是“蛮夷猾夏，寇贼奸宄。惟是大侯小伯当攘斥”。[①] 等秦国、楚国日益强大，屡次打败传统的诸夏侯伯，侯伯不得不到秦、楚会盟。刘基指责诸夏侯伯不守中华之礼，而受到了夷狄野蛮文化的影响。

华夷之辨是《春秋明经》的重要思想，但并不是刘基的唯一主张。《春秋明经》共计 41 篇，“夷狄”共出现 12 次，其中《晋郄缺帅师伐蔡戊申入蔡诸侯盟于扈》出现 2 次，《郑伐许郑伯伐许》出现 2 次，《蔡侯郑伯会于邓公及戎盟于唐公至自唐》出现 1 次，《郑人侵宋宋人齐人卫人伐郑荆伐郑会齐侯宋公云云同盟于幽》出现 1 次，《杞子来朝公子遂帅师入杞》出现 1 次，《楚人伐郑公子遂会晋人云云救郑楚子使椒来聘》出现 2 次，《会于萧鱼秦人伐晋莒人伐我东鄙围台》出现 1 次，《楚人伐黄楚人伐徐公至自会》出现 1 次，《取汶阳田公会楚公子婴齐于蜀》出现 1 次，共涉及 9 篇，占《春秋明经》所有篇目的 21%。刘基讨论华夷之辨的篇幅占比仅为五分之一，《春秋明经》尚有其它主题值得探讨。

《公朝于王所仲孙羯会晋韩不信云云城成周》主要讨论周室失德，《筑郿大无麦禾臧孙辰告籴于齐新延厩》主要讥讽诸侯兴不急之役，《初税亩蝝生饥大有年》主要讲天人感应，天生灾异，《考仲子之宫初献六羽继献六律又以郜鼎纳于太庙》主要讽刺鲁国丧礼不合周制，《公会齐侯伐莱公至自伐莱大旱》主要探讨人君以不义劳民，天降灾异，诸如此等不一而同。从这个意义上讲，《春秋

① 刘基：《春秋明经》，见《刘基集》，第 582 页。

明经》的主题是多样的，华夷之辨只是其中的一个主题而已。

刘基对《春秋》的研究有脱离《左传》的倾向。庄大钧认为："左丘明著《左传》与孔子修《春秋》所依据的原始'史记'是相同的。《左传》之作，并非于《春秋》之外单成一书，而是左丘明因《春秋》'具论其语'而为之传。总之，孔子因鲁春秋而成《春秋》，左丘明缘《春秋》而著《左传》，其史料来源是相同的。"[①]但是，在《左传》研究史上，围绕《左传》是否传《春秋》有两种不同的观点。周予同称："现行的《左传》，据古文学家说，是解释《春秋经》的传，为孔子同时人左丘明所作，所以应称为《春秋左氏传》。但经今文学家否认这说，他们以为《左传》是古代一种历史的书籍，并非解释《春秋经》，所以不应称为《春秋左氏传》，而当与《吕氏春秋》、《虞氏春秋》相同，称为《左氏春秋》。"[②]刘基称："由是楚势遂张，而使椒聘鲁，乃以爵书，而君臣并见，然后华夷无复辨矣。可不为之寒心哉！"[③]《公羊传》曰："椒者何？楚大夫也。楚无大夫，此何以书？始有大夫也。始有大夫，则何以不氏？许夷狄者不一而足也。"[④]《穀梁传》曰："楚无大夫，其曰荻何也？以其来，我褒之也。"[⑤]《左传》曰："楚子越椒来聘，执币傲。叔仲惠伯曰：'是必灭若敖氏之宗，傲其先君，神弗福也。'"[⑥]刘基之解释与传统三传皆有所不同，显示了舍传求经的独立思考精神。但是我们不能夸大刘基的独立思考精神，上文所引"象有齿以焚其身"即出自《左传》，其释《春秋》并没有完全脱离三传的影响。

总体而言，刘基主张经学须有益于社会，并随时制宜的利用

① 庄大钧：《〈春秋〉及其三传》，见郑杰文师《经学十二讲》，第 207 页。
② 周予同：《周予同经学史论著选集》，第 257 页。
③ 刘基：《春秋明经》，见《刘基集》，第 615 页。
④ 刘尚慈：《春秋公羊传译注》，北京：中华书局，2010 年，第 303 页。
⑤ 承载：《春秋穀梁传译注》，上海：上海古籍出版社，2016 年，第 441 页。
⑥ 杨伯峻：《春秋左传注》，北京：中华书局，2018 年，第 490 页。

经学，说明他并不囿于所谓的汉学、宋学之区别。在理解《诗经》方面已经开始注重《诗经》的文学色彩了，体现了不同于主流的解经特点。刘基的经学代表作为《春秋明经》，其解《春秋》既借鉴三传，同时有出现了舍传解经的倾向。这表明刘基所处的时代，学术界尚被限制于某一规矩，而刘基在解经之时已有了独立思考。刘基的经学思想的核心是随时制宜，他提出经学思想必须见之于行事，开拓了经学的致用价值。

## 三、王祎

王祎(1321—1373)，字子充，浙江义乌人。与宋濂同门，俱以文章名世。目前对王祎的研究还不深入，容肇祖在《明代思想史》第二章第一节中专列《王祎致知派》，[①]对王祎略有评介，陈寒鸣《论王祎的儒学思想》[②]是探讨王祎儒学思想的专文。向燕南的《论王祎的史学思想》、《中国史学思想通史》[③](明代卷第三章)专门研究了王祎的史学思想。王忠阁《元明之际的学风》[④]一文也曾提及王祎。以上诸位学者的研究多探讨王祎的史学思想，对其经学思想尚没有作深入研究。

王祎为浙江义乌人，义乌与浦江县是邻县，同属婺州管辖，因此王祎与宋濂可算为同乡。王祎自幼敏慧，师事柳贯、黄溍学习古文，遂以文章名世。他在青年时代就乐于仕进。《明史》记载："(王祎)睹元政衰敝，为书七八千言上时宰。危素、张起岩并荐，不报。隐青岩山，著书，名日盛。太祖取婺州，召见，用为中书省

① 容肇祖:《明代思想史》，岳阳:开明书局，1941年，第9—10页。

② 陈寒鸣:《论王祎的儒学思想》，载《孔子研究》，1994年第3期，第77—83页。

③ 向燕南:《中国史学思想通史》(明代卷)，合肥:黄山书社，2002年，第88—107页。

④ 王忠阁:《元明之际的学风》，载《史学月刊》，2000年第5期，第37—42页。

掾史。征江西，祎献颂。太祖喜曰：'江南有二儒，卿与宋濂耳。学问之博，卿不如濂。才思之雄，濂不如卿。'太祖创礼贤馆，李文忠荐祎及许元、王天锡，召置馆中。旋授江南儒学提举司校理，累迁侍礼郎，掌起居注。……明年修《元史》，命祎与濂为总裁。祎史事擅长，裁烦剔秽，力任笔削。书成，擢翰林待制，同知制诰兼国史院编修官。奉诏预教大本堂，经明理达，善开导。召对殿廷，必赐坐，从容宴语。"[①]洪武五年，招谕云南，不屈死。王祎有《王忠文公集》传世。

《明史》列王祎于《忠义传》，因王氏殉职于云南也。由其传记可知王祎以史学见长，但是王祎于经学研究亦多有建树。

### (一) 王祎的经学主张

#### 1. 论儒者的基本素质和要求

第一，儒者及经学皆以致用为本，以道德为特色。

王祎论儒，以致用为最终目的。王祎在《儒解》中称："有用之谓儒。世之论者，顾皆谓儒为无用，何也？曰：非论者之过也，彼所谓无用，诚无用者也，而吾所谓有用者，则非彼之所谓无用矣。夫周公、孔子，儒者也。周公之道，尝用于天下矣。孔子虽不得其位，而其道即周公之道，天下之所用也。其为道也，自格物致知以至于治国平天下，内外无二致也。自本诸身以至于征诸庶民，考诸三王，本末皆一贯也。小之则云为于日用事物之间，大之则可以位天地育万物也。斯道也，周公、孔子之所为儒者也。"[②]《原士》曰："呜呼！人之各习其业以为世用者，其为道举不易也，而其尤难者，盖莫难于为士矣。士之难为何也？必其性之尽于内者，

---

① 张廷玉：《明史》，第4956页。

② 王祎：《王忠文公集》，《丛书集成初编》本，上海：商务印书馆，1936年，第396—397页。

有以立其本，而才之应于外者，足以措诸用也。”[①]王祎对儒和士的最高要求就是致用，这种要求与他积极参与政治活动的行为是相符合的。

王祎论儒，崇尚儒之道德品质。《原儒》云：“儒之名何自而立乎？儒者，成德之称。盖其称肇于孔子，至荀卿氏论之为悉，而其后复有八儒之目。及秦汉以下，儒之名虽一，其学则析而为二：有记诵之学，有词章之学，有圣贤之学。”[②]宋濂在《七儒解》中宣称自己要学习以孔子为代表的道德之儒，王氏论儒与宋濂有异曲同工之妙。

王祎论《六经》，以致用为其本质特色。他在《六经论》中称：“《六经》，圣人之用也。圣人之为道，不徒有诸己而已也，固将推而见诸用，以辅相乎天地之宜，财成乎民物之性，而弥纶维持乎世故，所谓为天地立极，为生民立命，为万世开太平者也。”[③]

儒者以致用为本，故必须随时制宜。《王氏迂论序》：“圣贤之道，所以致用于世也，礼乐典章、制度名物，盖实致用之具，而圣贤精神心术之所寓，故在学者，尤不可以不讲。是故致用在乎经邦，经邦在乎立事，立事在乎师古，师古在乎随时。苟不参古今之宜，穷始终之要，则何以涉事耦变，而弥纶天下之务哉？秦汉以来，儒者之学，或泥于训诂，或沦于辞章，或淫于清虚，或滞于功利，其于圣贤致用之道，能通焉者鲜矣。”[④]

综上所论，王祎是主张积极入世的学者，无论是在元末还是在明初，王祎都以积极的态度参与社会管理。这既是他的学术主张，也是他行动的根源。

---

① 王祎：《王忠文公集》，第 26 页。
② 王祎：《王忠文公集》，第 24 页。
③ 王祎：《王忠文公集》，第 2 页。
④ 王祎：《王忠文公集》，第 109 页。

第二,儒者为学,应博览群书。

王祎提出学者必须博学多识的理论根源于他的史学思想。王祎重视史学,其前提是他认为历史学著作可以记载并传递先人的历史经验教训。换言之,语言文字可以表达义理,这是王祎重视史学的前提。王祎对儒的最高要求是致用,主张儒者要以周公、孔子为榜样,因为周公、孔子体现了儒者致用的最高原则。周公、孔子的言论记载于儒家经书中,所以要读儒家经书。《说学斋记》称:"学者,所以学圣贤之道也。圣贤往矣,曷从而求其道?载籍者,圣贤之道之所存也。故学圣贤之道者,必于载籍而求之。"[①]王祎给予了《六经》高度评价。《儒解》称:"周公、孔子远矣,其遗言固载于《六经》。凡帝王经世之略、圣贤传心之要,粲然具在,后世儒者之所取法也。不法周公、孔子,不足谓为儒,儒而法周公、孔子矣,其不可谓为有用乎?噫,斯吾之所谓儒也。"[②]在《六经论》中,他说:"《六经》,圣人之用也。……《易》者,圣人原阴阳之动静,推造化之变通,以为卜筮之具,其用在乎使人趋吉而避凶。《书》者,圣人序唐虞以来帝王政事号令之因革,以为设施之具,其用在乎使人图治而立政。《诗》者,圣人采王朝、列国风、雅之正变,本其性情之所发,以为讽刺之具,其用在乎使人惩恶而劝善。《礼》极乎天地、朝廷、宗庙,以及人之大伦,其威仪等杀,秩然有序,圣人定之,以为品节之具,其用在乎明幽显,辨上下。《乐》以达天地之和,以饰化万物,其声音情文,翕然以合,圣人协之,以为和乐之具,其用在乎象功德,格神人。《春秋》之义尊王抑霸,内夏外夷,诛乱贼绝僭窃,圣人直书其事,志善恶,列是非,以为赏罚之具,其用在乎正义不谋利,明道不计功。由是论之,则《六经》

---

① 王祎:《王忠文公集》,第162页。

② 王祎:《王忠文公集》,第397页。

者，圣人致治之要术，经世之大法，措诸实用，为国家天下者所不可一日以或废也。"[①]王袆将经书视为圣人的精义之作，不读经书就无从达到儒之标准。

王袆重视儒家经书，但并不废弃其它学术思想，他主张应当从书籍中汲取广博的知识。《沧江书舍记》称："圣人之经，儒者之传，诸子百家之著述，历代太史之纪录，以及天文地理、阴阳律历、兵谋术数、字学族谱之杂出，敷落旁行，虞初稗官、燕谈朏语之并兴，其为说不同、为教亦异，而其为书，类皆学者所当读而通之者也。虽然，学问无穷，岁月有限，诚有不能遍观而尽识者，而惟圣人之经，则弗可以莫之究也。"[②]王袆在强调要博学多识的时候，也突出了经书的特殊地位。王袆本人对佛道思想亦有研究。《四库全书总目》载王袆有《青岩丛录》一卷。其大旨曰："此书论纬书及释、道两家源流，堪舆、医书同异，凡五篇。"[③]这说明王袆不仅主张学者博览群书，自己也身体力行研究纬书以及释道思想。王袆作有《拟郭守敬传》及其论赞，以自己渊博的自然科学知识，对这位元代大科学家在天文学、水利学等方面的伟大科学成就作了详尽的记述。也正是由于有了这些科学成就的记述，才使此传较之后来经修改收入《元史》的《郭守敬传》的内容更加丰满。尤其是在《郭守敬传》的论赞中，王袆表达了深刻的历史见解并给予郭守敬极高的评价。王袆这种对社会历史发展的精辟见解，在当时不能不说是相当突出的历史思想。这种思想的提出，事实上也正是王袆所继承的"婺学"的经世学术传统，是他所理解的史学经世致用的社会价值所在。

王袆虽然主张博学多识，但是反对记诵之学，他主张读书应

① 王袆：《王忠文公集》，第 2—3 页。

② 王袆：《王忠文公集》，第 113 页。

③ 永瑢：《四库全书总目》，第 1067 页。

该融会贯通，做到博约统一。《陈氏万卷楼记》云：“故为学者，于凡载籍，求之必博，而取之必约。求之不博，则无以极其广，而于道术之分裂，不能会其异而攻其偏。取之不约，则无以守其要，而于道术之纯全，不能得于心而推诸身。故曰博学而详说之，将以反说约也。夫学而至于能约而有得于心，则道在我矣。在我者重，则外物不能累我矣。苟能推之，则大可以用天下国家，而小可以为天下国家之用矣。”①

王祎主张博学多识，但历代著作汗牛充栋，人之生命长短有限，故王祎特别重视目录学著作。王祎推崇目录学之作，目的在于掌握天下学术之大势，因此他尤其推崇《七略》。《汉七略序》称：“自圣人之经，贤者之传，名人魁士之述作，以及诸子九流百氏众技之杂出，诚有终年不能穷其旨，累世不能究其业者。是可谓广且博矣。然而求之未尝无其要也，求之之要，分其类例而已矣。类例之不分，学术之所为不明也。盖书者所以载乎学术者也，有专门之书，则有专门之学，而学术之异，言人人殊，自非大雅宏博之士，为之簿判而区别之，抚末而探其本，溯流而极其源，以分其类例之所属，则载籍之广，何自而求之，此刘氏《七略》之书所为有功于载籍也。所谓辑略者，会萃众说，掇拾精义，以究大道之变者也。括囊大典，统一圣真，详传注之羽翼，破后人之附会，是为《六艺》之略。兼举儒、墨，推明道德，列名、法、农、杂之流，著阴阳、纵横之术，是为《诸子略》。备道扬风谕，雅正侈丽之词，是为《诗赋略》。具权谋、形势、阴阳、巧技之利，是为《兵书略》。历象五行、形像、占验、蓍龟梦卜之法则《术数》审焉。砭剂脉络，寒温佐使，神仙性命之说，则《方技》详焉。类例之分，较若画一，使凡学者一开卷间，得以揽乎载籍之梗概，而审夫学术之所存，无复博而寡要

① 王祎：《王忠文公集》，第 119 页。

之患，此其为功，夫岂可少哉。”[①]王祎主张博览群书，广泛吸收各种学术的有益成果，其目的是实现儒家有补于世的人生追求，因此，他主张借助目录学著作。这种重视目录文献的主张即使到了当代对学术研究也大有裨益。

虽然王祎主张博览群书，但是王氏最看重的仍然是经史之学。在为刘基《郁离子》作序之时，王祎称：“《郁离子》，若干卷，青田刘先生所著也。《六经》以后，诸子者出。其立言皆将以明夫道也，而其为言人人殊。盖其患在于求胜，求胜则尚奇，尚奇则立异。夫圣人之道，不可以异求也，愈异则愈不奇，愈奇则愈不胜。故诸子者，门分户列，各立标准，奋其私智，骛其臆说，为书日繁，而能不诡于道术者几希。宜其传于后世者恒鲜，而泯灭不闻者，不可胜道也。”[②]简言之，王祎主张借助目录博览群书，但就儒者而言，经史之学仍是根本。现代学者论及明代经学多批评明人无学，束书不观，学者多将此批评对准阳明后学。这种批评对阳明后学来说是不刊之论，然对明初之经学则鲜有论及，通过王祎之论可知明初尚有学者主张多读书，明初经学尚有笃实之风。

第三，学贵有得，不囿于前人。

在《六经论》中，王祎批判了汉唐学者的训诂之学，认为这样的解经方式并不能体悟圣人《六经》之旨要。王氏称：“孔子尝曰：我欲托诸空言，不如载诸行事之深切著明也。后世学者，因以谓圣人未尝见诸其行事，而惟《六经》是作，顾遂以空言视《六经》，而训诂讲说之徒，又从以浮辞曲辩淆乱之。其弊至于今几二千年，于是圣人致治经世之用微矣。呜呼！圣人之用，载于《六经》，如日月之明，四时之信，万世无少替也。天地之所以位，万物之所以

① 王祎：《王忠文公集》，第 93 页。

② 王祎：《王忠文公集》，第 100 页。

育，世故之所以久长而不坏者，繄孰使之然也。”[1]汉唐之儒多为训诂之儒，唐代注疏坚持疏不破注原则，于经旨无所发明。王袆认为词章、章句、记诵之学琐碎不堪，不足以见圣人本意，因此极力反对汉唐之经学。

在《原儒》中王袆对周公、孔子之后学予以了严厉批判。王袆批评这些儒者没有体悟圣人之意，而陷入了词章、训诂、记诵之末流。《原儒》称：“呜呼！周公、仲尼已矣。孟轲以后，自荀卿、扬雄，已不能臻乎此，而董仲舒、韩愈仅庶几焉，于是圣贤之学不明也久矣。盖千数百年，而周、邵、张、程诸君子者出，始有以为其学，而周公、孔子不传之绪乃续焉。本诸《易》、《诗》、《书》、《语》、《孟》以明时用，《春秋》以验行事，《三礼》以节人情，而后知人所以官两仪裕万物者，在此而不在彼。五三六经，不为虚言，而匹夫匹妇，皆可以与知。迨考亭朱子、广汉张子、东莱吕子，又皆同心僇力，以倡其学；至是而圣贤传心精微之本，经世博大之用，发挥无余蕴矣。然至于今未久也，而其学已不复传。凡今世之所谓儒者，剽掠纤琐，缘饰浅陋，曰我儒者辞章之学也。穿凿虚远，傅会乖离，曰我儒者记诵之学也。而人亦曰此所以为儒也。嗟乎！昔之称词章者，唐之燕、许，宋之杨亿，其词章盖诚足以华国也。昔之称记诵者，汉之马、郑，宋之刘敞，其记诵盖诚足以穷经也。使若人也，其记诵词章而止若是焉，固亦何取其为儒名耶？是故吾所谓圣贤之学者，皆古之真儒，而今世之称记诵词章者，其不为孔子之所谓小人儒，荀卿之所谓贱儒者几希。”[2]

王袆高度评价了朱熹在经学史上的地位，认为朱熹继承了周公、孔子的真儒之学，而朱熹之后的儒者就流变为词章、记诵之末

---

① 王袆：《王忠文公集》，第 3 页。

② 王袆：《王忠文公集》，第 25 页。

流了。王祎严格区分了经学与文学两者的界限。认为宋代杨亿是西昆体的代表人物，其创作多有雍容华贵之态，而鲜有经世致用之旨。

王祎从致用的角度否定了汉唐经师的剽掠纤琐、缘饰浅陋、穿凿虚远、傅会乖离，认为这样的儒者内不足以悟经学旨要，外不足以发为事功，从学术与事功两个方面否定了汉唐经师。因此，王祎主张要远学周、孔，近学朱子，做到学术与事功的完美结合。

王祎主张学贵自得，但并不主张故意标新立异。《周易演说序》称："君子之为言，不必取异于人，亦不必务同于人也。求与人异，是骄己以胜夫人也。求人之己同，是强人之随乎己也，要皆失之偏，而不能适乎至当之归。"[①]王祎认为研究结果与他人或有相同之处，但不是抄袭雷同；或与他人之结论相差甚远，但不是故意标新立异。应该说王祎之论是一种较为平和的主张。

第四，反对党同伐异，主张儒者应不立门户，融会贯通。

宋代理学分为两派，陆子主尊德性而朱子主道问学。后之学者多将其视为水火不容之两派，但是两家后学实则相互参考，于是学界便呈现朱陆合流之趋势。然而，朱陆主张毕竟不同，两家后学亦有相互攻讦者。王祎则主张不立门户，兼收并蓄。王祎是朱子学传人，他称赞朱子为继孔子之后中国第二位文化集大成者。《南康六老堂记》称："故尝闻之：尧、舜、禹、汤、文、武、周公相传之道，至于孔子，乃集其大成。孔子一再传为曾子、子思、孟子而遂绝，周子、二程子复续其传，而道以南，至于朱子，又集其大成。朱子之道，所谓穷天地，亘古今，而永长存者。"[②]王祎虽然是朱学传人，但并不废弃陆学，他对学习陆学或者兼习朱陆之人也

① 王祎：《王忠文公集》，第108页。
② 王祎：《王忠文公集》，第146页。

大加褒扬。《送乐仲本序》称："予闻昔日新安朱氏、象山陆氏一时并兴，皆以圣人之道为已任，而其所学不能无异。虽以鹅湖有会，终莫能絜其异以归于同。陆氏之传，为慈湖杨简氏、絜斋袁燮氏，皆四明人，故四明学者，祖陆氏而宗杨、袁，朱氏之学弗道也。东发黄震氏、果斋史蒙卿氏者出，而后朱氏之学始行于四明。黄氏得于朱氏之遗书，而史氏传于湖南大阳先生岊、小阳先生枋。二阳氏传于蜀人㬢渊氏，而㬢氏实朱氏之高弟子也。及今国家建学立师，设科取士，一用朱氏说。天下学者咸推朱氏为大宗，而四明陆氏之学，莫或讲矣。仲本受业于敬叔程先生，而先生学于史氏者也。承师之所传，因时之所尚，朱氏之学，仲本盖以致其力矣。陆氏之学，向之所以祖而宗之者，承传之自，故未泯也，仲本可不兼致其力耶？先儒以谓陆氏主于尊德性，朱氏主于道问学。然尊德性、道问学未始可以偏废，此临川吴氏学基，《学统》之篇所由作也。会而同之，顾真知允蹈何如尔？"[①]四明之学本宗陆氏之学，后亦兼学朱氏之学，实现了朱陆合流。王祎称赞乐仲本对朱陆之学皆有涉猎的学习态度，认为尊德性与道问学不可以偏废，这就表明王祎于学术主张不立门户，兼收并蓄。

王祎在《送顾仲明序》中表达了对学术界党同伐异的批评。其文曰："永嘉经制之学，要在弥纶以通世变，操术精而致用远，博大宏密，封植深固，足以自名其家也。论者顾谓其说不皆本于性命，以故近时学者，一切党同伐异，唯徇世取宠之为务，其学遂废而不讲，而不知穿凿性命，穷高极远，徒骛于空言，其将何以涉事耦变以适世用哉？呜呼！永嘉之学，可弗讲乎？"[②]只有不坚持门户之见，方能兼容并收，期于有裨于治道。

① 王祎：《王忠文公集》，第60—61页。

② 王祎：《王忠文公集》，第62页。

王祎还表达了对学术界互立门户、相互诋毁风气的担忧。《送胡先生序》称："尚论吾婺学术之懿，宋南渡以还，东莱吕成公、龙川陈文毅公、说斋大著唐公，同时并兴。吕公以圣贤之学自任……虽若门户异趋，而本其立言之要道，皆著于文。文皆载乎道，固未始有不同焉者，渊乎粹哉，皆可谓圣贤之为学者矣。以故八十年间，踵武相望，悉为世大儒，海内咸所宗师。夫何后生晚进，顾乃因其所不同，而疑其所为同。言道学者以穷研训诂为极致，言文章者以修饰辞语为能事，各立标榜，互相排抵，而不究夫统宗会元之归。于是诸公之志日微，而学术之弊，遂有不可胜言者矣。故祎与仲申胡先生每论及此，未尝不太息焉。"①

在《鸣道集说序》中，王祎直接提出了学术应通的主张。《鸣道集说序》曰："世之学者知守经以笃信，而不知会通以求道，故有以一人之见而决千载之是非者，鲜不群疑而众骇之。"②由以上所引可知：王祎主张学者打破人为的学术壁垒，将各种学术融会贯通，以期更好地实现儒者的致用理想。

2. 王祎对读经的要求

第一，《六经》与《四书》并重。

《六经》与《四书》分别是汉学与宋学所倚重的文献系统。经过朱熹的强化，《四书》几乎获得了与《六经》同样崇高的地位。《四书》中的《大学》、《中庸》本为《礼记》中的两篇，《论语》与《孟子》在先秦也只是诸子学著作，他们都没有获得经书的地位。随着社会和学术的发展，萌芽于中唐之后的《四书》升格运动在朱熹的大力倡导下终于完成，《四书》获得了经书的地位。《四书》在元代被定为科考主要依据，凡有志于科举之路者皆家弦户诵，几欲

① 王祎：《王忠文公集》，第 98—99 页。

② 王祎：《王忠文公集》，第 91—92 页。

夺《六经》之地位。章权才认为宋代退《五经》尊《四书》是历史发展的必然。章氏称:“退五经尊四书,把以思孟学派为主体的保守的思想体系推到首要的位置,这是历史发展的必然结果。两宋以后,中国封建社会进入了后期。日趋保守的地主阶级需要从传统思想中挖掘具有保守色彩的思想体系。思孟学派于是被召唤,思孟学派的代表作于是被推上历史的前沿。唐宋之际,四书之学日被重视的过程,也就是明道思潮不断激荡的过程。”[①]钱穆先生称:“在宋代理学家心中,四书学亦即是经学,而四书地位,尚尤较其他诸经为重要。”[②]在学术界和思想界,《四书》之地位可与《六经》相提并论了,这是宋学兴起的主要标志。但是在学者的定势思维中,还保留着称《四书》为子书和传记的传统。

王祎撰有《六经论》和《四子论》。《六经论》主要阐释了《六经》的地位,强调了《六经》在个人修养和经世致用的作用,这是儒生的老生常谈了。《四子论》则略有新意。

王祎并不将关于《大学》、《中庸》、《论语》、《孟子》的研究称为《四书论》,而是称《四子论》。王祎虽然称“四子者,与《六经》皆并行而教学之序莫先焉”,[③]但是并没有直接称为《四书》,这说明,《四书》虽然在学术上取得了崇高的地位,但是学者仍然习惯性地视其为子书。朱元璋曾称《论语》为传,如果说朱元璋作为一代帝王对于学术用语拥有绝对的权力和自由,可以随意称呼《四书》的话,那么王祎作为学者对《四书》仍然称之为四子则带有更为深层的含义。这说明,《四书》在当时虽然在实质上实现了地位的攀升,却仍然屈尊于子书的称呼。假如联系到宋濂《七儒解》中把诸

① 章权才:《宋代退五经尊四书的过程与本质》,载《学术研究》,1996 年第 2 期,第 67 页。

② 钱穆:《朱子学提纲》,第 180 页。

③ 王祎:《王忠文公集》,第 4 页。

多先秦诸子也列为儒的作法，那么这就不是一个偶然的现象了。

第二，学习《六经》与《四子》应相互沟通。

王袆在《四子论》中阐发了学习《六经》必须精通《四书》的观点。王袆称："然而先儒之论以谓治《六经》者，必先通乎《四书》；《四书》通则《六经》可不治而通也。至于《六经》、《四书》所以相通之类则未有明言之者。以予论之，治《易》必自《中庸》始，治《书》必自《大学》始，治《春秋》则自《孟子》始，治《诗》及《礼》、《乐》必自《论语》始。"①

读《六经》必须先通《四书》并不是王袆的首创，王袆之功是对于其中的理由进行了阐释。王袆把《六经》与《四书》中相关的论题进行横向联系，凡是联系比较紧密的就可以组合在一起。例如《论语》中记载了孔子对《诗》的兴观群怨的论述，王袆就据此而得出治《诗经》必须先通《论语》的结论。《春秋》讲求内夏外夷，而《孟子》尊王道、卑霸烈，辟异端距邪说，其与时君言每先义而后利，这与《春秋》大旨相符，故曰治《春秋》必始于《孟子》。

将《六经》与《四书》并提，并称读《六经》必先通《四书》，这就显示了《四书》的崇高地位，带有明显的宋学特色。

3. 儒者的治学目的和策略

王袆反对无用之文学，提倡文学必须以经学、史学为基础。他最反对的是汉赋和西昆体文学，认为汉赋和西昆体诗文于世无补。他所崇尚的文学是以经学为基础。《宋景濂文集序》称："文章所以载乎学术者也。昔之圣贤，其学可谓至矣。其于三才万物之理、仁义道德、礼乐制度、治乱是非、显隐巨细之际，凡天人传心之妙，帝王经世之略，无弗察而通也。其真知实践，既有得于内

① 王袆：《王忠文公集》，第 4 页。

矣，于是将以自见而淑诸人也。然后托于文章以推其意之所欲言。”[①]在实践上，王祎曾模拟《春秋》作文七篇，即体现了此文学观念。王祎在《赠陈伯柔序》中称：“有元以来，大江之西有二大儒焉，曰吴文正公、虞文靖公。文正之学，主于为经，其于群经，悉厘正其错简，折衷其疑义，以发前儒所未发，而集其成。讨论该洽，封殖深固，视汉儒之专门名家者有间矣。文靖之学主于修辞，其于文辞，养气以培其本，知言以极其用，凡以载斯道而传之世。故其羽翼圣教，黼黻人文，卓然为一代之所宗，而自成一家之言者也。二公之学，虽其径庭有若异向，然要皆圣贤之为道，其趋一而已矣，后学之士，乌可妄议乎哉！”[②]王祎将元代的吴澄和虞集分别对待，将前者归之为经学学者，将后者视为文学家，两者之学术虽然大相径庭，但旨归相同。王祎认为虞集之文学亦根植于经学，其作文之目的亦同于经学，故将两者相提并论。《朱元会文集序》称：“君子之于文，止于理而已矣，是故理明则气充而辞达。气也者，理之寓也；辞也者，理之载也。……故曰：文以理为主，理明矣，气不求充而自充，辞不求达而自达，而始足以言文矣。”[③]王祎认为文以理为主，理足则文自足，无理不成文，无文理不显。在理与文的辩证关系中，王祎更加倾向于理。

王祎之文学观与其经学、史学主张是一致的。王祎尤其看重史学、经学、诸子学，而不重视文学，所以其论文学也以经学为本，辅之于史学和诸子学。从王祎重视经学、轻视文学来看，王祎已经主动地区分文学与经学，但是王祎尚缺乏对文学的正确认识，他过多地强调了文学的教化作用，而忽视了文学本身的美学价值。

总而言之，王祎是朱子学派的传人，但是他又有宽广的视野，

---

① 王祎：《王忠文公集》，第 29 页。

② 王祎：《王忠文公集》，第 46 页。

③ 王祎：《王忠文公集》，第 49 页。

主张打破学术壁垒，将各种学问融会贯通。王祎主张博学多识，由约入博，反博之约，既要做到博学多才，又要以经史为本，掌握为学纲领。在具体的经书研读上，王祎主张融会《六经》与《四书》，做到相互补充。王祎是一位积极入世的学者，他主张儒者必须于社会有益，因此学者应该随时而宜，不可囿于古今之辨。他称赞朱陆兼修的学者，批评党同伐异，这表明在元末明初朱陆合流现象已经出现，但也有学者在努力维持门户之见。

**（二）王祎的经学成就**

根据《经义考》著录，王祎有《禹贡山川名急就章》一篇、《洛书非洪范辨》一篇、《周官官名急就章》一篇、《拟春秋文辞》十首（文集止七首）。同时又作了多篇序文，从现存之材料看，王祎的经学成就得到了后世学者的认可。

1. 王祎与《周易》学研究

王祎的《周易》学主张是对河出图洛出书之说提出怀疑。王祎称："孰知河图、洛书者，皆伏羲之所以作《易》而《洪范》九畴则禹之所自叙而非洛书也。"[1]明代林希元在《易经存疑》卷十称："从来皆祖汉儒孔安国、刘向、刘歆诸儒之说，谓伏羲则河图以作《易》，大禹则洛书以祖《范》。本朝大儒王祎谓洛书与河图并出于伏羲之世，圣人则之，并则图书，以汉儒之说为非。议其可疑六。其三云：先儒有言河图之自一至十即《洪范》之五行，而河图五十有五之数乃九畴之子目。夫河图固五行之数，而五行特九畴之一尔。信如斯，则是复有八河图而后九畴乃畴也，若九畴之子目虽合河图五十有五之数，而洛书之数乃止于四十有五，使以洛书为九畴则其子目已缺其十矣。六疑俱有理，而此尤为精切，今予因其说，复为

① 王祎：《王忠文公集》，第19页。

之说云。”[1]四库馆臣对林希元的《易经存疑》持褒奖态度，称：“研究义理，持论谨严，比古经师则不足，要犹愈于剽窃庸肤，为时文弋获之术者。盖正嘉以前，儒者犹近笃实也。”[2]四库馆臣根据《易经存疑》判断在正德、嘉靖之前，明代的学术尚有笃实之风。《易经存疑》是四库馆臣评价明代经学成就的重要尺度，林希元在其著作中引用了王祎之论，足以说明王祎之论的价值和地位。

2. 王祎与《尚书》学研究

王祎《尚书》学的主要观点是洛书非《洪范》。清代胡渭《洪范正论》称：“唐武太后临朝，武承嗣使凿白石为文以献，称获之于洛水。太后命其石曰宝图。林少颖有见于此类，故不信九畴为洛书之文。其言曰帝怒，不畀洪范九畴，彝伦攸斁，犹所谓天夺其魄也。天乃锡禹洪范九畴，彝伦攸叙，犹所谓天诱其衷也，岂有物以予夺其间邪。赵汝楳《易雅》亦宗此说，谓天锡禹九畴不过如天锡王勇智、天锡公纯嘏之类。熊朋来说略同。至明初王祎祖述其意，反复数千言，极论禹无受洛书之事，而据《系辞传》以为河图洛书皆伏羲所则以作《易》。”[3]胡渭乃清初反对明学的重要代表人物，其在著作中引用王祎之观点足见王氏之说影响深远。

对于《古文尚书》，王祎并不因其遭到怀疑而弃置不用。洪武元年八月乙亥，王祎上疏曰：“臣闻自古帝王定天下成大业，必祈天永命，以为万世无疆之计焉，所以祈之者，在乎人君修德而已。君德既修，则天眷自有不能已者。《书》曰：‘皇天无亲，惟德是辅。’此之谓也。人君修德之要有二，曰忠厚以存心，宽大以为政，二者君德之大端也。”[4]“皇天无亲”出于《尚书》之《蔡仲之命》篇。

---

① 林希元：《易经存疑》，见《景印文渊阁四库全书》第30册，第568—569页。

② 永瑢：《四库全书总目》，第29页。

③ 胡渭：《洪范正论》，见《景印文渊阁四库全书》第68册，第11页。

④ 胡广：《明太祖实录》，第602—603页。

虽然已被疑为伪书，但王祎在疏中仍引用为劝德之语。

3. 王祎与《春秋》学研究

王祎曾经模仿《春秋》文辞风格作《拟春秋文辞》。王祎称："春秋之世，王室之告谕、列国之往来，专尚乎修辞，故闵马父谓文辞以行礼，而仲尼谓非文辞不为功。观乎《左氏》内外传所载，凡其为辞，皆从容委曲，而意已独至。盖是时圣人余泽未远，涵养之久，故辞气不迫，非后世专学言语者比也。祎之少也，喜攻言语之学，间尝拟为当时之辞若干首，顾其辞气卑薄，岂能庶几乎古人，徒以志学古之意焉耳。"[①]王祎所作七篇为《齐桓公请成于鲁》、《齐桓公告诸侯盟首止》、《晋栾枝对楚》、《晋文公请王狩》、《周襄王锡命鲁文公》、《周告齐请城王城》、《鲁季孙行父对晋遭丧》。经学家研究《春秋》多探讨其思想内容，而鲜有顾及其文学特色者。钱基博注意到了《春秋》的文体特色。钱氏称："佛书三科曰经、论、律。而籀我古籍，亦不越此三者：一曰文，藻绘成文，杂以韵偶，垂之不刊，以资讽诵，如《易》《书》《诗》是也，是佛书之经科。一曰语，辞有论难，义贵畅发，多用单行之语，如《礼记》之属，是即佛书之论科也。一曰例，明法布令，语简事赅，义取共晓，如《周礼》《仪礼》及《春秋》也。"[②]王祎亦主《春秋》为经之论，但是他模拟《春秋》为文，显然是体会到了《春秋》具有文学色彩。王祎反对记诵、词章之学，他所论定之记诵、词章之学主要指的是汉赋、西昆体之类。王祎在本质上还是主张文宗于经之说，他自己模拟《春秋》而作文就体现了文必宗经、征圣之主张。

4. 王祎与《中庸》研究

《经义考》卷一百五十一著录《汉中庸说》，朱彝尊摘录了王祎

① 王祎：《王忠文公集》，第 259 页。

② 钱基博：《中国文学史》，北京：中华书局，1993 年，第 18—19 页。

之论。王祎主张根据朱子所定《中庸》各篇章之次序,作出一定的改动:以第一章至第二十章为上篇,以第二十一章至第三十三章为下篇。上篇以《中庸》为纲领,其下诸章推言智仁勇皆以明《中庸》之义也。下篇以诚明为纲领,其后诸章详言天道、人道皆以著诚明。王祎认为这样做既不失古今之体,又不悖朱子之旨,体现了融合古今的意味。

5. 王祎与《夏小正》研究

王祎批判学者惟汉儒是信,而不信孔子之言,这是导致后人认定《夏小正》是夏书的重要原因。王祎曾为赵有桂《夏小正集解》作序,《序》称:"郑氏谓夏时者,夏四时之书,其书存者有《小正》则以《小正》为夏书者,郑氏也。不信圣人而汉儒是信,可不可耶?"[①]王祎同时指出汉儒对于典籍中存在的明显疑问也置之不问,这就造成了汉代学术的空疏。所以汉儒之言不尽可信。"《礼记·月令》汉儒皆以为周公作,而其中杂有虞、夏、商、周、秦、汉之制,殆汉末诸儒,采《吕氏》十二月纪、《淮南子·时则训》等书为之耳。《大戴礼》之有《小正》,《小戴礼》之有《月令》,乌知其非类耶?……意者《小正》特出于《月纪》、《时训》之前者耶,是则以《小正》为夏书诚有可疑者也。"[②]王祎比较了孔子与汉儒的学术主张,认为汉儒远不及孔子,因此在关于《夏小正》的年代问题上王祎通过《论语》之记载否认了其为夏书的观点。

6. 王祎论孔子与《六经》

王祎论孔子与《六经》的关系之时,坚持孔子删述《六经》之说。他在《夏小正集解序》中称 :"以予论之,《小正》之为夏书,不可无疑者。孔子定《书》,断自唐虞,《虞书》以历象日月星辰、敬授人时为重事,《小正》其遗法也。孔子尝曰:'吾欲观夏道,是故之

①② 王祎:《王忠文公集》,第38页。

杞而不足征也，吾得夏时焉。'及答颜渊以为邦曰：'行夏之时，而作《春秋》，用夏时以冠月，其有取于夏时如此。设《小正》诚夏书，则在孔子所必取，然而不与《禹贡》同列于百篇何耶？"①王祎在《好古斋记》中称："是故孔子因鲁史而修《春秋》；因伏羲、文王、周公之卦爻而赞《易》；以及《诗》、《书》之删，礼乐之定，悉有所依据而论次焉，皆传先王之旧，而未尝有所自作。所谓信而好古，好古敏而求之者，夫岂故为谦辞哉？"②王祎坚持孔子删定《六经》之说，这与今文经学者的观点是一致的。今文经学的主要特点就是随时而动，根据变化了的社会现实及时修正儒家学说，以期能为世用。王祎作为一位积极入世学者，在元明之际积极参与社会大变革，体现了儒者追求经世致用的精神。

综合王祎的经学主张和经学贡献可知：王祎是一位积极入世的学者，他主张独立思考、打破学术壁垒、不立门户之见、博学多识、融会贯通各种知识，这说明在元明之际学界仍然具有浓厚的读书气氛。学者面对朱陆之辨各执一词，王祎则主张儒之本质在于致用而不必拘泥于朱陆之别。在具体经书的阐释上，王祎都能表现出独立思考的精神，对于经学的研究有一定推动作用。

## 第二节　其他金华学人的经学思想

元末明初浙东学派的主要代表人物是宋濂、刘基、王祎三人。除此之外，还有许元、许亨、胡翰、苏伯衡、俞有庆、朱廉、傅藻、戴良、张丁、郑涛、吴沉、吴履、章溢、叶琛、陈基、方克勤、徐一夔等

---

① 王祎：《王忠文公集》，第 38 页。

② 王祎：《王忠文公集》，第 179 页。

人。这些人物在经学史上的事迹较少，影响也比宋、刘、王三人小，故本节统而论之。

## 一、许元、许亨

许元与许亨为元代大儒许谦的儿子。许元，字存仁，《明史》有传："许存仁，名元，以字行，金华许谦子也。太祖素闻谦名，克金华，访得存仁。与语大悟，命傅诸子。擢国子博士。尝命讲《尚书·洪范》休咎征之说。又尝问《孟子》何说为要。存仁以行王道、省刑、薄赋对。吴元年擢祭酒。存仁出入左右垂十年，自稽古礼文事，至进退人才，无不与论议。既将议即大位，而存仁告归。司业刘丞直曰：'主上方应天顺人，公宜稍待。'存仁不听，果忤旨。佥事程孔昭劾其隐事，遂逮死狱中。"[①]朱元璋欲登大宝，许存仁却要告归，这明显与朱元璋称帝愿望不协，遂遭受杀身之祸。由此事可知：第一、皇帝的自尊心受挫，就要杀掉知识分子，可见政治之残忍无情。第二、许氏或许乃迂阔之徒，既为朱元璋效力多年，又何必在其登基之日告归呢？

根据《明史》记载，许存仁通经学。在与朱元璋的对话中曾提及《尚书》与《孟子》之语。根据内容推测，许存仁主张以德与仁治国。《明史·艺文志》、《千顷堂书目》、《经义考》皆不著录其著作。许存仁没有经学著作传世，从其行动可知许存仁主张经世致用。

许亨亦为许谦之子。《宋濂全集》中有《送许存礼赴北平教授任序》，其文曰："鸿儒之胄，传经为难。非藏髓以接肌，盍钩深而致远？欲承家学，罔匪俊贤。景伯之贯五经，仲师之明三统，咸号善继，致宣令声。有如婺郡许文懿公，为武夷之世適，作寓内之人师。茧丝马鬣，析理义之精微；粉墨铅黄，发笺文之枢要。完经翼

① 张廷玉：《明史》，第 2627 页。

传，著述满家；箪食瓢饮，肥遁终世。其克生于令子，遂允蹈于前猷。务纯楙以自持，敛华英而弗耀。倡道丹溪，衿佩坌集；扬徽京辇，荐牍交驰。天池卒驰于鲲鹏，钟阜竟辞于猿鹤。于是上名宰府，试艺铨曹。典五教于北藩，列诸生于东序。朝绅悦怿，侯服推尊。斜川无愧于小坡，西平咸称为有子。况当胜国之都，尝为人物之薮。教铎斯振，一是韶濩之音；艺圃深培，竚见《菁莪》之盛。”①由此可知，许存礼曾经任儒学经师。洪武初荐起为兆平教授，坐诬累死。《千顷堂书目》著录许亨的《樗散杂言》。《樗散杂言》是许亨的诗集，宋濂曾为之序，称其诗作有古三百之风。许亨没有经学著作传世。

## 二、胡翰

胡翰，金华人，《明史·文苑传》有传。从其传中可知其行谊大略：胡翰，字仲申，金华人。师从吴师道、吴莱学古文，又游于许谦之门。后遭天下大乱，避地南华山，著书自适，文章与宋濂、王祎相上下。洪武初，聘修《元史》，书成，受赉归。胡翰的著作主要有《春秋集义》、《胡仲子集》、《长山先生集》。《经义考》载《春秋集义》已经亡佚。

《明史》载胡翰于《文苑传》，可见张廷玉视其为文学家而非经学家。然李文忠曾师事胡翰，李文忠乃明初为数不多的通儒之将领，胡翰能为其师则说明胡氏亦深于经学也。四库馆臣亦称其颇通儒理。《四库全书总目》载：“翰少从吴师道及吴莱学为古文，复登同邑许谦之门。今观其文章多得二吴遗法，而持论多切世用，与谦之坐谈诚敬小殊。然尝与修《元史》，《五行志》序、论即其所撰，今见集中。于天人和同之际，剖析颇微。《牺尊辨》、《宗法论》

① 宋濂：《宋濂全集》，第582页。

诸篇，亦湛深经术，则又未尝不精究儒理也。”[1]《明文衡》卷八十四载吴沉为其所作墓志铭。《长山先生胡公墓铭》称其博览经史：“金华文献邦，异时硕儒魁彦，踵武迭兴。或以道德鸣，或以文章显，或以气节著，声称当时，名载简册。若乃接前修之绪，为后来之倡，则长山先生胡公其人也。先生讳翰，字仲申，世金华人。……从礼部吴公学，公一见即期以远器，继从吴先生于浦阳，博览经史，靡所不究。又登文懿许公门，南北士在讲下者皆愿与交。复以所著文进之，文献黄公、待制柳公二公称赞不容口。”[2]《经义考》著录其经学著作有《春秋集义》，《千顷堂书目》则著录为《春秋尊义》。《经义考》著录该书已经亡佚，其大旨不得而知。但由以上著录可知，胡翰非惟文学名世也，其经、史、文皆有所造诣。

胡翰主张明经致用，但不乐仕进，元末大乱之际即隐居山林。明朝建立之后，被征召修《元史》。《元史》修撰完毕即归隐。胡氏嗜爱山水，晚岁爱北山泉石佳胜，卜居三洞之上，竹林之源，幅巾短杖，徜徉终日。但是胡氏又对汉代积极出仕的董仲舒表示了极大的同情，《胡仲子集》载其《吊董生文》曰：“余自京师南归，次于直沽，溯流而达于衡漳，过陵州，故广川地也。或曰汉江都相董仲舒墓在焉，为文吊之。其辞曰：燕赵固多奇士兮，仅有取其忼慨，非天降大雅兮，繄孰为之表砺，圣垂法于《春秋》兮，志虽微而可即，士明经以致用兮，义非后而不食，征天人以为言兮，明灾异之在辟，引君致之当道兮，情眷眷于悱恻。嘉尧舜而乐三代兮，得一士而不能用，苟不用其亦已兮，国无人而曷重！”[3]表明胡翰亦非完全忘却庙堂之人。

胡氏反对汉代经学，盛赞朱熹。他对汉代经学表示出了怀

---

① 永瑢：《四库全书总目》，第1469页。
② 程敏政：《皇明文衡》卷八十四，《四部丛刊初编》本。
③ 胡翰：《胡仲子集》，《丛书集成初编》本，第143页。

疑，同时也出现了心学化倾向。《芳润斋记》称："六艺之文，《易》也，《书》也，《诗》也，《春秋》也，《礼》、《乐》也。《乐》亡，而《礼》仅存其三，曰《仪礼》也，《周礼》也，《礼记》也。汉儒概而言之，以为六艺。史迁曰：'六艺经传，以千万数，穷年不能究其说，累世不能通其学。'圣人之言岂越越若是哉！火于秦，汩于汉，加之传注，日以滋蔓，故习于训诂者狃于专门，流于术数者拘于灾异。否则，词章而已，争事口耳，非有得也。《易》通于幽明之故，《书》纪夫政事之实，何取于芳润也？《诗》以道性情之正，《春秋》以示法戒之严，何取于芳润也？《礼》以正行，《乐》以和心，又皆民生动作威仪之则，风气流行合同之化，非徒诵说，其于芳润又何有也，无亦以其辞焉已乎？苟以其辞，则有卦画以来，列圣继作，浑浑灏灏，代有不同，至周而噩噩矣，郁郁矣。及周之衰，失其本真。吾夫子从而系之、删之、正而修之，圣谟犹洋洋然。望之若迩，测之而愈奥。江河不足以为深广，泰华不足以为高岩，草木之英不足以为粹，雨露之甘不足以为美……世儒习而不察，圣学不明。及宋二程子，出于濂溪之门，始阐扬之，以承坠绪。晦庵朱子，益加讨论，以一众说，然后圣经贤传讹者正，疑者缺，晦者明，如日中天。士得而读之，如出三代之前，宜其坦然由之而无疑，世之笃于自信者，何其鲜也。"[①]胡翰对汉代经学的繁琐表示出了反感，认为这是经学的衰败之迹。

胡翰主张依照《周礼》所载恢复井田制，这是明初复古思想的一种体现。《周礼》学发展到宋代，一直处于疑古漩涡之中。《周礼》虽然备受怀疑，但亦被用来作为发展经济之书。"宋代疑经改经之风大盛，故宋人《周礼》学著作多废弃汉唐传注旧说，以求新求异为务。北宋时王安石在宋神宗的支持下利用《周礼》进行变法，

---

① 胡翰：《胡仲子集》，第91—92页。

并撰《周礼新义》二十二卷颁于学官，作为科举取士的标准，故王氏的《周礼》学在当时影响很大。然而，一方面出于反对王安石变法的政治目的，一方面受疑经思潮的影响，宋代许多学者认为《周礼》不可信，甚至径谓之为伪书。此后，元明时期的《周礼》学基本上都处于宋学的笼罩之下，无甚可观。”①胡翰对汉代经学多表示怀疑，但是对于《周礼》的态度则略显复杂。元末明初，《周礼》得到了广泛的运用，朱元璋多借用《周礼》设置各种典章制度，《周礼》在帝王心目中成为一时的显学。元末王冕曾经仿照《周礼》著述一编，称此是致太平之书。胡翰是许谦之弟子，许谦也认为：“五礼皆周制，其随时损益，虽不尽与唐虞同，然亦皆其遗法也，今存者惟《周礼》耳。”②胡翰极力地推行《周礼》所载井田制，表明胡翰非常信任《周礼》。《周礼》是一部关于西周国家制度的著作，它的思想体现在对国家制度的具体构想中。这些构想究竟有多少符合西周的实际情况，难以肯定。《周礼》中有关于田制的记载。《周礼·司徒下》记载：“凡治野，夫间有遂，遂上有径；十夫有沟，沟上有畛；百夫有洫，洫上有涂；千夫有浍，浍上有道；万夫有川，川上有路，以达于畿。”③《周礼·考工记下》记载：“九夫为井，井间广四尺，深四尺，谓之沟；方十里为成，成间广八尺，深八尺谓之洫；方百里为同，同间广二寻，深二仞谓之浍。专达于川，各载其名。”④前者未说明是井田，后者则说是井田，但是与《孟子》所称井田有所不同。

胡翰在《井牧》中提出了恢复井田制的主张。胡翰认为实行井田制有十利：知重本、齐民力、通货财、绝兼并、无横敛、足军实、

① 丁鼎：《三礼概说》，见郑杰文师《经学十二讲》，第175—176页。
② 许谦：《读书丛说》，见《景印文渊阁四库全书》第61册，第481页。
③ 《周礼·地官·司徒下》，第555页。
④ 《周礼·冬官·考工记》，第1674—1680页。

无边患、少凶荒、成礼俗、成政教。胡翰视井田制为实行仁政之表现，胡氏称："天地养万物，圣人养万民，故天下之利，圣人不私诸已，亦不以私于人，井田之制是也。井田者，仁政之首也，井田不复，仁政不行，天下之民始敝。"①胡翰论井田制之次序仅列于《衡运》、《尚贤》之后，足见其对井田制的重视程度。叶世昌认为："胡翰的复井田是要完全按《周礼》中的规定办事，其空想性比宋代张载等人更有过之。"②胡翰恢复井田制的意图说明他对《周礼》和《孟子》的信赖。

总体而言，胡翰在当时以文名，并不以经学名世。其经学著作《春秋集义》亦亡佚，故只能从其文集中窥测其经学主张。胡翰主张儒者必须从事有用之学，破除汉唐之陈轨。他尊崇朱熹，但是其主张又与朱子思想不完全相同。胡翰主张以心悟经，体现出了朱陆合流的趋势。他又积极地恢复井田制，充分体现了他力图将经学运用到实践中去的通经致用的思想。

## 三、苏伯衡

苏伯衡，字平仲，金华人，宋代苏辙后裔，《明史》有传。苏伯衡父亲苏友龙，受业许谦之门。苏伯衡警敏绝伦，博洽群籍，善古文。苏伯衡虽然以文学名于当时，但对经学亦有独立思考。

苏伯衡的经学思想主要有四：在尊重濂洛之学的基础上主张打破对濂洛之学的迷信；不废除小学；在诸经中，最重视《周易》，有古文经学家的倾向；苏伯衡曾模仿《尚书》风格创作《周书补亡》三篇。

### （一）打破学术迷信，倡导独立思考

宋代濂洛诸子在新儒学的建设中居功至伟，后学多视其直接

---

① 胡翰：《胡仲子集》，第7页。

② 叶世昌：《古代中国经济思想史》，上海：复旦大学出版社，2005年，第335页。

圣人之传。但是苏伯衡在肯定五子的同时也表达了不要迷信濂洛之学的思想。他主张独立思考，不要囿于朱子学的圈套之中，对坚持独立思考学术的王开祖、唐仲友、郑彦渊都持褒扬态度。

苏伯衡对郑彦渊的治学思想予以了高度评价。《心学图说后序》称："今读其《心学图说》，信彦渊之为儒者无疑矣。夫尧舜禹之相授受也，曰：'人心惟危，道心惟微，惟精惟一，允执厥中。'万世正学于是乎出焉。商周继之，其间圣贤焉不学而亦焉有外此以学者哉。逮乎周衰，圣人不作，异端并起，其所以为学者大抵非帝王之学。汉兴，群儒掇拾遗经于秦火之余，往往溺于训诂，而不知反求诸心，则既失矣。后千数百年，濂洛诸大儒出。当宋世，相与倡明圣学而论著焉，子贡之徒所不得闻于仲尼者，昭然若揭日月。天下学士始知不知道不可以言学，不明心不足以为学。夫何积习既久，虽有豪杰之材，亦皆笃惟先儒之成言是诵，莫肯以精力自致，而今为甚。譬如侏儒之观场，人抵掌亦抵掌，人揶揄亦揶揄。其目耳犹无见也，其心况有得乎，则其失愈远矣。夫千古帝王之学固因濂洛诸大儒而复明，至于天地事物之伦理、性命道德之精微，诸大儒又岂敢自谓其言尽矣备矣。后之学者无所容心、无所容喙也乎哉？此彦渊之书所以作也。"①

在《心学图说序》中，苏伯衡借称赞郑彦渊之机表达了对汉儒训诂之学的不认同。在对宋代濂洛之学做出高度评价之后，又批评了后来学者将濂洛之学变成了记诵之学，丧失了独立思考的能力。这种徒事记诵的治学方法如同侏儒观场一样滑稽可笑。这表明元末明初占据统治地位的濂洛之学已经显露出了强弩之末的颓势。尤其是朱熹之理学体系体大精微，后学几无突破之能力。因此，朱熹之学发展至元明之际有两种新的趋势：一是继承

① 苏伯衡：《苏平仲文集》卷四，《四部丛刊初编》本。

宋学之怀疑精神，反思朱子之学之不足。这主要表现在元末明初出现了调和朱陆的学术风向。二是将朱子之学变成记诵之学，徒记诵朱子之成言作为科举之资。苏伯衡已经敏锐地感觉到学界存在着不良学风，于是提出了独立思考的要求。这可以从他对宋代王开祖的高度评价中体现出来。

宋代王开祖著有《儒志编》，与当时耆硕主张有所不同。《四库全书总目》称："当时濂洛之说犹未大盛，讲学者各尊所闻。孙复号为名儒，而尊扬雄为模范。司马光三朝耆宿，亦疑孟子而重扬雄。开祖独不涉岐趋，相与讲明孔孟之道。虽其说辗转流传，未必无所附益，而风微人往，越数百年，宦是土者，犹为掇拾其残帙，要必有所受之，固异乎王通《中说》出于子孙之夸饰者矣。"[①]苏伯衡在《书贤良王公遗书后》称："观是书虽不能尽知公，因文以求义，因迹以求用，亦足以得其绪余已。于戏，庆历之前固有斯人乎？乡达尊岂欺我哉，使假之以年，究极高妙，得志当时，则其道不既昌大矣乎。谈者安得谓六经群圣人之道至濂溪、横渠、明道、伊川诸子出而后复明？又安得谓五代文词之习，至欧阳永叔、尹师鲁、梅圣俞、苏子美诸公作而后丕变也？惜乎，公年三十有一而遽瘁，庸非天乎？"[②]《儒志编》与后来濂洛之学虽然同志于孔孟之学，但与朱陆之后学党同伐异者尚有区别。苏伯衡虽然尊崇朱子之学，但是并不迷信朱子的学术权威。苏伯衡对《儒志编》以及王开祖的高度评价显示了其独立思考的学术品格。

朱熹与唐仲友构恶是学术史上的公案。《明儒学案》记载了吕柟师生之间的对话。吕柟称："朱子之道学，岂后学所敢轻议？但试举一二言之，其性质亦是太褊。昔唐仲友为台州太守，陈同

① 永瑢：《四库全书总目》，第 775—776 页。

② 苏伯衡：《苏平仲文集》卷十。

父同知台州，二人各竞才能，甚不相协。时仲友为其母与弟妇同居官舍。晦翁为浙东提举，出按台州，陈同父遂诬仲友以帷薄不修之事，晦翁未察，遂劾仲友。王淮为之奏辨，晦翁又劾王淮。后仲友亦以帷薄不修之事，诬论晦翁，互相讦奏，岂不是太褊乎？"① 唐仲友与朱熹的矛盾直到明代仍然是学者谈论的话题。因为朱子的地位较高，所以唐仲友的学术地位一直得不到正确的评价。唐仲友著有《六经解》百五十卷，《九经发题》、《经史难答》、《孝经解恩》书各一卷，《诸史精义》百卷，《帝王经世图谱》十卷，《乾道秘府群书新录》八十三卷，《天文地理详辨》各三卷，《故事备要》、《词科杂录》各四卷，《陆宣公奏议详解》十卷，《说斋文集》四十卷。由于唐氏之论与朱子有异，唐氏之著多湮没不存，元末明初只有《经世图谱》、《诸史精义》存世。即使《四库全书》收录唐氏《帝王经世图谱》选用的也是《永乐大典》本，这表明唐仲友的著作流传并不广泛。这种现状与朱子学派学者对唐仲友的打压有关系。明代赵鹤编《金华文统》十三卷，是书于《正学编》外兼录金华耆旧之文。宋代著录宗泽、梅执礼、潘良贵、郑刚中、贾廷佐、范浚、陈亮等十二人。元代有柳贯、张枢、吴师道、黄溍、吴莱等六人。明代选择宋濂、王袆、苏伯衡、胡翰、戴良、吴沉、王绅、章懋等八人，而宋濂所录尤多。但是对唐仲友则一字不登，可见门户之见颇深。

与《金华文统》坚守门户之见不同，苏伯衡对唐仲友的学术成就则多称许之词。苏伯衡在《说斋先生文粹序》称："宋自濂溪周子、河南程子，倡明性理，号为道学，递相传受。至乾道、淳熙间，紫阳朱子、广汉张子、东莱吕子鼎立于一时，而东南学者翕然宗之。说斋唐公出乎其时，又与吕子同居于婺，而独尚经制之学，直可谓特起者矣，而岂立异哉？尚论道统，由周、程等而上之至孔、

① 黄宗羲：《明儒学案》，第143页。

孟，由孔、孟等而上之至三王，又等而上之至于五帝。经制者，二帝三王之治迹也……家庭之间，自相师友，不惟史学绝精，而尤邃于诸经。自谓不专主一说，不务为苟同，隐之于心，稽之于圣人，合者取之，疑者阙之。又谓三代治法悉载于经，灼可见诸行事。后世以空言视之，所以治不如古，此其志为何如哉！天文、地理、王霸、兵农、礼乐、刑政、阴阳、术数、郊庙、学校、井野、畿甸，莫不穷探力索于遗编之中，而会通其故不啻若身亲见之。上下古今和齐斟酌之，以综世变，精粗本末兼该并举，其所造又何如哉！使得志而大行焉，举帝王之大经大法于千载之后，辅成一王之治，俾天下之人复睹唐虞三代之盛，夫何难之有？"[①]苏伯衡肯定了唐仲友的学术成就，并欣然为之作序，倡导兼容并包，独立思考的学风。这与元末明初株守朱学、坚持门户之间的学者是有区别的。

苏伯衡通过对郑彦渊、王开祖、唐仲友三位学者的评价表达了自己崇尚独立思考精神，反对门户之见的学术主张。

**（二）不废小学**

宋学兴盛，学者多高谈性理，于是致力文字、音韵、训诂之学者较少。朱子虽不废小学，然其旨趣多在性理，后学之士于小学则鲜有作精深研究者。清代乾嘉学派兴起，小学重新焕发辉光，一跃成为显学。元明之际亦有肆力于小学者，马俟是其一也。《偏旁辩证序》称："扶风马俟未出仕时，侨于嘉禾，嘉禾之士相率委质而师焉。俟病世之学者于书学置而不讲，自一字以至偏旁承伪踵误十八九，乃为书若干篇曰《偏旁辩证》，与承学之士讲习云。……学士大夫率谓书非切己事，高谈性命者，慕远大而忽近细；游心艺事者，较工拙而论媸妍。班、扬、贾、许、陆、薛、二李、二徐之说，虽有存焉者几，何人能尽其心也。昧形声、事意、转借之

① 苏伯衡：《苏平仲文集》卷五。

辨，迷文字母子、声音之原，夫岂独后生小子哉。先儒朱子患之，尝欲取《说文解字》字序为书篇，以诏于来学，惜乎有其志而其书未就焉。呜呼！成朱子所欲为之志，以明先王之所以教，岂不在后之君子乎？此马侯之书所以作也。窃观其书，凡一字之全谬、偏旁之不经、流俗之习熟、传写之差舛、牵强而穿凿、杜撰而因袭、一点一字之分、一画一字之别、同音异用、同形异从之类，莫不推寻其端绪，论列其得失，考订其抵牾，区别其部类，而其取舍义例有不合于班、扬、贾、许、陆、薛、二李、二徐之说者，盖鲜矣。明先王之教，成朱子之志，端在于此书乎？国家方稽古以制度，学校之教修，取士之法行，吾知亦将有取焉，而于同文之治不无功矣，岂惟有补于小学云尔哉？是用不让而为之序，使览者知其书，实继先儒而作，而尽其心焉，庶几蔡侯之志也。"[①]苏伯衡在序言中高度称扬了该书的学术价值。苏伯衡称朱子亦不废小学，然而朱子并没有专门论著研究小学，马侯之书则弥补了朱子之憾。由此可见，元明之际之学术绝非朱学一统天下，朱陆合流是一证明，《偏旁辩证》则为另一证明也。朱陆合流是在哲学上的巨变，《偏旁辩证》则代表了另外一种治学方式。在众多的性理文集独占学界鳌头之时，《偏旁辩证》则成为学界的暗流。此种暗流保证了小学的持续发展，这对于重新评价宋元明三代经学具有重要的启发意义。

**（三）最重视《周易》，具有古文经学家倾向**

苏伯衡曾为赵氏《读易记》作序，在序中苏伯衡认为《周易》在诸经中的地位最高。《书读易记后》曰："经莫古于《易》，莫完于《易》，莫粹于《易》。伏羲画八卦，而文籍生，则经岂复有古于《易》者乎？秦焚典籍而《易》以卜筮存，则经岂复有完于《易》者乎？

---

① 苏伯衡：《苏平仲文集》卷四。

《书》出于虞夏商周之史官,《诗》多出于闾巷之小夫妇人,《春秋》虽出于仲尼,然本鲁国之史,而《礼》皆杂出汉儒之缀缉。《易》则伏羲画之、文王演之、周公重之、孔子赞之,皆古之圣人,则经岂复有粹于《易》者乎？嗟夫!《易》之为书古矣、完矣、粹矣,而汩而不明者,吾祖以为诸儒之说乱之也。汉室去古未远,焦、费、京房之流已泥于术数灾异,况后世乎？经学至宋而大明,程子之传、朱子之《本义》,或者犹诋其各有所偏,况他人乎？由是观之,则先儒之于《易》也,知之有至焉,有不至焉。言之有至焉,有不至焉,亦可见矣。使其知之言之而至焉,吾无可言也。如使其知之言之而不至焉,吾无言奚可也？此赵先生《读易记》所以不容已也与？《易》者,天地之蕴,万物之奥也,唯圣人能言之,圣人明乎天地万物之情故也。不明乎天地万物之情以言乎《易》者,则赖有圣人之说存焉耳。先生当《易》道汩而不明之际,不专主一说,不务为苟同。问难以造端,辨析以折衷,而一本之于圣人,此其志岂苟哉!诸说具在,如指诸掌。士之处乎穷乡下邑者,有志于学而力不足以致诸家之书,力足致之而或不能殚其岁月之劳,一旦见先生之书岂不深有藉哉？"①

我们可以在《书读易记后》中总结出苏伯衡的《周易》学主张。苏伯衡对《周易》学史的评价显示出浓厚的宋学色彩。他批评汉儒解《易》已经泥于术数灾异,对于《周易》无所发明。直到宋儒出,《周易》中的圣贤之道才大白于天下。宋儒出,经学明,这是宋明理学家一致认同的观点,从这一点上讲苏伯衡的解释带有宋学特点。同时,苏伯衡将《周易》与其它五经进行比较,认为《周易》产生时间最早,内容最完整,思想最纯粹。应当注意,苏伯衡认为《周易》产生时间最早,这是古文经学家的一贯主张。

---

① 苏伯衡:《苏平仲文集》卷十。

《六经》次序是古文经学家和今文经学家所争论的问题之一。今文家的次序是:《诗》、《书》、《礼》、《乐》、《易》、《春秋》。古文家的次序是:《易》、《书》、《诗》、《礼》、《乐》、《春秋》。周予同、廖名春、黄丽丽等人对《六经》的次序问题皆有探讨。周予同认为:"今古文家对于《六经》次序的排列,是有意义的;引申些说,这是表示他们对于孔子观念的不同,也可以的。所谓意义是什么呢?就是:古文家的排列次序是按《六经》产生的时代早晚,今文家却是按《六经》内容程度的深浅。古文家以《易经》的八卦是伏羲画的,所以《易》列在第一;《书经》中最早的篇章是《尧典》,较伏羲为晚,所以列在第二;《诗经》中最早的是《商颂》,较尧、舜又晚,所以列在第三;《礼》、《乐》,他们以为是周公制作的,在商之后,所以列在第四、第五;《春秋》是鲁史,经过孔子的修改,所以列在末了。但是我们进一步研究,古文家为什么用时代的早晚排列呢?这就不能不说到他们对于孔子的观念了。他们以为《六经》都是前代的史料,——所谓《六经》皆史说——孔子是'述而不作,信而好古'的圣人,他不过将前代史料加以整理,以传授给后人而已。简言之,就是他们认为孔子是史学家。……至于今文经家呢?他们是反对这种说法的。他们以为孔子决不仅仅是一位古代文化保存者!如果孔子只是这样规模狭小的史学家,那决不成其为'素王'的孔子了。"[①]对于周予同的解释,廖名春认为:"这两种'六经'次序的形成,实与孔子晚年前后经学思想的变化密切相关。陆德明'用《易》居前'本于'著述早晚',周予同'以《诗》为首''按《六经》内容程度的浅深'的论断,文献尚难坐实。从帛书《要》篇提供的线索看,是孔子晚年以前轻视《周易》,所以殿《易》于《诗》、《书》、《礼》、《乐》之后,晚年以后重《易》,所以冠《易》于《诗》、《书》、

① 周予同:《周予同经学史论著选集》,第6—7页。

《礼》、《乐》之前。这两种不同的次序，其经学史的背景和意义可谓大矣深矣。”[1]廖名春虽然认为周予同的论述尚有商榷之地，但是同样也认为“用《易》居前的六经次序，虽然出自古文家，但也渊源有自”。[2] 因此，廖名春没有否认以《易》为首乃是古文经学家的主张。

古文经学和今文经学的相互斗争、依存是经学史中具有本质性的问题。郑杰文师称：“中国经学发展史，从某种意义上来说，就是今文经学与古文经学的相互斗争、相互依存、相持而长的历史。”[3]而宋明理学则更具有今文经学色彩。但是苏伯衡的经学思想中具有的更多的是古文经学的色彩。从这一点上可以看出，苏伯衡的《周易》观与宋明理学的整体学术主张是有一定区别的。

**(四) 作《周书补亡》三篇，增加了《尚书》的伪书色彩**

苏伯衡称：“《书序》有《归禾》、《嘉禾》篇目而亡其书，窃意虽唐叔之《献禾》当亦有书，盖俱逸矣。昔白居易作《汤征》以补亡，君子不罪也。伯衡虽不敏，辄敢效之，作《献禾》、《归禾》、《嘉禾》，凡三篇。”[4]后人补充前代之作往往会造成伪书的产生，这种补亡之作成为《尚书》辨伪史上的典型例证。阎若璩在《尚书古文疏证》称：“上古伪诗文有二，一是明掩已之姓名以欺后世，一是拟古某文和古某诗。传之既久，忘其所出，世以为真某古人矣。……余尝语人：古文《书》颇易撰，人多未信。兹读苏伯衡《平仲集》，首载《周书》补亡三篇，曰《献禾》、曰《归禾》、曰《嘉禾》，自云效白居易《汤征》之作，手笔较白实高，而末一篇尤佳，但惜不知采获传记

① 廖名春：《六经次序探源》，载《历史研究》，2002 年第 2 期，第 32 页。
② 廖名春：《六经次序探源》，第 32 页。
③ 郑杰文师：《经学十二讲》，第 42 页。
④ 苏伯衡：《苏平仲文集》卷一。

中逸《书》以为之骨，然已足大乱真，故并列之，以俟观者焉。”①

从经学史上保存原本经书的真实思想角度看，我们应该对苏伯衡作《周书补王》之举提出批评；但是从文学角度看，苏氏之为却有另一番意味在其中。

《尚书》是经书，同时也是史书，在文学史上也占有一定的地位。可以说《尚书》兼有经书、史书、文学作品三种性质，不同的研究者会从不同的角度研究《尚书》。苏伯衡显然是从文学角度对《尚书》进行模拟的，其自序称作《周书补亡》乃是模仿白居易之为。苏伯衡根据《尚书》的文学色彩完成模拟之作，在客观上就是默认了《尚书》具有文学性。突破单一的思维模式，视《尚书》为文学作品之典范是苏伯衡对《尚书》学研究作出的积极探索。

综合以上可知：苏伯衡崇尚朱子之学，但又主张调和朱陆，倡导打破门户之见的独立思考。苏氏以文学名家，模仿《尚书》作《周书补亡》，在客观上认识到了《尚书》的文学色彩。苏伯衡主张重视小学，《偏旁辩证》的出现也说明了元末明初之经学并非不重视小学，这对于认识该时期经学的复杂性有一定的启发。

### 四、朱廉

朱廉，字伯清，义乌人，《明史》有传。《传》曰：“幼力学，从黄溍学古文。知府王宗显辟教郡学。李文忠镇严州，延为钓台书院山长。洪武初，《元史》成，不受官归。寻征修日历，除翰林编修。八年扈驾中都，进诗十章，太祖称善，为和六章赐之。已而授楚王经，迁楚府右长史。久之，辞疾归。廉好程、朱之学，尝取《朱子语类》，摘其精义名曰《理学纂言》。”②

---

① 阎若璩：《尚书古文疏证》，上海：上海古籍出版社，1987 年，第 459—465 页。
② 张廷玉：《明史》，第 4891—4892 页。

朱廉有感于现存朱子著作芜杂简陋，故将《朱子语类》进行严格筛选，汇成一编，这就解决了"伤于简者，既不足尽其真醇；病于繁者，又不能领其枢要"[①]的问题。朱廉是朱子经学的坚定支持者，把朱子之学称为菽粟布帛，天下不可一日或缺。宋濂在《理学纂言序》中把朱熹视为孔子之孝子，朱廉为朱熹之孝子，对朱廉的学术成就给予了较高的评价。宋濂称："抑尝闻：孔子，天之孝子也。以其扶持天地，植立纲常，为千万世计也。朱子之志实与孔子同，是亦孔子之孝子也。当今学者，澜倒波随，一惟卑陋之归。伯清能尊朱子之学而扶导之，岂非朱子之孝子乎？夫孝者善继人之志者，伯清实有焉。"[②]

《经义考》作为专门的经学专科目录并没有著录《理学纂言》，实际上，《理学纂言》既然是朱廉依据《朱子语类》而作，则其中必然有与经学相关之内容。

《理学纂言》是《朱子语类》的选本，从某种意义上说，《理学纂言》的出现是对朱熹经学的一种再选择。鲁迅曾以《古文观止》为例来说明评选本对于研究文学的重要性。鲁迅称："选本可以借古人的文章，寓自己的意见。博览群籍，采其合于自己意见的为一集，一法也，如《文选》是。择取一书，删其不合于自己意见的为一新书，又一法也，如《唐人万首绝句选》是。如此，则读者虽读古人书，却得了选者之意，意见也就逐渐和选者接近，终于'就范'了。读者的读选本，自以为是由此得了古人文笔的精华的，殊不知却被选者缩小了眼界……评选的本子，影响于后来的文章的力量是不小的，恐怕还远在名家的专集之上。我想，这许是研究中国文学史的人们也该留意的罢。"[③]鲁迅指出了选本在文学史的作用，这一点

① 宋濂：《理学纂言序》，见黄灵庚编《宋濂全集》，第637页。

② 宋濂：《宋濂全集》，第638页。

③ 鲁迅：《选本》，《鲁迅全集》第7卷，第138—139页。

同样适用于《理学纂言》。元明之际的朱子学派学者对于朱子经学的理解多有不同，有完全赞同者，也有不断修正朱子经学者。这充分说明了朱子经学在传播过程中出现了分化现象。在这种现状中，各种不同的学者各取所需：为科举者徒事记诵之学；株守朱学者，对朱子学亦步亦趋；修正朱学者努力调和朱陆。朱廉面对这样的局面，一以朱子为本，宋濂称颂其为朱子之孝子。从这一点可以看出虽然浙东金华学派被视朱学正宗，但也有不同的区别。

## 五、傅藻

傅藻，字伯长，浙江义乌人。洪武五年，以儒学教谕征，授编修，寻改应奉，为东宫文学。傅藻在经学史上的成就是主持编写了《春秋本末》。关于该书的一些具体细节问题，前文已经有所涉及，此处不再赘述。

《春秋本末》的编纂反映了洪武时期经学出现的新现象，那就是为了宣传大明王朝具有正统地位，必须对《春秋》所载事迹进行重新编纂，这是学术服从于政权的一种体现。《春秋》是一部经书，也是我国现存最早的一部编年体史书。但是经过傅藻改造过的《春秋本末》则变成了国别体史书，这种改编的实质是将经书改编成了史书。经史关系是经学史和史学史的主要问题，《春秋本末》的出台说明在洪武时期为了政权的合法性，可以通过改编经书的方式完成对正统思想的重塑。

傅藻编辑的《春秋本末》扩大了正统思想的传播范围。在经过了百年左右的蒙元统治和王朝交替时期的战争，明初的社会文化一直处于比较低下的水平。皇太子即使是在宋濂等硕儒的教导之下仍然觉得《左传》不易阅读，而程公说的各种解释则略显芜杂。《春秋》这种蕴含着微言大义的经书在明初的传播遭遇到了文化水平较落后带来的瓶颈。因此，《春秋本末》的出台体现了对经书通俗化的追求。这也是洪武年间出现的一种经学新倾向。

## 六、戴良

戴良，字叔能，自号九灵山人，晚称嚣嚣生，婺州浦江人。戴氏以古文名于元明之际，曾学文于柳贯、黄溍、吴莱，学诗于余阙。戴氏博通经史，旁及百家、医、卜、释、老之学。朱元璋下金华，命与胡翰等十二人会食省中。宋、戴二人更番讲经史，陈治道。朱元璋旋师，戴良弃官逸去。辛丑，元顺帝用荐者言，授戴良为江北行省儒学提举。戴良不受职，依附张士诚。后见张士诚将败，挈家泛海，抵登莱。洪武六年，戴良南还，变易姓名隐居四明山。洪武十五年，朱元璋召至京师，以老疾固辞，忤旨，洪武十六年四月暴卒。《明史》记载："自裁也。元亡后，惟良与王逢不忘故主。每形于歌诗，故卒不获其死云。"①

《明史》称戴良不仕于明，颇有褒奖之意。实际上，戴良在政治上持摇摆之态度。明太祖下金华，戴氏应诏讲解经史。归后，虽然有却元顺帝封官之举，但是又有依附张士诚之实。张士诚之于元廷阳奉阴违，在元末与陈友谅、明昇、朱元璋等人为元末豪杰之一，良亦有依附之意。后之作史者，徒见其不仕于明，遂褒其对元朝之忠心。对于其依附张士诚之举，有讳之者云时张士诚已经降于元廷，故依附张士诚就是忠实于元廷。实际上，张士诚并无忠于元廷之心乃路人皆知的事实。戴良依附张士诚并不能表明他是元朝之忠臣。他不愿仕于明朝，从而遭到杀身之祸。

《明史》列戴良于《文苑传》，足见其在古文辞上颇有造诣。然而，戴良之学不限于文学之内，戴氏于经学亦多所发明。《明史·艺文志》载戴良有《九灵山房集》三十卷。查《四库全书》文渊阁

---

① 张廷玉：《明史》，第4887页。

本,《九灵山房集》中并无专门的经学著作。《千顷堂书目》称戴良有《春秋经传考》三十二卷,《经义考》著录戴氏有《春秋三传纂玄》并且注明《明史·艺文志》作《春秋经传考》。由此可知,戴良著有《春秋经传考》,《经义考》著录"未见"该书。笔者只能从其诗文集中窥测其经学思想和主张,其大致主张有:

**(一) 尊重传统,依史读经,寓经于史**

戴良有《春秋三传纂玄序》,其文曰:"错薪刈楚,披沙拣金,微事尚然,而况于学乎,况于圣人之经有所芜汲于传注者乎?然则《春秋》之文昭揭千古,学士大夫往往童而习之,白首不知其统绪之会归者。无他,亦惟传家之言有以混淆其间故耳。呜呼!《春秋》辞尚简严,游、夏之徒已不能赞以一辞,而吾圣人之微言奥指果有待于支离繁碎而后见耶?传《春秋》者有三,曰《左氏》、《公羊氏》、《穀梁氏》。然《公》、《穀》主释经,《左氏》主载事,能令百代之下,颇见本末而因以求意者,《左氏》之功为多。然而义例宗指,交出乎巫祝卜梦之间;谠言善训,不多于委巷浮戏之语。鳞杂米聚,混然难证,而《公》、《穀》之说又复互相弹射,不可强通,遂令经意分裂而学者迷宗也。良自早岁受读即尝有病于斯,寻绎之次,因取三家之言,稍加裁翦,以掇其元要。疏之经文之下,其于一事之传,首尾异处者,既得以类而从,而文意俱异,各有可存者,亦皆并列其语,然后随文睹义,若网在纲。虽行有刊句,句有刊字,非复本文之旧,而锄荒屏翳,使之日星垂而江河流者,不既有助乎?方之刈楚拣金之细,不又有间乎。虽然,亦将藏之箧笥,以自备遗忘而已。若夫优柔厌饫,自博而反约,则三君子之成书在也。予亦安敢有所取舍其间,以为是经之蠹哉。"①

① 戴良:《九灵山房集》,见沈乃文编《明别集丛刊》第1辑第10册,合肥:黄山书社,2013年,第414—415页。

戴良对《春秋》三传作了详细比较，认为《左传》之功居多。这说明，戴良主张必须依赖于《左传》所提供的历史事实来解读《春秋》。从这点上说，戴良比较看重《左传》，并没有完全抛弃汉唐注疏。

《甘棠集序》称："良尝读《诗》，至《甘棠》之篇，盖深有取夫召南之思召公者矣。召南之思召公，固无往而不在，然乃必于甘棠而见之者，岂不以召公之在当时尝布文王之化，且或舍于是树之下，故国人之被其化者，因皆思其人而惜其物，惜其物则欲其勿翦之矣，欲其勿伐之矣。既欲其勿翦伐之，又欲其勿败之，又欲其勿拜之。噫！何其思之至者欤。"[①]从对《甘棠》一诗的主旨分析来看，戴良对《毛诗序》还是表达了一定的尊重和信任。以上实例说明，戴良于《诗经》尚有尊重《毛诗序》之意，对《春秋》并不主张完全舍弃三传。

**（二）大胆怀疑，勇于创新，既不迷信汉儒，亦不神化宋儒**

戴良视《左传》为传，重视其史料价值。戴氏认为《左传》之价值就在于提供了理解《春秋》的基础。这种必须借助于史书才能理解经书的主张的实质，是把《左传》的性质从传统的经书下降到了史书。经书和史书的关系是相互依存的，经书之微言大义不可凭空杜撰，其经义必须依赖于历史的记载。因此，戴良不迷信古注。从戴良对三传做出的比较中可以看出他把三传划分为两类。《公羊》、《穀梁》是古注，两家解释《春秋》，发挥其中的微言大义，而《左传》则具有更多的古史色彩。古史对于理解经书的意义不言而喻，而不依赖于历史事实的《公羊》、《穀梁》的可靠性就值得怀疑。戴氏批评了《公羊》、《穀梁》两家解《春秋》有相互矛盾之处。圣人之旨是唯一的，但《公羊》、《穀梁》两家却相互矛盾，其中

① 戴良：《九灵山房集》，第 404 页。

必有一家是错误的，或者两家皆有不当之处。所以戴良主张删改经书，戴良对三传皆有不满。《春秋案断补遗序》称："昔之传《春秋》者有五家，而邹、夹先亡，学《春秋》者，舍《左氏》、《公羊》、《穀梁》三家，则无所考征矣。然《左氏》熟于事而或不得其事之实，《公》、《穀》近于理而害乎理之正者，要不能无至。唐啖、赵师友者出，始知以圣人手笔之书，折衷诸家之是非而传已亡逸。继是而后为之传者，虽百十余家，其言虽互有得失，能不傅会三家之说者鲜矣。"[①]鉴于此，他主张对三传进行删改和剪裁。其原则是剔除《左传》的筮祝、卜梦之词，委巷浮戏之语。对于《公羊》、《穀梁》两家之传择善而从，两家虽立意不同，倘皆有可存之处亦并存其语。对于敢于独立思考，能够提出一得之见的著作，戴良往往给予较高的评价。

**（三）突破门户之见，对陆学持同情之心**

戴良以致用为学术终极目标，为学不专一家。《赠勾无山樵宋生序》称："余尝考近代贤材，而怪士之为学多不适于世用，谈经术者徒知章句之当守，而不知事情之或迂；工文学者又方务以言语声偶摘裂相夸尚。每弃本而趋末，求其可用于当时，盖不数数然也。世之人不贤者恒多，而贤者恒少，幸而为贤者矣。"[②]戴氏主张学问以致用为本，士人为学当不以门户为别，对其它学派的主张亦要从经世致用角度予以客观评价，所以戴良对陆氏心学予以了肯定。

戴良在朱学大昌的元明之际对陆九渊之学持同情之心。《题杨慈湖所书陆象山语》称："陆文安公之学由《中庸》尊德性而入，故其用工不以循序为阶梯，而以悟入为究竟，所谓传心之学是已。

① 戴良：《九灵山房集》，第461页。
② 戴良：《九灵山房集》，第408页。

斯学也，江右诸公多得其传，浙水之上，传之得其宗者，惟杨文元公。文元官富阳时，获见文安而进拜焉。立谈之顷，即领道要，故其所就，卓卓视文安有光。文安此帖有家之兴替，在德义不在富贵之语，盖亦心学之所发耳。文元书之以自厉，且署门人杨某于后，非有得于心学之传者若是乎？夫文安之学，圣人之学也。韩子谓求观圣人者必自《孟子》始，予亦谓求观文安者必自文元始，师程知慕二公取其言与字尊信而表章之，是亦文元之徒也欤？”① 戴良称陆九渊之学为圣人之学，在朱学为官方学说的大背景中，戴氏主张突破门户之见，这对于研究元明之际的学术真相有重要的启示意义。

戴良更在《一经斋记》中表达了求真知于心的心学观点。其文曰：“经者，出于圣人之手，而存乎《易》、《书》、《诗》、《礼》、《乐》、《春秋》、孔孟氏之籍，以故世有四经、五经以至六经、九经、十三经之名。今起贤以一经名斋，其言固有自来。然所以教其子者，不既狭矣乎？徐而思之，学者盖欲明夫天理民彝自然之物则也，天理民彝之所在固有不依文字而立者。然古之圣人，欲明是理于天下而垂之万世，非托文字则不能以自传也。故自伏羲至于孔子而垂世立教之具粲然矣。后之学者必将由是沈潜参伍，以明乎在我之本然，然后知有所至而力行以终之，其为道不既简且易乎？然自世变俗衰，为师者不知所教，为子弟者不知所学，则其求之于文字者，乃在乎记诵训诂文辞之间，是以书愈繁而理愈晦，学愈劳而心愈杂。此无他，盖不知天理民彝之本然在我而不在彼也。学者于此苟能弃其俗学之繁劳，以求圣学之简易，则一经既明，而诸经之理皆会之于方寸，所谓由书而心，由心而身，由身而国，而天下，追踪古昔，有不期然而然矣。虽然，昔人有三年而读一经者，有皓

① 戴良：《九灵山房集》，第558页。

首而穷一经者,亦有白首而不能通之者。其用力也深,其收功也远,一经之教讵可以易心求哉。林也能以而父之心为心,知夫天理民彝无待于外求,而静以持之,敬以存之,使此心之神明清虚纯一有以为受学之地,然后谨之以条约,严之以矩度,大玩经中之所蕴。真积力久,日就月将,异日彬彬而起,为国效用,虽匡衡以一经致宰相,师丹以一经位三公,公孙宏以一经处台鼎,可驯至矣。韦公之言,夫岂欺我也哉?"①戴良不仅对陆氏心学表示了同情之心,同时自己也提出了天理不在训诂之间而在心中的观点,这与陆氏心学观点是一致的。

**(四) 反思科举制度,反对记诵之学,倡导独立思考**

戴良以经世致用为学术之根本,因此反对一切依傍前人、拾人牙慧之学。这不仅仅体现在对《春秋》三传的批评上,还体现在对科举制度的批判上。

科举制度造成了士人只能片面地阅读经书,在科举废弛的社会甚至不读书。戴良《赠叶生诗序》称:"国朝设科目以网罗天下之士,可谓盛典矣。而十数年来,四方多故,时方尚武。中外选举之制,遂格不行,而世之为父兄者,因不复以科举之业教其子弟,而为子弟者亦不以此而为学。今相国开藩中吴,文武并用,虽当干戈俶扰之际,不废治朝崇儒之典,而咨议叶君又能择良师傅益教其子以学,而其仲子蕙遂精其业于举世不为之时。"②在科举制度作为指挥棒的前提下,士人鲜有不受影响者。于是在科举盛行之时,士人多习规定经书。科举废弛之日,则无人读书矣。像叶生那样坚持读经的士人已经寥若晨星了。

科举制度还造成了学界门类划分太细,造成学术分裂,士人

① 戴良:《九灵山房集》,第 538—539 页。

② 戴良:《九灵山房集》,第 478 页。

多是发展不完全之人。戴良在《夷白斋稿序》中表达了这样的担忧。戴良曰:“世道有升降,风气有盛衰,而文运随之,故自周衰,圣人之遗言既熄,诸子杂家并起而汩乱之。汉兴,董生、司马迁、扬雄、刘向之徒出而斯文始近于古。迨其后也,曹、刘、沈、谢之刻镂,王、杨、卢、骆之纤艳,又靡然于当时。至唐之世,而昌黎韩子以道德仁义之言起而麾之,然后斯文几于汉,奈何元气仅还而剥丧戕贼复浸淫于五代之陋。直至宋之刘、杨,犹务抽青媲白,错绮交绣以自衒。后七十余年,庐陵欧阳氏又起而麾之,而天下文章复侔于汉唐之盛。未几,欧志弗克遂伸,而学者又习于当时之所谓经义者。分裂牵缀,气日以卑,而南渡之末,卒至经学、文艺判为专门。士风颓弊于科举之业,而宋遂亡矣。文运随时而高下,概可见矣。”[①]向更细方向发展是学术发展的必然规律,其结果是形成了高精尖的一得之见,而无法通过通识教育培养全面发展之人。戴良指出科举制度的流行造成了文学与经术的分离,并最终形成了浅陋的学风。

戴氏推崇独立思考,大胆创新。戴良曾作《夏正辨》,其在行文中表达了对古学真伪忠心的区别。其文曰:“周家以子丑寅为春,卯辰巳为夏,午未申为秋,酉戌亥为冬者,孔安国、郑康成之大误也。且改时易月之论,《孔》、《孟》以前经无明文,自左氏、孔、郑诸公迭为之说,于是杜预之注《左氏》、何休之注《公羊》、范宁之注《穀梁》、孔颖达之述《正义》往往舍经信传,踵谬承讹,历千有余年,无有能正其非者。至河南程氏始断之曰:‘周正月非春也。’此一言也真足以破千载之惑矣。然又曰:‘假天时以立义,犹不轻于斥《左氏》之非。’胡康侯见冬不可以为春,遂发明程子之意,谓《春秋》以夏时冠周月,诚如是也。……杜预之于《左氏》每委曲迁就,

① 戴良:《九灵山房集》,第 641 页。

无一言之不合。说者谓预为《左氏》之忠臣，若吾子之论直则直矣，其在诸儒将不谓之忠臣乎哉？曰：'正其非以救其失，正所以为忠也。若预者乃《左氏》之谀臣，其于忠乎何有？"[①]戴良指出杜预注释《左传》中尽是委曲之词，毫无独立之见解，与其说是忠实于原著，倒不如称其为谀臣，从中可见戴良对于独立思考是何等的重视，而自己所作《夏正辨》则充满了怀疑精神和创新性。

戴良在经学史上的重要贡献在于反对由科举带来的记诵之学，倡导独立思考和经世致用，因此他对陆学表示了极大的同情。这种学术追求与浙东学派的主张是吻合的。戴良对经学做出了突出贡献，因此《金华文统》中收录了戴良的部分文字，以彰其为学术和社会所做出的贡献。

## 七、张丁

张丁在元末明初以文学名于当时，刘基曾对朱元璋说天下文章，宋濂第一，自己第二，张丁第三。张丁，《明史》有传："张孟兼，浦江人，名丁，以字行。史成，授国子学录。历礼部主事、太常司丞。刘基尝为太祖言：'今天下文章宋濂第一，其次即臣基，又次即孟兼。'张丁性傲，尝坐累谪输作。已，复官，太祖顾孟兼谓濂曰：'卿门人邪？'濂对：'非门人，乃邑子也。其为文有才，臣刘基尝称之。'太祖熟视孟兼曰：'生骨相薄，仕宦，徐徐乃可耳。'未几，用为山西佥事。廉劲疾恶，纠擿奸猾，令相牵引，每事辄株连数十人。吏民闻张佥事行部，凛然堕胆。声闻于朝，擢山东副使。布政使吴印者，僧也，太祖骤贵之，宠眷甚，孟兼易之。印谒孟兼，由中门入，孟兼杖守门卒。已，又以他事与相拄。太祖先入印言，逮笞孟兼。孟兼愤，捕为印书奏者，欲论以罪。印复上书言状，太祖

① 戴良：《九灵山房集》，第593页。

大怒曰:‘竖儒与我抗邪?’械至阙下,命弃市。”①

据《明史》载,张丁虽有文才,但崇尚严酷吏治,这与朱元璋所提倡的吏治思想是相通的,因此得以擢升为山东副使。但是与吴印交恶,终不敌吴印而获罪。吴印者,僧人也。朱元璋对吴印尤为器重,《明太祖实录》卷一百一十记载朱元璋曾手诏吴印:“洪武九年十月戊寅,上以手诏山东布政使吴印曰:‘尝闻殷高宗思治,夜有贤人入梦,俾形旁求,得傅说于版筑,委任之,海内咸安。周文王起磻溪之钓,遂兴周八百。朕思古有是君,亦有是臣,自是之后列圣相传,名臣相继如斯君臣者鲜矣。昔者天厌元之不德,朕乘群雄并起之秋,摧强抚顺,偃兵息民,纲维海内,以主黔黎,律施令布,惟务安人,已九年矣。其间尚有不迪于教而丽法者,欲尽以刑决之,又恐没身者众,特姑缓刑章,俾之力役,冀其格心,期于无刑。顷者天变于上,致心惶惶。于是诏告臣民,许言朕过。诏令既行,中外言者有之,独卿敷露肝胆,备陈国计,虽可否半之,岂不尽己之谓忠乎!”②

张丁与吴印的矛盾及结果可以透露出以下信息:

首先,张丁是儒生,虽然以文学名一时,但终敌不过政权的力量,最终惨死于更受重用的吴印之手。知识分子在古代一直没有取得独立的身份。知识分子的依附性决定其不得不依赖政权,因此在与政权的辩证关系中,知识分子往往处于劣势,

其次,在儒生与僧人的斗争中,儒生落了下风。这说明,朱元璋当时有佞佛倾向,山东儒生李仕鲁曾经劝谏朱元璋佞佛而被当场打死于殿堂。这表明洪武九年左右,在儒学与佛学的斗争中,佛学占据了上风。

---

① 张廷玉:《明史》,第4892页。

② 胡广:《明太祖实录》,第1824页。

张丁被列入《明史・文苑传》，这说明，浙东学派流变为文的倾向在其身上体现得比较深刻。

张丁作为元末明初浙东学派的代表人物在经学史上也有一定的贡献。张丁曾经师从闻人梦吉。闻人梦吉，金华人，父诜老尝游王鲁斋之门。梦吉受学家庭，父子自为师友。七经传疏皆手钞成集，义理所在必深究而密察。用荐者起，历处州学录、西安教谕、昌国州学正。平生信道甚笃，持已应物一本于诚，涵养既纯，内外一致。晚居永康之魁山下，卒年七十。门人宋濂等谓其执醇而不变，含和而有耀，私谥曰凝熙先生。由此可知，闻人梦吉对经学研究贡献良多。宋濂、吴履、张丁曾师从闻人氏，张丁之贡献在于编辑闻人梦吉的文集，为后人研究闻人梦吉提供了文献资料的支持。

## 八、郑涛

郑涛，字仲舒，浦江人，官至元太常礼仪院博士。后应朱元璋诏，与贝琼、赵俶、钱宰同被召至京师，授国子助教。据《四库全书总目》记载，郑涛曾编辑《旌义编》二卷。《四库全书总目》云："郑氏称义门自宋建炎初名绮者始，至涛为八世。先是绮六世孙龙湾税课提领太和为家规五十八，则七世孙钦及其弟铉增九十二则，共一百五十则，勒之于石。至涛复谓：'礼有当随时变通者。'乃酌加增损为一百六十八则，列为上卷。又汇辑诸家传记碑铭之文有关郑氏事实者，列为下卷。通名曰《旌义编》。"[①]

根据四库馆臣的提要，郑涛于史学多有研究，曾专注于地方文献的保护与整理。其所谓"礼有当随时变通者"则体现了学术要与时俱进的变通思想。

---

① 永瑢：《四库全书总目》，第548页。

## 九、吴沉

吴沉为元代大儒吴师道之子,《明史》有传,其文曰:“吴沉,字濬仲,兰溪人。元国子博士师道子也,以学行闻。太祖下婺州,召沉及同郡许元、叶瓒玉、胡翰、汪仲山、李公常、金信、徐孳、童冀、戴良、吴履、孙履、张起敬会食省中,日令二人进讲经史。已,命沉为郡学训道。洪武初,郡以儒士举……初帝谓沉曰:‘圣贤立教有三:曰敬天,曰忠君,曰孝亲。散在经卷,未易会其要领,尔等以三事编辑。’至是书成,赐名《精诚录》,命沉撰序。居一年,降翰林侍书,改国子博士,以老归。沉尝著辩,言孔子封王为非礼。后布政使夏寅、祭酒丘濬皆沿其说。至嘉靖九年更定祀典,改称‘至圣先师’,实自沉发之也。”①

据《明史》记载,吴沉在经学史上的主要贡献有二:一是编纂《精诚录》,使经书变成编辑他书的材料。二是主张孔子封王为非礼。

《精诚录》的编纂是在朱元璋的授意下进行的,朱元璋急于推行儒家思想,以期达到控制社会思想的目的。他选择的三个主题分别是敬天、忠君、孝亲,命令儒臣围绕这三个主题在经书中选择与之相关的材料汇成一编。其实质就是把经书的内容重新编辑,使之成为他书,使之更有利于传播与利用。《千顷堂书目》称其取材自“《六经》、《语》、《孟》、《国语》诸书”。② 吴沉所选经书范围除了传统意义上的《六经》、《论语》、《孟子》之外还包括《国语》。吴沉视《国语》为经书,这与当下的学术观点是有所区别的。

---

① 张廷玉:《明史》,第 2623 页。

② 黄虞稷:《千顷堂书目》,第 312 页。

根据陈桐生①总结，从汉代至今，学界对《国语》一书的性质有三种代表性的观点：

一是认为它是“《春秋》外传”。《汉书·艺文志》于六艺略《春秋》类著录《国语》。《汉书·律历志》、王充《论衡》和刘熙《释名》都称《国语》是“《春秋》外传”。所谓“外传”，是相对于“内传”即《左传》而言。既然《国语》、《左传》一是外传，一是内传，那么自然这两部书就同出于左丘明之手。这是汉人对《国语》性质的普遍看法，司马迁也多次称左丘明作《左传》和《国语》。今人对此说多不认同，但汉人内外表里之说仍在有意无意之间影响后人。

二是将它断为“杂史”。四库馆臣驳斥了《国语》为“《春秋》外传”之说，而将其置于“杂史”一类。这种处理方法解决了《国语》与《春秋》之间所谓的经传关系以及《国语》与《左传》之间的内外传关系，这就彻底扫清了《国语》的经学性质。

三是将它划分为“国别史”。刘知几在《史通》中指出，《国语》在编纂体例上自成一家，不同于《尚书》等其他五家，清人浦起龙在《史通通释》中根据刘知几之说，将《国语》断为“国别家”。此后，《国语》作为“国别史”便成为学界共识。

在明初，吴沉将《国语》视为一种经书，这显然是受到了《汉书·艺文志》的影响，这表明汉代的经学主张在明代仍然具有一定的影响力；同时表明，在宋学大行其道的明初，怀疑精神并没有占据全部学术领域。

吴沉在经学史上的第二贡献在于提出孔子非王。孔子的地位在中国古代主要有两种表述，其中元朝把孔子奉为“大成至圣

---

① 陈桐生：《〈国语〉的性质与文学价值》，载《文学遗产》，2007年第4期，第4—5页。

文宣王”，到朱元璋时代吴沉提出孔子封王并不符合历史事实，主张改称为“至圣先师”。这两个不同的称呼实际上是古文经学与今文经学的两种不同主张。今文家尊称孔子为受命的素王，古文家称孔子为先师，吴沉的主张显然与古文学家如出一辙。值得注意的是：吴沉对孔子封号的探讨实际上就是汉代经学家的主要议题。这表明在明初对汉学的反思与探讨并没有止息。

## 十、吴履

吴履，字德基，兰溪人。少受业于闻人梦吉，通《春秋》、诸史。李文忠镇浙东，聘为郡学正。久之，举于朝。吴履虽然通《春秋》经，但无专门著述传世。《明史》列其于《循吏传》，由此可见，吴履于学问与事功两者之间，更偏重于后者，他是一位注重践履的学者。

## 十一、章溢

章溢，龙泉人，《明史》有传。传曰：“章溢，字三益，龙泉人。始生，声如钟。弱冠，与胡深同师王毅。毅，字叔刚，许谦门人也。教授乡里，讲解经义，闻者多感悟。溢从之游，同志圣贤学，天性孝友。……宜孙守台州，为贼所围。溢以乡兵赴援，却贼。已而贼陷龙泉，监县宝忽丁遁去，溢与其师王毅帅壮士击走贼。……明兵克处州，避入闽。太祖聘之，与刘基、叶琛、宋濂同至应天。太祖劳基等曰：‘我为天下屈四先生，今天下纷纷，何时定乎？’溢对曰：‘天道无常，惟德是辅，惟不嗜杀人者能一之耳。’太祖伟其言，授佥营田司事。……文忠之征闽也，存道以所部乡兵万五千人从。闽平，诏存道以所部从海道北征。溢持不可，曰：‘乡兵皆农民，许以事平归农，今复调之，是不信也。’帝不怿。既而奏曰：‘兵已入闽者，俾还乡里。昔尝叛逆之民，宜籍为军，使北上，一举而恩威著矣。’

帝喜曰:‘孰谓儒者迂阔哉!然非先生一行,无能办者。’”①

根据《明史》记载,章溢为许谦二传弟子。其为学以致用为本,没有专门经学著作传世。其在明初经学史上的地位有二:

第一,改变了朱元璋对儒生迂阔的看法。

儒生在元代曾经降到九儒十丐的可怜地步,朱元璋对儒生的看法也是随着儒生作用的逐步展现而改变的。朱元璋起义初期多依赖武臣,大将军徐达就表示书生无用。朱元璋虽然认为儒生可以利用自己掌握的知识为国家建设、制度设计提供智力支持,但是没有奢望儒生在军事生活中有所作为。章溢的军事才能使朱元璋改变了儒生“迂阔”的看法。这在一定程度上使朱元璋更加重视儒生的作用了。

第二,章溢在政治生活中多有作为,体现了浙东学派的事功思想。

章溢在元末就同其师王毅一起抵御台州寇贼,在朱元璋征闽过程中表现出了成熟的军事才能。综其一生,章氏没有经学著述传世,但用行动证明了儒生并非百无一用。

## 十二、范祖干

范祖干,字景先,少从乡先生许谦学,事亲孝。《明史》称:“范祖干,字景先,金华人。从同邑许谦游,得其指要。其学以诚意为主,而严以慎独持守之功。太祖下婺州,与叶仪并召。祖干持《大学》以进,太祖问治道何先,对曰:‘不出是书。’太祖令剖陈其义,祖干谓帝王之道,自修身齐家以至治国平天下,必上下四旁,均齐方正,使万物各得其所,而后可以言治。太祖曰:‘圣人之道所以为万世法。吾自起兵以来,号令赏罚,一有不平,何以服众。夫武

---

① 张廷玉:《明史》,第2513—2514页。

定祸乱，文致太平，悉是道也。’深加礼貌，命二人为咨议，祖干以亲老辞归。李文忠守处州，特加敬礼，恒称之为师。祖干事亲孝，父母皆八十余而终。家贫不能葬，乡里共为营办，悲哀三年如一日。有司以闻，命表其所居曰纯孝坊，学者称为纯孝先生。”①《明儒言行录》绍介其为学经历云：“受业许白云之门，久之，遂悉得其旨趣。其学以诚意为主，而严之以慎独持守之功。引诱学者惓惓真切，惟恐其不入于善。尝曰：‘君子之所不可及者，其惟人之所不见乎？”②又称：“考亭之学传之勉斋，再传而得北山何氏，盖正学独盛于婺云。鲁斋仁山、白云数子缵述修明之功懋焉。叶、范二先生皆出白云之门，传经守道，卓然为一代醇儒，渊源有自来矣。”③由此可知，范祖干乃忠实于朱子之学者。

根据《千顷堂书目》记载，范祖干撰有《读诗记》、《读书记》、《大学中庸发微》、《群经指要》。《经义考》记载有其存亡情况：《读诗记》，未见。《大学发微》，佚。《大学中庸发微》，未见。《群经指要》，未见。

因文献不足，范祖干的经学主张不得而知。但是根据《明史》所载范祖干行迹可知，范氏并不留恋仕途。出于许谦之门者多仕于洪武新朝，而范祖干乃坚持隐逸生活。但这并不说明范氏为学只是为了自得之乐。他持《大学》觐见明太祖表明范氏亦究心天下政治，不是习空言之辈。

## 十三、叶仪

叶仪，字景翰，浙江金华人。《明史》记载：“叶仪，字景翰，金华人。受业于许谦，谦诲之曰：‘学者必以五性人伦为本，以开明

① 张廷玉：《明史》，第4828页。

② 沈佳：《明儒言行录》，见《景印文渊阁四库全书》第458册，第597页。

③ 沈佳：《明儒言行录》，第597—598页。

心术、变化气质为先。'仪朝夕惕厉，研究奥旨。已而授徒讲学，士争趋之。其语学者曰：'圣贤言行，尽于《六经》、《四书》，其微词奥义，则近代先儒之说备矣。由其言以求其心，涵泳从容，久自得之，不可先立己意，而妄有是非也。'太祖克婺州，召见，授为咨议，以老病辞。已而知府王宗显聘仪及宋濂为五经师，非久亦辞归，隐居养亲。所著有《南阳杂稿》。吴沉称其理明识精，一介不苟。安贫乐道，守死不变。"①

在经学上，叶仪表现了过度尊崇宋元诸儒的倾向。叶氏对学者所宣称的"圣贤言行尽于《六经》、《四书》，其微词奥义，则近世先儒之说备矣。由其言以求其心，涵泳从容，久自得之，不可先立已见而妄有是非也"。是尊崇宋元诸儒的一种体现，同时也是缺乏自我创造、缺乏独立思考的一种体现。

叶仪主张身体力行，立意与先儒不敢有所异同。这是一种学术上的因循守旧，也是一种重视践行、轻视著述的体现。《千顷堂书目》载其经学著作有《四书直说》，《经义考》注曰未见，其书内容不得而知。但根据其主张当不会超越程朱规范。

### 十四、徐原

徐原，字均善，兰溪人。洪武中以贤良征为翰林院待诏，著有《五经讲义》。惜已经亡佚，其思想亦不可知。

元末明初浙东学术极其鼎盛，经学与文学都处于全国的领先水平：浙东经学可与江西平分秋色，在文学上可以与吴中争长，是当时最重要的文化中心区域之一。同时，浙东地区又是朱元璋较早占据的地盘，在元明鼎革之际的紧要关头，大批浙东学人进入

① 张廷玉：《明史》，第4829页。

了朱元璋的政权体系，组成了朱氏的高层顾问团，在此后的近半个世纪的政治生活中发挥了重要作用。浙东学派成为元末明初最重要的经学文化圈。

在这个文化圈中，宋濂、刘基、王祎是最为著名的三位学者。胡翰、苏伯衡、朱廉、傅藻、戴良、张丁、章溢等人的经学思想皆可探寻。许元、许亨、俞有庆、郑涛、吴沉、吴履、章溢、叶琛、陈基、方克勤、徐一夔之思想则文献不足，只能通过他人记载探其大概。

综合以上分析可知浙东学派的经学主张大致有：

第一，讲求经世致用的为学精神。浙东学派的学者多积极参与政治活动。

第二，鄙弃汉唐注疏之学，崇尚独立思考精神。

第三，主张博学多识，讲求儒释道三者合一。

第四，努力调和朱陆之学，不株守朱子学观点。

第五，该派学者不仅仅精于经学，且对史学、文学多有研究。浙东学派后期学者流于史学与文学。

第六，对汉学并非一概排斥，而是根据自己的思考择善而从。

以上六点只是把浙东学派作为一个整体进行研究得出的大致结论，具体每位学者的经学思想或主张则各有特色，上文已有具体论述。通过对浙东学派主要学者的经学思想的分析可以了解元明之际的经学发展概况，再现当时复杂的经学研究真相。

## 第三节　台州府籍学者的经学思想

明代浙江的行政区划包括金华府、台州府、处州府、衢州府、严州府、杭州府、湖州府、绍兴府、宁波府、嘉兴府、温州府，共计十一府。

浙江籍经学学者除了金华府之外，影响稍大的就是台州府籍学者，依次论述如下。

## 一、朱右

朱右，字伯贤，临海人。曾参与修纂《元史》，《元史》成，辞归。已，征修《日历》、《宝训》。授翰林编修，迁晋府右长史，洪武九年卒。

朱右文史兼长，有《白云稿》传世。其为文一宗唐宋，而罕言秦汉。尝选唐宋八大家之文为一编，实开后世唐宋八大家之目。《千顷堂书目》记载朱右的经学著作有《书传发挥》、《深衣考》、《春秋传类编》、《禹贡凡例》，史学著作有《元史补遗》、《三史钩元》、《历代统记要览》、《新修唐李邺侯传》、《朱子世家》。

### （一）打消对汉唐注疏的迷信，批判郑玄注释经书多有讹误

朱右曾为牟楷《深衣刊误》作序，序文称："惟昔邃古之初，天造草昧，肇有民人，穴处而羸居。间者，衣鸟兽之皮以自蔽，上衣下裳之制未闻也。轩辕氏作，取诸乾坤制衣裳以示象，公侯有数，等威以明。虞夏因之，人文自是彬彬矣。自成康没，而王泽熄，上乱下僭，人伪滋起，古制不存。吾其左衽，孔子几于不免，况后世乎？嬴刘迭兴，四代礼乐旋复废坏，曲台讲礼，仅存《深衣》一篇。郑氏笺注且误谬若此，安在其能存什一于千百也耶。呜呼，惜哉！同郡牟君仲裴以文献之裔，习闻诗礼，讲贯精密，著为《深衣刊误》，且欲与缝掖之士共之。其间尺寸裳幅之误，指尺裁制之谬，一皆刊正无遗。"[①]从序文可知，朱右对郑玄之注释并不满意，从中体现了对汉唐经学的怀疑精神。

---

① 朱右：《白云稿》，见《续修四库全书》第 1326 册，上海：上海古籍出版社，1995—2002 年，第 237 页。

朱右曾作《书集传发挥》，在序文中朱氏也表达了对汉唐经学的不满。其文曰："愚读孔子所删述《易》、《书》、《诗》、《春秋》而深叹夫圣人之道不行。及观汉、唐儒传疏，又以痛圣人之道不能明也。道不行，犹得以明其理义，布诸方策以淑夫后之人。道之不明，天下贸贸焉，弃本而逐末，趣伪而厌真，几何不为异端功利之归矣乎。"①

虽然有部分学者对于汉学与宋学之间某些细节上的相通之处亦有探讨，但是宋学是对汉学的一种反动也是学界公认的结论。朱右作为元明之际的文人，对于汉代经学持一贯的怀疑态度。在《深衣刊误》与《书集传发挥序》中，朱右都表达了对汉唐经学的不满之意。

**(二) 对程朱之经学见解表示出了可贵的怀疑精神**

朱右非惟怀疑汉唐经学，即使对司马光、朱熹等宋代名儒亦不完全相信。《深衣刊误》称："至于名义之弘，著图之精，短长广狭，规矩绳衡之度，如视诸掌，殆有扩涑水、紫阳二先生之所未发而足为后世法程。牟君之笃志于古也亦勤矣，好事者将锓梓以广其传，端无媿也。古道其复兴乎？似此而往，必合订正者尚多有焉。"②

蔡沈之《书经集传》是朱子学派的代表作。朱右在《书集传发挥》中表达了对汉唐经学的不满，同时也表示蔡沈之《书经集传》亦有不足之处。《书集传发挥》就是补充《书经集传》的一部著作，其序文曰："《集传》之作，非后学所敢妄议，尝参诸当代名儒，质以所闻父师之教，则不无相发明者。于是谨述《集传发挥》六卷，《纲领始末》一卷，《指掌图》一卷，《通证》二卷，凡一十卷。"③ 刘起釪

①③ 朱右：《白云稿》，第 265 页。

② 朱右：《白云稿》，第 237 页。

称:“可知这是集蔡沈之后的《尚书》研究成就而为《蔡传》作补充的一部要著。”①

朱熹《诗集传》是《诗经》学史上具有标志性意义的著作。后学多将其视为解释《诗经》的范本。朱右也称《诗集传》可以一洗《诗经》研究上的千年之惑。但是,朱右并没有完全相信朱熹的解释,而是对朱熹的不足之处予以了补充,《读周颂》就是朱右不盲从朱熹的代表作。

朱右《读周颂》称:“颂者,郊庙祭祀之乐歌,所以美盛德告成功也。《周颂》三十二篇,朱子为之《传集》,一洗千古之惑,学者宗之。中间如《思文》、《臣工》、《噫嘻》、《访落》、《小毖》、《敬之》、《载芟》、《良耜》、《般》九篇未有所定,姑解其辞而不详所用。愚尝因而考之,《思文》明言后稷功德,当是配稷于郊献享之乐无疑。《臣工》、《噫嘻》、《敬之》是祀成王之诗,追述成王戒农官及求助群臣之意,于以形容其显德成功也。若曰专戒农官,与受群臣戒则受禧陈戒之辞安得为颂?《载芟》、《良耜》亦报赛田事之诗,与《丰年》同,小序亦以为春秋祈报社稷也。盖周家以农事开国,重谷务本。初周公以成王未知稼穑艰难,历陈无逸之戒,豳土之俗。至成王开悟,孜孜不怠,在位之日每形劝戒,卒以成功。及其没也,盛德不忘,见诸歌颂,亦举其盛而言尔,故曰‘乐以成象’,此之谓也。至于《访落》、《小毖》当与《闵予小子》同时同义,皆成王多难之后,免丧朝庙之诗。且《访落》云‘绍庭上下,陟降厥家’,是言武王陟降也。《闵予》言文王陟降,《敬之》言天之陟降,而此乃言武王尔。如大雅《文王》篇曰‘一陟一降,在帝左右’,语意皆同。家犹庭也国也,言家则益亲矣。成王遭家多难,冀休明之皇考陟降上下,以保明其身。若曰成王陟降则与诸诗意不相类,《般》虽未

① 刘起釪:《尚书学史》,北京:中华书局,2017年,第295页。

详，当与《时迈》皆巡守祭告之诗也。姑记所闻以俟正焉。”①

朱右又作《读中庸》，对朱熹的解释提出了自己的疑问。其文曰：“予幼读《中庸》朱子章句，至首章‘人之所以为人’及‘则为外物而非道’，窃尝惑其辞之未纯也。后数年得观今定本云云，始犁然有当于心，比读二十章，曰：‘有弗学，学之弗能弗措也。’又有惑焉，窃意子思子盖曰：‘人有弗学者，学之弗问者。问之盖必其学之问之也，弗得弗措则为必要其成。’五者皆朱子以学字为句，章句且曰弗为则已则人有弗学弗问者矣，与下文‘人一已百，人十已千，虽愚必明，虽柔必强’恐不相贯，姑著之以俟君子。”②

由以上所引可知，朱右对于汉唐经学多持不同之意见，这与宋学主流是相同的。朱右对朱熹也并不完全盲从，他指出朱熹的《诗集传》对《周颂》中九篇诗歌的解释不达诗旨，他指出朱熹对《深衣》的解释也有不足之处，他指出朱熹《中庸章句》中也有未安之处。

这种既尊重朱熹经学，又不完全盲从朱熹，从而作出自己新的解释的举动体现了其独立思考的精神。应该注意的是，这不是对朱熹的反对，而是继承了宋儒尤其是朱熹的怀疑精神。

**（三）以文衡经，用文学标准评骘经书**

朱右善文辞，论文以宗经为本，故其论文亦以经为准。宋濂曾在《白云稿序》中指出：“吾友朱先生伯贤以纯笃之资，而留意于辞章，先秦两汉以至近代诸文无不周览。用功之久，灼见其是非之真。复取近正无疵者，聚而为书蝇头细字，动至数十大册，时出而讽咏之。已而叹曰：‘学文不本诸经，其犹玩培塿之卑，而忽嵩、华之高乎？’乃复致力于经，功益倍于前时。越数岁，胸中浩然若

① 朱右：《白云稿》，第 247—248 页。

② 朱右：《白云稿》，第 248 页。

有所得。操觚书之，凡阴阳盈虚之运，民物伦品之理，万汇屈伸之变，皆随事而著，源源乎罔知其所穷，且其为体多而不冗，简而有度，神气流动，而精魄苍劲，诚可谓粲然藻火之章矣。"[①]宋濂对朱右的文辞予以很高的评价，而朱氏文乃效法于经。可以说朱右视经书为文学的根本，所以朱右论经学亦多从文学角度入手。

朱右曾在《春秋传类编序》中用文学标准评价《春秋》三传以及《国语》，其序文曰："愚读《春秋》三传、《国语》，爱其文焕然有伦，理该而事核，秦汉以下无加焉。因采摭其尤粹者，得若干卷题曰《春秋类编》而为之序曰：'图书出而人文宣，光岳分而人材降，是人材者，人文之所寄也。孔子曰"天之未丧斯文也，匡人其如予何?"其亦谓是也。夫自周辙既东，圣贤道否，孔孟之教不行于天下。春秋战国之际，功利日兴，权谋是尚，固不足以上窥天人之奥，而布其致君泽民之心矣。幸而天理不泯，斯文未坠，经生学士，器识卓绝，不无人焉，求其能辅翼圣经，垂刑世范者。愚于《左氏》、《公羊》、《穀梁》而深有望也。虽然，三传、《国语》之文不能无辨。《左氏》则无间然矣。《国语》之书，前辈亦未定为何人，详其词气要非《左氏》之笔，盖亦仿《左氏》而自为一家者。世以为《春秋》外传，得无意乎？《公羊》、《穀梁》为经，而作典礼详实、词旨简严，有非他能言之士可及也。愚试评之，譬之良工之绘水与木也，艺有专精则所就有深浅，然自心巧发之，则各得其一端之妙。《左氏》之文焕然有章，小大成纹，犹水之波澜也；蘖花敷腴，英华畅发，犹木之滋荣也。《公》、《穀》之文，源委有自，派脉分明，犹水之渊泉也。根据得实，柯条森挺，犹木之枝干也。要之绘者虽意，匠所得不同，然其心术之微，神巧之妙，变化无穷，皆工之良而无迹之可指也。若《国语》则未免有迹矣，既未足以翼《春秋》之经，不

① 宋濂：《白云稿序》，见黄灵庚编《宋濂全集》，第 470 页。

过战国间能言之士。太史公颇采其说因附于编，俾学者知作文立言之有法也。语云‘文胜质则史’，是编也，亦史氏之宗匠，文章家之筌蹄欤？”①

朱右对《春秋》学研究的贡献就在于用文学的眼光评骘经书。他又用古文之观点，从文学的角度来评价《春秋》三传，并根据三传与《国语》之语言风格的差异判定《国语》不是经书，只能算作是《春秋》外传。从严格意义上讲，根据朱右的观念，依据文学原则而编选的《春秋传类编》不是经学著作，而只是一部文学选集。

朱右用文学标准评价经书还体现在对《尚书》的评价中，朱右曾惊叹于《尚书》精炼的语言特色。其文曰："愚读《禹贡》而知圣人之书法谨而有辨也。其载九州山川地理曲折，及贡赋封域之事，言简义密，词严意周，一字之间，含蓄无尽。如书山川广平曰原，下湿曰隰，山南曰阳，水北曰汭，地高曰丘……凡例不过四十，而千万世之丰功盛德尽在是矣，因铨次之以便览者。"②

朱右用文学的标准评价经书不是偶然之行为。朱右之观念不仅仅体现于对《春秋》三传与《尚书》的评价中，还在于他对群经的评论中。朱右《文统》云："文与三才并贯，三才而一之者，文也。日月星汉，天文也。川岳草木，地文也。民彝典章，人文也。显三才之道，文莫大焉。羲轩之文见诸图画，唐虞稽诸《典》、《谟》，三代具诸《易》、《书》、《诗》、《礼》、《春秋》。遭秦燔灭，其幸存者犹章章可睹，故《易》以阐象，其文奥。《书》道政事，其文雅。《诗》发性情，其文婉。《礼》辨等威，其文理。《春秋》断以义，其文严。然皆言近而指远，辞约而义周，固千万世之常经，不可尚已。"③从文学角度研究经书是经学研究的新思路。史称钟惺、潭元春等人以评

① 朱右：《白云稿》，第263页。

② 朱右：《白云稿》，第239页。

③ 朱右：《白云稿》，第245页。

点派评骘古今，倡导复古文学。四库馆臣对于此种研究方法大加讨伐，但这种研究已具有试图从文学角度评价经书、解放经书之意图。而在元末明初，浙江台州府朱右已开风气之先。无论是在文学史上还是在史学史和经学史上，朱右的此种观点都值得深入研究。

综上所述，朱右继承了宋儒的怀疑精神，不仅仅对汉唐经学表现了不盲从的态度，而且对于朱熹之经学主张亦有不赞同之意。朱右与其他一味盲从者不同，这是一种可贵的学术求真的精神和态度。需要说明的是，朱右并非反对朱熹，而是继续延续以朱熹为代表的宋儒的求真精神，做进一步的研究。

尤其可贵的是，朱右对于经学理解的最大贡献在于用文学的眼光评骘经学，他从《尚书》、《春秋》三传中发现了经书的文学价值，开始了经学研究的文学化方向，这对于多层次多角度研究经学有重要的启示意义。

## 二、郭樌

郭樌为元明之际台州府大儒，《经义考》著录郭氏有《易说》。朱彝尊引用《浙江通志》称："樌，字德茂，仙居人，徙家太平。元世隐居授徒，洪武初用荐知饶阳县事，及卒，门人私谥贞成先生。"[1]凌迪知称："郭樌，字德茂，仙居人。少勤问学，遂有所悟。专用静中工夫，其教人以收放心为先。终元之世，隐居教授。洪武初，用御史李时可荐，始就饶阳知县，三年邑大治，以从兄故坐免。逻者察诸途，搜箧中，惟所著《易说》、《杂评文稿》数十卷。上嘉其廉，赐纱幞、银带、宝钞以旌之。既归，贫益甚，课其子躬操井臼，卒，

① 朱彝尊：《经义考》，第270页。

门人私谥为贞成先生。"[1]《经义考》载其所著《易说》已不存。

《经义考》与《万姓统谱》记载不同，前者称其为"郭櫄"，后者称其为"郭樻"，"櫄"、"樻"两字形似，两者所载行谊大致相同，故知两人实为一人。

郭櫄从子郭元亮亦明于经学。《千顷堂书目》载："郭元亮《尚书该义》。天台人郭櫄从子，有文名。"[2]《经义考》载："郭氏元亮《尚书该义》十二卷，佚。《台州府志》：'元亮，仙居人，樻从子，以儒士任新昌训导。'谢铎曰：'《尚书该义》，黄岩郭元亮著，今亡。'"[3]

郭櫄和郭元亮之经学著作已经亡佚，但是从两人之关系可以看出，在元末明初，浙江台州府的学术传播除了师承以外尚有家学一途。家学与师承两者相互补充，组成了较为严密的学术网络，这对于学术的普及与传播大有裨益。

## 第四节 浙江其它州府籍学者的经学思想

元明之际的浙江学者除金华与台州两府学者取得了较高成就之外，尚有衢州府籍、严州府籍、杭州府籍、嘉兴府籍、宁波府籍学者在经学研究领域默默耕耘。因为这五府籍的学者数量较少，作品多已经亡佚，影响也较小，故并在一节内进行论述。

### 一、衢州府籍学者何初和徐兰

何初，生卒不详，《千顷堂书目》、《万姓统谱》、《经义考》皆载

① 凌迪知：《万姓统谱》，见《景印文渊阁四库全书》第957册，第645页。
② 黄虞稷：《千顷堂书目》，第20页。
③ 朱彝尊：《经义考》，第479页。

何初著有《孝经解》。《千顷堂书目》载："何初《孝经解》。字原明，常山人，洪武中预修《书传会选》，后官开化教谕。"[①]《万姓统谱》载："何初，常山人，博通经史。洪武中，知仁化县，迁巴东教谕。召修《书传会选》书成，调开化，造就人才，士风为之益振。"[②]《经义考》记载何初有《孝经解》一书，已经亡佚。

徐兰，开化人。《千顷堂书目》记载："徐兰《书经体要》，一卷。字与善，开化人。洪武初国子监助教，门人欧阳齐进其书于朝。"[③]根据黄虞稷记载徐兰尚有《五经文格》，《经义考》著录两书皆"未见"。

衢州府籍学者何初与徐兰之经学著作都已经亡佚，文献不足，故其经学主张亦不得而知。

## 二、严州府籍学者徐尊生、张复、俞深

元明之际，严州府有三个经学代表人物，他们分别是徐尊生、张复、俞深。

徐尊生，字大年，淳安人。曾经参与纂修《元史》，《元史》成，受赐归，复同修《日历》。后以宋濂荐，授翰林应奉文字，草制悉称旨，寻以老疾辞还。《千顷堂书目》载徐尊生《春秋论》一卷，《经义考》称"未见"，故徐尊生的《春秋》学思想不得而知。不过徐尊生曾经为郑玉的《春秋经传阙疑》作过序文。其文曰："读《春秋经传阙疑序》，知先生所以著述之意甚公且平，只'阙疑'二字可见，已自过人。世儒说《春秋》，其病皆在不能阙疑，而欲凿空杜撰，是以说愈巧，而圣人之心愈不可见也。"[④]由此可见，徐尊生主张用怀

---

① 黄虞稷：《千顷堂书目》，第 73 页。
② 凌迪知：《万姓统谱》，见《景印文渊阁四库全书》第 956 册，第 547 页。
③ 黄虞稷：《千顷堂书目》，第 20 页。
④ 朱彝尊：《经义考》，第 1009 页。

疑的精神去研究经学，而不是亦步亦趋，凿空杜撰，饰以巧技而与经旨南辕北辙。

张复，字明善，淳安人。司训郡庠，学者称为书隐先生。《经义考》和《千顷堂书目》著录其《春秋中的》一卷，惜已经亡佚。

俞深，字景渊，桐庐人。洪武中领乡荐，为汶上教谕，后升建宁府学教授。学问该博，为文章雄迈高古，有奇气，著《听松集》。《千顷堂书目》和《经义考》皆著录其《洪范畴解》一卷。曹溶曰："深，字鲁渊，桐庐人。宣德中汶上教谕，《畴解》一卷，乃释九峰蔡氏内篇。"[①]四库馆臣将蔡沈之《洪范皇极内篇》列于子部术数类，可见蔡沈主于术数之学。俞深又在蔡氏基础上进行重新阐释，俞氏亦笃于术数之学者。

## 三、杭州府籍学者瞿佑

元明之际，杭州府的经学代表人物是瞿佑。瞿佑，字宗吉，钱塘人。洪武中以荐历仁和、临安、宜阳三县儒学训导，后升周府右长史。永乐间下狱，谪戍保安。洪熙乙巳，赦还，年八十七卒，所著有《春秋贯珠》、《诗经正葩》、《阅史管见》、《鼓吹续音》、《存斋诗集》。惜其经学代表作《春秋贯珠》、《诗经正葩》皆已亡佚，其经学思想亦不得而知。

## 四、嘉兴府籍学者鲍恂

元明之际，嘉兴府的经学代表人物是鲍恂。鲍恂，字仲孚，本崇德人，徙嘉兴西溪，领乡荐，尝受《易》于临川吴澄。洪武初，礼部举鲍恂明经老儒，达于治体，可备顾问。召至京师，时年已经八十有余。朱元璋命为文华殿大学士，辅导东宫。

---

① 朱彝尊:《经义考》,第1392页。

鲍恂在经学史上的贡献在于：通过授徒带动了昆山、长洲两地的《周易》学研究。《经义考》引张云章曰："考《嘉定县志》有郑闳，字以纯，少学《易》于元贡士嘉禾鲍恂，自号味易叟。昆山、长洲更聘为儒学训导，郡县治《易》者多出其门。"①都穆称："吾苏《易经》，永乐后始盛，实顾顺中巽倡之。顺中《易》学，盖来自嘉兴，有鲍恂仲孚者，精于《易》。国初征至京师，太祖欲官之，仲孚以元举子不肯仕，但曰：'臣老，不能效忠。有二子，愿皆充军以报陛下。'上然之，令人押仲孚徒跣回取二子，仍令仲孚徒跣送子上京。后仲孚卒老牖下。顺中《易》学，仲孚之再传也。"②由此可知，鲍恂的经学史功绩在于传播易学思想。

## 五、宁波府籍学者景星、傅淳

元明之际，宁波府经学代表人物有景星、傅淳。

景星为浙江余姚人，曾经为杭州府学训导。《千顷堂书目》著录其《中庸问政章说》、《四书启蒙》两部著作。《经义考》记载："景氏星《四书集说启蒙》，阙。《论语》、《孟子》未见。星自序曰：'星幼承父命，嗣儒业，而苦无常师。年十六，始得出，就伯父黄先生学。先生曰："汝欲为学，必先熟读《四书》以为之本，而后他经可读矣。"星于是昼诵夜思，不敢少惰。居四年，得初通大义，后欲明经，习举子业。先生又引星进郡庠，俾受《春秋》经于勾乘杨先生，一时师友切偲问辨，资益为多。复得诸引翼书为之启发，然后益知《四书》奥义不可不穷矣。故星不揆庸愚，僭于占毕之暇，汇集诸说，熟玩详味，分经别注，妄加去取。十年之内，掇拾成编，目之曰《四书集说启蒙》，将私塾以训子孙，既而一二同志惧其久而坠

① 朱彝尊：《经义考》，第 272 页。

② 都穆：《都公谭纂》，见《四库全书存目丛书》子部第 246 册，第 364 页。

佚,使寿诸梓以便初学。顾星僭妄之罪已不可逭,尚赖诸明理君子重加订正而可否之,则星之志也。"①

由《经义考》所引《四书集说启蒙自序》可知,景星于经学发展并无建树。盖其入手处乃《四书》,后又习举子业。景氏规模既小,又受制于科举,故其成就不高。

傅淳,字伯厚,慈溪人,家世业儒。父时偕,以道学鸣于乡,淳能传其家学,乡人称为退密先生。傅氏著作有《洪范敷言》、《性理丛说》、《大学补略》。其书已亡佚。其经学主张亦不可辨。

以上是元末明初浙江的经学发展大势,综合分析,浙江经学有以下二个特点:

第一,浙江经学学者分布广泛,但是存在着不平衡的现象。

明代浙江共分为十一府,其中除了湖州府和绍兴府之外,其余九府皆有经学学者、经学著作出现,但分布不平衡。虽然浙江有九府有自己的经学人物与经学著作,但是只有金华、温州、台州三府影响最大。其余六府影响甚小,尤其是杭州府、嘉兴府、衢州府、严州府只有一到两个著名学者诞生,其著作又多不存世。浙江金华府的学者在元明鼎革之际发挥了巨大作用。这些学者以致用为本,不事章句之学,为学一以事功为最终目的。

第二,浙江籍学者尊崇朱熹,但也出现了经学研究新动向。

浙江籍学者尊崇朱熹,将朱熹视为足以破除千年经学之惑、继孔子之后的第二位集大成的学者。但是,他们并不盲目崇拜朱熹,对于朱熹的经解也能提出异议。他们能够继承朱熹的解经精神,对朱熹经学进行客观评价,从而使元明之际的经学研究产生了新动向。

---

① 朱彝尊:《经义考》,第1289页。

1. 经学历史化

经学本是我国封建社会的统治学说，其内容驳杂。经学与历史关系密切。在经学史上一直存在着六经皆史的传统观点，在浙江更出现了把经书当成历史史料进行改变研究的典籍。例如经过傅藻改造过的《春秋本末》则变成了国别体史书，这种改编的实质是将经书改编成了史书。

2. 经学文学化

朱佑《春秋传类编》是这方面的典型代表。朱佑用文学的眼光审视《春秋》三传，把三传当成散文进行欣赏品味。通过体会文句的语气等语言特色，辨析《国语》与《春秋》三传的关系。这是经学研究史上应该值得研究的新课题。刘毓庆曾经在《明代〈诗经〉学史论》中曾盛赞明代《诗经》学研究的文学化倾向。而元末明初的朱佑则更早地将具备更多史学色彩的《春秋》三传视为文学作品。

经学史学化与文学化并不是元末明初经学思想的主流，但却是这个时期值得注意的现象。

3. 浙江学者多用兼容并包的学术态度对待朱子经学

他们讲究博学多识，于经史子集几乎无所不窥。对于陆九渊的心学也能抱以宽容之同情予以研究，在他们的学术思想中出现了主动调和朱陆的思想倾向。这些学者尊重朱熹经学的地位，他们认为朱熹经学足以一洗经学千年之蔽，但是朱熹经学并非完美无瑕，朱熹经学不仅存在不完善的缺点，有的甚至还存在错误。浙江籍学者多能从客观实际出发，对朱熹经学著作中存在的不足进行了补正。

4. 大胆的怀疑精神中已经蕴含了明代后期甚至是清代朴学的萌芽

浙江学者多具有大胆的怀疑精神。他们不囿于汉唐的注疏之学，讲究学有心得，不唯书，不慕古。尤其可贵的是，这种怀疑思潮并不仅仅局限于经学义理的探讨上，这种怀疑思想还延续到了对诸子典籍的考辨上。宋濂《诸子辨》就是这方面的杰出代表。《诸子辨》并非只是辨析诸子典籍，而是对部分经学典籍也进行了考辨。这种辨伪行动直接促进了明代后期对《尚书》的辨伪学思潮的发展。

5. 汉学与宋学的区别，今文经和古文经的差异在学理上并没有止息

在传统学者所界定的宋学思潮中，汉学仍然具有重要的地位，这主要表现在学者对汉学所依赖的《五经》系统文献的研究热情要远远大于对宋学所依赖的《四书》系统文献。对于传统学者所津津乐道的经书之真伪问题的探讨，浙江学者的声音也不一致。更有学者虽然接受了《古文尚书》的真伪观点的熏陶，但是在政治生活中仍然会引用这些材料。这也表明：学术探讨和运用之间仍然存在着一定的距离。这说明要了解元明之际的经学就必须作实事求是的分析。

6. 对汉学的态度复杂，并非一味抵制汉唐经学

宋学的总体大势是对汉唐经学的反动，但是如果将研究具体到某一位学者或者某位学者的某种主张时，我们就会发现，元明之际的学者对汉唐经学亦有支持者。这主要表现在两个方面，一是对汉唐注疏的重视。元明之际浙江籍的学者都对《春秋》三传表现出了浓厚的兴趣，他们并不主张完全放弃三传去研究《春秋》。二是对小学的重视，马侯《偏旁辩证》的出台就是证明。马氏之作今已不见，但从苏伯衡对马氏之作的推崇来看，当时学者已经意识到小学的重要性。苏伯衡认为朱熹并不废训诂之学，所以从尊朱角度立论，要求学者重视小学。后世学者多承认清代乾嘉学派的小学之功，也对朱熹不完全否定汉学表示赞赏，但是很

少有人言及元明之际的学者对小学亦保持相当高的重视。

综合以上分析可知，浙江籍学者以事功为学术最终目的，著述并非其首要选择。这就使他们对学术的研究不囿于一己之见，不拘束于门户之别，他们能够做到随时制宜对经学研究提出新角度新思路，这就保证了元明之际经学的良好发展方向。

# 第四章　明初江西籍学者的经学思想

江西之学在宋明时期占据重要的地位,有的学者甚至称宋明理学是“江西之学”。周建华指出:“江西是宋明理学的发源地,理学创始人周敦颐在大余授学二程,并创立理学学说;江西也是理学集大成之地,婺源人朱熹在江西做官,并在白鹿书院等地传授理学,丰富并完善他的理学理论;明代,王阳明在江西把理学推向新阶段,他的主要著作是在赣州刊刻出来的,主要观点‘致良知’是在赣州完善的。”[①]周建华主要是从理学角度来说明江西在全国理学中的地位。实际上,元明之际的江西在经学上也取得不小的成就,从而形成了与徽州、浙江对峙的三大经学研究中心。

元代置江西等处行中书省,洪武三年十二月置江西都卫,八年十月改都卫为都指挥使司,九年六月改行中书省为承宣布政使司。江西共包含十三府,分别为南昌府、瑞州府、九江府、南康府、饶州府、广信府、建昌府、抚州府、吉安府、临江府、袁州府、赣州府、南安府。其中,元明之际的著名经学学者分布在南昌府、吉安府、抚州府、广信府四府。除了这四府之外,临江府、袁州府、瑞州府、饶州府各有一名经学学者,下文逐次论述。

---

① 周建华:《宋明理学是“江西之学”》,载《南昌大学学报》,2002 年第 3 期,第 135 页。

# 第一节　抚州府籍学者的经学思想

明初抚州府的经学代表人物有危素、黄昭烈、詹凤翔三人。

## 一、危素

危素，江西金溪人，《明史》有传。文略曰："危素，字太仆，金谿人，唐抚州刺史全讽之后。少通《五经》，游吴澄、范梈门。至正元年用大臣荐授经筵检讨。修宋、辽、金三史及注《尔雅》成，赐金及宫人，不受。由国子助教迁翰林编修。……明师将抵燕，淮王帖木儿不花监国，起为承旨如故。素甫至而师入，乃趋所居报恩寺，入井。寺僧大梓力挽起之，曰：'国史非公莫知。公死，是死国史也。'素遂止。兵迫史库，往告镇抚吴勉辈出之，《元实录》得无失。洪武二年授翰林侍讲学士，数访以元兴亡之故，且诏撰《皇陵碑》文，皆称旨。……御史王著等论素亡国之臣，不宜列侍从，诏谪居和州，守余阙庙，岁余卒。"①

根据《明史》所载，危素是元明之际的史学大家，元史赖危素才得以保存。四库馆臣曾将危素与张以宁进行比较，极力赞赏危素之史学。《四库全书总目》称："元故官来京者，危素及以宁名尤重，素长于史，以宁长于经。素宋、元史稿俱失传，而以宁《春秋》学遂行。"②危素史学成就不菲，在元明之际的经学史上也有一定的地位。

### (一) 危素反对不切实际的学术，主张学以致用

危素以史学见长，故其特别重视人之活动对于社会发展的作

---

① 张廷玉：《明史》，第 4887—4888 页。

② 永瑢：《四库全书总目》，第 229 页。

用。危素认为个人必须在社会生活中发挥自己的作用,从而促进社会发展。在《柳待制文集序》中危素提出"天之生才,资一世之用"的观点。其文曰:"天之生才,所以资一世之用。使之尽其才者,天子、宰相之事也。千寻之木,生乎高崖深谷,人迹所罕至之地,匠石之欲营宫室者必即而取焉。况于人才之足以为邦家立太平之基者乎?《诗》曰'蔼蔼王多吉士,维君子使',善治其天下国家者宜于此留意焉可也。"[①]危素主张一世之用的观点可以体现在他对多位历史人物的评价上。

危素为学注重经世致用。他曾经盛赞大禹时代的皋陶有功于世。《怀德书院记》称:"少昊氏之四世陶于雷泽,虞帝求旃以为士师,造律执中,封于皋为皋陶……素闻儒先之言曰:'唐虞之世,道在皋陶。'尝思之而莫究其旨。盖当此之时,在廷之臣,德之相似者伯禹及皋陶耳。伯禹之劳绩,著于皋陶。皋陶之知见则密于伯禹。伯禹之功,天下所共知,皋陶之功非虞帝与伯禹不知也。"[②]唐虞之世,皋陶与大禹功绩最大,大禹事迹可见诸各种记载,而皋陶之事业则罕有论及,危素在《怀德书院记》中对皋陶的事功予以了高度评价。危素对皋陶的高度评价表明他所欣赏的士人应当具有救世之作用。

危素主张学以致用,他对上古时代的皋陶予以表彰,同时也盛赞了宋代胡瑗主持苏湖之学取得的历史成就。《送湖州吴教授诗叙》称:"士有天地民物之责,故少而学则必思有以致其用。有国家者设为庠序学校之教,亦曰他日取才于是,而任使之,故有以成天下之务而善天下之俗,其效莫著焉。后世之学,几与古异。局于章句文词之末,究其归,不足以明体而适用,圣人之道微矣。

① 危素:《说学斋稿》,见《景印文渊阁四库全书》第1226册,第733页。
② 危素:《说学斋稿》,第669页。

古者乡射饮酒，春秋合学养老劳农、尊贤使能、考艺选贤之政，至于受成献馘、讯囚之事皆在所当学，故人才之盛，风俗之厚，何可及也。宋安定胡先生有见于此，其教吴兴之学者，设经义、治事之斋。当斯时，湖之学多秀彦，及为政又皆适于用。盖先生知夫道与器不可离而二之也。嗟乎！何其后世之不然欤？新安吴君君辅甫分教于湖，吾固知君之能振先生之遗法于已坠，将见湖之士彬彬而出无愧于古昔，则君之政业当树立于永久矣。”①宋代胡瑗之学有经义、治事二科，将经义与治事紧密结合，使学者学有所用。危素指出苏湖之学培养了人才，改善了风俗。

对于学有所成的学者，危素期待其能将所学知识推之于事功。《静明书塾记》称：“昔者四明袁正肃公提点江东刑狱，行部信之贵溪，作象山书院，以祠陆文安公于徐岩，其流风遗俗久而不泯，故近世其邑有陈先生立大者出，毅然有扶树正道之志，而世莫能窥其蕴奥也。其为学也，上达乎性命之微，致谨乎事物之细，兢兢业业，夙夜靡懈，使先生用于当世，推之功业，固凿凿而精实，然隐约于闾巷，终以老死，天也，非人所能为也。先生家有藏书若干卷而缮写点校手泽存焉。”②陈立大学问精湛，危素期待陈氏放弃隐居生活，建立功业。

危素重视经义的适用性，所以他总是结合事功评价教育事业。《兴学颂》云：“至正元年四月，大都路都达噜噶齐喀喇公伯嘉努请作左右南三警巡院、大兴、宛平二县孔子庙，并建学舍，都府亟达诸礼部，部上之中书省，中书从其言，各以室庐之在官者为之。又言学设教谕而无廪食，非所以尊敬师道，中书亦从之。呜呼！古之立学，所以作成人材，备国家之任使，非细故也。三院之

① 危素：《说学斋稿》，第710—711页。

② 危素：《说学斋稿》，第665—666页。

所辖，五方之人咸聚焉，虽有长才秀民，犹必待教而后明，况于蚩蚩之氓乎。二县者在畿内，教之尤弗可以阙然也。”①

对于学成以后能够推行教化教育的官员，危素也大加褒奖。在《兴学颂》中，危素称教育的目的是“作成人材，备国家之任使”，而非徒记诵经义。在《乐平州慈湖书院赡学田记》中，危素盛赞杨文元之举有“崇教化，敦礼义”之功。其文曰：“昔杨文元公之宰乐平也，崇教化，敦礼义，治人事神，克尽其道，乐平之民向之蒙公惠泽者，由今观之皆其高曾祖父矣，然去之百年，犹不能忘，非摩渐抚循，使之心悦而诚服者，讵能至是。孔子曰：‘君子学道则爱人。’有以哉。”②

危素为学的思想核心是通经致用，因此他主张应该学习皋陶、胡瑗等人，为社会作出自己的贡献。对于教育事业，他也期待着书院能够培养出有真才实学，能够为社会效力的人才。不仅如此，对于热衷于教育事业的官员，危素也大加褒赏。这都是通经致用思想的体现。

**(二) 调和朱陆**

胡青、桑志军曾撰文指出：“危素的学术师承是以陆学为主而又师出多门的，他并没有因为朱子学‘定为国是’而讳言自己的学术师承与观点主张，这种不苟时尚的独立精神得到了时人的尊敬。”③

危素是陆学传人，但因为他的学术思想的核心是致用，所以无论是朱学还是陆学，危素对其最基本的首要要求是通经。经若不通则无以致用，因此危素对于能够帮助士人通晓经义的著作，

① 危素：《说学斋稿》，第652—653页。

② 危素：《说学斋稿》，第657页。

③ 胡青、桑志军：《危素学术思想探析》，载《江西教育学院学报》，1998年第5期，第35页。

无论其基本思路是主朱还是主陆，都持积极的肯定态度。汪克宽曾著《诗集传音义会通》，危素序曰："新安朱子《诗传》，或文义，或引证，读者时有所未通，穷乡下邑岂能家贮群书，人熟通训，故学者之患此久矣。祁门汪君仲裕甫早贡于乡，教授宣歙间，《易》、《礼》、《春秋》各有著述。至于《诗传》，为凡例十有二条，幽探遍索，具见成书，分为三十卷，名曰《诗集传音义会通》。"①汪克宽《诗集传音义会通》之创作目的是疏通朱熹《诗集传》之音义，使读者更容易明白朱熹《诗经》学主张，这是一部主朱氏的著作，危素虽为陆学六传弟子，也对其予以了高度评价。

危素不仅仅给予主朱的经学著作以客观评价，而且还主张破除两家后学的门户之见。王勉曾注古文《孝经》，多主朱子之学，危素对此书大加褒奖："古文《孝经》出秦火之余，而颜芝子卓所献今文《孝经》十八章已行于世。孔安国、马融为古文传，长孙氏、江公、后苍、翼奉、张禹乃说今文，刘向校书，不以古文为是，故不列于学宫。刘炫作《稽疑》，不以今文为是。陆德明谓古文世既不行，随俗用郑玄所注今文，司马贞力主玄注。惟刘知几主安国传，于是党同伐异，争论蜂起。唐玄宗遂注今文，刻石长安，仍诏元行冲撰疏。自是以来，祖述者几百人，宋司马文正公言壁藏之时去圣未远，作《古文孝经指解》，范太史季、信州袁正肃公、近世导江张氏皆宗司马氏，而不从颜芝本。惟朱文公及会稽俞氏、临川吴氏两存之，王勔之勉注书甚多，晚乃用力于《孝经》，章分句析，条纪灿然，博考诸家之说，择其要者，梓而录之，而大要以朱氏为宗。嗟乎！以此书观之，千载之下而欲臆度县断于众说纷纷之中，非笃信精察者，不能然也。夫孝之为行大矣，推而行之，其道溥矣。

① 朱彝尊：《经义考》，第597页。

王君其善锡尔类者乎。”[①]危素在朱学大昌之时，对于陆九渊的学术思想也予以了高度评价并且身体力行，使得江西陆学得以一脉相传。江西是陆学的根据地，王阳明的心学在江西也得到了广泛的传播。陆学之学在江西大行其道的原因在于，元明之际的江西仍然保留着坚持陆学和主张调和朱陆的学者，这就减少了阳明心学传播时候的阻力。危素就是元明之际调和朱陆的代表人物。

### （三）主张博学多识

危素不存门户之见，亦不主张孤陋寡闻。危素是史学家，故主张多识前言往行以资借鉴，所以他主张多读书，要求士人应当做到博学多识。

在为王应麟的《汉书艺文志考证》所作序言中，危素称："儒家之学至宋而极盛大备矣，嘉定而后，其敝滋起。大抵持卤莽之学以争雄，述芜秽之文以相尚，假高虚之论以自诡，此其人才衰微、国之所以驯至于灭亡。士生其间而不变于其俗，而卒能出入百氏，罗络群言，地负海涵，莫之纪极，若是则免乎固陋之讥矣。《易》曰：'多识前言往行，以畜其德。'顾安得高谈性命以自涂塞其耳目哉。"[②]在序文中，危素首倡要用切实的态度进行学术研讨，反对卤莽之学、芜秽之文、高虚之论。经学之所以会出现弊端，主要在于学者孤陋寡闻，不能在更广阔的视角中审视整体学术体系的价值。因此，危素主张博学多识，主张多读书。

危素本人亦博览群书，博学多识。危素有《借书录序》，详细记载了其求学读书之艰难与读书旨趣。其文曰："余家唐宋时徙临川。先世多藏书，国初罹兵，毁无存者。其存者不多，具见《故物记》。方髫龀，先大父俾治儒业甚笃。及长，出就师友，稍知自

① 危素：《说学斋稿》，第712—713页。

② 危素：《说学斋稿》，第715页。

厉而无书，家又贫，不能致书。学未成，辄为童子师，得钱以供赋税，给衣食，问遗姻族，应接宾友，其赢悉以市书。妻子数告空乏，而书不可以不备也，若此者几廿年。然据拾纤细，书亦不能多致，独赖藏书之家，多素之亲友，雅知其嗜好之专，肯以书假借。或久留而不怨，或数请而弗拒。故于天也，日月星辰，风雨霜雹之象；于人也，圣贤仙佛，文武忠烈，战伐攻取，贼乱奸诡之迹；于地也，山川郡国，城郭冢墓，草木昆虫之物，靡所不载。反之于身，则性命道德昭焉；施之于事，则礼乐刑政具焉。至于法书碑刻，稗官小说，方技之微，术数之末，亦莫有所遗。顾素之朴愚固陋而窥万一于其间者，皆诸君子借之以书，素得而读之之力也。向微诸君子，吾几不得古人著书之意矣！则诸君子惠利于素，何其厚哉！故载其所借书目，并附其家世名、出处，为借书目，以示子孙。”[①]由《借书录序》可知，危素求学之时，家贫无以致书，故靠借书读书养成学问。其搜罗之广，读书之刻苦，令人汗颜。

危素主张多读书，力图在尽可能多的前言往行中获取经验教训以资借鉴；即使在具体的学术思路上也崇尚广征博引，努力在前人基础上有所突破。危素曾经为《夏小正经传考》作序。《夏小正经传考》的研究思路是：“证以山阴傅氏本，及采《仪礼集》，参究同异，附以释音。复取先儒解经所引《小正》语及事相附，近可以考订者，随事疏于传文之下，脱衍者列叙于后，即其采摭之详、训诂之密，非笃于古学不能然也。”[②]根据危素所序，本书不废训诂与音韵，与晚明诸书相去甚远。尤其值得注意的是该书“取先儒解经所引《小正》语及事相附，近可以考订者随事疏于传文之下”，将与《夏小正》之相关的事迹附于文句之下，使读者更容易理解原

① 危素：《说学斋稿》，第 702—703 页。
② 危素：《说学斋稿》，第 704 页。

文含义。这种方法当为陈寅恪所概括的宋儒长编考异之法，其文曰："夫圣人之言必有为而发，若不取事实以证之，则成无的之矢矣。圣言简奥，若不采意旨相同之语以著之，则为不解之谜矣。既广搜群籍，以参证圣言，其文之矛盾疑滞者，若不考订解释，折衷一是，则圣人之言行终不可明矣。今先生汇集古籍中事实语言之与《论语》有关者，并间下己意，考订是非，解释疑滞，此司马君实、李仁甫《长编考异》之法，乃自来诂释《论语》者所未有，诚可谓治经者辟一新途径，树一新楷模也。"[①]危素极力称扬《夏小正经传考》，原因之一就是作者采用了史家常用之法治经。危素本以史学见长，且其距司马君实时代不远，故对司马氏之法当非常熟悉，且明了史家处理史料之法。《夏小正经传考》所用方法当与数百年之后陈寅恪所称赞杨树达所用之法有异曲同工之妙。

危素作为元明之际的史学家，主张将学术放入社会历史中去考察，利用社会实践检验学术高低。这种用实践验证学术的作法使其更加看重学术所发挥的社会价值。所以他不拘泥于朱陆之辨，不囿于一家之言，其学贯通经史百家。为了发挥经学的社会价值，危素主张首先要理解经学思想，他著《尔雅略义》亦是为了理解经书思想。为了传播经学思想，他大力支持教育，对于那些对教育用功的学者、官员都予以褒扬。作为史家，他更注重用事实和证据来理解经书，他所称赞的《夏小正经传考》采取的就是史家的长编考异之法，这对于理解经书原意大有裨益。

## 二、黄克

黄克，字绍烈，临川人，洪武甲戌进士，瑞安县知县。逋租粮

---

① 陈寅恪：《论语疏证序》，见杨树达《论语疏证》，上海：上海古籍出版社，2013年，第1页。

长逃匿山海，所司坐以劫掠。绍烈力白其事，未几自免归。教授生徒，成就后学，撰《书经主意》、《礼经博约》、《策场总龟》，自号石泉，所著诗文曰《归田类稿》。

《千顷堂书目》载其有《书经主意》、《礼经博约》。《经义考》著录《书经主意》、《礼经博约》，皆阙卷数，存亡状况皆为"未见"。

黄克之经学著作今不传，故其大旨不详。根据其行迹，自瑞安知县免归授徒教学，著作中有《策场总龟》，观其名知其当为科举而作之书。黄克授徒教学，学生则试图在科场中有所斩获。洪武六年，朱元璋以科举无法选拔出具有真才实学的知识分子为由下诏书取消科举制度。洪武十五年又重新开科举。黄克本人乃洪武二十七年进士，是明代早期的进士，在当地影响较大，因此他归田授徒，试图在科举之路上有所作为者多乐从之学，于是黄克作《策场总龟》指导学生。其具体内容虽不得而知，但由此推断其大致内容当不脱离朱子学立场。

应科举之需，学者多创作类似于科考辅导书之类的作品，这在明代经学著作中占据一定的地位，并由此而形成了科举考试的重心。在明代福建莆田与浙江秀水是最为出名的科举重镇，其科举辅导书之类的经学著作层出不穷。除了福建与浙江之外，江西也是一个科举影响力较大的地区。黄克之《策场总龟》可以说是明代初期江西科举之作的先行者。

### 三、詹凤翔

詹凤翔，字道存，乐安人。元末已有文声，洪武庚戌被荐赴京，以病免归，任本府儒学训导。后中进士，年已八十，手不释书。著有《大学中庸章句》、《语孟节要》、《书经释义》、《书传旁通撮要》、《家礼括要》、《律吕新书括要》、《理学类编》、《天体日道论》、《彭蠡论》及《奎光堂文集》。詹氏著作丰富，惜皆不存于今。

抚州府籍学者以危素最为著名，黄氏、詹氏之著作虽然已经亡佚，但根据其著述目录可知两人亦为博学之人。

## 第二节　南昌府籍学者的经学思想

南昌府的经学代表人物主要有朱善和熊钊。

### 一、朱善

朱善，字备万，江西丰城人，焦竑《献征录》有杨廉所撰传记。其文曰："朱善，字备万，江西丰城人。国初仕至文渊阁大学士，卒年七十有二。先生少聪颖不好弄，好读书。十岁作文，通《四书》、《五经》大义。祖洞云先生尝曰：'是孙，他日必为令器。'壮年以经学授徒。壬辰兵变，隐居乡里，养亲教子之外，惟著书立言，以圣贤道学为己任。所著有《诗经解颐》、《诗经辑释》、《史辑》等书。"①

朱善之学乃家学，其父朱隐老著有《皇极经世书说》十八卷。四库馆臣称："隐老以邵子《皇极经世》义趣深奥，学者猝不能得其说，因以己意训解。凡邵子所未及者，皆折衷而论定之。若邵子所自为说者，则又姑取至浅近之理，以为之指示，欲令读者易得其津涯。然邵子作此书，其大旨主于推步。隐老乃多讲义理，而于数学罕所发明，则仍未能得其纲领也。"②朱隐老之《易》学以明白简易的语言风格阐发《周易》义理，对于象数则罕有研讨。这种追求义理的《易》学研究倾向直接影响到了朱善。朱善没有专门的

---

① 焦竑：《献征录》，上海：上海书店，1986 年，第 390 页。

② 永瑢：《四库全书总目》，第 932 页。

《周易》学著作，但是曾经为朱元璋讲解过《周易》。

朱善曾于洪武十八年五月为朱元璋讲解《心箴》，同年九月讲解《周易》之《家人卦》。《明实录》载："洪武十八年五月辛酉朔，上御华盖殿，文渊阁大学士朱善进讲《心箴》毕。上曰：'人心道心有依仗之几，盖仁爱之心生，则忮害之心息；正直之心存，则邪诐之心消；羞恶之心形，则贪鄙之心绝；忠悫之心萌，则巧伪之心伏。故人常持此心，不为情欲所蔽，则至公无私，自无物我之累耳。'"①"洪武十八年九月庚午，上御华盖殿，命文渊阁大学士朱善讲《周易》，至《家人》。上曰：'齐家、治国其理无二，使一家之间，长幼内外，各尽其分，事事循理则一家治矣。一家既治，达一国，以至天下，亦举而措之耳。朕观其要只在诚实而有威严，诚则笃亲爱之恩；严则无闺门之失。'善对曰：'诚如圣谕。'"②朱善两次讲解皆受到朱元璋的赞赏。其讲《家人卦》使朱元璋受到启发，从中引申出治国道理。因此，从这个意义上讲，朱善之《周易》学主于义理发挥，讲求经世致用，其解《诗经》亦有此特点。

朱善经学传世著作有《诗解颐》四卷。通过比较《文渊阁四库全书》本《诗解颐》与今本《诗经》，发现朱善解释《诗经》之时，并不解释《诗经》全文，具体到每首诗也不解释整篇诗歌。

朱善《诗解颐》之《国风》没有解释的篇目共有85篇：

《周南》：《芣苡》。

《召南》：《羔羊》、《小星》、《野有死麕》。

《邶风》：《日月》、《式微》、《北风》、《静女》、《新台》。

《鄘风》：《桑中》、《鹑之奔奔》、《相鼠》。

《卫风》：《芄兰》、《伯兮》、《有狐》、《木瓜》。

---

① 胡广：《明太祖实录》，第2635页。

② 胡广：《明太祖实录》，第2657—2658页。

《王风》:《君子于役》、《君子阳阳》、《扬之水》、《中谷有蓷》、《兔爰》、《葛藟》、《菜葛》、《大车》、《丘中有麻》。

《郑风》:《将仲子》、《叔于田》、《清人》、《遵大路》、《有女同车》、《山有扶苏》、《萚兮》、《狡童》、《褰裳》、《丰》、《东门之墠》、《风雨》、《子衿》、《扬之水》、《出其东门》、《野有蔓草》、《溱洧》。

《齐风》:《还》、《著》、《东方之日》、《东方未明》、《南山》、《卢令》、《敝笱》、《载驱》、《猗嗟》。

《魏风》:《葛屦》、《汾沮洳》、《园有桃》、《陟岵》、《十亩之间》、《硕鼠》。

《唐风》:《山有枢》、《扬之水》、《椒聊》、《绸缪》、《杕杜》、《羔裘》、《鸨羽》、《有杕之杜》、《葛生》。

《秦风》:《车邻》、《终南》、《黄鸟》、《晨风》、《渭阳》、《权舆》。

《陈风》:《宛丘》、《东门之枌》、《东门之池》、《东门之杨》、《墓门》、《防有雀巢》、《泽陂》。

《桧风》:《羔裘》、《隰有苌楚》。

《曹风》:《蜉蝣》、《候人》、《下泉》。

《豳风》:《伐柯》。

朱善《诗解颐》之《小雅》没有解释篇目共计 26 篇:

《菁菁者莪》、《吉日》、《沔水》、《黄鸟》、《我行其野》、《雨无正》、《谷风》、《无将大车》、《小明》、《鼓钟》、《桑扈》、《鸳鸯》、《青蝇》、《鱼藻》、《角弓》、《菀柳》、《都人士》、《采绿》、《黍苗》、《隰桑》、《白华》、《绵蛮》、《瓠叶》、《渐渐之石》、《苕之华》、《何草不黄》。

朱善《诗解颐》之《颂》没有解释的篇目共计 6 篇:

《周颂》:《维清》、《执竞》、《振鹭》、《潜》、《小毖》、《般》。

综合统计,朱善之《诗解颐》中没有解释的篇目多达 117 篇,占全部 305 篇的 38%之多。并且朱善在解释篇目时,也并不对所释诗篇进行全部的分析注解，也有将两篇一起解释者。前者如《柏舟》只解释首章与第四章，《击鼓》只解释首章与卒章，《匏有苦叶》只解释首章与第二章，《邶风·谷风》只解释首章与卒章。后者如将《樛木》、《螽斯》一并解释。

主题先行是《诗解颐》的主要特色，即借助经学著作阐发理学思想。《诗解颐》以发挥儒家义理为主："大抵推衍朱子《集传》为说，亦有阙而不说者，则并其篇目略之。其说不甚训诂字句，惟意主借诗以立训，故反复发明，务在阐兴、观、群、怨之旨，温柔敦厚之意，而于兴衰治乱，尤推求源本，剀切著明。在经解中为别体，而实较诸儒之争竞异同者，为有裨于人事。"①

《诗解颐》中《周南总论》称："周，天子之国；南，南方诸侯之国也。谓之周南者，修、齐、治、平之道本之乎天子，达之乎诸侯，表立于此，而天下无不知所取正焉。法立于此，而天下无不知所取则焉，此化之所以行，而俗之所以美也。由《关雎》而《螽斯》其诗作于宫中，此身修、家齐之效也。《桃夭》、《兔罝》、《芣苢》，其诗作于国中，此家齐、国治之效也。《汉广》、《汝坟》其诗作于南国，此国治、天下平之渐也。若《麟趾》则又王者之瑞也，故以是终焉。是时王道明盛，国不得异政，家不得殊俗，故以南之一字该之，则南方诸侯之风，皆可得而见矣。"②朱善通过对《周南》中八首诗的解释完成了理学家修齐治平理想的完美论证。全书大旨皆如此。

周中孚认为："（该书）虽亦阐明《集传》，而意主于垂世立教，姑借诗以发之，务求合于兴观群怨、事君事父之旨。于治乱兴衰之际，尤三致意焉。"③借助《诗经》发挥理学义理是该书的最大

---

① 永瑢：《四库全书总目》，第128页。

② 朱善：《诗解颐》，见《景印文渊阁四库全书》第78册，第192页。

③ 周中孚：《郑堂读书记》，见《续修四库全书》第924册，第89页。

特色。刘毓庆指出:“明代前期诗经学的另一发展趋向是,探索《诗经》与‘理欲心性’的联系,将《诗》学推向理学化。这实际上也是对朱子‘《诗》学’的一种演绎方式。……朱子对《诗》之义理,并没有作过多的寻绎,而只是强调‘玩其理以养心’,强调‘理会义理’。后儒则在朱子理论的指导下,向着义理的方向探索,根据自己的领会和体验,阐发朱子未曾言及的意义。其间可以蒋悌生、朱善、薛瑄为代表。”①作者解说《诗经》,事先将一个主题埋伏于心中,然后借助《诗经》的语句加以发挥表达。朱善所强调的主要是人伦道德、天理人欲等理学主题,这仍然带有断章取义的特色。

有两点值得注意:

第一,朱善对于朱熹《诗集传》并不完全赞同,在解经过程中能大胆对朱熹的《诗集传》提出异议。《诗解颐》载:“金履祥曰:‘案《诗》称大王实始翦商,不过谓周家翦商之业,自大王始基之尔。而后世称大王有翦商之志,不惟误认诗意,其失大王本意甚矣。且大王迁岐在小乙之世,至丁巳而高宗立,殷道中兴者六十年,历祖庚、祖甲,祖甲二十八祀而生文王。其时商未衰也,大王亦安得有翦商之志哉?况大王前日犹能弃国于狄人侵豳之时,而今日乃欲取天下于商家未乱之日,大王之心决不如此其悖也。’愚案金氏之说足以补朱子之所不及,故著之。”②朱熹《诗集传》在解释《诗经》具体篇目之时未必全部正确,故金履祥纠正了朱子之错误,朱善在《诗解颐》中肯定了金氏的主张,实际上也就等于承认了朱子之经解亦有错误。从这方面讲,朱善对朱熹《诗集传》亦不完全赞同。

---

① 刘毓庆:《从经学到文学——明代〈诗经〉学史论》,第 50 页。

② 朱善:《诗解颐》,第 299 页。

第二，朱善开始注意到了《诗经》的文学色彩，在其著作中展现了《诗经》学研究从经学到文学的色彩。现代研究者多将《诗经》看成一部文学作品。在《诗经》学史上，《诗经》兼有文学与经学的双重身份。《诗经》经历一个由文学到经学，又由经学到文学的研究过程。从汉代到清代，最注重的是《诗经》的经学色彩，对于《诗经》的文学色彩的关注则略显不足。朱善在《诗解颐》中开始关注其文学性了。刘毓庆指出朱善"在推演诗之义理的过程中，似乎看到了诗的文学表现的一面"。[①] 在分析《卷耳》时，朱氏分析了诗篇通过人物的外在行为而展示心灵世界的方式；在分析《小弁》时注重分析了诗篇的主意与字法。这都是朱善开始研究《诗经》文学性的表现。刘毓庆指出："在朱氏的意识中，有两种东西在交织，一种是经学的观念，另一种则是文学的观念。他既看到了《诗》作为法典存在的意义，又看到了它作为'诗'的叙事手段与文学表达手法。这对《诗经》由经学研究向文学研究的转变，应该是有意义的。或许他的这种观念，本是植根于时文之法的，故其敷衍'朱传'、串讲经义的讲经方式，对后来为科举参考而设的讲经之书，产生了一定影响。由此，也可见其影响之一斑。"[②]因此，朱善《诗解颐》最重要的特色是以经说理，而最具有突破性的则是以经说情感，以经说文学。

## 二、熊钊

胡俨曾为熊钊作墓志铭，大略曰："永乐元年十一月一日，豫章熊先生卒于家。……先生讳钊，字伯几，姓熊氏。……考元诚，笃志双峰饶氏之学，故先生自幼所得固已大过人矣。既长，父命

① 刘毓庆：《从经学到文学——明代〈诗经〉学史论》，第 57 页。
② 刘毓庆：《从经学到文学——明代〈诗经〉学史论》，第 49 页。

从庐陵王先生充耘受《书经》、陈先生植受《春秋》、萧先生彝翁受《诗经》。元至正甲申，遂以《春秋》领乡荐，为崇仁学官。……洪武癸酉，校书会同馆。书成，宴锡甚厚。尝与俨论学及敬斋箴，曰：'其要在动静弗违，表里交正。此二句反复推论，乃一篇之关键。'昔双峰饶氏得之于弘斋李氏，李氏则溯紫阳朱子，以接夫濂洛之传者也。今豫章学者多宗饶氏，而饶氏之学盖自敬始。钊幼承父师之训，及登虞文靖公之门，得公指喻，亦曰：'战战兢兢，如临深渊，如履薄冰，曾子终身之敬也，求诸圣贤之心，必考乎儒先之教，凛凛乎其可忽哉。'呜呼！先生之源委若此，其纲领旨趣可得而见矣。其所著述有《学庸私录》、《论孟类编》、《春秋启钥》、《杜子美诗注》及《虞亭文集》若干卷。俨皆得而读之，宏博精切，各极其底里。其卒也，享年八十有三。"①

《千顷堂书目》著录熊钊有《学庸私录》、《春秋启钥》、《论孟类编》、《五经纂要》、《杜甫诗注》、《几亭文集》。

胡俨所作熊钊《墓志铭》详细说明了熊钊之学术渊源。熊钊转益多师，从庐陵王充耘受《书经》、陈植受《春秋》、萧彝翁受《诗经》。元至正甲申，以《春秋》领乡荐。豫章学者多宗饶氏之学，而饶氏之学盖自敬始。由此可见，熊钊当为勉斋后学，惜其书已经亡佚，其经学主张亦不得而知。

## 第三节　吉安府籍学者的经学思想

明代初期，吉安府的经学学者最多，周是修《正固萧先生行述》描绘了当时吉安府儒学之盛况。其文曰："予吉之为郡，隶大

---

① 胡俨：《颐庵文选》，见《景印文渊阁四库全书》第 1237 册，第 598—599 页。

县有九，而庐陵、西昌、文江又其尤也。西昌由汉唐迄宋元，号多真儒伟士。至天朝国初为益盛，二十年余若刘先生子高、王先生子启、海桑陈先生雅言、萧先生皆相继物故，吁！可悲也夫。”[①]萧岐、陈谟、周是修、陈雅言是其中最著名的四位经学学者。

## 一、萧岐

萧岐，《明史》有传，略曰：“萧岐，字尚仁，泰和人。五岁而孤，事祖父母以孝闻。有司屡举不赴。洪武十七年诏征贤良，强起之。上十便书，大意谓帝刑罚过中，讦告风炽，请禁止实封以杜诬罔，依律科狱以信诏令，凡万余言。……复召与钱宰等考定《书》传，赐币钞，给驿归。尝辑《五经要义》，又取《刑统八韵赋》，引律令为之解，合为一集。尝曰：‘天下之理本一，出乎道必入乎刑。吾合二书，使观者有所省也。’学者称正固先生。”[②]周是修《刍荛集》称其：“博通群经，尤长于四代之书。讲贯洞澈，识见广远，如巨海长河，浩浩荡荡，莫获窥其涯涘。《四书》习更精熟，每卧诵以勉诸生，终卷不失一字，士林推之。”[③]由此可知，萧氏精通经书。

萧氏著作，各家记载略有不同。《明史》本传记载有《五经要义》，并不著录《四书要义》。《千顷堂书目》记载有“萧岐《五经四书要义》”。[④]《经义考》著录《经书要义》：“《经书要义》，未见。黄虞稷曰：‘字尚仁，泰和人，洪武初举贤良，至京，授长史，辞归，改平凉府学教授。’”[⑤]周是修《刍荛集》则主张萧岐著作是《五经四书要义》。笔者案：周是修与萧岐同时，其所叙述当不会有误，因此可

---

① 周是修：《刍荛集》，见沈乃文编《明别集丛刊》第1辑第23册，第279页。
② 张廷玉：《明史》，第2647页。
③ 周是修：《刍荛集》，第280页。
④ 黄虞稷：《千顷堂书目》，第81页。
⑤ 朱彝尊：《经义考》，第1250页。

以确定萧岐的著作当为《五经四书要义》，此可补《明史·艺文志》之阙失。惜其书已经亡佚，只能借助他人记载推测其经学主张。

萧岐之经学主张主要有：

第一，主张学以致用，主于教化。洪武壬戌春，朱元璋诏求贤良，有司强起萧岐。“先生以其子遵稍长，足绍基绪，且时之俭民告讦蜂起，动以逆诬奏，乃皤然曰：‘既生为丈夫，子何可无益于斯世哉？殄行震惊，吾不忍见也，安民有诏，吾将应焉。’既至京，首陈十便书。”①萧氏主张学以致用，所以当朱元璋诏求贤良共商治道之时，奋然而起，敷陈治道。此种致用思想也可以体现在他对《刑统八韵赋》的研究上。“尝取《刑统八韵赋》引律理为之解，并为一集。或问之曰：‘二书本不可同日语，先生胡为合而缉之？’答曰：‘天下之道本一，而为用则有二，曰得与失而已，入乎此必出乎彼，出乎圣学必入乎形统，吾合二书，将使观者知所择也。’”②萧岐之学术思想主于教化，认为凡有关于教化者皆可以利用。

第二，大力发展教育，培养人才。萧岐早年以《尚书》扬名场屋，年老任陕西平凉府儒学训导，对教育后学之事业乐此不疲。经过萧岐的教育，平凉府的文化水平得到了极大的提高。《刍荛集》称其：“安于教授，严条约，以身先之，学者信服。屯营守帅皆遣子从游，善诱所施，率就雅饬，盖其与人为善，本于至性，故自大江以西，经生进士多出门下，名播省宪。当大比之岁，则聘币交至，必以主文正考官为请。先生亦乐领之，且曰：‘抡材为国，正吾儒者补报事也。’”③

萧氏经学主于教化，他大力发展教育，推动了陕西的经学发展。

---

①③　周是修：《刍荛集》，第281页。

②　周是修：《刍荛集》，第282页。

## 二、陈谟

陈谟,《明史》列于《儒林传》,传曰:“陈谟,字一德,泰和人。幼能诗文,邃于经学,旁及子史百家,涉流探源,辨析纯驳,犁然要于至当。隐居不求仕,而究心经世之务。尝谓:‘学必敦本,莫加于性,莫重于伦,莫先于变化气质。若礼乐、刑政、钱谷、甲兵、度数之详,亦不可不讲习。’一时经生学子多从之游。事亲孝,友于其弟。乡人有为不善者,不敢使闻。洪武初,征诣京师,赐坐议学。学士宋濂、待制王袆请留为国学师,谟引疾辞归。屡应聘为江、浙考试官,著书教授以终。”[①]由此可知,陈谟不乐仕进,一意著述讲学。

《经义考》、《千顷堂书目》著录陈谟有《书经会通》、《诗经演疏》,今皆不存。《海桑集》中亦无两书,故其经学思想只能由《明史》及《海桑集》中窥知一二。陈谟《海桑集》取得了较高的文学成就,时人交赞不已。《明儒言行录》载:“所著有《海桑集》、《书经会通》、《诗经演疏》共若干卷。宋学士诸公初见其文,叹曰:‘汤盘、周鼎,器之古也,太羹、玄酒,味之正也,惟智者知之。’杨文贞诗曰:‘纯明程伯子,洒落邵尧夫’,其为人克似云。”[②]然从其《海桑集》中亦可窥见其经学主张。

### (一) 经世致用是对儒者的基本要求

如上文所引,陈谟主张“学必敦本,莫加于性,莫重于伦,莫先于变化气质。若礼乐、刑政、钱谷、甲兵、度数之详,亦不可不讲习”。由此可知,陈谟主张学者通过对经书的研读,完成内圣的修养,然后施之于外。陈谟曾经将儒者与医生进行比较,认为医学

① 张廷玉:《明史》,第 4831 页。
② 沈佳:《明儒言行录》,第 603 页。

是儒者必须掌握的知识。《书钟实可墓志后》称:“后儒与医同轨而异户,医特儒之一技耳。耻一物不通者,儒也。达人身天地五行者,医也。然而各造其极,厥难其人焉。长沙太守张机,抉内外经秘要为论,欲人易晓,今儒流读且不能句,矧医流哉?故儒不精则医不神。”①陈谟将医学视为儒者必须掌握的知识,其目的在于强调儒者必须具备通经致用的本领。

为了能够做到通经致用,陈谟尤其强调教育与科举在掌握经学知识过程中的重要性。陈谟在《赠杨员外序》中称:“为士而由进士发身,天下之清流也。为进士而获班朝署,天下之极选也。以天下之清流,膺天下之极选,几何人哉?有能济兹者充而达之若内及外,其于为政也何有?”②在《永丰教官序》中,陈谟称:“天下有才,教官不患无名进士。然得进士易,得教官难。今之教官多出于进士,而进士之负才名者什一而最之亦罕矣。”③《竹间集序》称:“古之君子政事、文学,理同而事异。盖仕以行其学之用,学以充其仕之资也。今之君子,学不必优而可以从政,仕虽有余力而不必学者亦多矣。”④陈谟在三篇序文中都指出了科举与教育对锻炼儒者通经致用的作用。陈谟遵循着传统的学而优则仕的道路,要求提高教师的水平,只有这样才能提高士人的从政水平。

除了学习传统的儒家知识和思想之外,陈谟还主张博学多识,不必拘泥于一家之学。上文所引礼乐、刑政、钱谷、甲兵、度数以及医学等知识都是儒者所必须掌握的。陈谟认为耻一物不通

① 陈谟:《陈聘君海桑先生集》,见沈乃文编《明别集丛刊》第1辑第4册,第415页。

② 陈谟:《陈聘君海桑先生集》,第345页。

③ 陈谟:《陈聘君海桑先生集》,第353页。

④ 陈谟:《陈聘君海桑先生集》,第358页。

者，儒也。儒者应该是博学多能的知识分子，而不一定拘束于儒家知识系统之内。

**（二）做通儒不作拘儒，随时制宜是儒者实现通经致用的原则**

陈谟要求儒者必须遵循随时制宜的原则，只有这样儒者才能根据变化的社会现实找到相应的实现抱负的道路。陈谟批评那些食古不化的儒者为拘儒。陈谟曾著《通塞论》，在文中陈谟选取了微子、箕子、比干三人之事迹论述通与塞的区别。其文曰："知通而不知塞，贪宠之民也。知塞而不知通，执一之见也。然则孰为近？曰：塞而知其通焉，不胶于塞。通而知其塞焉，不流于通，斯近矣。昔者周时未至，殷祀未殄，微子，殷王元子也，非殷士比，又非商孙子群庶比，而不待其亡，先抱祭器适周。由昧者拘者之见，则以子不得为孝，以臣不得为忠，而孔子顾独以为仁，又以为三仁称首。然则孔子非欤？微子惟知殷之必不可谏，知殷之必亡，此知塞也。于是去之，以存宗祀，其心诚有不忍者，不谓之塞而知通者乎？箕子、比干，其为纣诸父一也，知塞之不可复通，一也。比干以谏死，为仁人。箕子以佯狂为奴，为仁人，亦一也。其后箕子为武王陈《洪范》。《洪范》者，尧、舜、禹、汤，上自羲、农相承之大经大法也。天将使自我而传，不可自我而绝，使武王而不传则无可传者矣。微子诚不忍殷家宗祀之无传，箕子诚不忍羲、农、尧、舜、禹、汤道统之无传，其心一也，不皆谓之塞而知通可乎？箕子封于朝鲜，迄不臣于武王。微子建上公于宋，于周为嘉客，其事又相类，不皆谓之知通而不流于通又可乎？或曰伯夷、叔齐如之何？曰：夷齐、三仁之节同，夷齐之非周，犹三仁之悼殷，其节同，其心同，而事不必同也。后世拘儒曲士，高揖逊之水下干戈之粟，不知微子之宋，箕子之朝鲜，夷齐之西山，犹得为殷之土乎？"[1]陈谟认为

① 陈谟：《陈聘君海桑先生集》，第 334 页。

微子、箕子、比干三人在殷朝末年的具体行动虽然不同，但是其内心实质是相同的。陈谟主张要透过现象认识本质，同时倡导学者要学会通与塞之间的辩证关系。因此他倡导学习《周易》之“括囊”之语以自勖。《括囊斋铭》称：“慈湖杨先生之孙孟礼，以括囊名其居，求其铭于予以自勖焉。夫括囊于坤六四之时而有无咎，无誉之美可也。然当不言不笑不取之际，所以括其囊则然矣。而时然后言笑与取，则囊之括，岂固不出哉？所以括者，时也；所以出之者，亦时也。余惧其胶于一而不知因其宜以求适中。”[①]陈谟发挥括囊之意，要求学者把握“时”之机，不可拘于一隅固步自封。

陈谟之经学主张是遵照随时制宜的原则做到通经致用。为了实现这个目标，儒者必须博学多识，努力加强教育。

## 三、周是修

周是修，名德，以字行，泰和人。洪武末，举明经，为霍邱训导。其学自经史百家，阴阳医卜，靡不通究，为文援笔立就，而雅赡条达。靖难师入金川门，自经于应天府学。《明文衡》记载：“其学，自经史百氏，下至阴阳医卜之说，靡所不通。为文章未尝缔思，援笔立就，而雍容雅赡，词理条达。稍暇，著述吟咏，不虚寸晷，所著有《诗小序》、《诗集义》、《诗谱》、《论语类编》、《广衍太极图》、《观感录》、《纲常懿范》、《迩言家训》、《刍荛集》、《进思集》。”[②]《千顷堂书目》记载周氏有《诗小序》，又《诗集义》，又《诗谱》三卷。《论语类编》二卷。《经义考》记载周是修经学著作有《广演太极图》、《诗小序集成》、《论语类编》。各家著述略有不同，根据《经义考》记载，周是修著作多已亡佚。

---

① 陈谟：《陈聘君海桑先生集》，第339页。

② 程敏政：《皇明文衡》卷六十，《四部丛刊初编》本。

《广演太极图说》现存于《刍荛集》，其主要思路是用五行配《五经》。“余尝以《五经》配之五行。其义若曰：《书》纪德政，优柔生育，以仁为本，经之木也。《礼记》序节文，熏陶造就，以礼为本，经之火也。《春秋》褒贬，贵王贱霸，以义为本，经之金也。《诗》咏情性，感发流通，以智为本，经之水也。《易》有太极，该载物理，以诚为本，经之土也。故曰：理无定在，夫四序之春而夏，夏而秋，秋而冬，冬而复春，即五行之木生火，火生土，土生金，金生水，水复生木也。即万物之始而通，通而长，长而遂，遂而成，成而终，终而复始也。即日之朝而旰，旰而午，午而昃，昃而夕，夕而夜，夜而复朝，轮运不已而为四时，四时不息轮运而为万世，至于无穷。此所谓太极，此所谓万殊一本，一本万殊也。”①周是修把五行与《五经》联系起来，这也许并不符合科学观点。庞朴则认为根本就不能用科学来研究五行。庞朴认为：“首先应该注意的一点就是，千万不要用科学来研究五行。五四时代，人们就是以科学为标准来分析五行，因而认为它是不科学的迷信。事实上，五行本来就不是科学，它是一种文化。它之所以不是科学，也正因为它是一种文化。”②

尚疑精神是周是修的主要经学主张，《刍荛集》卷六记载周氏有《经史疑问》五条，其中有四条与经学有关，这四条分别为：

1. “《礼记》曰：‘弟子于师，心丧三年。’则其礼之轻重与父、与君自有秩然等差矣。孔子卒，子贡庐墓六年，岂不重于师而轻于父乎？且亲丧居倚庐，古礼也。庐墓岂亦古礼欤？子贡于父之丧果尝庐墓欤？尝六年欤？于师乃尔，于礼果有在欤？孟子，亚圣也，道必取中，极称子贡之不忘于师，而不校其礼之当否，岂亦

① 周是修：《刍荛集》，第333—334页。

② 庞朴：《中国文化十一讲》，北京：中华书局，2008年，第45页。

有所说欤？”①

2.“万章论大舜之孝，有瞽瞍使舜完廪捐阶，瞽瞍焚廪，使浚井出，从而掩之。予尝疑之，若曰舜为都君，有牛羊、仓廪、干戈、琴弤之奉，其贵已不小矣。有九男二女、百官之事，其臣仆亦不少矣。瞽瞍虽顽，于此时尚得使舜为完廪、浚井之役乎？且捐阶纵火与即其未出而掩塌。父之恶，子害之，岂无他计而肯肆其奸凶若是之显露乎？其奸凶显露若此之甚，象则曰二嫂使治朕栖。二嫂，尧女也，杀其婿而据其女，岂全不畏尧之国法与皋陶之明刑乎？孟子以好辩名，而其弟子之言妄诞若此，曾无一语以正之，岂孟子亦以为然乎，否乎？”②

3.“孔庙，伯鱼列两庑，子思居四配。颜路、曾点父子亦然，说者以为重道统之传故尔。予尝于中有不慊焉，曰：‘父子之亲，人伦之首也。尧舜之道曰孝弟而已矣，三代之学曰明人伦而已。夫以才自高而卑侍其亲，众人且必不为，况于圣贤肯以道自重而轻视其亲哉？二三子之列若此，岂先儒布寘之未当欤？抑固有其说欤？”③

4.“管仲相桓公，九合诸侯，一匡天下。攘夷狄，尊周室，其功大矣。圣人称之矣，而既许其仁矣。孟子曰：‘乃仲尼之徒，无道桓、文之事者。’汉儒又曰：‘仲尼之门，五尺童子羞称五霸。’则《论语》孔子与子贡、子路以桓、文问答不一而足，何欤？且当时宗周虽微，犹承正统，而曰管仲不能致主于王道，欲管仲相桓公行王道，则桓公必自为王于天下，而不复有宗周之心，于理安欤？经传圣贤之论相戾若此，岂别有其说欤？”④

周是修之《经史疑问》中有四条是怀疑经学内容的。周是修

① 周是修：《刍荛集》，第334—335页。

②③④ 周是修：《刍荛集》，第335页。

对《礼记》之子贡庐墓六年之记载表示怀疑，其立论基础是父子关系要密于师徒关系，子贡对父亲只有三年之丧的礼节，怎么会对孔子行六年之丧呢？他又结合舜的现实情况，从客观和主观两个方面对大舜之孝提出了怀疑。周氏从父子关系出发，从人伦角度指出孔庙陪祀的不合理之处。他挖掘到儒家思想的内部矛盾，从而对孔庙之陪祀人物提出怀疑。最后，他对齐桓公九合诸侯的真实性提出了怀疑。

近代著名学者顾颉刚曾经对舜之行迹予以考释，顾颉刚认为："《尚书》中除了后出的《尧典》、《皋陶谟》有若干禹，但《舜典》也不曾一见。故尧、舜、禹的传说，禹先起，尧舜后起是无疑的。"[①]周是修对于大舜事迹的怀疑是疑古思想的体现。顾颉刚曾经辨析了尧舜禹的传说，形成了著名的层累说。周是修对经书的怀疑也体现了一种大胆求真的学术真精神。

元明之际，通俗语言流行，朱元璋曾经要求以直言和浅语解释经书。周是修亦曾经用直言上疏，这种对通俗语言的重视是和当时的文化水平相适应的。同时也说明了周是修在学术上具有随时制宜的精神。杨士奇曾经评价周氏之学术精神："是修之学，贞而且纯。凡于明纲常为世道计，必身履之，而不徒托之空言，岂非卓然特立者欤？"[②]

周是修用怀疑之精神大胆求取经学之真，同时主张学术以经世致用为本，其立论笃实、主张明确，是明初学术尚有扎实之风的体现。

---

① 顾颉刚：《古史辨》（第1册），上海：上海古籍出版社，1981年，第127—128页。

② 周是修：《刍荛集》，第215页。

## 四、陈雅言

陈雅言，江西永丰人。邹缉在《陈雅言先生墓表》中对陈氏履历、学术言之甚详。其文曰："永丰陈雅言先生，通今博古之儒也。其德行道义足以为师乎后进，其著书立言足以垂示乎久远，启迪乎将来，盖所谓笃学力行有德有言之君子也。年六十有八，以洪武十八年乙丑十一月二十七日卒。……先生自幼读书，聪敏善记，为其祖山长君所爱。长，受《诗》于翠微傅志行，受《书》于东江徐复，与其兄至言、善言兄弟五人并习举子业，然累试有司，不得意，即舍去，曰：'此盖有命也。'遂大肆力于古学，闭户不出。穷研六经史传、百家之书，久之脱然有所得。其文辞由是大进，若云蒸雾滃，不可御遏，乡先达皆器重之。值元季盗起，先生避乱，潜遁山谷中，作《闵己》、《寒松》二赋。……其为学笃实纯正，有以得夫圣贤之要领，故其著述多所发明，教门人，登第者甚众，后进士名取则焉，所著有《四书一览》、《大学管窥》、《中庸类编》、《书经卓跃》，今行于世。"①

观邹缉所论，陈雅言于经学多所发明。陈氏著作今多不见，根据《千顷堂书目》与《四库全书总目》记载，《书经卓跃》是专门为科举而作之书。《墓表》称陈雅言一生科举不第，但善于编写科举教科书，师从自己的学生多据此而登第。从整个《尚书》学史看，明代《尚书》学史以蔡《传》为中心可以分为依遵和反对怀疑两派，在依遵蔡《传》的学者中，形成了福建莆田和浙江秀水两个有特点的地域。除了这两个地域之外，尚有其它籍贯之学者沿着蔡《传》之思路进行著述。因为明代科举以蔡《传》为程式，所以陈雅言之《书义卓跃》就是以遵蔡《传》为主要

① 程敏政：《皇明文衡》卷九十三，《四部丛刊初编》本。

特色，主要服务科举考试。

浙江与福建是科举考试的重镇，江西的吉安府也是一个科考中心。上文提到的萧岐早年扬名场屋，晚年也培养了许多学生，这些学生多能考中进士，陈雅言与之类似。科举中心的经学著作多延续朱熹学派的经学观点，缺少一定的创新性。所以四库馆臣对陈雅言的《书义卓跃》多持批评态度："此书则殊无可观，盖元代以经义取士，遂有拟题之书，以便剽窃。此书盖亦其一，故每段必以此题二字冠首，所论亦皆作文之法，于经旨无所发明，杨士奇《跋》亦称其专为科举设云。"[①]科举考试与经学之见的关系是复杂的。顾炎武在《日知录》中大力批评了科举考试对经学的戕害。但是，科举考试对经学著作的诞生也有一定的促进作用。

## 五、郭余

郭余亦是江西泰和人，朱彝尊《经义考》、黄虞稷《千顷堂书目》都著录了郭氏之《禹贡传注详节》，杨士奇《东里集》亦提及此书。杨士奇与郭余是好友，惜后者早亡。《经义考》对郭氏之介绍亦取自《东里集》。"杨士奇曰：'《禹贡传注详节》，先友湖州府经历郭庆宜先生删节传注为之，以便记诵者也。先生治《书》，尝从前元进士迈养高讲习，其授受有自云。'《江西通志》：'郭余，字庆宜，泰和人。洪武中，征授广东按察司佥事。'"[②]由此可见，郭余之作乃为通俗之书，其目的在于方便读者习读，其具体思想则不得而知。

---

① 永瑢：《四库全书总目》，第 108 页。

② 朱彝尊：《经义考》，第 510 页。

## 第四节　临江府籍学者的经学思想

江西经学学者的分布比较分散，上文所分析的抚州府、南昌府、吉安府都有至少两名学者活跃于明代初年，而临江府、袁州府、瑞州府在洪武年间各有一名学者，这些府的经学著作也不如抚州府、南昌府、吉安府三府丰富，因此放到一节中进行论述。

梁寅是临江府著名的经学家，卒于洪武二十二年十一月甲子，各家著录其著作略有不同。《明实录》记载："梁寅，字孟敬，临江新喻人。世业农，家贫，能自力于学，由是通《六经》之旨，累举于乡，不第，遂弃不复念。尝游金陵至钱塘，一时名士多愿与之交，辟为集庆路儒学训导。居二岁，以亲老辞归。明年，天下兵起，遂隐居教授。及上平定四方，征天下名儒修述礼乐，以新一代之制，寅就征，已年六十余矣。时以礼、律、制诰分为三局，寅在礼居中，讨论精审，诸儒皆推服之。书成，赐以金帛，将授以官，寅以老病辞，许之。寅归，结屋石门山，四方之士，多从之学，相与称为'梁五经'。至是，年八十二，以岁十二月卒。所注有《周易参议》、《诗书演义》、《周礼考注》、《春秋考义》及《汉唐以来君臣事略》、《宋元史节要》及《石门集》行于世。"①

《明文衡》收录《梁氏书庄记》，详细记载了梁寅著作，其文曰："十五六年之间，索居无所为，因思托之言，以传来世。前读程朱《易》，以其释经意殊，乃融会二家合以为一，谓之《易参义》。于读《春秋》也，病传之言异，褒贬或过，乃因朱子之言，唯论事之得失，谓之《春秋考义》。及归老之后，于《书》也，以蔡氏《传》之详明而

① 胡广：《明太祖实录》，第2979页。

姑释其略，谓之《书纂义》。于《礼记》也，以其多驳杂，唯取格言以类而分，谓之《类礼》。于《周官》也，芟剔其注，使其明畅，谓之《周礼考注》。于《诗》也，因朱子之传，演其义而申之，谓之《诗演义》。又稽之经史，以待策问，谓之《策要》。凡群书之言则取其精粹，申以已意，谓之《论林》。悯时俗之失，则纵论古道，略示劝戒，谓之《耄言》。惮诸史之繁，则撮其大要，易于览阅，谓之《史略》。复尝类集古之格言，芟取其要，谓之《类训》。是诸书或刻之以传，或缮写以藏，暨凡所得书，皆聚之一室，故号书庄焉。"①

《江西通志》记载："洪武中诏用明经科取士，江西省臣礼聘寅主文衡者三，所得皆实学之士。生平著述，《石门集》而外，经学则有《周易参考》、《春秋考义》、《尚书纂义》、《礼记辑略》、《诗经演义》、《周礼考注》，史学则有《策要》、《史断》、《历代叙略》，杂著则有《耄言》、《论林》、《类训》、《辑训》、《搜古集》、《格物编》等书，不下数千卷今，传者惟《石门集》二卷已尔。"②

《明儒言行录》记载："梁寅石门先生，字孟敬，江西新喻人，国初征士，贫而力学，通《六经》之旨。元末举于乡，辟为集庆儒学训导，以亲老辞，隐居教授。太祖平定四方，征天下名儒，修礼乐，新一代之制，公就征，已六十余矣。以礼、律、制分为三局，公在礼局。审讨精详，诸儒推服之。成，赐金帛授官，以老病辞。许之，结茆石门山，四方士多从之学，称为梁五经。……所著有《周易参义》、《诗书演义》、《周礼考注》、《春秋考义》、《宋元节要》及《石门集》诸书行于世，洪武二十三年卒，年八十二。"③

根据《千顷堂书目》记载，梁寅的《尚书》学著作为《尚书纂义》，并非《尚书演义》，姑采用梁氏自著《梁氏书庄记》定其名为

① 程敏政：《皇明文衡》卷三十，《四部丛刊初编》本。
② 谢旻等：《江西通志》(三)，见《景印文渊阁四库全书》第515册，第542页。
③ 沈佳：《明儒言行录》，第607—608页。

《书纂义》。根据《经义考》著录，只有《周易参义》和《诗演义》存世。

根据梁氏所记，《周易参义》乃融合程、朱两家之作。程、朱两家解《易》各有特点。程子有《易传》，四库馆臣称："其书但解《上》《下经》及《彖》、《象》、《文言》，用王弼注本。以《序卦》分置诸卦之首，用李鼎祚《周易集解》例。惟《系辞传》、《说卦传》、《杂卦传》无注……程子不信邵子之数，故邵子以数言《易》，而程子此《传》则言理，一阐天道，一切人事。盖古人著书，务抒所见而止，不妨各明一义。"[①]朱子有《周易本义》和《易学启蒙》两书。程子之《易》主要阐发义理，《周易本义》大旨在于解说卦爻辞之义理，但是朱熹并不废除象数，《易学启蒙》重点解说象数与筮法。因此，朱熹通过义理说明象数，又通过象数阐明义理。较之程子之《易传》，朱熹之《易》学更为全面。

然而，元明之际，学者多习朱熹之《周易本义》，故对于朱熹之象数学多有忽略，梁寅自序曰："夫圣人之书，其所同者，道也；其不同者，言也。善学者，各因其言，以求其道，则其要归一而已。观于传注者，亦由是也。程子论天人以明《易》之理，朱子推象占以究《易》之用，非故为异也，其详略相因，精粗相贯，固待乎学者之自得也。寅读书山中，窃好是经，惧于荒怠，而无以自励，乃参酌二家，旁采诸说，僭附己意，别为一书，名曰《参义》，俾观之者由详而造约，考异而知同，则是书者，亦程、朱之义疏也。……自述曰：'读程、朱《易》以其释经意殊，乃融会二家，合以为一，谓之《易参义》。"[②]梁寅此作乃参合两家之说，使学者明晓程朱之《易》学中既有象数之学亦有义理之学。

---

① 永瑢：《四库全书总目》，第6页。

② 朱彝尊：《经义考》，第269—270页。

## 一、梁寅《周易参义》多采用程朱意见

程子《易传》不注释《系辞传》、《说卦传》、《杂卦传》三传，他参用朱子《周易本义》之意见，对全部《易传》都予以了解释。

《周易参义》共计十二卷：第一卷《经上》、第二卷《经下》、第三卷《彖上传》、第四卷《彖下传》、第五卷《象上传》、第六卷《象下传》、第七卷《系辞上传》、第八卷《系辞下传》、第九卷《文言传》、第十卷《说卦传》、第十一卷《序卦传》、第十二卷《杂卦传》。

《周易参义》中共直接引用朱子原文达 17 处，直接引用程子原文 9 处。其中有 4 处是一起出现的，也就是说《周易参义》[1]直接采用朱子意见 13 条，直接采用程子意见 5 条，采纳两人共同意见 4 条。直接援引朱子共计 13 条，图例如下：

| 《周易》原文 | 《周易参义》引用内容 | 所引内容在《周易参义》的页码 |
|---|---|---|
| 初九潜龙勿用 | 朱子以象占言易而不欲以事论惧人之泥而失之也 | 197 |
| 九三君子终日乾乾，夕惕若厉无咎 | 朱子曰阳刚不中 | 197 |
| 九五飞龙在天利见大人 | 朱子所谓君有君用臣有臣用父有父用子有子用于此可见 | 198 |
| 用九见群龙无首吉 | 朱子释用九之义盖因于此云 | 198 |
| 上六大君有命开国承家小人勿用 | 朱子实发之而与本义之言异故述之于此 | 207 |
| 上六过涉灭顶凶无咎 | 朱子以为东汉党锢之诸贤是也 | 241 |

① 梁寅：《周易参义》，见《景印文渊阁四库全书》第 27 册。

续表

| 《周易》原文 | 《周易参义》引用内容 | 所引内容在《周易参义》的页码 |
|---|---|---|
| 六四入于左腹获明夷之心于出门庭 | 朱子此爻之义善矣 | 253 |
| 九五苋陆夬夬中行无咎 | 朱子云苋陆二物苋马齿苋陆商陆也 | 264 |
| 六四涣其群元吉 | 朱子深取之 | 289 |
| 乾道变化各正性命 | 朱子以为冲和之气者以其理与气合也 | 298 |
| 改邑不改井乃以刚中也 | 朱子以亦未繘井羸其瓶为一句故谓未有功者亦凶 | |
| 九二曰见龙在田利见大人何谓也 | 朱子以正中为不潜未跃之时其意可见矣常言亦信常行亦谨 | 403 |
| 夫乾天下之至健也 | 按朱子以说诸心属乾以研诸虑属坤盖承上文之意然疑皆断简未必相属也 | 400 |

《周易参义》直接引用程子之语5条，图例如下：

| 《周易》原文 | 《周易参义》引用内容 | 所引内容在《周易参义》的页码 |
|---|---|---|
| 师贞丈人吉无咎 | 程子曰吉无咎有吉而有咎者有无咎而不吉者吉而有咎 | 206 |
| 艮其背不获其身行其庭不见其人无咎 | 程子所谓静亦定动亦定此之谓欤 | 277 |
| 大哉乾元万物资始乃统天 | 程子曰四德之元犹五常之仁偏言则一事专言则包四者 | 298 |

续表

| 《周易》原文 | 《周易参义》引用内容 | 所引内容在《周易参义》的页码 |
|---|---|---|
| 天险不可升也 | 程子又有曰若尊卑之辨贵贱之分凡所以杜绝陵僭限隔上下者皆体险之用此又推明传外之意也 | 313 |
| 继之者善也成之者性也 | 程子尝言动静无端阴阳无始 | 368 |

《周易参义》同引用程朱之处有 4 条,图例如下:

| 《周易》原文 | 《周易参义》引用内容 | 所引内容在《周易参义》的页码 |
|---|---|---|
| 遁亨小利贞 | 卦之九五以刚当位而与六二应是君臣相得固当随时消息以弭其患而图其治而以二之中正非刚躁固能得小贞之道者也此言乃程子之意朱子以小利贞为小人利于正则又一义云 | 248 |
| 九四鼎折足覆公悚 | 程子言覆败而赧汗也朱子作其刲剭言当加之以重刑也其义虽异而皆可以见其凶矣 | 275 |
| 震惊百里惊远而惧迩也 | 程子朱子皆云迩也之下脱不丧匕鬯一句 | 325 |
| 复其见天地之心乎 | 程子曰一阳复于下乃天地生物之心也……朱子曰积阴之下一阳复生天地之心几于灭息而至此乃复 | 310 |

由以上统计可知,《诗经参义》主要是借鉴了程子与朱子的《易》学主张,一共引用程朱观点共计 22 处。在 22 处中,梁寅没

有对程子与朱子提出任何疑问。但是这并不能表明梁寅是完全赞同程朱意见的,《周易参义》尚有引用他人意见之处。

**二、《周易参义》并不拘泥于程朱之学,梁氏尚多引他人之言以佐证己说**

《周易参义》的主要观点来自于程朱,但是亦有引用他人他书者,共计 20 处,图例如下:

| 《周易》原文 | 《周易参义》所引内容 | 所引内容在《周易参义》的页码 |
|---|---|---|
| 用九见群龙无首吉 | 欧阳子曰乾爻七九坤爻八六九六变而七八无为易道占其变故以其所占者名爻不谓六爻皆九六也六十四卦皆然特于乾坤言之则余可知耳 | 198 |
| 上六龙战于野其血玄黄 | 王介甫曰阴盛于阳故与阳俱称龙阳衰于阴故与阴俱称血斯言善矣 | 200 |
| 上六乘马班如泣血涟如 | 胡氏曰二乘初上乘五四应初亦云乘皆以上乘下之义 | 201 |
| 九五需于酒食贞吉 | 邱行可曰酒食所以待宾也下三阳为客需时而进 | 204 |
| 初六师出以律 | 苏子瞻曰以律者正胜不以律者奇胜既失律矣胜亦负也 | 206 |
| 谦亨君子有终谦亨人能谦 | 《书》曰满招损谦受益《诗》曰彼交匪傲万福来求人而能谦其益其福有不期而然者矣 | 218 |
| 初九履错然敬之无咎 | 庐陵杨氏曰九以阳刚居离明之初如火之始然日之始旦虽在下无位而未进其践履之实错然璀璨于天下已不可掩矣 | 243 |

续表

| 《周易》原文 | 《周易参义》所引内容 | 所引内容在《周易参义》的页码 |
|---|---|---|
| 上六不明晦初登于天后入于地 | 丘氏曰以商周之事观之上极暗为纣五近晦为箕子四与上同体避暗就明为微子 | 253 |
| 六四富家大吉 | 《记》曰父子笃兄弟睦夫妇和家之肥也家之肥即家之富也 | 255 |
| 六四涣其群元吉 | 苏明允曰涣之六四曰涣其群元吉夫群者圣人之所欲涣以混一天下者也 | 288 |
| 九五东邻杀牛不如西邻之禴祭 | 酒诰曰越殷国灭无罹弗惟德馨香祀登闻于天杀牛之不如禴祀岂非以其德馨之不足乎 | 295 |
| 天行健君子以自强不息 | 胡翼之曰天者乾之形乾者天之用 | 332 |
| 天与水违行讼 | 孔子曰听讼吾犹人也必也使无讼乎 | 336 |
| 颐厉吉大有庆也 | 夫子曰勇者不惧仁者不忧此岂非大过之行乎 | 346 |
| 雷风恒君子以立不易方 | 庐陵杨氏曰终始变化者恒之道所以久而不穷也立不易方者恒之节所以久而不变也 | 348 |
| 风自火出家人君子以言有物而行有恒 | 《中庸》曰知远之近知风之自知微之显可与入德矣 | 350 |
| 覆公𫗧信如何也 | 信如何犹《汉书》曰顾诚何如言覆公之𫗧诚何如哉盖凶可知也 | 356 |

续表

| 《周易》原文 | 《周易参义》所引内容 | 所引内容在《周易参义》的页码 |
| --- | --- | --- |
| 乾知大始坤作成物 | 邵子曰阳不能独立必得阴而后立故阳以阴为基阴不能自见必待阳而后见 | 362 |
| 乾始能以美利利天下不言所利大矣哉 | 庄周曰天地有大美而不言信矣哉 | 405 |
| 小畜寡也履不处也 | 蔡氏曰自姤以下有乱简 | 420 |

通过上表统计可知:除去程子、朱子论《易》观点之外,梁寅之《周易参义》尚借鉴了孔子、王安石、胡翼之、欧阳修、邱行可、苏明允、邵子、庐陵杨氏等人的观点,同时借助《尚书》、《中庸》、《礼记》、《庄子》等书的语句加强了说服力。

综合以上分析可知,《周易参义》虽然标榜参合程朱两家论《易》观点,实际上其所引用的典籍远远超过了程、朱两家。梁氏著作共引用 42 处,其中引用程朱两家共计 22 处,引用其它典籍达 20 处。从比例上分析,梁氏著作虽然在主旨上主程朱之学,但其论证方式则多用旁证。

梁寅现存经学著作除了《周易参义》之外尚有《诗演义》。刘毓庆总结梁氏之成就主要有三点:"一是将'朱传'通俗化。……二是阐发诗之义理,使读者了解其伦理道德意义。……三是修正朱说。"[①]梁氏所著虽然对朱子之说少有修正,但基本上一遵朱熹之说,其最大的功绩在于便于学者研读《诗经》,能更好的促进《诗经》的传播。虽然,梁氏之《诗经》学成就斐然,理应对其进行详细研究,但刘毓庆言之甚详,故于此不再赘述。

---

① 刘毓庆:《从经学到文学——明代〈诗经〉学史论》,第 41—44 页。

梁寅的经学贡献主要有两点：

第一，致力于《五经》通俗化，使经书更容易被学者接受和传播。

梁寅创作《周易参义》的目的在于整合程《传》与朱子《周易本义》，使读者由详而返约，考异而知同。四库馆臣对《周易参义》也做出了较高评价："诠释经义，平易近人，言理而不涉虚无，言象而不涉附会。大都本日用常行之事，以示进退得失之机，故简切详明，迥异他家之轇轕。虽未能剖析精微，论其醇正，要不愧为儒者之言焉。"①

在《尚书》学方面，梁寅有《书纂义》。梁寅《自述》曰："归老之后，于《书》也以蔡氏《传》之详明，而姑释其略，谓之《书纂义》。"②其创作《书纂义》的目的是蔡沈之《传》详细明白，但亦卷帙浩繁，故释其略。

在《诗经》学方面，梁寅指出初学《诗经》者在解读《诗经》时有两种困难，一则不明训诂，一则不明义理。梁寅称："然初学诵之亦有难者焉，其所以难者，训诂则必欲其明也，义理则必欲其正也。诗之所由作者，所当究而其不可知者为多也。吾夫子删诗之时，未有注释也，至汉儒以经相传授，注释益众矣，而无所前闻，多为臆度，故谬误相袭。朱子《诗传》独觉夫千载之失，而有以正之，至于字义，尤必有据，凡其穿凿附会者，悉弃而不取，故曰训诂之必明也。汉儒之释经，于正理或昧，迨程朱之言既行，驳杂之论乃黜。今之读经者宜一遵程朱，难复互异，故曰义理之必正也。古人之歌诗，如今之歌曲，或颂或规，唯取大意。诗之事实，多所未究，以今观之，其作者为何人，所指为何事，勿问之可也，故曰其不

① 永瑢：《四库全书总目》，第27页。

② 朱彝尊：《经义考》，第478页。

可知者为多也。传之或简略者，盖章解句释，非君子之所尚也。然幼学之士，读经而懵于传，读传而违于经，非加之意，何以究通，故余之所论者为幼学虑也。”[①]因此梁寅创作《诗演义》，目的在于：“博稽训诂以启其塞，根之义理以达其意，于其隐也阐而使之显，于其略也推而使之详。”[②]《经义考》引用梁寅《自述》强调了《诗演义》的朱子学倾向，却忽略了该书的通俗化色彩。四库馆臣则抓住了《诗演义》的通俗化特色。四库馆臣曰：“其书大抵浅显易见，切近不支。元儒之学主于笃实，犹胜虚谈高论，横生臆解者也。”[③]

在《三礼》学方面，梁寅著有《周礼考注》和《类礼》。《周礼考注》的创作目的是“删剔其注，使其明畅”。[④] 梁寅《类礼》的创作动机是“于《礼记》也，以其多驳杂，惟取格言以类而分，谓之《类礼》”。[⑤]

在《春秋》学方面，梁寅有感于“《六经》惟《春秋》以书事而寓王法，往往多微旨，非有所授受，罕能灼知其意者”，[⑥]“病传之言异，求褒贬或过”，[⑦]故因朱子之言创作《春秋考义》。

梁寅因为博学多识而被时人称之为“梁五经”，他对于《五经》的主要贡献就在于使其通俗化、简约化。这是元明之际经学发展的一大特色。这种特色不仅仅体现在学者的经学思想中。朱元璋命令孔克表用“恒言”解释经书，名之曰《群经类要》，也体现了经学的这一发展趋势。

---

① 梁寅：《诗演义原序》，见《景印文渊阁四库全书》第78册，第2页。
② 梁寅：《诗演义》，第3页。
③ 永瑢：《四库全书总目》，第128页。
④ 朱彝尊：《经义考》，第669页。
⑤ 朱彝尊：《经义考》，第755页。
⑥ 朱彝尊：《经义考》，第872页。
⑦ 朱彝尊：《经义考》，第1020页。

第二，对朱子学派经学观点采取遵守与修正的双重态度。

梁寅之《五经》学多主朱子学派观点。其《周易参义》整合程《传》与朱子《周易本义》，参以己意而成。《诗演义》引申朱熹《诗集传》而作，其凡例云"《诗演义》之作，本以申朱子《集传》之义，非敢违异，间有他说可取，必先用《传》义，而他说附之其后"。①《书纂义》则节略蔡沈《尚书集传》而成。这是梁寅对朱子学派经学观念的赞同之处。

梁寅对朱子学派经学不仅有因循，亦有修正，他在某些具体问题上修正了朱说。例如梁氏对于朱子《诗》学的诠释，并不像唐人之对于毛诗，坚守"疏不破注"的原则，而是在独立思考的基础上，有述之者，有补之者，有正之者。"补"主要是从义理方面进一步阐发朱子之意，"正"则是在具体诗篇的训解上对朱说的修正。这代表了宋元以来诠释朱传的一个特点。《尚书》学方面，梁寅《书纂义》则补充蔡沈《尚书集传》的某些不足之处。其书已不存，刘起釪称："'纂义'当是梁寅《书纂义》十卷。其《自述》云：'归老之后，于《书》也以蔡氏《传》之详明，而姑释其略，谓之《书纂义》。'可知委婉地说明其书释《蔡传》所未及之处。与陈谟书同为《经义考》所未见，《四库》所未著录。"②

元明之际，临江府的经学大师唯有梁寅一人，但其成就非凡，在元明经学史上占有重要的地位。

---

① 梁寅：《诗演义凡例》，第3页。

② 刘起釪：《尚书学史》，第305页。

# 第五节　袁州府、瑞州府、广信府籍学者的经学思想

## 一、袁州府欧阳贞

欧阳贞，字符嘉，分宜人。从揭傒斯学，工古文。洪武初，以《易》夺魁。其经学著作有《周易问辨》三十卷。《江西通志》载："欧阳贞，字元春，分宜人。从学士揭傒斯、乡进士夏镇学，工古文。元季，不仕。洪武初，以《易经》魁江西乡试，授考城主簿，改扶沟，以老归。所著有《周易问辨》三十卷、《史提钩》七十卷、《余学初集》、《龙江丛稿》、《东斋寓录》、《贫乐集》，自号石户农。"[①]由此可知，欧阳氏于通经史之学，亦工古文。欧阳贞之叔父欧阳原功认为这是欧阳氏家族复兴之代表。

欧阳氏之经学远溯汉代欧阳氏，中兴于北宋欧阳修。欧阳原功在《周易问辨》中回忆欧阳氏经学成就称："吾宗巽斋先生为曾大父冀郡公作《经训堂记》，言欧阳氏经学、司马氏史学，由三代而下，代有其人。盖《六经》甫出孔氏之壁，欧阳氏即以八世博士世其学，其来岂一日哉。司马氏史学至宋君实复振，欧阳氏经学，我六一公，《易》有《童子问》，《诗》有《本义》，凡宋儒以通经学古为高，实公倡之。故余见贞是编，喜我欧阳氏经学亹亹其不绝乎。"[②]《经义考》记载《周易问辨》未见。根据欧阳原功的介绍，该书有两种用途："抑是编岂独便场屋之习，山林穷经皓首之士见

① 谢旻等：《江西通志》(三)，第504页。
② 朱彝尊：《经义考》，第271页。

之,未必无助我之叹也。”[1]则是书之作的主观目的在于方便科举。

## 二、瑞州府胡琏

《江西通志》记载:“胡琏,字商用,高安人。父死括苍,兵兴,道梗。琏艰险万状,负骨归葬,人以孝称之。大明兵至江西,天完将刘敬欲退守新昌。琏说曰:‘今真主已出,不降何待,瑞且不可守,况新昌乎,宜亟为一郡生灵计。’刘素闻琏名,忻然从之。琏为奉书诣军门降,一府十万户,赖以安全。洪武初,应通经,举为本府学训导,升句容教谕。引疾归,杜门觞咏,所著有《易学会通》及子史百余卷。”[3]

《千顷堂书目》、《经义考》皆著录胡琏之《易学会通》,《经义考》称其书未见。惜胡琏之著作今已不传,其《易》学思想不得而知。

## 三、广信府吴从敬和叶瓒

《江西通志》载:“吴从敬,贵溪人。洪武初,以荐授晋府长史。所著有《康衢集》、《小学训义》、《诗集大成》、《古文孝经集义》传于家。”[4]《千顷堂书目》记载吴从敬有《古文孝经集义》、《小学训义》。朱彝尊称其书已经佚。

《江西通志》载:“叶瓒,字瓒玉,贵溪人。任金华月泉书院山长,升婺学正。至正丁亥,明太祖取婺州,置行省。中书召儒士许元等十一人入直省中,讲论经史,敷陈治道,而瓒首被选。将大用之,以病归,卒。所著有《石坡集》、《孝经衍义》、《广信先贤传》。

---

① 朱彝尊:《经义考》,第271页。

③ 谢旻等:《江西通志》(三),第473页。

④ 谢旻等:《江西通志》(三),第874页。

子孝友，以文学世其家。”[①]朱彝尊《经义考》著录《孝经衍义》已经亡佚。《千顷堂书目》著录叶氏著作有《古文孝经集义》、《小学训义》，惜皆不存世。两者所载叶氏《孝经》著作不同，原书已经亡佚，故无从考其实，亦无从评骘其经学成就之高下。

元末明初，江西籍学者主要有以上十六位，其中危素、朱善、梁寅、周是修、陈谟五人的影响最大。

江西籍学者的经学研究呈现两种不同思路：

一是继续发挥宋学的怀疑和求真精神，在朱陆亡后，对经学继续作深入的研究，以危素、朱善、梁寅为主要代表。该派学者大多以经世致用为经学最终目的，他们大多鄙弃汉唐学术、崇尚宋学学者，但是并不完全囿于所谓汉学与宋学之别、不拘泥于朱陆之辨。凡是可以为现实所用者皆可拿来研究利用，在具体的经书解释方面亦不能完全脱离汉学影响。他们多主张调和朱陆，融合汉唐。不仅作义理上的探讨，而且开始反思宋儒抛弃文字训诂主张的利弊。这是一派富于活力和创造力的学者。

二是从事科举之学的学者，以欧阳贞为代表。该派学者多积极从事教育活动，在洪武政权建立过程中能发挥一定的作用，但其归宿多是隐居讲学。他们的著作多数已经亡佚，其具体经学主张不得而知。从他们热衷于科举教育来推测，其经学著作多数脱离不了程朱规矩，于经旨无所发明。

从事科举教育的学者虽然于经学研究思路之开拓、经学思想之变迁无太大影响，但是他们却培养了一大批足以影响后世的学生。从江西地区考取进士的数量中可得到直观的结论。

江西的吉安府尤能展现人文之盛。何孟春称：“礼部会试天

① 谢旻等：《江西通志》(三)，第873页。

下，国初，惟南方士子中式居多，而南方惟江西吉安为盛。北人曾不十之一。洪武三十年，被黜落者，咸以为言。"[①]刘仕义称："江西一省可谓冠裳人物之盛，而吉安一府尤最。自洪武辛亥至嘉靖己未，凡六十科。吉安进士七百八十八人，状元十一人。榜眼十一人，探花十人，会元八人，解元三十九人，登第者二十八人，官至内阁九人，一品六人，赠三人，尚书二十二人，赠四人，左右都御使六人，得谥二十五人。盛哉！"[②]从这个意义上讲，江西乃明代学术之重镇，即使在短暂的洪武时期也能从其经学学者的数目和经学著作的质量中体现出来。

综合以上分析可知：江西籍学者中以危素为代表的学者倡导独立思考，主张通经致用，其作品多能长久流传，在当时和后世影响巨大。以欧阳贞为代表的科举教育学者多能促进当地当时的教育发展，培养了一批善于科考之人才。对于这些人才不能一概而论，其中不乏徒事记诵之流，但也包括能够不被时俗所限的学者。这两派学者都为江西经学的发展作出了贡献。

---

① 何孟春：《余冬序录》，第640页。

② 刘仕义：《新知录摘抄》，济南：泰山出版社，2000年，第1693页。

# 第五章　明初徽州籍学者的经学思想

徽州区域文化是中华文化中富有典型意义的标本。早在20世纪30年代，胡适就提出了“大绩溪”与“小绩溪”的看法，徽州区域文化与中国文化是联系在一起而密不可分的。徽商足迹遍天下，徽州士子入朝参政，徽州文人活跃于各个文化圈。他们把其他区域的文化带到徽州，又把徽州文化传播到各地，并参与到中国大文化的循环中。

徽州传统学术文化区形成于12世纪中叶，形成的主要标志一是与同时的其它区域相比，它是文化相对发达的地区；二是出现了统一的学术文化理念；三是具有相对稳定的区域范围。新安理学是程朱理学的正宗流派，奠基人程颢、程颐及理学集大成者朱熹，祖籍均系徽州篁墩。徽州是元末明初著名的经学重镇，该学派崛起于南宋、发展于元代、全盛于明初、衰落于明季、终结于清代中叶。

元末明初，朱子之学一统徽州，形成了相对稳定的文化圈。在经学领域与浙江、江西两地相映成趣，共同组成了明初三大经学研究中心。

明初，徽州隶属京师，共包括六个地区，分别为：歙县、休宁、婺源、祁门、黟县、绩溪。这个时期徽州的主要经学学者有朱升、汪克宽、赵汸、程汝器、汪有训、金居敬等人。

# 第一节　徽州籍学者的经学思想

## 一、朱升

朱升，字允升，号枫林，休宁人，生于元成宗大德三年，卒于明太祖洪武三年，享年七十二。

朱升幼年从学乡里江敏求、金斋谕，十七岁从师乡贡士陈栎。陈栎，字寿翁，一字定宇，号东皋，其学以朱子为宗，著有《百一易略》、《四书发明》、《书传纂疏》、《礼记集义》。陈栎师从朱子的三传弟子黄智孙，朱升则是朱子五传弟子。至正三年，资中黄泽讲学湓浦，朱升与同里赵汸同往受学。至正八年授池州教授，十年到任。是时，蕲、黄之兵已到徽州，朱升为避兵乱，迁居歙县石门山中，授徒经学，闭门著述。

至正十七年七月，朱元璋兵至徽州，邓愈向朱元璋推荐朱升，朱元璋遂召朱升问时务。朱升对以“高筑墙、广积粮、缓称王”之计，从战略上为朱元璋提出了建国之策。此后，朱升跟随朱元璋赞画军机、制定典章，罗致人才。至正二十七年，朱元璋称吴王，授朱升以翰林侍讲学士、中顺大夫、知制诰、同修国史；洪武元年朱元璋称帝，朱升以翰林学士兼东阁学学士、嘉议大夫。洪武二年，朱元璋召诸儒臣修礼书，明年书成，赐名《大明集礼》，朱升参与编辑。三月，朱升请老归山，洪武三年冬十二月以疾卒于家。朱升一生著述颇丰，所著有《易》、《诗》、《书》、《周官》、《仪礼》、《礼记》、《四书》、《孝经》、《孙子》等书旁注，以及《书传补正》、《朱枫林集》。《明史》称其：“自幼力学，至老不倦。尤邃经学。所作诸经旁注，辞约义精，学者称枫林先生。”[1]

《新安文献志》卷七十六详细记载朱升为学旨趣。其文曰：“自幼为学，即以列圣传心为主，践履致用为工，上穷道体，幽探元化。谓圣人精义入神之功，或寄于百家众技之末，是以一事一物，莫不旁搜曲探，沿流溯源。谓濂、洛既兴，考亭继作，而道学大明于世。然后学者往往循途守辙，不复致思。其已明者，既不求其真知；而未明者，遂谓卒不可知，岂前贤所深望于后人者哉？加以词华浮靡之习荡其中，科举利禄之心诱于外，是以圣学明而实晦，飘流忘返，慨然思所以救之。于是考六书之源，究制作之始，以得名言之义，味笺注之旨，以畅指趣之归，而圣贤之心见于方册者，始可得而见。然后傍参之以传注之文，究极乎濂、洛之说，熟玩乎其所已明，而深究乎其所未明。尝曰：‘先儒传注之意，所以求经之明也。而近世举业，往往混诵经注。既不能体味乎传注，而反断裂其经文，使之血脉不通，首尾不应，知味乐学，何所自乎？’于是始作诸《旁注》，离而观之则逐字为训，合而诵之则文义成章，纲提目举，一览可知。其有训而未类，疑而未安者，必穷研极虑，不合乎圣经不止也。尝曰：‘《旁注》之作也，知其粗者以为小学训诂之入门，悟其妙者知为研精造道之要法。平生之所以有得于圣经之蕴者以此，此学道之大概也。’……所注书有《易》、《书》、《诗》、《周官》、《仪礼》、《礼记》、《论语》、《孟子》、《大学》、《中庸》、《孝经》、《小学》旁注，读《老子》、《孙子》亦为旁注，他如《小四书》、《小学名数》、医家诸书之奥义，葬书之说，皆有纪录，兹不尽载。”[2]

此段记载描述了元明之际朱子学在流传过程中的弊病。周敦颐、二程倡明理学之后，朱熹集其大成，圣人之道得以大明于

---

① 张廷玉：《明史》，第 2610 页。

② 程敏政：《新安文献志》，见《景印文渊阁四库全书》第 1376 册，第 268—269 页。

世。但后代学者却因循朱子旧说，不再探究如何会有如此“成说”。这就是知其然而不知其所以然的一种慵懒的学术态度，朱升面对该现状提出了自己的经学主张。

第一，主张通经致用，不为无用之学。

朱升自幼即以列圣传心为主，践履致用为工，上穷道体，幽探元化；后辅佐朱元璋建立新生政权，建立了不朽之功。这表明朱升一生以继承与发扬经学为己任，其研究孔孟到周敦颐、二程、朱子的思想，并且将儒家传统中的修身齐家治国平天下的理想运用到实践中去。

朱升与洪武政权关系密切，洪武元年二月乙卯，朱元璋因《周礼》问梦于詹同、朱升。朱升对以帝王之兴自有天命之说，由私人之梦而论及天下兴亡，这是朱升讲求通经致用的体现。洪武元年二月，朱升与詹同按古礼制定禴祠烝尝四时祭祀制度。洪武元年三月，朱升受命修《女戒》，这都对明初政权的巩固有一定的作用。

第二，主张博学多识，坚持朱子的道问学工夫论。

朱升认为圣人精义入神之功，或寄于百家众技之末，是以一事一物，莫不旁搜曲探，沿流溯源。朱升延续了朱子格物致知的思想，认为儒者之道无处不在。于是穷究百家之学，以期有助于治道。朱升曾经作《孙子旁注》，这说明朱升并不贱视子学。在兵荒马乱之际，积极学习兵家之书也是一种积极的入世精神的体现。朱升一生为学不止，自幼为学到去世，虽然辗转多处，但手不释卷，其积极进取之精神足为当世士人之楷模。

第三，打破慵懒学术态度，努力获取经学真知。

首先，朱升主张积极思考，面对先儒经典与传注要有发现新问题、挖掘新思想的学术动力和勇气。朱升认为经学经过朱熹的研究一定取得了相当高的成就，但是这不是学术的顶点和终点。

面对部分学者因循守旧的思想以及“其已明者，既不求其真知；而未明者遂谓卒不可知”的诡辩论，朱升认为要充分发挥个人的主观能动性，走出“不复致思”的误区。

其次，反对科举之学。科举之学对于经学研究是一把双刃剑，科举制度的制定和实行可以在最大范围内实现经学的普及，扩大经书的覆盖面。但是科举制度作为一种成熟的选拔制度，其主要目的不是奖励求异性的学术研究，而是用整齐划一的尺度衡量考生对某些知识的记诵本领。于是在科举制度的影响下，传统的经学研究变成了单纯的记诵之学，参加科举者只要熟读规定的传注就可以考取功名。科举利禄之心诱惑越大就越阻碍学术研究，这种极其短视的记诵之学可以使学者在短时间内获取富贵，但是思想僵化也随之而来。

不可否认的是，在元明两代有许多以科举为主要创作目的的经学著作也取得了不小的学术成绩，同时科举出身、高中之后开始坚持独立思考的学者也大有人在。对科举与学术的关系还需作更为深刻的研究。从科举入，随后改弦更张坚持独立思考的学者，对学术研究大有裨益。从科举而入，随后不复从事学术研究而一心在仕途上大费周章的经生对学术研究的贡献则可以忽略不计。

朱升反对的就是第二类人。这类人把科举当成缴获利禄的工具，从心底缺乏学术研究的动力。如上文所引朱升对此予以了批评，称：“近世举业，往往混诵经注。既不能体味乎传注，而反断裂其经文，使之血脉不通，首尾不应。”明末清初的顾炎武也坚持这样的观点。元末明初的朱升实际上已经对科举做出了较为深刻的反思了。封建社会后期的王朝更替之际往往是对科举制度反思最为深刻的历史阶段，朱升的这种反思也是针对知识分子徒事记诵的一种批评。

再次，主张舍传读经，倡导独立思考。朱升有感于科举制度对经学研究带来极大的破坏而发出这一倡议。汉代的传注琐屑不堪，宋人予以了纠正，但是宋人并没有脱离传注的老路子。朱熹本人就是传注大家，他对儒家经书都有深入研究，对于《易》著有《周易本义》，又作《易学启蒙》；对于《诗经》用力最勤，著有《诗集传》；对于《礼》有《仪礼经传通解》；对于《尚书》，虽然没有专门著作，但其弟子蔡沈所作的《尚书集传》被认为是承袭他的思想；朱熹又根据《春秋》义法，著《通鉴纲目》；对于《大学》、《中庸》、《论语》、《孟子》研究最为深入，详为注解并编辑成一书。朱熹对经书的解释虽然有时候颠倒经文次序，私自补充阙文，有疑经改经之嫌，但是由于朱熹并不废弃训诂，所以朱熹在经学史上的贡献是不可磨灭的。元代延祐年间，复行科举，朱子经学著作变成了国家法定的教科书。洪武二年，朱元璋下诏国家明经取士，说经者以宋儒传注为宗，于是科举之徒惟记诵为能事，不复精思深研。朱升既反感科举制度，同时又对这种阅读经书的学习方式产生了不满。徒事记诵只能获得朱熹经学的大旨，却不能获得经书所蕴含的思想。因此，朱升自己对诸经都作了旁注以示榜样。

《尚书旁注》序文称《书集传》："成于朱子既殁之后，门人语录未辑之前。自是以来，诸儒继作，讲明著述，补益宏多。然往往不与经传相附，而缁阅之难。"①《大学中庸旁注》序文称："先儒经解至矣，而犹未免云云者。先儒用圣贤功夫，故能因经文以得圣贤之意，学者用先儒功夫而能因经解，以得先儒之意几人哉。性质庸常，学力卤莽，父兄师友取经解而督之。读经与解离，不能以意相附。其弊也，断裂经文，使之血脉不通，首尾不应。"②

① 朱彝尊：《经义考》，第 478 页。
② 朱彝尊：《经义考》，第 843 页。

针对经传不合的现象，朱升创作诸经旁注以求真。朱子之学体大精深，后学难以超越，加之科举盛行，利禄所至，士子多徒事记诵。在这种情况下，经学很难能健康的发展。朱升特立独行，倡言独立思考，并积极投身于著述事业之中，用实际行动践行着通经致用的儒家故训。这对于矫正慵懒的学风有积极的作用。旁注之作体现了朱升独立思考的求真精神。

## 二、汪克宽

汪克宽，《明史》有传，其文曰："汪克宽，字德一，祁门人。祖华，受业双峰饶鲁，得勉斋黄氏之传。克宽十岁时，父授以双峰问答之书，辄有悟。乃取《四书》，自定句读，昼夜诵习，专勤异凡儿。后从父之浮梁，问业于吴仲迂，志益笃。元泰定中，举应乡试，中选。会试以答策伉直见黜，慨然弃科举业，尽力于经学。《春秋》则以胡安国为主，而博考众说，会萃成书，名之曰《春秋经传附录纂疏》。《易》则有《程朱传义音考》。《诗》则有《集传音义会通》。《礼》有《礼经补逸》。《纲目》有《凡例考异》。四方学士，执经门下者甚众。至正间，蕲、黄兵至，室庐赀财尽遭焚掠。箪瓢屡空，怡然自得。洪武初，聘至京师，同修《元史》。书成，将授官，固辞老疾。赐银币，给驿还，五年冬卒，年六十有九。"①

汪克宽治经学原本宋儒，朱子一传于勉斋黄氏，再传于双峰饶氏，三传于东山汪华。汪华即汪克宽之仲大父，汪克宽治学实嗣其传。其著述根据《明史》记载有四种，《新安文献志》称其著作"有《春秋经传附录纂疏》、《左传分纪》、《春秋诸传提要》、《易程朱传义音考》、《诗集传音义会通》、《礼经补逸》、《周礼类要》、《纲目

① 张廷玉：《明史》，第4829—4830页。

凡例考异》、《六书本义》、《环谷集》”。[①] 只有《春秋经传附录纂疏》传学者，余多散佚不存。

汪克宽之经学不越宋儒规范，永乐间修《五经大全》，其中《春秋大全》则几全袭汪氏《春秋经传附录纂疏》。

**（一）汪克宽的经学主张**

1. 不事科举之学

汪氏早年热衷科举，《明儒言行录》载："泰定丙寅春，谒严陵吴先生朝阳，与论所学。吴喜曰：'子可谓真知作《春秋》心法矣。'是秋，举浙江乡试。次年，对策见黜。南归，益刻厉为学，遂厌科举之学。"[②]科举制度足以束缚学人思想，而徒事记诵的学人于学术终无所发明。汪克宽在遭遇科举失利之后，毅然绝意科举。应该注意，汪氏不事科举不是主动为之。

2. 倡导经世致用之学

汪氏主张学以致用，反对无用之学。汪氏崇尚经书，他相信经书能够给人的行动予以指导。汪氏在《先王制礼之盛论》表达了对礼的尊崇。其文曰："盛哉！先王之礼也，其本在于养性防欲，其用在于视听言动，周旋揖逊之间，使人之视听言动、周旋揖逊一于礼，则安有放其邪心，骄奢淫佚，荡而莫之节者哉？不放其邪心，不骄奢淫佚，荡而莫之节，则祸乱可息，孝弟可行，治教可兴，其立意微，其为法远矣。"[③]

汪氏之学以践行为主，故无暇于文章之学，对文学多持鄙弃态度。"尝语学者曰：'圣贤之学，以躬行践履，操存省察为先。至

---

① 程敏政：《新安文献志》，见《景印文渊阁四库全书》第 1375 册，第 23 页。

② 沈佳：《明儒言行录》，第 601 页。

③ 汪克宽：《环谷集》，见沈乃文编《明别集丛刊》第 1 辑第 4 册《汪氏家集》本，第 252 页。

于文章，特其余事。’笃志著述，不以一毫利禄动心。”①宋学之精神在于内圣外王，通过自修完成内圣，然后施之于事物即达到外王之目的。汪氏主张以践行为圣学的根本目的，所以他反对文章等末技。

汪氏对当时的不良学风提出了批评，要求时人向古人学习。《送友人汪德茂归休宁序》称："夫人之为学，知而嗜者为难，嗜学而勤者为尤难，勤而能大，尤加难焉。古之学者，或绳头，或刺股，或带经而锄，或护鸡而读，或以被蔽灯，或帐有墨色，盖嗜学而能勤者也。又其甚则随月照雪，聚萤然薪，斯又勤苦之尤者，然皆有以殖学而成名。今之人习于声色之外，躭于逸游之娱，苟能笃于问学，以此易彼，盖千百而什一耳，矧望其能勤乎?"②经学以致用为本，学者不学，任时光飞逝，于学无益。汪氏对此等学风大为不满，倡导学人珍惜时间，向古人学习刻苦的精神。学人要有刻苦之精神，还要有坚持学习的毅力。《志学斋记》云："圣人之道，淡而寡味，然辟之菽粟之在天下，不可一日而舍也，舍是则无以有成也。世之人有志于圣人之道者盖多矣，然未之或知，訹于小艺，惑于旁蹊，则是志之未立也。志苟立矣，朝勤而暮辍，一暴而十寒，则是志之未诚也。志苟诚矣，览之未博，习之未熟，未闻其所未知，未勉其所未行，则是志之未笃也。必也求之方策，诵而复焉，思而绎焉。凡理之所当然者，必法乎先哲而反诸身，本无往而不至也。然后出其余，以肆力于为文，推其用以显于时，则可谓充其志而于学，乃克有成矣。"③

汪氏针对时人的学风提出了中肯而严肃的批评，并且提出了读书治学的学问和步骤。汪氏殷切希望时人能够坚持学习经书，

① 沈佳:《明儒言行录》,第601—602页。
② 汪克宽:《环谷集》,第162页。
③ 汪克宽:《环谷集》,第170页。

以期有用于世。

3. 汪氏治经崇尚明白易晓，并且倡导尚疑精神

汪氏主张通经致用，故其学术主张明白易晓，唯有明白易晓，学者方能掌握经义大旨。汪氏曾创作《经礼补逸》。曾鲁为该书作《序》，《序》称："六籍之阙也久矣，而《礼》为甚。汉兴，区区掇拾于秦火之余，而淹中古经旋复散失，所存者十有七篇而已。《周官》虽后出，而《司空》之篇竟莫得补。二戴所传，又往往杂以秦汉之记，然则学者之欲睹夫成周三千三百之目之全，固亦难矣，宜乎其学之寥寥而莫讲也。虽以韩子之贤，尚苦难读，而谓于今诚无所用，矧他人哉。至宋庆历、元祐，诸儒先后慨然有志于复古，及朱子乃始断然谓《周礼》为礼之纲，《仪礼》其本经，而《礼记》其义疏，于是创为条目，科分胪列，出入经传，补其遗阙，以为王朝、邦国、家乡，学礼而丧、祭二礼则以属门人黄氏，其有功于学者甚大。然其书浩博，穷乡晚进，有未易以遽究者。祁门汪先生德辅父，间尝因其成法，别为义例，以吉、凶、军、宾、嘉五礼之目，会梓成书，名曰《经礼补逸》。辞约而事备，读者便焉。学礼之士，诚能因汪氏之所缉，以达于朱子之书，则三千三百之目，虽不可复睹其全，然郁郁乎文之盛，岂不若身履而目击之矣乎。"[①]曾鲁对朱熹之《三礼》学所取得的成就予以了充分的肯定，同时认为朱熹之作卷帙浩繁，后学不易把握其要领。因此汪克宽创作了《经礼补逸》，该书辞约而事备，非常便于学者学习。

汪氏治经虽然以明白易晓为基本特色，但是"尚疑"精神是其最核心的主张。经书卷帙浩繁，历代注疏亦汗牛充栋。时人要想获取对经学的认识就必须发挥主观能动性，自己体会经书大旨。他著《经礼补逸》就是因为有感于朱子注释繁杂，不利于传播。在

① 朱彝尊：《经义考》，第709—710页。

表面上看这是一种对前辈学者著作进行化繁为简的学术改造，实际上是对学风的改变。这种改变的基础是对朱子著作具有怀疑精神，只有怀疑才能促进思考。

江氏曾作《经礼附说》，文曰："《周礼》一书，果为周公所作乎？汉武尝谓《周礼》为渎乱不验之书，何休又云六国阴谋之书，欧文忠公谓《周礼》可疑者二，苏颖滨谓《周礼》不可信者三，是皆论以为非周公之遗制也。然则《周礼》果非周公所作乎？朱子盖尝以周家法度广大精密言之，尝以周公建太平之基本称之，又尝以周公从广大心中流出称之。张横渠谓周公治周莫详于《周礼》，贾公彦序《周礼》废兴，又谓郑玄遍览群经，知《周礼》者乃周公致太平之迹，是则又明为周公所作也。考之《西汉志》，于周公未之见。东汉《儒林传》乃谓《周官经》六篇，本孔安国所献。《隋经籍志》乃云汉时有李氏得《周官》，上于河间献王，独缺《冬官》一篇，献王购以千金，不得，遂以《考工记》补成六篇，奏之孝武。时盖有其书，特未与《五经》例，置博士耳。至西汉刘歆，始置博士，遂盛行于世。后世因有《周礼》作于刘歆之说，是则《周礼》作于周公而非他人之制明矣。然《冬官》何为而缺也，经罹秦焰，散佚之余，与汉儒编录附丽之误，而始谓之缺也。何以知其然，愚因考补散逸得之。"[①]汪氏判断《周礼》之作者，首先列举了众多学者的观点，其中皆为经学大师。汪氏参考了欧阳修、朱熹、张载、郑玄、贾公彦等人的观点，又借鉴了两汉《艺文志》及《隋书·经籍志》之记载，将两种完全对立的观点并列出来。这种罗列过程就是怀疑过程，历史上的众多说法很难统一，汪氏此举说明怀疑是本来就存在的。历史上的学人可以对重要经书予以怀疑，当代学者同样可以有怀疑的权利，并且前贤的怀疑往往能够给后学以指导和启发。

---

① 汪克宽：《环谷集》，第 708 页。

汪氏通过对《周礼》的考辨说明学者必须有尚疑精神才能获取真实思想。

**（二）汪克宽的《春秋》学**

汪克宽之著作多不存于世，《四库全书》收录《春秋胡传附录纂疏》和《经礼补逸》两书，其中前者取得成就较高。

《春秋胡传附录纂疏》乃汪氏以《春秋》胡传为底本，结合历代《春秋》学著作而作的一部著作。该书创作意图有二：一为疏通《春秋》体例，补充胡《传》之不足；二为科举而设，其《凡例》曰："近代诸儒惟胡氏发明程子之意最详，朱子称其'义理正当'，是以国家设科，专用三传及胡《传》，然三传自有注疏全文，故今纂疏以胡氏为主，而于经下分注附录三传要语。"①此书之作因为兼两种目的，故求真与科举存在一定的矛盾。四库馆臣称："陈霆《两山墨谈》讥其以鲁之郊祀为夏正，复以鲁之烝尝为周正，是亦迁就胡《传》，不免骑墙之一证。"②由此可知，汪氏虽然未能会试折桂，但是其作品足为后学士子之科举考试之辅助资料。

《春秋胡传附录纂疏》在疏通胡《传》文意上居功至伟。四库馆臣称："能于胡《传》之说一一考其援引所自出，如注有疏，于一家之学亦可云详尽矣。"③笔者以"九月及宋人盟于宿"为例，绍介其解经体例：

"九月，及宋人盟于宿"，胡氏解释为："鲁、宋、宿三国共为盟，参盟之端见矣。内称及外称人皆微者，其地以国，宿亦与焉。微者，盟会不志于《春秋》，此其志者，有宿国之君也。凡书盟者恶之。"④《胡氏春秋传》中，原文"九月及宋人盟于宿"为大字单行，其余为细字双行。汪氏著作中，"内称及外称人皆微者"、"微者

① 汪克宽：《春秋胡传附录纂疏》，见《景印文渊阁四库全书》第165册，第7页。

②③ 永瑢：《四库全书总目》，第229页。

④ 胡安国：《春秋胡氏传》，见《景印文渊阁四库全书》第151册，第24页。

盟会不志于《春秋》，此其志者，有宿国之君也。凡书盟者恶之。”皆大字单行，胡氏《传》同《春秋》皆大字单行书之，体现了对胡《传》的尊重。

汪氏在《春秋》经文“九月及宋人盟于宿”后附加上自己的考辨，文曰：“此参盟之端。《公羊传》：‘孰及之？内之微者也。’《穀梁传》：‘及者何？内卑者也，宋人，外卑者也。’程子《传》：‘惠公之季年，败宋师于黄。公立而求成焉。盟于宿，鲁志也。称及称人皆非卿也。’杜氏曰：‘宋，今梁国睢阳县。宿，国，东平无盐县。’张氏曰：‘宋，今应天府宋城县。愚按：‘宋国在今归德府无盐故城，今东平路须城县。’高氏曰：‘桓，宋出也，隐公惧宋，故与宋合。”[①]汪氏此处解释胡氏之意，“此参盟之端”乃化用胡氏“鲁、宋、宿三国共为盟，参盟之端见矣”，并非抄录胡氏原文。汪氏在《春秋》经文之后引用了《公羊传》、《穀梁传》、程子、杜氏、高氏五家之说。其中杜氏、张氏解释宋之地址之后的“愚按”部分为汪克宽的按语。胡《传》“内称及”之后，汪氏引用孙氏之言“孙氏曰不可言鲁人”，此处并没有汪氏按语。

胡氏先引《春秋》原文，大字单行，胡《传》则双行细字。汪氏将胡《传》改为大字单行，与《春秋》原文相同，然后解释胡《传》。汪氏汇集多家论《春秋》之言于该句之下，有的间下己意，一律用“愚按”进行标志。

通过对汪氏《春秋胡传附录纂疏》体例的探讨，我们可以看出汪氏的治《春秋》之特点：

1. 崇尚胡《传》，但仍不废除古注疏，仍然保留了《左传》、《公羊传》、《穀梁传》的部分内容。

2. 资料丰富，择善而从。汪氏对于胡《传》进行疏解之时，大

---

① 汪克宽：《春秋胡传附录纂疏》，第36页。

量引用了前人研究成果，其中不乏汉唐注疏。从这方面讲，汪氏之作汇集了前代的研究成果，可使后学能够通过此书直接窥见宋代甚至汉唐的研究成果。汪氏在借鉴前人的基础上间下己意，出语谨慎。

从以上两点看，汪氏的《春秋》学贡献主要有二：一将程朱之著作整合为一书，参以己意，使后学者得以窥程朱学之全貌。二是为了使朱子学能够更好地传播，对朱子学著作予以了改写，参以己意。这样就取得了辞约而事备，纲举而目张的效果，汪氏诚为朱子之忠臣矣。

### 三、赵汸

赵汸为元末明初的经学学者，尤邃于《春秋》学。《明史》对其学术渊源作了简略介绍。文曰："赵汸，字子常，休宁人。生而姿禀卓绝。初就外傅，读朱子《四书》，多所疑难，乃尽取朱子书读之。闻九江黄泽有学行，往从之游。泽之学，以精思自悟为主。其教人，引而不发。汸一再登门，乃得《六经》疑义千余条以归。已，复往，留二岁，得口授六十四卦大义与学《春秋》之要。后复从临川虞集游，获闻吴澄之学。乃筑东山精舍，读书著述其中。鸡初鸣辄起，澄心默坐。由是造诣精深，诸经无不通贯，而尤邃于《春秋》。初以闻于黄泽者，为《春秋师说》三卷，复广之为《春秋集传》十五卷。因《礼记》经解有'属辞比事《春秋》教'之语，乃复著《春秋属辞》八篇。又以为学《春秋》者，必考《左传》事实为先，杜预、陈傅良有得于此，而各有所蔽，乃复著《左氏补注》十卷。"[①]

赵氏师从黄泽习经，黄泽笃信程朱之学，年轻时就以明经学古笃志力行自励。其治学特点在于好为深沉之思。"初，泽以《六

① 张廷玉：《明史》，第4830—4831页。

经》复古之说设教九江，尝谓近代大儒继出，而后朱子《四书》之教大行。然《周易》、《春秋》二经实夫子手笔，圣人精神、心术所存。必尽得其不传之旨，然后孔门之教乃备。每患二经学者，各以才识所及求之。苟非其人，虽问勿答，其所告语，亦皆引不发，姑使自思，是以及门之士，鲜能信从领会者。”[①]赵汸往从之学，称其师：“好为苦思，屡以成疾，疾止则复苦思如故……先生于经学，以积思自悟为主，以自然的当不可移为则。故其悟也，或得诸幽闲寂寞之余，或得诸颠沛流离之顷，或得诸疾病无聊之日，或得诸道途风雨之中。及其久也，则豁然无不贯通。”[②]黄泽之《春秋》学以复古面目出现。金居敬称：“资中黄先生，以《六经》复古之说设教九江。”[③]黄泽对近世几乎所有的《春秋》经说都不满意，因此主张回归三传、特别是《左传》中去。他说：“学《春秋》只当以三传为主，而于三传之中，又当据《左传》事实，以求圣人旨意之所归，盖于其中自有脉络可寻，但人自不肯信心推求尔。”[④]黄泽在《春秋》学史上已经表现出了与宋儒不同的学术思路。宋儒怀疑之风大昌，学者多抛弃三传研究《春秋》。黄泽的复古主张与当时之经学风气是大不相同的。

赵汸是黄泽的唯一入室弟子，其《春秋》学著作除了《春秋师说》外，还有《春秋集传》、《春秋属辞》、《春秋左氏传补注》、《春秋金锁匙》。《春秋集传》是赵氏未完之作，他只撰写到昭公二十七年便去世了，此后的部分是他的门人倪尚谊续成。

赵汸的《春秋》学特点有四：

---

① 沈佳：《明儒言行录》，第598页。

② 赵汸：《春秋师说附录》，见《景印文渊阁四库全书》第164册，第313—315页。

③ 金居敬：《春秋属辞后序》，见赵汸《春秋师说题跋》，第324页。

④ 赵汸：《春秋师说》，见《景印文渊阁四库全书》第164册，第288页。

**（一）主张回归三传，三传相互为用，尤其重视《左传》**

赵氏主张《春秋》学研究要回归三传。在三传之中，最为重要的是《左传》，这与其师黄泽的观点是一致的。赵氏之《春秋》学一袭其师黄泽观点，笃守其师《春秋》学说："至论《春秋》，则确守师说不变。"①

赵氏论述汉唐宋诸儒《春秋》学特点："三传重于汉，而轻于唐。自韩退之'《春秋》三传束高阁'之语为卢同发，而啖、赵、陆氏及孙泰山之学为时所尚。故欧阳公说赵盾事，皆不用三传，而三传愈轻矣。盖啖公佐始疑《左传》为作俑之首，而喜攻《左传》者常佐佑其说。《左氏》又不幸诚有所短，诸公遂因其所短，并其所长厌弃之。观伊川于《论语》中有一二事，皆不取三传，则其不信《左氏》亦多矣。夫不取《左氏》而并不用二传，则固应多用新说。"②赵氏承认《左传》有一定的失误，但是总体而言，《左传》仍然是理解《春秋》的最佳资料。赵氏称："凡《左传》于义理，时有错谬，而其事皆实。若据其事实而虚心以求义理至当之归，则经旨自明。"③"《左氏》于二百四十二年事变略具始终，而赴告之情、策书之体，亦一二有见焉。则其事与文，庶乎有考矣，其失在不知以笔削见义。《公羊》、《穀梁》以书不书发义，不可谓无所受者，然不知其文之则史也。夫得其事、究其文，而义有不通者有之；未有不得其事、不究其文，而能通其义者也。故三传得失虽殊，而学《春秋》者必自《左氏》始。"④这种对《左传》的推崇同废三传而不读的唐代啖助的主张大异其趣。啖助主张舍弃三传读《春秋》，讲究心得，啖助认为《春秋》之旨不必一定要依赖三传才能明白。啖助之《春秋》学思

---

① 沈佳：《明儒言行录》，第599页。

②③ 赵汸：《春秋师说》，第272页。

④ 赵汸：《春秋左氏传补注原序》，见《景印文渊阁四库全书》第164册，第328页。

想对于宋学有重要的启蒙意义。宋学学者多舍弃传记而直接参悟经书原旨，其中亦不乏穿凿附会者。赵氏主张回归三传的作法带有明显的复古色彩。

赵氏于《左传》情有独钟，但并不废弃《公羊传》与《穀梁传》。四库馆臣称："（赵）汸尊黄泽之说，《春秋》以《左氏传》为主，注则宗杜预。《左》有所不及者，以《公羊》、《穀梁》二传通之，杜所不及者，以陈傅良《左传章指》通之。是书即采傅良之说，以补《左传集解》所未及。其大旨谓杜偏于《左》，傅良偏于《穀梁》，若用陈之长以补杜之短，用《公》、《穀》之是以救《左传》之非，则两者兼得。笔削义例，触类贯通，传注得失，辨释悉当。不独有补于杜解、为功于《左传》，即圣人不言之旨，亦灼然可见，盖亦《春秋》家持平之论也。"[①]

**（二）反对片面理解《春秋》之性质**

目前学术界多界定《春秋》具有经书与史书双重身份。赵氏在《春秋属辞》中归纳了"策书之例"十五项与"笔削之义"八项。赵氏的八项"笔削之义"分别为：一曰存策书之大体，二曰假笔削以行权，三曰变文以示义，四曰辨名实之际，五曰谨内外之辨，六曰特笔以正名，七曰因日月以明类，八曰辞从主人。赵伯雄认为赵汸此作目的在于批评两种不良的偏激倾向："赵汸的归纳，意在批评治《春秋》学者的两个倾向，一种倾向是以孔子的《春秋》为'法书'，专门惩罪罚恶；另一种倾向是以孔子的《春秋》为'实录'。"[②]在赵汸看来，《春秋》既不是刑书，也不等同于一般的史册。宋代孙复有《春秋尊王发微》，四库馆臣称："复之论上祖陆淳，而下开胡安国，谓《春秋》有贬无褒，大抵以深刻为主。晁公武

① 永瑢：《四库全书总目》，第228页。

② 赵伯雄：《春秋学史》，济南：山东教育出版社，2004年，第586页。

《读书志》载常秩之言曰:‘明复为《春秋》,犹商鞅之法。弃灰于道者有刑,步过六尺者有诛。’盖笃论也,而宋代诸儒喜为苛议,顾相与推之,沿波不返,遂使孔庭笔削,变为罗织之经。”[①]变经书为刑书实质是将《公羊传》、《穀梁传》的义法发挥到了极致。“说经家之有门户,自《春秋》三传始,然迄能并立于世。其间诸儒之论,中唐以前,则左氏胜。啖助、赵匡以逮北宋,则《公羊》、《穀梁》胜。孙复、刘敞之流,名为弃传从经,所弃者特《左氏》事迹,《公羊》、《穀梁》月日例耳。其推阐讥贬,少可多否,实阴本《公羊》、《穀梁》法,犹诛邓析用竹刑也。夫删除事迹,何由知其是非,无案而断,是《春秋》为射覆矣。”[②]赵汸的《春秋属辞》纠正了孙复的偏激观点。赵氏也不同意将《春秋》简单地视为史书。《春秋》既有史实,又有褒贬,赵氏采用调和的态度,折衷的立场,将《春秋》性质定义为兼有史书与经书双重身份。这正是汉唐以来儒者不断探索而终于得到的、能为多数人所接受的《春秋》之定位。

**(三) 提出治理经学新思路**

赵氏在《春秋》学方面取得了超乎当时一般学者的成就,并且成为元末明初经学界的代表人物,主要原因之一在于他重新树立了治经的指导思想。赵氏新治经主张的出台是有多方面原因的。朱升曾经指出当时对朱子学的迷信之风盛行,学者多持慵懒的学术态度,不愿意探讨朱子学的精蕴,而满足于记诵之学。赵汸同样面对着这样的问题。

朱子学几经波澜,终于在元代获得法定的显学地位。元仁宗皇庆二年,朝廷定科举取士法,第一、二场都限用朱熹的《四书集注》。同时规定,考试参加科举时,必须以程朱学说为指导思想。

① 永瑢:《四库全书总目》,第 214 页。

② 永瑢:《四库全书总目》,第 210 页。

虽然，朱熹经学通过国家权力推动成为显学，但是其弊端也随之显现，最突出的就是对朱熹经学观念过度迷信的风气。它在学术上有两种表现：一是学者们对朱熹学说不敢提出任何疑义，死抱一字一义的说教，而不再追求研究朱熹经学的心得。二是对所谓的异端邪说进行不遗余力的讨伐。凡是有悖于朱熹经学的言论，都进行毫无保留的打击和批评，不允许拥有半点争鸣和探讨的空间。这一点在徽州学者身上体现得尤为明显。例如吴师道一生穷研经旨，就以辟异端为首要任务。这种盲目的迷信风气虽然起到了保卫朱熹经学的作用，但是也给学术研究带来了严重后果。慵懒的学风、固执的门户之见，造成了慵懒的学术思维，学者不再继续研究经学思想，而只是一味地记诵朱熹的现成观点。这种学术上的惰性思维营使得学术研究无法呈现活生生的面目，并最终将朱熹经学赶进固步自封的死胡同。

朱熹经学在这样的风气之中将要进入停滞不前的境地，赵汸面对这样的学术研究风气，主张并呼吁改变学风之弊，并提出了求“实理”的研究思路。

赵汸之经学方法得益于其师黄泽之教导。赵汸向黄泽求治经之法，黄泽告之曰：“在致思而已，然不尽悟传注之说，则亦不知所以为思也。”①黄泽告之要结合传注之说，但必须参以深思，这就与经生徒事记诵之学大相径庭了。

“袁诚夫，吴文正公高第弟子也，集其师说为《四书日录》，义多与朱子异。求先生校正其书，先生悉摘其新意，极论得失所在。时袁公多所更定。”②赵汸校正袁诚夫之作，并且多论其得失所在。这种学术的相互探讨之风与单纯迷信朱学之学者也大不同，

① 沈佳：《明儒言行录》，第598页。
② 沈佳：《明儒言行录》，第599页。

盖其学不从科举入，因此不受科举教科书的束缚，可以进行自由的思考。

赵汸之《春秋》学体现了独立思考的精神，这种精神与王柏之大肆删改经书有所不同。王柏之经学思想虽然继承了宋儒的怀疑精神，但有矫枉过正之嫌。赵汸之经学，虽然主张独立思考，但并不忽视传统注疏的作用。可以说，黄泽与赵汸的经学思想都具有复古气息。这种复古风气主张重新审视汉唐注疏在经学史的作用和地位，对汉唐注疏不采取排斥态度。

周晓光曾概括赵汸的经学研究新思路为求实理："所谓求'实理'，则包含了两层意思：一是指读书求理应求真实之理、本来之理，而非仅止于推究文义中的'理'。二是指对于所得之理，不仅要'知其然'，而且应'知其所以然'，即'非有以信其必然不已。'这就是赵汸求'实理'治经主张的核心内容。"[①]周晓光盛赞赵氏的新治经方法，指出这一指导思想的提出表达了赵汸摆脱盲从，并通过自己的思考，探求理学真谛的愿望，反映了赵氏具有比较清醒的意识。这种被冠以"求实理"的新治经方法的实质是一种复古思想。朱熹通过严密的逻辑推理建立了完整的理论体系，这种学术体系越严密就使得后学越没有超越的余地。这最终会伤害学术研究，因为有了严密的理论体系作保证，此种学术就失去了前进的动力和改造的空间，最终使该学术走入绝域。当朱熹经学获得了政权的支持和绝对的统治地位以后，后学一般就不再进行缜密的思考和创新了。只有意识清醒的学者才会其进行反思，赵汸就是其中的反思者之一。中国的传统文化中，反思往往是以复古的面目出现的。当朱熹经学大行其道之时，赵汸则通过研究古

---

① 周晓光：《论元末明初新安理学家赵汸》，载《孔子研究》，2000 年第 2 期，第 79 页。

注疏开辟了经学研究的新思路。

**(四) 在哲学上主张会和朱陆**

周晓光探讨了赵汸会和朱陆的思想，笔者延续周先生之思路，尝试详细论之。

赵汸主张摆脱对朱熹的迷信，讲求独立思考。因此，赵汸在评价朱熹、陆九渊的学术思想时就摆脱了专主一家的窠臼。

赵汸转益多师，不专守一家之学。"始就外傅，受《四书》，即多疑问。师答以初学毋过求，意殊不释。夜归别室，取《朱子大全集》、《语类》等书读之，如是者数年，觉所疑渐解，慨然有负笈四方之意。乃往九江，见黄楚望先生泽，禀学焉，尽得其所举《六经》疑义千余条以归。……尝往淳安质诸教授夏某，夏殊不谓然。……后夏某教授洪都，先生再往见焉。夏问《易》象、《春秋》书法如何？先生以所闻对，夏犹以枉用心力为戒，特出其《夏氏先天易书》。曰：'此羲易一大象也。'又曰：'吾先人遗书，当悉付子矣。'先生敬起谢之。然于二经旧说，访求考索，未尝少后也。遂如临川见学士虞集，集与黄泽有世契，一见遂问泽起居。先生间日为言泽著书大意与夏某所以不然者。时江西宪私试请题，虞即拟策问江右先贤名节文章、经学及朱陆二氏立教所以异同。先生识其意，即具对，卒言刘侍读有功圣经，及举朱子去短集长之说，虞大善之。授馆于家，以所藏书资其玩索。"①

此段资料详细记载了赵汸的求学经历。汪仲鲁称："初，予年十有五，学于族祖古逸先生之门，子常先受业焉。先生每称其苦学善思，有疑问弗得，弗措。"②赵氏读书伊始，就抱有怀疑精神，他因为不满足于老师所云，故于深夜验之于朱熹原著。如此数

---

① 沈佳：《明儒言行录》，第598—599页。

② 汪仲鲁：《东山存稿原序》，见《景印文渊阁四库全书》第1221册，第160页。

年，后又问学于黄泽，得其《春秋》学为学大旨及治经之要。赵汸又问学于夏大之，获其治《周易》大旨，并相互质难。随后又谒见虞集，虞集试以“朱陆二氏立教所以异同”，对其所言深感赞成。

赵汸在《对问江右六君子策》中系统地评价了朱陆之学：“先生初游虞公之门，乃试《江右六君子策》，篇末拳拳朱陆之异同为问，先生素熟于胸中，剖决精当，明言始异而终同焉，万世之公论也。”[①]赵氏之策的最终观点是，朱陆两家始异而终同，并称这是万世之公论。

首先，朱陆两家的“始异”。赵氏称：“若夫陆先生之学，与子朱子不同，则有非愚生之所能尽知者。然朱子之学实出周、程，而周子则学乎颜子之学者也。程子亦曰：孟子才高，学之无可依据，学者当以颜子为师。至朱子之告张敬夫也，则又以伯子浑然天成，恐阔大难依，而有取于叔子，以成其德焉，其自知也明矣。陆先生以高明之资，当其妙年则超然有得于孟氏立心之要，而独能以孟子为师。且谓幼闻伊川之言，若伤我者，观其尚论古人者不同，如是则其入德之门固不能无异矣。”[②]赵氏又称：“夫儒者之学，莫严于义利之辨，而学术之弊率由气禀之偏。”[③]赵氏用气质秉性来解释朱陆两家之不同。朱熹之学出于周敦颐和程颐，而周、程之学又出于颜子之学；陆九渊则以孟子为师，得孟子立心之要。颜子与孟子在为学与入德上的差异，导致了朱陆学说的不同。

其次，朱陆两家的“终同”。赵汸称：“子朱子之答项平甫也，其言曰自子思以来教人之法惟以尊德性、道问学为用力之要。陆子静所说专是尊德性事，而熹平日所论却是道问学上多了，今当

---

① 赵汸：《东山存稿》，第 188 页。

②③ 赵汸：《东山存稿》，第 191 页。

反身用力，去短集长，庶不堕于一偏也。观乎此言，则朱子进德之序可见矣。陆先生之祭吕伯恭也，其言曰追惟曩昔粗心浮气徒致参辰，岂足酬议。观乎斯言，则先生克己之勇可知矣。夫以二先生之言至于如是，岂鹅湖之论至是而各有合邪。使其合并于暮岁，则其微言精义必有契焉。而子静则既往矣，抑不知子朱子后来德盛仁熟，所谓去短集长者，使子静见之，又当以为如何也。今朱子之书，家传人诵，其端绪之明则颜、曾、思、孟以至于周、程、张子之所传可征也。其工夫之密则自夫洒扫、应对、进退而达乎修齐治平无间也，岂有待于愚言而后知哉。独陆氏之学则知之者鲜，故愚亦不足以言之也。”①赵氏从朱陆两家晚年的定论分析，认为朱熹、陆九渊晚年都曾经反思自己的学术主张。朱陆两家都认识到自己的学术主张有一定的偏执之弊，皆有“去短集长”的愿望。因此，赵氏和会朱陆的主张既不背离朱熹，又没有违背陆九渊。赵氏关于朱陆两家的看法打破了朱陆两家的门户之见，有利于后人真正调和朱陆两家学说。

## 四、程汝器、汪有训、金居敬

徽州学派之经学以朱升、汪克宽、赵汸三人成绩最著，其余学者则文献不足，仅能从目录学著作中窥其思想之一鳞半爪。

### （一）程汝器

程汝器，名昆，以字行，休宁人，曾师事赵汸、朱升。洪武二十三年，举明经，授黟县学训导，后授金华浦江县，又调山东寿张县。永乐中，官蕲州知州。《千顷堂书目》记载程氏有《周易集传》、《覆瓿集》。《经义考》著录《周易集传》未见，故其经学思想不得而知。

### （二）汪有训

凌迪知在《万姓统谱》绍介了汪氏生平：“汪有训，字得时，休

① 赵汸：《东山存稿》，第192页。

宁旌城人。祖寿，号静斋，宋末以《易》请乡举，有《训克传家法》。性纯质粹，贫而力学。明《易》，著《周易句解》、《尚书》《论语》《孟子》注，未成。所交者朱风林升、吴药洲贵辈，洪武中卒。"①

《千顷堂书目》著录汪有训《周易句解》。《经义考》的著录与《万姓统谱》相同。汪氏著作书不存，故其经学思想不可考。

**(三) 金居敬**

金居敬，字元忠，安徽休宁人，从赵汸、朱升学。《千顷堂书目》著录其《春秋五论》，《经义考》载其存亡状况为"未见"。不能从其著作中获知其经学思想。其主要的经学贡献是整理其师的著作，曾校订其师赵汸之《春秋集传》十五卷、《春秋属辞》十五卷、《左氏传补注》十卷、《春秋师说》三卷。

## 第二节　徽州经学的特色

元明之际的徽州经学学者以朱升、赵汸为主要代表人物。徽州是朱熹的故乡，所以一直有小邹鲁之称，还有程朱阙里之尊称，朱熹也被后学称为子朱子。徽州是朱子经学的重要传授和流传区域。

元明之际徽州经学的核心是发展朱子经学。由于朱子经学被定为国是，士子习经多不读原著，使博大精深的朱子经学沦为了记诵之学。有的学者更是视朱子经学为唯一学术，不允许存在学术探讨。这样就使朱子经学面临走入死胡同的危险，面对这样的局面，徽州学者维护朱子经学，开始重新思考朱子经学的发展新道路。

① 凌迪知:《万姓统谱》，第 709 页。

第一,徽州学者开辟了两种发展朱子经学的途径。

朱升与赵汸的出现代表了两种发展朱子经学的方向。前者利用旁注诸经的方式发挥朱子经学;后者则放弃朱陆门户之见,主张会和朱陆。这两种方式都使朱子经学获得了重新发展的空间,也促进了朱子经学的发展。最值得注意的是:会和朱陆的研究思路也直接带动了陆学的发展。学者提及明代陆学的发展多首称陈献章,但是浙东学派的宋濂和刘基等人以及徽州的赵汸都在会和朱陆上做出了努力。

第二,徽州学者的《春秋》学获得突飞猛进的发展。

徽州学者对诸经皆有研究,例如朱升曾旁注诸经,程汝器有《周易集传》,汪有训有《周易句解》,并且注释了《尚书》、《论语》、《孟子》。汪克宽有《春秋经传附录纂疏》、《程朱传义音考》、《集传音义会通》、《礼经补逸》、《纲目凡例考异》,但是徽州学者在《春秋》学上取得的成就最大,影响也最大。

赵汸著有《春秋师说》、《春秋集传》、《春秋属辞》、《春秋左氏传补注》、《春秋金锁匙》,在当时为学者所宗。其《春秋》学成就亦最高。

第三,部分徽州学者中出现了复古思潮。

元明之际的徽州学者反思宋儒的怀疑精神,认为宋儒舍传读经的方式使经学走上了附会穿凿的道路。因此主张重新审视古注疏的价值。例如黄泽及其弟子赵汸、赵汸的弟子金居敬都主张研究《春秋》必须借助三传,尤其是《左传》。他们都废弃唐宋以来的《春秋》学著作,认为这种凭空穿凿的著作并不能揭示《春秋》大旨。这种对三传的重视是对唐宋经学的反思,带有复古的色彩。

第四,徽州学者多不乐仕进。

与浙东学派的宋濂、刘基等学者不同,徽州学者多不乐仕进。朱升曾为朱元璋赞画机务,修纂文献,但是于洪武三年告老还乡。

汪克宽终身以教学授徒为业。赵汸亦以著述为终身追求。程汝器曾任黟县学训导、浦江知县，但职务也较低。汪有训等人的仕履行谊则无处考究了。

这批学者的科举之路多不平坦，没有考取进士，最多就是中举人。这也许就是他们能在经学研究中获得成功的原因，他们不为科举之学，一旦不中则不复坚持。因此，这批学者受科举的影响较小，也有更多的精力进行经学研究。

总而言之，徽州学者在元明之际最大限度地发展了朱子经学思想。一般认为，浙东学派多以朱子正宗自居。但是，浙东学派多以政治家、文学家的面目出现在学术版图上。浙东学派发展到宋濂、刘基等辈已经流变为史学与文学。在思想内容上又融汇佛教内容，其思想多芜杂。徽州学者多专心于经学研究，也没有牵扯到佛学思想。从这个意义上讲，徽州学派才是元明之际经学的正宗。

# 第六章　明初福建、江苏、广东籍学者的经学思想

明代初年的经学中心主要有浙江、江苏、徽州三个。这三个地区的经学学者和经学著作几乎代表了当时经学发展的最高水平和最新趋势。除了这三个地区之外，在经学研究领域有所贡献的学者以福建、江苏为最。

## 第一节　福建籍学者的经学思想

清人李清馥《闽中理学渊源考序》总结了福建经学发展大势："唐初，欧阳四门与翁、林诸贤勃兴，为开闽人文之始，彼时师友未广也，故列未及焉。宋初，海滨四先生与安定胡氏诸公同时倡学，有鲁一变之风，然派别未著也。故另附本篇之后。是道南者赓续，虽名为衍绪而倡作则实为开先，非独闽省一方所赖，而实千古正学之宗也。由元阅明成化间，蔡虚斋、陈剩夫、周翠渠诸贤后先讲学，起而倡述之，经学称一时之盛。中明以后，学术漓杂，迄于季造，决裂判散，使后生晚出不复见先正本来之懿。先公感焉，尝论吾闽之学，笃师承，谨训诂，终身不敢背其师说，以为近于汉儒传经遗意。公余讲切，每持此论以救末学之偏，其意远矣。"①李

① 李清馥：《闽中理学渊源考序》，见《景印文渊阁四库全书》第460册，第3页。

氏论及明代闽中理学，从成化间蔡清始，对于明代初年学术发展概况则未提及。

明初，福建的经学学者主要有张以宁、郑旭、郑济、高颐、吴源、吴溶等人，而最著者为张以宁。

张以宁在政事、文学两个领域皆有建树。张廷玉《明史》、万斯同《明史》、严从简《殊域周咨录》、陈全之《蓬窗日录》对其洪武二年奉使册封安南王事迹记载颇详。《明史》列其于《文苑传》，由此可见，张廷玉诸人尤其看重其文学成就。四库馆臣亦认同其文学成就："其文神锋隽利，稍乏浑涵深厚之气。其诗，五言古体，意境清逸；七言古体，亦遒警。……近体皆清新，间有涉于纤仄者……以宁兼以文章显，不但以《春秋》名家。徐泰《诗谈》称以宁诗'高雅俊逸，超绝畦畛，如翠屏千仞，可望而不可跻'，虽推挹稍过，然亦几乎近似矣。"①当代学者也多以文学家目之，刘耘曾经专门探讨过张以宁的诗歌成就："明诗体制完备，数量丰富，独具魅力，在古诗之林中是一株枝繁叶茂的大树。其中以闽地风情为特色的诗人颇引人注目。堪称'闽诗一代开先'的张以宁诗风高雅俊逸；为闽中诗派发展奠基的林鸿所作以格调胜。他们是明初诗坛的两颗明星。"②

但是，张以宁在经学领域造诣也颇深。《明史》虽然列其于《文苑传》，但是并没有忽略其经学成就，本传曰："在朝宿儒虞集、欧阳元、揭傒斯、黄溍之属相继物故，以宁有俊才，博学强记，擅名于时，人呼小张学士。……以宁为人洁清，不营财产，奉使往还，襆被外无他物。本以《春秋》致高第，故所学尤专《春秋》，多所自得，撰《胡传辨疑》最辨博，惟《春王正月考》未就，寓安南逾半岁，

① 永瑢：《四库全书总目》，第1466页。

② 刘耘：《明初闽诗人张以宁、林鸿论略》，载《福州师专学报》(社科版)，1999年第5期第16页。

始卒业。元故官来京者，素及以宁名尤重。素长于史，以宁长于经。素宋、元史稿俱失传，而以宁《春秋》学遂行。”[①]这表明应该对张以宁进行全方位的研究。

## 一、张以宁

### （一）张以宁研究应该突破政事、文学领域

张以宁的成就并不局限在政事和文学两方面，对其探讨应该有所突破。实际上张以宁在经学领域内的成就，前人早已经注意过了。

1. 张廷玉《明史・文苑传》在肯定张以宁文学成就的同时也提到了张以宁的《春秋》学贡献。

2. 张廷玉《明史・文苑传》中与张以宁同传的人物，虽以文学出名，但是也都是通晓经学的学者。张以宁、石光霁、秦裕伯三人同传。张以宁和石光霁是师徒关系，张以宁与秦裕伯在洪武朝同侍明太祖登钟山，给笔札赋诗，故入一传。然根据传记记载，石光霁以明经举，有经学著作《春秋钩玄》四卷，于经学研究多有贡献。秦裕伯于洪武二年为待制，《明太祖实录》记载明太祖与之论学术之语："洪武二年三月辛丑，上与翰林待制秦裕伯等论学术。上曰：'为学之道，志不可满，量不可狭，意不可矜；志满则盈，量狭则骄，意矜则小；盈则损；骄则惰，小则鄙陋；故圣人之学以天为准，贤人之学以圣为则，苟局于小而拘于凡近，则亦岂能崇广其学哉？'裕伯对曰：'诚如圣言。'"[②]《明太祖宝训》将其这段话列于卷二《圣学》篇中，[③]因此，秦裕伯在明初亦以学问治道闻名。

3. 不同版本的《明史》对张以宁传记的安排有所不同，显示

① 张廷玉:《明史》,第 4889 页。
② 胡广:《明太祖实录》,第 809 页。
③ 《明太祖宝训》,第 86 页。

了张以宁多方面的成就。张廷玉《明史》把张以宁安排到了《文苑传》中；而在万斯同《明史》中，张以宁并不在《文苑传》和《儒林传》中，而是在第一百七十七卷，列传二十八中，同传的有杨维桢、危素、程徐、答禄与权。郭冀附于杨维桢传、石光霁附在张以宁传，秦裕伯传记在程徐与答禄与权之间。[①] 危素以史见长，但亦通《五经》，上文已经论及危素经学成就。张廷玉《明史》列张以宁于《文苑传》，可见张以宁在张廷玉《明史》中是以文学见长的，而万斯同《明史》则不将张以宁列入《文苑传》和《儒林传》中。万斯同和张廷玉对张以宁的传记安排有一定的区别，前者主要看中张以宁的整体成就，而后者则更注重张以宁的文学成就。其突出的表现就是万斯同《明史》中引用了大段张以宁为佚名《春秋经说》作序文的内容，此段内容亦见于朱彝尊《经义考》。由此可见，万斯同《明史》在重视张以宁总体成就的同时，也凸显了他在经学史上的地位和成绩。

4.《四库全书总目》载有张以宁的《春王正月考》，朱彝尊的《经义考》中对其经学著作都有论述，并肯定其成绩。

实际上，早在宣德三年陈琏为张以宁的文集《翠屏集》作序之时已经注意到了张氏的经学成绩。陈氏称："闽中近代诸儒多以文章知名，惟国子监丞陈公众仲、翰林直学士林公清源与国子祭酒张先生志道其尤著者。先生福之古田人，少有志操，邃于经。"[②]因此，在研究张以宁的时候就不能仅仅局限在文学和政事上，也应该关注其在经学史上的贡献。

### (二) 张以宁经学作品考论

明师取元都，张以宁、危素入京，危素以史闻名，张以宁则长

---

① 万斯同：《明史》，见《续修四库全书》第 327 册，第 352 页。

② 陈琏：《翠屏集序》，见张以宁《翠屏集》，见《景印文渊阁四库全书》第 1226 册，第 520 页。

于《春秋》学。张氏著述，各家著录略有不同。

1. 万斯同《明史》："《春秋王正月考》一卷，又《辨疑》一卷（以宁使安南时著，其嗣孙隆宣德元年辑刊），又《春秋论断》三卷，又《春秋尊王发微》八卷。"①

2. 张廷玉《明史》："张以宁：《春秋尊王发微》八卷，《春秋春王正月考》一卷，《辨疑》一卷。"②

3.《陶庐杂录》："《春王正月考》二卷，明古田张以宁志道撰。《考》一卷，《辨疑》一卷。"③

4.《玉堂丛语》："翰林侍读学士张以宁，字志道，闽之古田人。由元侍讲学士入国朝为今官。所著有《翠屏稿》、《淮南稿》、《南归纪行集》、《安南纪行集》、《春秋春王正月考》。"④

5.《四库全书总目》："《春秋王正月考》二卷，明张以宁撰。……史称以宁以《春秋》致高第，故所学尤专《春秋》，多所自得，撰《胡传辨疑》最辨博。惟《春王正月考》未就，寓安南逾半岁始卒业。"⑤

6.《钦定续文献通考》："张以宁《春王正月考》二卷。"⑥

7. 王鸿绪《明史·艺文志》："张以宁《春秋尊王发微》八卷，《春秋春王正月考》一卷。《辨疑》一卷。"⑦

8.《书目答问补正》："《春王正月考》一卷。明张以宁，指海本，通志堂本。"⑧

---

① 万斯同：《明史》，第261页。

② 张廷玉：《明史》，第1578页。

③ 法式善：《陶庐杂录》，北京：中华书局，1959年，第106页。

④ 焦竑．：《玉堂丛语》，北京：中华书局，1981年，第16页。

⑤ 永瑢：《四库全书总目》，第229页。

⑥ 乾隆官修：《续文献通考》，台北：新兴书局，1965年，第4117页。

⑦ 王鸿绪：《明史》，北京：商务印书馆，1959年，第8页。

⑧ 范希曾：《书目答问补正》，北京：中华书局，1963年，第38页。

9.《列朝诗集小传》:“张学士以宁……作《春秋胡传辩疑》,最为辩驳,而《春王正月考》未就,洪武二年夏,卒业于安南之寓馆。明年春,书成。”①

10.《经义考》:“张以宁《春秋胡传辨疑》,或作《论断》。”②

根据以上所举文献,可知张以宁的经学著作有《春王正月考》、《辨疑》、《春秋论断》、《春秋尊王发微》。其中《春秋论断》、《春秋尊王发微》已经亡佚,同时朱彝尊在《经义考》中指出《春秋论断》就是《春秋胡传辨疑》,因其书已亡佚,姑列此说法于此。《春王正月考》保存了下来,而是书有三名:《春秋春王正月考》,《春王正月考》,《春秋王正月考》。

**(三) 张以宁《春秋》学思路**

1. 张以宁治《春秋》着眼于大体。纳兰性德《张翠屏春秋春王正月考序》称:“嗟乎!《六经》之旨未易窥也。学者治经,必先明其大者,则其余可得而通矣。《易》乾之四德,《诗》二南之《关雎》,《书》之二典,《春秋》之王正月,皆经之大者。于此无定论焉,则微言精意将有不能究者矣。先生是书剖析精当,于开章之大义井如。学者诚有得于此,则于全经之旨不有如振裘而絜领者哉!”③众所周知,胡安国是《春秋》学史上的重要人物,其重要观点就是“以夏时冠周月”,这是一个颇遭后人訾议的论点,张以宁《春秋胡传辩》体现了抓主要问题的学术思路。即使是对明代经学多持批评意见的四库馆臣亦称张以宁抓住了《春秋》的重点。《御制书春秋元年春王正月考》云:“《春秋》,圣人尊王之经也。元年春王正月,开宗明义之第一也。”④《春秋》是讲正统之经,宗周

① 钱谦益:《列朝诗集小传》,北京:中华书局,1959年,第83—84页。
② 朱彝尊:《经义考》,第1022页。
③ 纳兰性德:《通志堂集》,见《四库全书存目丛书》集部第247册,第342页。
④ 张以宁:《春秋王正月考》,见《景印文渊阁四库全书》第165册,第753页。

时代，天子每年颁历于诸侯国，以昭示正统所在。诸侯国无不奉正朔以示对周天子合法地位的承认。从这个意义上讲，王正月不仅仅是时间问题，更是正统问题。张以宁选取王正月作为自己研究的主要对象，就从根本上抓住了《春秋》的本质问题。

2. 张以宁用以史证经的方法研究《春秋》，扩大了该种方法的影响。引史证经的方法在经学史上并不罕见，宋代杨万里作《诚斋易传》，“多引史传以证之”。[①]“《八白易传》，明叶山撰……大旨以《诚斋易传》为主，出入经史，佐以博辨。盖借《易》以言人事，不必尽为经义之所有，然以所言亦往往可以昭法式也。”[②]“自宋李光、杨万里以来，多以史事证《易》义，瑞钟是书，盖亦是意。然逐卦逐爻务求比例，牵强既所不免，且于当代时事概行阑入，尤为驳杂。造语遣词，亦多涉明季纤佻之习。盖沿李氏、杨氏之馀波而失之泛滥者也。”[③]张以宁《春王正月考自序》称：“以宁早学是经以叨一第，亦尝有疑于此，而未能决也。间读《鲁论》夫子之言行夏之时，若恍然而有省也，因之历稽经史传记及古注疏之说，同也，乃知春王正月之春为周之时。”[④]《春王正月考》所引史书有《汉书》、《后汉书》两种重要的史学典籍，而其以此种方式解《春秋》，成绩也斐然可观。

《春秋王正月考》引用典籍广泛，包括《春秋》、《左传》、《诗经》、《尚书》、《周易》、《论语》、《孟子》、《礼记》、《周礼》、《史记》、《汉书·律历志》、《后汉书》等典籍，其中被后世视为史书的是《史记》、《后汉书》两种。

《春秋王正月考》引用《史记》三条。其中，张以宁引用“昔自

---

① 永瑢：《四库全书总目》，第 14 页。
② 永瑢：《四库全书总目》，第 31 页。
③ 永瑢：《四库全书总目》，第 65 页。
④ 朱彝尊：《经义考》，第 1079 页。

在古，历建正作于孟春。云云王者易姓受命，必慎始初，改正朔，易服色”，[①]出于《史记·历书第四》，张以宁又引用《史记索隐》之文，参以己意。张以宁按语曰：“则黄帝以前已有三正，与《夏书·甘誓》合，非始于三代也。”[②]根据《史记》等史书的记载以解经，虽然不同于杨诚斋之《易传》，但也拓展了经学发展空间。

**（四）研究张以宁在经学史上的成绩对于重新估定明代经学史有一定启示意义**

明代经学有重新探讨的空间和必要，以张以宁的《春秋王正月考》为例，在分析具体著作、阶段、方法三个方面对研究明代经学有重要的启示意义，对明代经学需作重新评价。

1. 明代经学也涌现了学术成绩较高的研究著作，前接宋元后启清朝。以张以宁为例，四库馆臣称：“春王正月之说，自张以宁以后辨析已无疑义。”[③]“《春秋》以周正纪时，原无疑义。唐刘知几始有《春秋》用夏正之说。至宋儒泥‘行夏之时’一言，遂是非蜂起。元李濂著《夏周正辨疑》，明张以宁著《春王正月考》，而经义始明。”[④]清人解经多不屑于参考明代成果，然在《尚书》学史上有突出贡献的阎若璩在《尚书古文疏证》中就引用了张以宁的研究成果。不仅如此，即使从《易》学看，何楷的《古周易订诂》亦取得较高成就，四库馆臣称：“取材宏富，汉、晋以来之旧说，杂采并陈，不株守一家之言。又辞必有据，亦不为悬空臆断，穿凿附会之说。”[⑤]明代姚士粦辑《陆氏易解》，为研究陆绩《易》学提供了条件：“昔宋王应麟辑郑氏《易注》，为学者所重。士粦此本，虽不及应麟搜讨之勤博，而掇拾残剩，存什一于千百，亦可以见陆氏《易

①② 张以宁：《春秋王正月考》，第 783 页。

③ 永瑢：《四库全书总目》，第 255 页。

④ 永瑢：《四库全书总目》，第 243 页。

⑤ 永瑢：《四库全书总目》，第 33 页。

注》之大略矣。”[①]由此可见，明代经学在具体著作上仍有可圈可点之处。

2. 明代经学具有自身的阶段性特点，并非在1368年到1644年整个过程中都不足为道。即使是对明代经学颇有微词的四库馆臣也对明代经学作出过肯定性的评价。“有明之经学，其初不敢放轶者，由于此。”[②]“盖正嘉以前，儒者犹近笃实也。”[③]所以对于明代经学尚需作进一步的细化研究。

3. 参照张以宁经学研究思路，需对于明人解经的方式作实事求是的分析。宋学以其大胆怀疑的精神对汉唐经学进行了深刻反思。为了寻求解决社会矛盾的方法，宋儒大胆对经书予以了重新解释，这种解释是建立在对汉唐经学扬弃基础之上的。宋儒对汉唐经学有吸收、有赞成，同时也有反对的地方。宋儒对汉唐经学的态度绝不是一味地反对，只是清代学者在比较汉唐与宋代学者不同之处时才发现了宋儒的治学特点。应当说，对宋儒治经的方法应该结合其具体著作予以客观的分析。

张以宁解经充满了怀疑和独立思考精神。首先是张以宁以心解经。他称：“《春秋》者，圣人之心也；圣人，天地之心也。生杀万物，天地之心无心也，至仁焉耳矣。赏罚万世，圣人之心无情也，至公焉耳矣。”[④]张氏视《春秋》为圣人之心，明显带有心学色彩。

其次是带有时代所赋予的宋学怀疑精神。张以宁认为《春秋》三传不足以解经，批评了弗据经以说经，顾任传而疑经的研究方法：“《诗》有序乎？古无有也。《春秋》有传乎？古无有也。曷

① 永瑢：《四库全书总目》，第2页。
② 永瑢：《四库全书总目》，第28页。
③ 永瑢：《四库全书总目》，第29页。
④ 朱彝尊：《经义考》，第1012页。

为无有也？……惟圣人能知之、能言之，游、夏且不能与，而谓后之人若左氏，若公、穀氏，能尽知且言之乎？后之学焉者，弗据经以说经，顾任传而疑经，噫！其亦惑矣。”①

更重要的是，张以宁亦重视汉唐旧注疏。《春王正月考》所引书有《论语》、《孟子》、《春秋》、《春秋左氏传》、《公羊传》、《穀梁传》、《周易》、《尚书》、《诗经》、《礼记》、《周礼》、《汉书》、《后汉书》，所涉及的学者有刘向、郑玄、杜预、蔡邕、孔安国、朱熹、孔颖达、邵雍、颜师古、如淳、李奇、韦昭、张洽，对汉唐旧注疏的吸收比例还是比较大的。“兹因忝使安南，假馆俟命之暇始克会萃而成编也。本之于孔孟、朱子，征之于经史而下，而汉儒之说为多，以其去古未远，有据而足征。”②其中最引人注意的是《书序》和《尚书孔氏传》，近人多指其为“伪书”。张以宁使用已经被宋人质疑过的《书序》和《尚书孔氏传》作论据，目前看来仍有独到之处。张以宁引用《尚书》共涉及十个篇目，分别为《甘誓》、《伊训》、《泰誓》、《牧誓》、《金縢》、《召诰》、《洛诰》、《多士》、《多方》、《毕命》。其中古文有、今文没有的篇目是《伊训》、《泰誓》、《毕命》三篇，此三篇近人多认为出于东晋人所作。《金縢》虽然今古文皆有，但是因为其所载史实与《史记》、《大传》等颇多歧义，因此自程颐以来，近人多认定其为战国时人的伪托之作。

由此可见，即使是遭受到学者质疑的古文《尚书》篇目，张以宁也拿来使用，而不囿于程颐之意见，这充分体现了张以宁具有不迷信权威、独立思考的精神。

张以宁在《春秋经说序》中称：“由唐宋以来，能不惑乎传而尊经者，啖、赵、孙、刘、欧阳发其端，河南邵子、徽国朱文公阐其微，

---

① 朱彝尊：《经义考》，第1011—1012页。

② 朱彝尊：《经义考》，第1079页。

至我朝草庐吴文正之《纂言》集而大之。”[①]这仍然是宋儒的治经方法，其核心思想仍然是尚疑。

我们综合张以宁的治经主张和实践可知，张氏并非完全抛弃序传去解经，但是张以宁仍然保持着独立思考。对张以宁的经学也应该作实事求是的分析，而不应该以宋元明三代的怀疑精神一概而论。

因此，认真研究张以宁在明初取得的经学成就，对于从整体上研究张以宁和明代经学均有重要的启示意义。

## 二、其他福建籍学者

高颐，字应昌，福建福安人。《经义考》著录两高颐，两人皆有《诗集传解》。《闽中理学渊源考》卷三十二载：“高颐，字元龄，宁德人。祖确，尝与陆游为诗友，称善士。颐经明行修，从游者几千人，以《礼记》魁乡荐。登庆元二年进士，知永州东安县。居官临民，卓然有声。其学以《大学》、《中庸》为宗，治身行事，一主诚实。尝曰：‘吾身任大责重，无天地生物之功，而有其心，无经国子民之位，而有其志。’又曰：‘学者学为圣贤，非止读书作文求仕进而已。’著《鸡窗丛览》百五十卷，《诗集传解》各三十卷，诗文五百余篇。子伯埙，尝魁漕，举学行醇正，有《会萃古今事类》二百卷，集关洛诸公语为《传心直指》十卷，及《一得录》、《愚斋类稿》等书。”[②]《闽中理学渊源考》卷九十一载：“高颐，字应昌，福安人。孝友天性，临财以义。亲没，庐墓三年。教授乡校，旬暇辄至墓所拜哭。洪武间，举孝廉，召对称旨，遂授海盐知县，卒于官。著《诗集传解》。”[③]《千顷堂书目》书目著录了明初高颐《诗集传解》二十

① 朱彝尊：《经义考》，第 1012 页。
② 李清馥：《闽中理学渊源考》，第 425 页。
③ 李清馥：《闽中理学渊源考》，第 820 页。

卷，则明初高颐应为研究对象，惜其书已经亡佚，其思想亦不得而知。

郑旭。《闽中理学渊源考》卷四十一载：“郑旭，字景初，闽县人。居家孝友，有信义。其学主以《五经》，旁猎子史。与王偁、林志友善，以学行辟为国子掌仪。太祖选德望十人傅东宫，旭名第二。后以蜚语谪吏云南，余二十年。建文中，荐起为高安训导。所著有《诗经总旨》、《初学提纲》、《咏竹稿》等书。”[①]《经义考》称其书已经亡佚。

吴源、吴溶。吴源曾为四辅官，有《中庸传》，吴溶亦有《中庸传》。两人皆为福建莆田人，其书皆已亡佚。《经义考》卷一百五十四载：“吴氏源《中庸传》，一卷，佚。黄虞稷曰：‘字惟传，莆田人。至正末，举泉州训导。洪武三年，复以明经授兴化府教授。以荐召至，特命为四辅官兼太子宾客，终国子监司业。’”[②]“（吴溶）《中庸传》，一卷，佚。黄虞稷曰：‘亦莆田人。’”[③]

刘驷，字宗道，漳州人，有《爱礼集》，内有《中庸说》一卷。四库馆臣称：“洪武初，征秀才。入试者八千人，驷为第一。授都御史，寻坐事徙滇，卒，门人私谥爱礼先生，故以名集。凡文三卷，诗二卷，《中庸说》一卷，《书启》三卷，《附录》一卷。驷宗陈淳之学，诗文多涉性理，略似语录之体。《中庸说》乃讲授口义，亦无所发明。”[④]刘驷极力排斥佛老思想。《经义考》著录刘驷《中庸说》称未见。

郑济，《经义考》记载：“郑氏济《书经讲解》，未见。黄虞稷曰：‘济，闽县人，洪武中儋州学正。’”[⑤]《千顷堂书目》载其有《书经讲

① 李清馥：《闽中理学渊源考》，第 491 页。

②③ 朱彝尊：《经义考》，第 805 页。

④ 永瑢：《四库全书总目》，第 1550 页。

⑤ 朱彝尊：《经义考》，第 479 页。

解》与《四书讲解》两书。惜皆不传。

福建经学在元末明初处于相对寂静的时期，其经学学者与经学著作在数量上皆逊色于浙江、江苏、徽州三地。其作品也多不存世，成就稍高者是张以宁，惜在云南诏谕梁王时遇害。

## 第二节 江苏、广东籍学者的经学思想

江苏在明初的文坛上占有一定的地位，但是经学成就则不可与其文学成就同日而语。《经义考》著录的江苏籍学者有张洪，广东籍学者有林逊。

张洪，字宗海，常熟人，洪武中谪戍云南。根据《千顷堂书目》记载，张洪的经学著作有《周易传义会通》十五卷，《尚书补传》十二卷，《诗正义》十五卷，《中庸解义》一卷，《大学解义》一卷，《春秋说约》十二卷，晚年著《四书讲义》三十卷。《千顷堂书目》同时著录了张洪的《礼记总类》，并称：考洪自为志铭，无此书。

广东人林逊，潮州人，洪武乙丑进士，任闽县县丞。《千顷堂书目》记载，林逊著有《尚书经义》。《广东通志》记载："林逊，潮阳人。师事蔡希仁，受古文《尚书》。居常究心世务，举洪武乙丑进士，授闽县丞，赈饥多所全活。入觐，赐敕还，请厉禁沿海捕鱼。疏上，优诏褒答焉。所著有《尚书经义》藏于家。"①《经义考》著录未见此书。林逊习古文《尚书》，这在怀疑思潮昌盛的宋学风气中是比较特殊的。

洪武时期的经学学者和绝大多数经学著作都产生在南方。根据《经义考》与《千顷堂书目》著录，洪武时期唯一的北方学者的

① 鲁曾煜等，《广东通志》(三)，见《景印文渊阁四库全书》第564册，第199页。

经学著作是《尚书精萃》。《经义考》记载:“冉氏庸《尚书精萃》,佚。陈琏志墓曰:‘先生讳庸,克常其字。保定蠡县人,登至正丙午进士第,授完州判官,不就。寻改长信寺知事。洪武初,例徙南京,上欲授以官。辞之甚力,遂谪桂林。永乐初,应诏至南京,以老疾辞归,年九十六卒。’”①

经学研究呈现出了明显的地域性特征,这与南方在全国所占据的地位是紧密相关的。

唐代中叶以前,中国经济文化之支撑点在北方,即黄河流域。唐中叶以后,中国经济文化的支撑点在南方。这一大转变,是以安史之乱为转折点的。经济重心发生了从北到南的转变,这一趋势,反映在社会文化上,就是北方人物在逐渐减少,而南方则逐渐增加。反映在科举上,北宋南人考进士,人数又多;北方考明经,人数又少;其优劣显而易见,因此国家不得不限定南北名额以求平衡。元代科举也呈现出南盛北衰之象。元代苏天爵称:“国家既以文艺取士,士之进也不杂,于是人人思奋于学。而中州老师存者无几,后生或无从质问,闻君善教,来学者益盛,经其指授,多中科名。君既明习《春秋》,以贡举唯许用左氏、公羊氏、穀梁氏、胡氏之传。然四家言义互有异同,君比辑其合于经者为《四传归经》,以授学徒。江南三行省每大比士多至数千人,而考官必得硕儒士方厌服。”②由此可知,南方士人在科举考试中占有绝对优势,这也是南北文化水平高下不同的具体体现。反映在经学上,无论从经学学者的数目上,还是著作数量上以及影响力上,南方学者都占有统治地位。

明初南方学术之盛具有历史底蕴。从整个历史上看,南方政

① 朱彝尊:《经义考》,第479页。

② 苏天爵:《滋溪文稿》,北京:中华书局,1997年,第129页。

权的建立促进这一转变的重要原因。隆庆进士陈于陛称:“本朝南方数省,人才之盛者,非地气轮转之说。盖当五胡乱华时,晋元都江左,一时中原人物俱从之南。宋金之乱,高宗都南,中原人物又复随之南下。盖数百年中华衣冠文物之秀气,钟毓在南者甚久,故发之本朝特甚。其中原,虽系古帝王所立之处,然遭胡虏秽染腥膻久而入之深,故今虽人才不乏,亦未免减却数分,不能如古昔之盛耳。”[①]封建社会后期,唐宋之际发生了深刻的历史变化。北方的大士族失去了政治权力和学术思想的操纵权,随着南方经济的发展和政治地位的提高,南方学术获得了突飞猛进的发展。而北方则处于相对落后的境地,不仅不能与往昔相比,亦不能与南方相抗衡。

但是,南方人物虽盛,也是从大而言之。所谓的南方文化学术占据主导地位,也只是几个著名的省份而已。从整个明朝发展历史看,浙江、江西、福建、徽州、江苏是最出名的文化重心。但是,细而分之,明代初年,占据主导地位的只有浙江、江西和徽州。福建、江苏两省则处于发展相对缓慢的初级阶段。

江苏是明清时期的文化重镇。但是在明初仍然处于文化的初步发展阶段。王锜称:“吾苏学宫,制度宏壮,为天下第一。人才辈出,岁夺魁首。近年,尤尚古文,非他郡可及。自范文正公建学,将五百年,其气愈盛,岂文正相地之术得其妙欤!”[②]王锜是正统、景泰间人士,他总结当时江苏学术时给予了较高的评价。但是,王锜是用发展的眼光研究江苏学术的。他说:“吴中素号繁华,自张氏之据,天兵所临,虽不被屠戮,人民迁徙实三都、戍远者相继,至营籍亦隶教坊。邑里萧然,生计鲜薄,过者增感。”[③]王锜

① 陈于陛:《意见》,见《四库全书存目丛书》子部第87册,第360—361页。

② 王锜:《寓圃杂记》,北京:中华书局,1984年,第42页。

③ 王锜:《寓圃杂记》,第42页。

指出，张士诚长期占据吴中，元末长期的战争对吴中学术造成了一定的影响。同时，由于吴中士人支持张士诚，朱元璋建立明代政权以后，对江苏实行了惩罚性措施。朱元璋大量征调江苏人充边或者迁徙其富民到凤阳等地，这也对江苏学术造成了一定的伤害。

从浙江、江西、徽州等文化较为繁盛的地域分析，这些地域的学术分布也不是均衡的。浙江学术主要集中在浙东，江西学术主要在吉安府、抚州府、南昌府三地。而其余府县的文化气息就相对薄弱一些。

# 第七章　明初的经学发展特征

元末明初是社会大变革、大动荡的时代。这个时代崇尚武力，各路豪杰各自施展才能建立政权，最终朱元璋从中胜出并建立了明朝。这是一个民族心理急剧变化的时代，元明鼎革不仅仅是一个政权的简单交替，这是一个由汉族重新夺回政权的时代。明朝是我国最后一个由汉族建立起来的封建政权。学术界多把朱元璋建立明朝的1368年到建文四年的1402年视为明初。朱元璋作为一代帝王对经学的影响是巨大的，不仅他本人直接参与到了经学著作的商讨中，更重要的是中国传统分子对封建王权既想依附，又想保持一段距离的特定心理决定了知识分子在动荡年代呈现了形形色色的仕隐选择，经学在这个特定的年代产生了独特的特征。

清人对明代经学多持不屑一顾的态度。顾炎武在《日知录》中大肆批评了明代经学的空疏。四库馆臣踵其后武，用汉学家的眼光把明代经学贬低的一无是处。皮锡瑞的《经学历史》更是将明代经学列入了最为不堪的阶段。

但是，明代经学也具有一个历史发展过程。近年对明代学术的研讨取得了突出的成就，其中最为著名的则是提出要建构“明学”，使“明学”成为与“汉学”、“宋学”、“清学”相等的地位。这样的探讨是有意义的，但是这就必须要重新审视和研究明代学术。

重新评价明代学术有两种途径：

第一，改变传统的学术研究评价体系和标准是重新评价明代学术的基本途径。

现行的明代学术评价标准一直延续着汉学的标准。自从明末清初顾炎武对明代学术进行了无情的批判之后，“空疏”就成为明代学术的标签。虽然近代学者曾经对明代学术做出了一定的反思，例如充分肯定明代经学研究领域内的个别具有先驱性的学者的成就就是反思的一种方式。这样的研究具有强调个体，突出个体的特征，但是这样的研究往往只是关注个体而忽视了对整体文化环境的考察。这种断点式的研究无法呈现学术发展的整体面貌和历史发展脉络。

应当说，改变学术评价的标准是重新评价明代学术的捷径。例如四库馆臣对明代的评点派多持坚定的批评态度，否定钟惺、谭元春等人的评点成就。但是，刘毓庆在《从经学到文学—明代〈诗经〉学史论》中则反其道而行之，对钟惺等人的成就予以了新评价，认为评点派发掘出了《诗经》的文学价值。明代《诗经》学史的脉络就是对《诗经》性质的认识发生了改变。同时，将《诗经》视为文学作品则更符合目前学术界的观点。这是一种崭新的经学研究视角，展现了明代经学研究的全新面貌。

第二，对明代经学的发展历史作细致的划分，利用编年方式理清明代经学发展脉络，还原明代经学发展的原貌。

这种尝试不改变研究视角和评价标准，而是使用传统的视角把整个明代划分为若干历史阶段。对其中的每一个阶段作具体的分析，这样就避免了以偏概全的偏失。将明代经学进行更为细致的划分，利用编年方式展示明代经学发展的全貌，而不是像张挂光荣榜一样只对汉学家中意的作品予以研究。

应该说，顾炎武也注意到了这一点。他在《日知录》中肯定了洪武科举考试科目中不废旧注疏的作法。四库馆臣也对明代前期的经学持较为平和的态度。近代日本学者本田成之也肯定了洪武经学具有笃实之风。一些不以经学命名的专著也对明代后期的学术予以了肯定。例如梁启超的《中国近三百年学术史》就把清代学术的精神向上推到明末，近人陈鼓应的《明清实学思想简史》则重点研究了明代中叶兴盛的气本论思想，同时对这个历史阶段的考据学、辨伪学、经世致用思想进行了重新评价。这种研究对于客观评价明代学术都大有裨益。

以上两种研究思路都是基于历史上对明代学术评价中的不公正、不客观而言的。无论何种方式，其前提是必须对明代学术做出更为细致和具体的评价，只有这样才能脱离传统观念束缚，从而展现明代学术的真面目。

明初经学的历史不长，从 1368 年朱元璋建立明朝到朱棣发动靖难之役夺取建文帝位建元永乐的 1403 年，历史跨度只有 35 年。但是其中所要解决的学术问题则具有重大意义。惜这一段经学历史鲜有学者问津，也给后学留下了一段可供研究的学术空间。

## 第一节　经学的统一与普及

经学是中国封建社会的指导思想，是具有主导地位的学术思想。经过三十四年的发展，明初经学形成了独有的特色。

明初经学按照主体可以分为两类，经学思想也沿着两种思路前进。前者以朱元璋为代表，在朱元璋的带领下，明初经学呈现了强烈的致用色彩。在致用思想的指导下，经学的社会价值得到了充分的发挥，经书得到了大量的应用。

明初在儒臣解缙的建议下，朱元璋强调要用经学思想作为新王朝的指导思想。《明史》载解缙上书朱元璋:“臣见陛下好观《说苑》、《韵府》杂书与所谓《道德经》、《心经》者,臣窃谓甚非所宜也。《说苑》出于刘向,多战国纵横之论。《韵府》出元之阴氏,抄辑秽芜,略无可采。陛下若喜其便于检阅,则愿集一二志士儒英,臣请得执笔随其后,上溯唐、虞、夏、商、周、孔,下及关、闽、濂、洛,根实精明,随事类别,勒成一经,上接经史,岂非太平制作之一端欤?又今《六经》残缺。《礼记》出于汉儒,踳驳尤甚,宜及时删改。访求审乐之儒,大备百王之典,作乐书一经以惠万世。尊祀伏羲、神农、黄帝、尧、舜、禹、汤、文、武、皋陶、伊尹、太公、周公、稷、契、夷、益、傅说、箕子于太学。孔子则自天子达于庶人,通祀以为先师,而以颜、曾、子思、孟子配。自闵子以下,各祭于其乡。鲁之阙里,仍建叔梁纥庙,赠以王爵,以颜路、曾皙、孔鲤配。一洗历代之因仍,肇起天朝之文献,岂不盛哉!”[①]这表明,一开始朱元璋并没有统一思想的主观愿望。解缙所提建议的历史功绩如同汉代董仲舒提出“罢黜百家,独尊儒术”一样,将明代的统治思想统一到经学上面。

确定经学成为明代的指导思想,为了更好地彰显经学的社会价值,朱元璋实行了一系列的措施,保证经学得以顺利推行。统一与普及成为这个时代的主旋律。

统一与普及是洪武政权对经学的基本要求。洪武政权刚刚确立,民心尚不稳定,蒙元军事力量仍然在北方大漠中威胁着新生政权。为了统一思想,使民众对洪武政权忠心耿耿,朱元璋接受了儒臣的建议,决定在全国推行经学。

推行经学必须使民众能够读懂经书。面对文化水平相对落后的现状,朱元璋对经学进行了通俗化改造。在这个思想的指导

① 张廷玉:《明史》,第 2735 页。

下，明初诞生了一批通俗化的经学典籍。这批典籍以经学元典为蓝本，以当代的意识形态为标准。在政权的干预下，语言、文字、音韵等传统小学内容成为明初君臣最为关注的话题。

《洪武正韵》是朱元璋推行经学统一的最大手笔。本书第二章所探讨的“因时制宜”关注的是《群经类要》、《孟子节文》、《精诚录》、《尚书会选》等经书。实际上，朱元璋亦向往“书同文、车同轨”的社会，因此他组织学者编写了《洪武正韵》。

《洪武正韵》是明代的官韵，由乐韶凤、宋濂等十一人于洪武八年奉诏编成。这同历代王朝编辑官韵一样，都是为了“书同文”，以达到巩固政权、维护统一、安定社会的目的。具体说来，则在于为全国各地的士子读书、写诗规定一种标准的字音。《正韵》的编辑，目的也在于此。《正韵》编辑成书以后，朱元璋希望如唐宋时代的《唐韵》、《广韵》一样，将《正韵》定为文人诗歌用韵的标准。洪武时期的顾禄一事就表明了他的意图。“国初顾禄为宫词，有以为言者，朝廷欲治之，及观其诗集，乃用《洪武正韵》，遂释之。时此书初出，急欲行之故也。”[①]这表明，朱元璋对使用《洪武正韵》的诗人采取了政策上的照顾，使用《正韵》可以减轻刑罚，这与朱元璋的支持政策是分不开的。

朱元璋大力推行《洪武正韵》在当时获得了一定的成效。例如明初袁凯撰《海叟集》，四库馆臣称：“其集旧有祥泽张氏刻本，乃凯所自定，岁久散佚。天顺中朱应祥、张璞所校选者，名《在野集》，多以己意更窜。如‘烟树微茫独倚栏’，改为‘烟树微茫梦里山’，盖以诗用‘删山’韵而‘栏’字在‘寒桓’韵。不知《洪武正韵》已合二部为一。凯用官韵，非奸韵也。”[②]袁凯在《海叟集》中已经

① 李东阳：《怀麓堂诗话》，见《景印文渊阁四库全书》第 1482 册，第 445 页。

② 永瑢：《四库全书总目》，第 1477 页。

使用《正韵》了。王珙《竹居集》也多用《洪武正韵》，四库馆臣称："其诗多用《洪武正韵》，盖当时功令使然。"①

《洪武正韵》作为国家的官方读本，其推行情况及实施效果，既取决于朝廷的重视程度与推行策略，也取决于社会的选择与回应。《洪武正韵》在明代的实际表现，是国家与社会互动的结果。明代统治者极为重视对官韵的修撰与传播。《洪武正韵》在洪武八年成书之后，又经过了几次修订。作为推行教化，统一思想的一部分，国家积极利用出版网络传播《洪武正韵》，加上知识阶层的配合，真正使《洪武正韵》达到了颁行天下的目的。

统一是官方意识形态的要求。《洪武正韵》的推行是统一意志的要求。为了推行官方意志形态，洪武政权又对经书做了通俗化处理。

结合前文朱元璋对于《尚书》语言风格的认识，我们可以获知：朱元璋对经书的语言风格并没有系统的研究，但是形成了对其语言风格的模糊认识。从现实应用出发，对于《六经》的语言进行了改造。

《群经类要》的出台充分体现了朱元璋的这一主张。《千顷堂书目》载："太祖命儒臣孔克表、刘基、林温等，以恒言注释群经，使人易通晓。亲解《论语》二章以为之式。克表等承命释《五经》、《四书》以上，赐今名。"②朱元璋对于经书传注的语言颇为不满，认为其繁琐的语言已经严重影响到了对经书大旨的理解。这种对传注不满，直接解释经书的作法带有强烈的怀疑成分，但是不能以此而得出朱元璋偏袒宋学的主张。《四书》、《五经》的传注在宋代经过朱熹及其弟子的发挥解释已经取得了突出的成就，但是

① 永瑢：《四库全书总目》，第1550页。
② 黄虞稷：《千顷堂书目》，第81页。

朱元璋并不认为它们已经达到了可以教化民众的标准。语言通俗化是明初经学发展的一大趋势,是洪武政权推行和普及经学的一种策略。

## 第二节 明初经学发展不平衡

朱元璋作为一代帝王,企图统一思想,努力使全国都笼罩在一种既定的思想统治之下。但是,就明初经学发展的历史事实看,经学研究呈现出一种不平衡的发展特征。

第一,诸经研究热度不平衡。

《十三经》中,“经”的地位最高,“传”、“记”次之,《尔雅》又次之。十三种儒家文献取得“经”的地位,经过了一个相当长的时期。在汉代,以《易》、《诗》、《书》、《礼》、《春秋》为“五经”,官方颇为重视,立于学官。唐代有“九经”,也立于学官,并用以取士。所谓“九经”包括《易》、《诗》、《书》、《周礼》、《仪礼》、《礼记》和《春秋》三传。唐文宗开成年间于国子学刻石,所镌内容除“九经”外,又益以《论语》、《尔雅》、《孝经》。五代时蜀主孟昶刻“十一经”,排除《孝经》、《尔雅》,收入《孟子》,《孟子》首次跻入诸经之列。朱熹以《礼记》中的《大学》、《中庸》与《论语》、《孟子》并列,形成了今天人们所熟知的《四书》,并为官方所认可,《孟子》正式成为“经”。至此,儒家的十三部文献确立了经典地位。《十三经》的形成历史表明,“经典”地位的确定是一个历史过程,与当时的学术和文化环境以及政治要求是紧密相关的。在某个特定的历史阶段有不同的研究重心。明初经学重心在《春秋》和《周礼》。《春秋》是经学研究的中心,而《周礼》是经学利用的中心,其中《春秋》研究取得了突出的成就。

《春秋》一经得到重视的原因在于《春秋》是讲求正统的经书，《春秋》里面蕴含着所谓的内华夏而外夷狄的“微言大义”。蒙元统一中国，少数民族掌握了国家政权，按照《春秋》的思想，这是以夷变夏。元末，农民起义爆发，蒙元政权岌岌可危，于是重新研究和探讨蒙元政权的合法地位成为新的学术热点。朱元璋就曾经通过修订《春秋本末》完成对新政权的合法性的认同。而朱元璋也命令要求国子生必须学习《春秋》，《春秋》在元末明初成为一时显学。学者也纷纷借助《春秋》学表达自己的正统论思想，例如刘基就在《春秋明经》中表达了内华夏外夷狄的观点。元末明初民族矛盾异常突出，夷夏之防的正统观念在儒者思想意识中显得尤为突出，所以也带动了《春秋》学的发展。

《春秋》学的兴起也与学者的研究兴趣有关系。在经学史上，《春秋》是历代儒者经师非常重视的经典。经过先秦诸儒的传承和发展，至汉代董仲舒发扬光大，《春秋》学遂成为一门相当成熟的学问。徽州学者在南宋之后就加入了《春秋》学的研究队伍中。朱熹为徽州《春秋》学的奠基者，朱熹主张以史书看《春秋》，反对“一字褒贬”说。朱子之后，徽州学者研究《春秋》之风渐盛。他们因为出生在朱熹之乡，所以竭力维护和传播朱子学说。例如宋元之际的学者黄智孙、陈栎、胡炳文、吴大先，入元之后的俞皋，元明之际的汪克宽、郑玉、赵汸等人，都热心于《春秋》学研究。

元末明初，《春秋》经的研究可以分为两派：一是以蔡《传》为中心的研究。该派主要以科举考试为主要目的，对于蔡《传》亦步亦趋，几无所发明。二是以《春秋》三传为中心的研究。该派研究以徽州学者的成就最高，赵汸秉承其师黄泽的习经方法，重视三传在研究《春秋》中的作用，尤其重视《左传》的作用。这体现了一种复古精神，而黄泽与赵汸也以经学复古闻名一时。赵氏弟子金居敬也秉承其师教育，对三传予以了高度重视。以蔡《传》为中心的研究可以称时义，以古注疏为主的研究可以称为古义。古义与时义的不同与学术潮流和学者的个人研究兴趣与方法有关系。其中黄泽、赵汸、金巨敬的《春秋》学研究多主张兼读三传，尤其是重视《左传》史实对理解《春秋》经义的作用，这带有明显的复古倾向。

第二，从经学学者的籍贯上看，依据《经义考》、《明史·艺文志》、《千顷堂书目》等书的记载，根据明初经学学者数量多少、著作质量、历史影响可以将经学研究区域分为三个档次。

第一档，南方的浙江、江西、徽州，这三个地区是明初经学研究的重镇，其中浙江影响最大。

第二档，南方的江苏、福建、广东等地学者也热衷于经学。其中，江苏、福建尚能出现具有一定影响的学者及经学作品。广东则只有林逊一人而已。

第三档，以黄河流域为主的北方经学研究水平处于第三档。整个北方只有冉庸著作《尚书精萃》，可惜也已经亡佚，其经学思想也不得而知。

从地域上分析，明初经学研究区域根据其学者数量、著作数量与成就可以分为三档。即使是逊色于浙江、江西和徽州的江苏、福建等地区也出现了一批经学学者。明初，北方是经学的荒漠，只有一位冉庸著有《尚书精粹》，其书也不传于世，其影响也微乎其微。

## 第三节　靖难之役与北方经学的兴起

明初南北经学发展不平衡不仅仅是一种学术现象，更是一种政治现象。建文一朝只有短短四年的时间，却是南北斗争的缩影。靖难之役在深层意义上是北方想超越南方的一种尝试。建文四年是明初经学史上最后一环，方孝孺之死标志着明初金华之学的终结和乌托邦理想的覆灭。从此以后，北方成为明朝的政治中心，北方的经学逐步发展起来。

建文四年最著名的人物是方孝孺。方孝孺是浙东学派第三代学者的领袖和代表人物。方孝孺继承了其师宋濂的经世致用精神，积极参与了建文新政建设。方孝孺(1357—1402)，字希直，一字希古，浙江宁海人。方孝孺是明初大儒，是宋濂的高足。仇兆鳌称："孔、孟之学，至宋儒而大显。明初得宋儒之传者，南有方正学先生首倡浙东，北有薛敬轩先生奋起山右，一则接踵金华，一则嗣响月川，其学皆原本程、朱者也。"[①]由此可知，方孝孺为建文时期南方知识分子的代表人物。方孝孺卒于1402年，时年42岁。薛瑄于洪武二十二年(1389)出生，方孝孺卒之日，薛瑄方14岁。日后，薛瑄成为北方理学之代表。从这一点上说，建文时期的经学已经出现了南北对峙的萌芽，这是洪武时期难得的局面。这说明，在洪武、建文两朝北方文化获得显著的发展。南北两方文化差距的缩小是整个洪武政治努力的结果，是朱元璋努力促进发展北方、牵制南方，以期望达到相互制衡目标的体现。这是一个努力平衡南北学术水平的过程，也是企图平衡南北势力的过程。建文帝政权的覆灭、方孝孺的被杀都说明了在南北势力的对比中，北方的政治势力已经可以与南方平分秋色了。

## 一、洪武政治发展北方的动机与措施

众所周知，黄河流域是中华文明的发祥地，在西晋之前一直是中国经济、文化、政治中心。但是到了旧史所谓"五胡乱华"时期，北方长期遭受战争摧残，政治中心开始南移，东晋及南朝宋、

① 仇兆鳌：《明儒学案序》，第5页。

齐、梁、陈皆建都南方，这为江南的开发创造了有利的条件。从此，北方逐渐失去了经济、文化的至尊地位，形成了南北对峙的局面。自从“安史之乱”至五代十国及宋、辽、金、元，北方连年战争，经济文化遭到了严重破坏。加上蝗灾、旱灾、黄河泛滥等自然灾害的破坏，到明代初年，北方已经是经济不振、文化落后的重灾区。

在教育文化上，北方教育落后，学业荒废，人才紧缺。顾炎武指出：“夫北人，自宋时即云‘京东西、河北、河东、陕西五路举人，拙于文辞声律’，况又更金、元之乱，文学一事不及南人久矣。今南人教小学，先令属对，犹是唐、宋以来相传旧法，北人全不为此，故求其习比偶、调平仄者，千室之邑几无一二人，而八股之外一无所通者，比比也。愚幼时《四书》本经俱读全注。后见庸师窳生欲速其成，多为删抹，而北方则有全不读者。欲令如前代之人，参伍诸家之注疏而通其得失，固数百年不得一人，且不知《十三经注疏》为何物也。间有一二《五经》刻本，亦多脱文误字，而人亦不能辨，此古书善本绝不至于北方，而蔡虚斋、林次崖诸经学训诂之儒皆出于南方也。故今日北方有二患：一曰地荒，二曰人荒。”[①]从洪武时期的科考统计数据中可以看出北方经学的没落。洪武四年、十八年、二十一年、二十四年、二十七年科考，北方士子中第人数占当年录取总数的百分之二十七、百分之十九、百分之十五、百分之二十二，这显然低于南方士子的中第比例。面对北方落后的现实，朱元璋多次向北方颁布经书，同时征调南方学者到北方去教学。编译通俗易懂的经书以适应北方较低的文化水平。这些都有力地促进了北方教育的发展，也为北方经学的复兴打下了基础。

---

① 顾炎武：《日知录》，第984—985页。

与大力加强对北方的扶植不同,朱元璋对南方则采取了打压措施。朱元璋在立国之后,曾施行了残酷的重典治吏和过激的经济政策,诛杀了大批功臣宿将,限制和打击了南方的地主集团,而江浙地主在明初被祸尤为深刻。浙东文人虽然在建立明朝政权的过程中立下汗马功劳,但鲜有善终者。宋濂、刘基最后的厄运足以证明朱元璋打压南方知识分子的决心有多大。

在经济上,江浙籍地主备受剥削。朱元璋定天下官民田赋,苏松嘉湖地区的地主因为曾经依附张士诚而遭到重税盘剥。为确保田赋收入,明政府又在浙江、南直隶、江西和福建等地区推行粮长制度,江浙地主多被委以粮长之职。粮长稍有失误就遭到严重的惩罚。朱元璋在经济上、政治上都打击了南方地主的势力。

在官员的选拔上,洪武三十年的"南北榜"事件就是扶植北方打击南方的显著证明。洪武三十年(朱元璋统治的倒数第二年),在洪武统治的末期,朱元璋对本年三月的会试成果大为不满。刘三吾、白信蹈主持会试,录取的五十一人皆为南方人。落第考生认为刘三吾作为南方人偏袒了南方考生。朱元璋大怒,将刘三吾戍边,并且亲自阅卷,录取了六十一人,皆为北方人。是年会试因此也就有了南北榜之称。实际上,无论从刘三吾的学识上还是效忠于明朝的诚心上讲,刘三吾肯定会对南北读书人的实际水平做出公正的评价。而朱元璋命人复查试卷的结果也与刘三吾录取之人相同。这说明,这场名义上的科场舞弊案是朱元璋有意识地策划的一次政治运动。南北榜的深层背景是,南北经学兴衰反差太大,不易平衡南北政治势力,严重阻碍了明初政令与教化的推行,以致于朱元璋用这种拔苗助长的方式录用了北方士人。而其客观效果则是加强了北方的儒学教化。

朱元璋发迹于南方,建都南方,这与南方的经济地位是相适应的。从西晋南迁以来，南方就在经济、文化上逐步赶上并超越了北方。加之蒙元近百年的统治，多年的战争破坏，都使北方的经济文化失去了与南方的竞争力。南方经济实力雄厚，建都南方也有利于对南方经济的控制。

但是，蒙元北遁给北方留下了严重的军事隐患。根据永乐帝的解释，迁都北京是其父的初衷。这表明，朱元璋也有意将政治重心迁到北方，以加强北方的统治力量。朱元璋一方面打压南方的经济、政治实力，另一方面又偏袒北方士人，其目的在于加强北方士人在整个政权中的比重。他任命朱棣这位最懂军事的儿子镇守北方也说明了朱元璋对北方的重视。

蒙元北遁使北方的战略地位更加突出，朱元璋为了加强北方的实力，大力扶持北方、偏袒北方。

## 二、方孝孺的经学主张与建文新政的失败

方孝孺是在明初江浙地主政治上遭压抑、经济上受苛刻剥削的环境中成长起来的，形成了与朱元璋截然不同的德治思想。其师宋濂与其父方克勤的悲惨遭遇也坚定了他的教化理念。

鲁迅曾经称方孝孺有点迂，方孝孺的德治思想也遭遇到了现实最无情的打击。

根据《千顷堂书目》和《经义考》著录，方孝孺的经学著作有《大易枝辞》与《周礼考次目录》一卷、《孝经诫俗》、《幼仪杂箴》一卷、《毕命论》一篇、《武王戒书》一卷。方氏《逊志斋集》中《杂著》亦多有涉及其经学主张者。

### （一）方氏主张读圣贤之书，而不屑为文，不屑于名利、训诂

方氏认为不读书无以了解先王之政。经书不仅可以使人完成德性修养，并且具有记载历史的功用。方孝孺有《务学》一文："学者，君子之先务也。不知为人之道，不可以为人。不知为下之

道，不可以事上。不知居上之道，不可以为政。欲达是三者，舍学而何以哉！故学，将以学为人也，将以学事人也，将以学治人也，将以矫偏邪而复于正也。”①方氏认为不学就无以修己、正人、事君。君主不学习就不知为下之道。方氏以圣贤自任，一切世俗之事，皆不关怀。“朋友以文辞相问者，必告之以道，谓文不足为也。”②方氏称：“学术之微，四蠹害之也。文奸言，摭近事，窥伺时势，趋便投隙，以贵富为志，此谓利禄之蠹。耳剽口炫，诡色淫辞，非圣贤而自立，果敢大言以高人，而不顾理之是非，是谓务名之蠹。钩摭成说，务合上古，毁訾先儒，以谓莫我及也，更为异义以惑学者，是谓训诂之蠹。不知道德之旨，雕饰缀缉以为新奇，钳齿刺舌以为简古，于世无所加益，是谓文辞之蠹。四者交作而圣人之学亡矣！必也本诸身，见诸政教，可以成物者，其惟圣人之学乎？去圣道而不循，而惟蠹之归，甚哉其惑也。”③

方氏主张为学必须主于践行。他痛惜利禄、务名、训诂、文辞等四害对学术的戕害，因为这与他一贯的学术为人的主张相背离。在《正学》中，方氏称：“古学务实，体立用随。始诸身心，验于设施。后世失之，攻乎文艺。观听是娱，道德是弃。王者之学，以古为师。穷理正心，固守勇为。法尧为仁，法舜尽孝。视民如伤，文王是效。简册所陈，善政嘉猷，取之自治，奚假外求。圣贤立教，要而不烦。昧者溺心，疲惫空言。汉之贤王，东平称最。笃行为善，垂范百世。魏有陈思，徒事文章。德业无传，识者弗臧。圣明御世，好善崇德。鉴乎成宪，永康邦国。”④古人为学一以体用为本，验之于践行。今人为学徒事空言，鲜有实效者。方氏认为

① 方孝孺：《方孝孺集》，杭州：浙江古籍出版社，2013 年，第 58 页。

② 黄宗羲：《明儒学案》，第 1042 页。

③ 方孝孺：《方孝孺集》，第 18 页。

④ 方孝孺：《方孝孺集》，第 46 页。

正是利禄、务名、训诂、文辞使得学者无心于践行而于琐屑之事究心不已。

**(二) 方氏主张读经要始于有疑,而终于无所疑者,读经的最终落脚点是社会实践**

方孝孺结合自己治《周礼》的感受称:"治经不可致疑也,疑经太过则圣人之言不行。亦不可无疑也,不能有疑则圣人之意不明。始于有疑而终于无所疑者,善学者也。苟于信而不知择,于经何所明哉?《周礼》余之所最好,而疑之为尤甚。盖好其出于古,爱其为先王之制,而惜其或失先王之意也。故求之也详,味之也深,于其有可疑者,不得不为之辨也。"①方氏怀疑《周礼》亦有谬误之处。方氏在《周礼辨疑》中称:"《周礼》者,周史所记周之治事书也。以其出于周也,文、武、周公之遗法微意,往往可得而推。以其成于史氏所述也,故不能无谬于圣人。"②方氏读经,主张有一定的怀疑精神,没有怀疑精神就无法体会圣人精义;但不可以完全怀疑经书,否则就会使经书失去可以依赖的品质。疑经是为了更好地理解经书,信经是为了更好地执行经书的内容和精神,这就是方氏读经法的内涵。因此,即使他认定《周礼》不是完书,但依然在建文新政中依赖《周礼》制定各种制度。他称赞《周礼》乃治国之大经大法。方氏称:"余始读诗《大雅》、《豳风》,见其积累之盛,而知周之所由兴。然犹异之曰:何其久也?及读《周礼》至于大司徒、乡大夫、州长、党正之法,然后慨然叹其虑民之详,曰:'尽在是矣!'"③这种怀疑精神是方孝孺治经之根本原则,怀疑可以使他不囿于前人,不囿于记载,可以进行独立的思考。但是这种怀疑只是手段,不是目的,其目的在于通过怀疑获取经书

① 方孝孺:《方孝孺集》,第120页。
② 方孝孺:《方孝孺集》,第117页。
③ 方孝孺:《方孝孺集》,第114页。

真知，从而更好地落实到社会实践中去。

**（三）在经史关系上，主张经史互助，经书也就有史书的成分**

方孝孺从《诗经》读出周代积累之盛，这种读经方法就是从《诗经》中读出了历史。他对《周礼》性质的认定更体现了经史不分的主张。方氏指出《周礼》乃史官之书，其形式是史书，但其内涵却是圣人之旨。这种经史紧密结合、藏经于史的观点与其师宋濂是相通的。

**（四）主张不唯师的为学态度**

方孝孺老师宋濂的经学思想出入佛家，援佛入儒；但是方孝孺一反乃师思想，大力排斥佛教。方氏在《启惑》篇中区分了儒佛之不同："天地之生物有变有常。儒者举其常以示人，而不语其变。非不语其变也，恐人惟变之求而流于怪妄，则将弃其常而趋怪，故存之而不言。后世释氏之徒出，意欲使天下信己，而愚举世之人。于是弃事之常者不言，而惟取其怪变之说。附饰其故，以警动众庶。其意以为此理之秘传者，人不及知，而我始发之。"[①]方孝孺指出，儒佛两家皆有常有变，儒家主其常，佛家主其变。故儒家发之为外，为经世致用之学，佛家发之于内而流于空虚之学。基于此，方孝孺大力辟佛，这与其师宋濂的观点大相径庭。黄宗羲称："先生之学，虽出自景濂氏，然得之家庭者居多。其父克勤，尝寻讨乡先达授受原委，寝食为之几废者也。故景濂氏出入于二氏，先生以叛道者莫过于二氏，而释氏尤甚，不惮放言驱斥，一时僧徒俱恨之。"[②]虽然对佛教的认识不相同，但是从中亦可见方氏读书不唯师的可贵精神。

---

① 方孝孺：《方孝孺集》，第 207—208 页。

② 黄宗羲：《明儒学案》，第 1042 页。

建文新政的主要内容是改变朱元璋时代的严酷政治，主张轻刑罚。浙东大族在洪武期间遭到了严重打击。宋濂曾劝太祖以仁义之道。方氏承其师传，力主德治教化。这种做法使洪武时期的政治空气得以舒解，也消解了江浙地主的怨恨之情。

方孝孺依《周礼》进行变革，仿照《周礼》实行井田制。其友王叔英致书云："事有行于古，亦可行于今者，夏时周冕之类是也。有行于古，不可行于今者，井田封建之类是也。可行者行，则人之从之也易，而民乐其利。难行而行，则从之也难，而民受其患。"①井田虽不行，然孝儒卒用《周官》更易制度，无济实事，卒为燕王藉口。四库馆臣也对方孝孺的复古之举，予以了批评："然圣人之道，与时偕行，周去唐虞仅千年，《周礼》一书已不全用唐虞之法。明去周几三千年，势移事变，不知凡几，而乃与惠帝讲求六官，改制定礼，即使燕兵不起，其所设施，亦未必能致太平。正不必执讲学家门户之见，曲为之讳。"②王叔英、四库馆臣多对方氏复古提出批评，而刘宗周则对方氏之死表达了极大的同情。刘宗周称："先生禀绝世之资，慨焉以斯文自任。会文明启运，千载一时，深维上天所以生我之意，与古圣贤之所讲求，直欲排洪荒而开二帝，去杂霸而见三王，又推其余以淑来祀，伊、周、孔、孟合为一人，将旦暮遇之，此非学而有以见性分之大全不能也。"③刘宗周高度赞扬了方孝孺大无畏的牺牲精神，认为方氏之死于政治对抗，展示了自己的气节，足可为千百年知识分子之楷模。

由于建文帝的懦弱，也由于朱棣的英武，建文帝的改革不仅失败了，其帝位也被朱棣推翻了。北方的军事力量战胜了南方的文人政府，从此以后，北方正式成为了中国的政治中心，这也带动

① 张廷玉：《明史》，第2693页。

② 永瑢：《四库全书总目》，第1480页。

③ 黄宗羲：《明儒学案》，第1页。

了北方经学的发展。虽然终明清两代，南方学术一直高于北方，但是从永乐改元之后，北方的学术就获得了一定的优势地位，无形之中就带动了经学的发展。在永乐、洪熙、宣德、正统、天顺年间的经学人物中，北方曹端、薛瑄等明代大儒已经出现了。曹端、薛瑄两位大儒的出现彻底打破了南北学术不平衡的局面。靖难之役不仅终结了南方金华之学，也在客观上带动了北方经学的复兴。

# 结　语

明初经学在新生政权的带动下走上了经世致用的发展道路。在实用主张的指引下,《周礼》、《春秋》等汉学系统所依赖的《五经》系统文献得到了高度重视。为了统一与普及经学思想,洪武政权在内容和形式两个方面通过多种方式完成了经学重构。洪武政权通过对经学内容的重构完成了对政权合法性的论述,通过对经学形式的重构扩大了经学的传播范围,使经学出现了通俗化色彩,两者都促进了经学的发展。洪武政权对经学的重构多以《五经》为主要对象,这表明在宋学大行其道的洪武时期,在特殊的文化环境下,汉学系统所依赖的《五经》系统重新得到了重视。洪武政权对经学的根本要求是经世致用,在帝王思维下的干预下,学术意义上的汉学与宋学之间的探讨、真书与伪书之间的区别失去了意义。

明初有三大经学研究中心,分别是浙江、江苏、徽州。三大经学中心的核心主张是经世致用。浙江籍学者的经学著作不多,或者流传并不广泛,其主要事功体现在主动地参与洪武政权的建设中。江西籍学者多致力于经书的流通与传播,努力补充和完善朱子经学。徽州籍学者则主张学术复古,开始反思宋学带来的弊端。

明初学者多能用崇尚怀疑的精神研究经学,他们主张调和朱陆、通经致用,在对经书的解释上也往往体现出重视汉唐注疏、汉宋并用的特点。尤其是徽州籍学者主张依传读经,具有复古色彩,他们主张《春秋》学研究要回归三传,反对凭空臆说。这表明,在宋学背景下,尚有众多学者严谨治学,明初经学尚有笃实之风。同时也可以说明洪武经学一开始并不空疏,这对客观地把握明代经学历史和特色有一定的启示。众多学者的经世致用、追求真知的学术主张,也打破了朱陆后学的人为壁障,为进一步融合朱陆做了铺垫。明代陈献章师从朱学吴与弼,已蕴含了较多的陆氏心学色彩,最终促成了阳明心学的出现。这表明阳明心学的出现并非是空穴来风,明初众多学者调和朱陆的主张已经为阳明心学的出现埋下了伏笔。

明初经学还呈现发展不平衡的特征。从地域上说,南方经学研究发达,北方学者则大为逊色。从经学学者数量上看,本书所讨论的时间段没有找到北方籍的学者,这表明南北经学发展极为不平衡。

即使是在南方,经学研究中心也只是集中到浙江、江西、徽州三个地区。在每一个地区中各府之学者的数量、典籍的质量又多存在不平衡的现象。其中浙江之金华府、台州府成就最高。江西抚州府之危素、南昌府之朱善、临江府之梁寅成就最高,而吉安府、临江府、瑞州府、广信府之学者成就无法与危素、朱善、梁寅相提并论。

明初经学南北发展不平衡不仅是学术问题,还涉及政权改易等重大政治问题。朱元璋忌惮南方政治势力过强,所以在政策上扶植北方学术发展,希望更多的北方士人进入管理层,以便增强北方政治实力,从而达到南北相互制衡的目的。朱棣夺取政权之后,政治中心由南京转移到北京。政治中心的北移带动了北方经学的发展。明中期的曹端、薛瑄的崛起就是北方经学复兴的重要标志。

在南北学术极度不平衡被打破之时，方孝孺之死成为南方经学受挫的标志。方氏主张与其前辈相差不大，但在政治斗争之中则遭遇失败，这足以说明政治对经学干涉之深。

通过对明初经学的分析，我们可以感到明初经学是在通经致用道路上发展的。学者多追求独立思考，在对待汉唐注疏之学时也能择善而从。即使是清儒赖以成名的小学也并没有被废除，明初辨伪学也取得了不小的成就。明初学者多从经世致用的根本立场出发，用随时制宜的思想指导经学研究，他们多主张调和朱陆，倡导独立思考，用更宽阔的学术视野融会经史之学，努力做到博览群书、博学多识。这都说明了明初经学并非像学者所一贯批评的那样空疏。明初经学所体现的科学的学术理念，保证了经学在健康道路上发展，这个结论要比从整体上否定明代经学更具有客观性和说服力，或许这对重估明代经学有一定的启示意义。

# 参考文献

（以出版时间先后为序）

**古籍类**

程敏政《皇明文衡》，《四部丛刊初编》本，商务印书馆 1919 年

苏伯衡《苏平仲文集》，《四部丛刊初编》本，商务印书馆 1919 年

胡翰《胡仲子集》，《丛书集成初编》本，商务印书馆 1935 年

王袆《王忠文公集》，《丛书集成初编》本，商务印书馆 1936 年

龙文彬《明会要》，中华书局 1956 年

谈迁《国榷》，中华书局 1958 年

皮锡瑞《经学历史》，中华书局 1959 年

沈德符《万历野获编》，中华书局 1959 年

法式善《陶庐杂录》，中华书局 1959 年

王鸿绪《明史·艺文志》，商务印书馆 1959 年

钱谦益《列朝诗集小传》，中华书局 1959 年

吴乘权《纲鉴易知录》，中华书局 1960 年

胡广《明太祖实录》，历史语言研究所 1962 年

《明太祖宝训》，历史语言研究所 1962 年

范希曾《书目答问补正》，中华书局 1963 年

许慎《说文解字》，中华书局 1963 年

永瑢《四库全书总目》，中华书局 1965 年

乾隆官修《续文献通考》，新兴书局 1965 年

宋濂《元史》，中华书局 1975 年

谷应泰《明史纪事本末》，中华书局 1977 年

孔颖达《尚书正义》，阮元校刻《十三经注疏》本，中华书局 1980 年

焦竑《玉堂丛语》，中华书局 1981 年

郑晓《今言》，中华书局 1984 年

赵翼著、王树民校证《廿二史札记校证》，中华书局 1984 年

王锜《寓圃杂记》，中华书局 1984 年

焦竑《献征录》，上海书店 1986 年

杨士奇《东里集续编》，《景印文渊阁四库全书》第 1238 册，台湾商务印书馆 1986 年

刘三吾《书传会选》，《景印文渊阁四库全书》第 63 册，台湾商务印书馆 1986 年

唐玄度《九经字样》，《景印文渊阁四库全书》第 224 册，台湾商务印书馆 1986 年

林希元《易经存疑》，《景印文渊阁四库全书》第 30 册，台湾商务印书馆 1986 年

胡渭《洪范正论》，《景印文渊阁四库全书》第 68 册，台湾商务印书馆 1986 年

许谦《读书丛说》，《景印文渊阁四库全书》第 61 册，台湾商务印书馆 1986 年

沈佳《明儒言行录》，《景印文渊阁四库全书》第 458 册，台湾商务印书馆 1986 年

凌迪知《万姓统谱》，《景印文渊阁四库全书》第 956、957 册，台湾商务印书馆 1986 年

危素《说学斋稿》,《景印文渊阁四库全书》第1226册,台湾商务印书馆1986年

朱善《诗解颐》,《景印文渊阁四库全书》第78册,台湾商务印书馆1986年

胡俨《颐庵文选》,《景印文渊阁四库全书》第1237册,台湾商务印书馆1986年

谢旻《江西通志》(三),《景印文渊阁四库全书》第515册,台湾商务印书馆1986年

梁寅《周易参义》,《景印文渊阁四库全书》第27册,台湾商务印书馆1986年

梁寅《诗演义》,《景印文渊阁四库全书》第78册,台湾商务印书馆1986年

程敏政《新安文献志》,《景印文渊阁四库全书》第1376册,台湾商务印书馆1986年

汪克宽《春秋胡传附录纂疏》,《景印文渊阁四库全书》第165册,台湾商务印书馆1986年

胡安国《春秋胡氏传》,《景印文渊阁四库全书》第151册,台湾商务印书馆1986年

赵汸《春秋师说》,《景印文渊阁四库全书》第164册,台湾商务印书馆1986年

赵汸《春秋左氏传补注》,《景印文渊阁四库全书》第164册,台湾商务印书馆1986年

汪仲鲁《东山存稿》,《景印文渊阁四库全书》第164册,台湾商务印书馆1986年

李清馥《闽中理学渊源考》,《景印文渊阁四库全书》第460册,台湾商务印书馆1986年

张以宁《翠屏集》,《景印文渊阁四库全书》第1226册,台湾商

务印书馆 1986 年

张以宁《春秋王正月考》,《景印文渊阁四库全书》第 165 册,台湾商务印书馆 1986 年

鲁曾煜《广东通志》(三),《景印文渊阁四库全书》第 564 册,台湾商务印书馆 1986 年

李东阳《怀麓堂诗话》,《景印文渊阁四库全书》第 1482 册,台湾商务印书馆 1986 年

查继佐《罪惟录》,浙江古籍出版社 1986 年

阎若璩《尚书古文疏证》,上海古籍出版社 1987 年

王先谦《诗三家义集疏》,中华书局 1987 年

朱彝尊《经义考》,中华书局 1989 年

钱伯城《全明文》(第 1 册),上海古籍出版社 1992 年

苏舆《春秋繁露义证》,中华书局 1992 年

佚名《北平录》,《四库全书存目丛书》史部第 45 册,齐鲁书社,1995—1997 年

都穆《都公谭纂》,《四库全书存目丛书》子部第 246 册,齐鲁书社,1995—1997 年

纳兰性德《通志堂集》,《四库全书存目丛书》集部第 247 册,齐鲁书社,1995—1997 年

陈于陛《意见》,《四库全书存目丛书》子部第 87 册,齐鲁书社,1995—1997 年

朱右《白云稿》,《续修四库全书》第 1326 册,上海古籍出版社 1995—2002 年

周中孚《郑堂读书记》,《续修四库全书》第 924 册,上海古籍出版社 1995—2002 年

万斯同《明史》,《续修四库全书》第 327 册,上海古籍出版社 1995—2002 年

苏天爵《滋溪文稿》,中华书局1997年

刘基《刘基集》,浙江古籍出版社1999年

张廷玉《明史》,中华书局2000年

何孟春《余冬序录》,泰山出版社2000年

刘仕义《新知录摘抄》,泰山出版社2000年

黄虞稷《千顷堂书目》,上海古籍出版社2001年

顾炎武著、黄汝成集释《日知录集释》,上海古籍出版社2006年

黄宗羲《明儒学案》,中华书局2008年

郑玄注、贾公彦疏《周礼注疏》,上海古籍出版社2010年

刘尚慈《春秋公羊传译注》,中华书局2010年

朱熹《四书章句集注》,中华书局2011年

朱熹《诗集传》,中华书局2011年

王先谦《荀子集解》,中华书局2012年

全祖望《宋元学案》,浙江古籍出版社2012年

戴良《九灵山房集》,《明别集丛刊》第1辑第10册,黄山书社2013年

周是修《刍荛集》,《明别集丛刊》第1辑第23册,黄山书社2013年

陈谟《陈聘君海桑先生集》,《明别集丛刊》第1辑第4册,黄山书社2013年

汪克宽《环谷集》,《明别集丛刊》第1辑第4册《汪氏家集》本,黄山书社2013年

郭庆藩《庄子集释》,中华书局2013年

司马迁《史记》,中华书局2013年

方孝孺《方孝孺集》,浙江古籍出版社2013年

宋濂著、黄灵庚编《宋濂全集》,人民文学出版社2014年

王文锦《礼记译解》,中华书局 2016 年
承载《春秋穀梁传》,上海古籍出版社 2016 年
蔡沉《书集传》,中华书局 2017 年
毛亨传、郑玄笺《毛诗传笺》,中华书局 2018 年

**近现代学者著作**

[日]本田成之著、江侠庵译《经学史论》,商务印书馆 1934 年
容肇祖《明代思想史》,开明书店 1941 年
吴晗《朱元璋传》,三联书店 1965 年
余嘉锡《四库提要辨证》,中华书局 1980 年
顾颉刚《古史辨》(第 1 册),上海古籍出版社 1981 年
孙正容《朱元璋系年要录》,浙江人民出版社 1983 年
蒋伯潜《经学纂要》,岳麓书社 1990 年
刘晓东师《经学源流》,山东人民出版社 1992 年
牟复礼、崔瑞德《剑桥中国明代史》,中国社会科学出版社 1992 年
钱基博《中国文学史》,中华书局 1993 年
何耿镛《经学简史》,厦门大学出版社 1993 年
中国科学院图书馆《续修四库全书总目提要》(经部),中华书局 1993 年
黄开国《经学辞典》,四川人民出版社 1993 年
陈鼓应、辛冠华、葛荣晋《明清实学简史》,社会科学文献出版社 1994 年
周群《刘基评传》,南京大学出版社 1995 年
钱穆《国史大纲》,商务印书馆 1996 年
周予同《周予同经学史论著选集》,上海人民出版社 1996 年
章太炎《国学概论》,上海古籍出版社 1997 年

侯外庐《宋明理学史》(下卷),人民出版社 1997 年

陈寅恪《唐代政治史述论稿》,上海古籍出版社 1997 年

钱穆《中国近三百年学术史》,商务印书馆 1997 年

梁启超《清代学术概论》,上海古籍出版社 1998 年

章权才《宋明经学史》,广东人民出版社 1999 年

中山大学历史系《陈寅恪与二十世纪中国学术》,浙江人民出版社 2000 年

陈寅恪《金明馆丛稿二编》,三联书店 2001 年

刘毓庆《从经学到文学——明代〈诗经〉学史论》,商务印书馆 2001 年

孙钦善《中国古文献学史简编》,高等教育出版社 2001 年

范文澜《范文澜集》,中国社会科学出版社 2001 年

杜泽逊师《文献学概要》,中华书局 2001 年

钱穆《朱子学提纲》,三联书店 2002 年

向燕南《中国史学思想史》(明代卷),黄山书社 2002 年

赵伯雄《春秋学史》,山东教育出版社 2004 年

张舜徽《广校雠略》,华中师范大学出版社 2004 年

钱基博《经学通志》,见《近百年湖南学风》(含《经学通志》),中国人民大学出版社 2004 年

杨伯峻《孟子译注》,中华书局 2005 年

叶世昌《古代中国经济思想史》,复旦大学出版社 2005 年

朱维铮《中国经学史十讲》,复旦大学出版社 2005 年

鲁迅《鲁迅全集》,人民文学出版社 2005 年

许道勋、徐洪兴《中国经学史》,上海人民出版社 2006 年

刘师培《经学教科书》,上海古籍出版社 2006 年

郭仁成《尚书今古文全璧》,岳麓书社 2006 年

郭仁成《尚书今古文全璧》,岳麓书社 2006 年

陈勇《国学宗师钱穆》,北京大学出版社 2007 年

郑杰文师《经学十二讲》,中华书局 2007 年

庞朴《中国文化十一讲》,中华书局 2008 年

董恩林《中国传统文献学概论》,华中师范大学出版社 2008 年

司马朝军《文献辨伪学研究》,武汉大学出版社 2008 年

周振甫《诗经译注》,中华书局 2010 年

顾颉刚《顾颉刚古史论文集》(卷十一),中华书局 2011 年

杨树达《论语疏证》,上海古籍出版社 2013 年

章太炎《太炎文录初编》,上海人民出版社 2014 年

梁启超《中国近三百年学术史》,复旦大学出版社 2016 年

冈田武彦《王阳明与明末儒学》,重庆出版社 2016 年

刘起釪《尚书学史》,中华书局 2017 年

马宗霍《中国经学史》,湖南师范大学出版社 2018 年

**刊物文章、学位论文**

陈寒鸣《论王祎的儒学思想》,《孔子研究》,1994(3)

赵子富《明代学校、科举制度与学术文化的发展》,《清华大学学报》,1995(2)

章权才《宋代退五经尊四书的过程与本质》,《学术研究》,1996(2)

胡青、桑志军《危素学术思想探析》,《江西教育学院学报》,1998(5)

刘耘《明初闽诗人张以宁、林鸿论略》,《福州师专学报》(社科版),1999(5)

周晓光《论元末明初新安理学家赵汸》,《孔子研究》,2000(2)

陈寒鸣《明代朱学述论》,《中华文化论坛》,2001(4)

廖名春《六经次序探源》,《历史研究》,2002(2)

周建华《宋明理学是江西之学》,《南昌大学学报》,2002(3)

董刚《元末明初浙东士大夫群体研究》,浙江大学学位论文,2004年

周群《刘基儒学思想刍议》,《浙江工贸职业技术学院学报》,2004(2)

王凯旋《论明代社学与学校教育》,《广西师范学院学报》(哲学社会科学版),2005(4)

李圣华《重估计明代学术价值建构明学研究新体系——从竟陵学殖浅陋谈起》,《郑州大学学报》,2005(5)

王忠阁《元明之际的学风》,《史学月刊》,2005(5)

马少甫《经学历史与皮锡瑞学术思想初探》,《北方论丛》,2006(4)

吴仰湘《皮锡瑞经学历史并非经学史著作》,《史学月刊》,2007(3)

陈桐生《〈国语〉的性质与文学价值》,《文学遗产》,2007(4)

周淑萍《宋代孟子升格运动与宋代儒学转型》,《史学月刊》,2007(8)

束景南、王晓华《四书升格运动与宋代四书学的兴起——汉学向宋学转型的经典诠释历程》,《历史研究》,2007(5)

蔡方鹿《论汉学、宋学经典诠释之不同》,《哲学研究》,2008(1)

# 附录：元末明初经学学术编年

**元至正十八年　戊戌（1358）**

○刘基、章溢、叶琛除江南儒学提举，授太子经

○明太祖召见宋濂，以濂及叶仪为《五经》师

**元至正十九年　己亥（1359）**

○儒士许瑗、王冕来觐，王冕于是年卒

**元至正二十年　庚子（1360）**

○朱元璋置儒学提举司，以宋濂为提举，遣子标受经学

**元至正二十一年　辛丑（1361）**

○胡琏率众降

**元至正二十二年　壬寅（1362）**

○朱元璋谒孔子庙

**元至正二十三年　癸卯（1363）**

**元至正二十四年　甲辰（1364）**

○朱元璋论仁义

**元至正二十五年　乙巳(1365)**

**元至正二十六年　丙午(1366)**

〇明太祖令访求古今书籍

**元至正二十七年　丁未(1367)**

〇朱元璋设文武科取士,初置翰林院

〇命儒臣撰乐章

〇朱元璋命懿文太子受经于宋濂

**洪武元年　戊申(1368)**

〇朱元璋即位,建明朝

〇太祖引用孔子之语确定太庙祭器

〇太祖强调仿《周礼》设官求治

〇太祖引《尚书》之事辅导太子

〇刘基以《孟子》言仁政

〇太祖与儒臣讨论学术

〇赐王恺爵位

〇儒臣以经书言祭祀礼仪

〇帝诏以太牢祀孔子于国学,仍遣使诣曲阜致祭

〇朱元璋依《周礼》问梦

〇朱升、詹同定宗庙时享之礼

〇朱元璋诏儒臣朱升等修女诫

〇明太祖引《周易》禁宦官预政典兵

〇儒士李讷以经书上疏

〇明太祖以《尚书》义征天下贤士

〇金匮之书悉输于秘府,准备修《元史》

〇赵谦从学于郑四表

○以李善长为太子少师。
○御东阁,问学术,陶安以道进言
○陶安卒
○建大本堂,收集图书
○封孔希学为衍圣公,立洙泗二书院,复三氏徭役
○诏孟思谅奉祀
○曲阜孔克坚来朝
○征河南儒士
○王袆以《尚书》上疏
○遣官释奠于先师孔子
○刘基致仕并被召回
○朱元璋颁布关于衍圣公的政策,袭封及授曲阜知县
○诏求贤才
○詹同进《戴记》及贾谊疏惩劝朱元璋
○征召郭楷
○刘迪简进《皇王大学通旨举要》
○洪武初,王润孙为教谕
○洪武初,冉庸不赴南京,谪桂林
○蒋允汶为本府《五经》师
○入明后,刘清隐居,有《中庸详说》

**洪武二年　己酉(1369)**

○遣孔克坚祭祀孔子
○危素入朝
○诏修《元史》,命宋濂充总裁官
○修《元史》,召曾鲁为总裁官。史成,赐金帛,以曾鲁居首
○召张宣修《元史》

○赵汸归

○太祖依《孟子》要求祭祀时省牲

○钱唐力请遣官释奠太学

○明太祖依《尚书》要求翰林为文无事浮藻

○太祖与儒臣论《易》

○朱升致仕

○诸王子受经于博士孔克仁,令功臣子弟入学,组织编写《祖训录》

○太祖以《诗经》勉励国子生文武兼修

○太祖以孔子言语评价叔孙通

○宋濂为翰林学士,王祎待制

○征钱宰为国子助教

○崔亮依《周礼》定内大祀制度

○礼部依《周礼》、《礼记》定祭祀器物

○睢嫁依《周礼》要求读法民间,太祖不从

○崔亮依《周礼》定五祀制度

○依《周礼》制定蕃王朝贡礼

○朱元璋命儒臣纂礼书

○宋讷参编《礼》、《乐》诸书

○赵汸卒

○宋濂以《春秋》回答朱元璋关于灾祥的问题,作《天降甘露颂》

○宋濂讲《春秋左氏传》

○葬常遇春,礼官依《礼记·檀弓》言君葬臣礼

○诏郡县立儒学

○征陈谟至

○崔亮依经讨论仁祖配

○采用经书建议岳渎诸神专祀,设坛享祀之所
○朱升等奉敕撰《斋戒文》
○赐朝鲜《六经》、《四书》
○何初任仁化县知县,后与修《书传会选》,著《孝经解》
○蔡深司文江西
○孙吾与为叶升讲《孝经》,后成《孝经注解》
○洪武初,征董彝至

**洪武三年　庚戌(1370)**

○礼部依《周礼》、《礼记》奏定朝日夕月礼
○贬刑部尚书周湞为惠州府经历
○宋濂、王祎等进讲《大学传》
○授刘基、危素为弘文馆学士
○故元国子祭酒孔克坚卒
○危素贬谪
○诏设科取士
○遣使颁科举诏于高丽、安南、占城
○诏乡会试《书经》主蔡氏《传》、古注疏
○诏乡试会试《诗经》主朱氏《传》、古注疏
○诏乡试会试《春秋》主左氏、公羊、榖梁、胡氏、张洽传
○诏乡试会试《礼记》主古注疏
○诏乡试会试试《四书》一道
○杨维祯卒
○陈南宾召为国子助教,讲《洪范·九畴》
○蒋悌生《五经蠡测》完成
○命宋濂等续修《元史》
○放梁贞还田里

○朱右参修《元史》

○以明经荐至京师者,朱元璋俱亲策问之,赐徐大全等出身有差

○朱元璋命有司访求通经术明治道者

○续修《元史》成

○宋濂、王祎降编修

○开乡试科取士

○《大明集礼》成

○朱元璋诏儒臣为武臣讲经史

○明太祖引用《尚书》定功封赏

○明太祖引用《诗经》论天命转移

○万镒依《诗经》言天人感应

○明太祖与陶凯论经书中鬼神

○宋濂为孙蕡《孝经集善》作序

○刘仔肩《雅颂正音》完成,宋濂作序

○明太祖命东宫官编辑经史中可为借鉴者训谕太子诸王

○征召詹凤翔赴京

**洪武四年　辛亥(1371)**

○李善长致仕

○命令各行省连续进行科举三年,自后则三年一举

○张以宁卒

○阳城县修县学,宋讷作碑文

○开会试科

○策试天下贡士

○刘基致仕

○明太祖化用经书定内监等官秩

○征儒士赵晋、张羽

○征天下儒士

○宋濂上《孔子庙堂议》,《议》上,忤旨

○明太祖与群臣论礼乐之事

○詹同、陶凯作《宴享九奏乐章》

○太祖与詹同论道德仁义

○《存心录》成

○太祖令勿献祥瑞,灾异必报

○太祖观《大学衍义》

○太祖命今岁各处乡试取中举人俱免会试

○太常寺引《周礼》及唐制制定祭祀礼仪

**洪武五年　壬子(1372)**

○危素卒

○始行乡饮酒礼

○太祖遣官释奠于孔子

○太祖与曾鲁讨论《大学》治国之道

○罢孟子配享,复又诏仍祀孟子

○汪克宽卒

○曾鲁卒

○命书《大学衍义》于殿之两庑

○魏观聘王彝、高启、张羽等订经史

**洪武六年　癸丑(1373)**

○明太祖编《群经类要》

○太祖引用《论语》之句,强调事神应该诚敬

○明太祖诏有司察举贤才

○朱元璋暂罢科举

○詹同与乐韶凤定释奠先师乐章

○以宋濂为翰林侍读学士

○开文华殿于禁中

○赵俶请颁正定《十三经》于天下,屏《战国策》及阴阳谶卜诸书,勿列学官

○衍圣公孔希学来朝

○诏禁四六文词

○新刻《广韵》,宋濂作后题

○詹同劝朱元璋编《大明日历》

○礼部奏请立颛顼帝庙

○诏孟子配享如故

○王祎遇害于滇南

○桂彦良上奏太祖帝王之学具载儒经

**洪武七年　甲寅(1374)**

○孔希大有讼,免之

○衍圣公孔希学上书

○ 朱元璋命令修曲阜孔子庙,设孔、颜、孟三氏学

○赵俶教诸生古文

○朱元璋命中书劳袭封衍圣公孔希学

○朱右授晋王经

○《大明日历》成

○牛谅依《周礼》奏请致斋之日

○依《礼记》修订祭祀拜礼

○宋濂引用《周易》、《尚书》上《进大明律表》

○倪瓒卒

○太祖与儒臣言《道德经》

## 洪武八年　乙卯(1375)

○诏天下立社学

○《洪武正韵》完成，宋濂作序

○洪武中，高允宪、杨磐编修《春秋书法大旨》

○诚意伯刘基卒

○刊刻《韵府群玉》，宋濂作后题

○赵古则进《声音文字通》及《易学提纲》

○朝鲜国献《颜子朝议》

○诏天下士凡寄迹佛老而有志于圣贤之学者入国子学

○朱善授修撰

○以朱廉授楚王经

○桂彦良引用经书与太祖对问

○欧阳贞致仕，有《周易问辨》

○王受益任县学教谕

## 洪武九年　丙辰(1376)

○曹端出生

○朱善为翰林待诏，上疏论婚姻律

○唐桂芳自序《白云集》，阐发《六经》之意

○宋濂为翰林学士承旨

○赵俶以《诗经》教成均

○天变诏求直言，叶居升引经获罪

○天变诏求直言，鲁秉正引《周易》、《诗经》、《尚书》、《春秋》上疏

○明太祖引《尚书》下诏山东承宣布政使吴印

○明太祖利用《尚书》、《诗经》、《春秋》强调君臣等级

○宋濂题《诗经·豳风·七月》图后,阐发《七月》之旨

○朱右卒

○方孝孺从学于宋濂

○陶凯为晋王府左相,有《九经类要》

## 洪武十年　丁巳(1377)

○命儒臣为太子讲《大学衍义》

○宋濂致仕

○徐尊生乞归,有《春秋论》

○明太祖与群臣论天与日月五星之行

○方孝孺执经浦阳山

○朱元璋研究京房灾异之说

## 洪武十一年　戊午(1378)

○赵古则《六书本义》完成

○太祖引用《尚书》强调以民为鉴

○桂彦良为晋王傅,太祖以孔孟勉之

○朱伯清致仕

○开始编纂《春秋本末》

○礼部以《周礼》、《春秋传》、《尚书》考救日月食之礼

○宋濂来朝

## 洪武十二年　己未(1379)

○赵谦修《洪武正韵》

○太祖颁《论幼儒敕》

○伯颜子中饮鸩卒

〇浚县重修县学,宋讷作碑文表彰经学
〇太祖御华盖殿,问经于太子
〇乐韶凤为国子祭酒
〇召儒臣论治道,强调学以致用,罢黜缄默不语者
〇宋濂为《春秋本末》作序
〇《春秋本末》完成
〇朱廉《理学纂言》成,宋濂作序
〇宋濂为刘爆《篆韵集钞》作序
〇陆镇为兵部侍郎
〇汪广洋卒
〇宋濂来朝
〇明太祖引用《尚书》允设卜筮之官
〇征吴沉
〇吴伯宗进讲东宫
〇伯颜子中卒

**洪武十三年　庚申(1380)**

〇诏举聪明正直、孝弟力田、贤良方正、文学术数之士
〇明太祖召儒臣王本
〇儒士赵楫为试通政使司右参议
〇明太祖召石器等儒臣论国事
〇明太祖召儒士吕慎明
〇明太祖召儒士刘仲海
〇明太祖召儒士邹鲁狂
〇明太祖召儒士宋季子
〇明太祖召儒士揭枢、王舆等儒士
〇始置四辅官

○明太祖以《尚书》义敕四辅官论治道
○明太祖召四辅官论治道
○明太祖用《尚书》伊尹、《汉书》申培故事求贤
○宋濂长孙为胡惟庸党,安置宋濂茂州,道卒
○宋讷授国子助教,以说经为学者所宗
○曹端问《河图》、《洛书》
○石光霁授《春秋》博士

**洪武十四年　辛酉(1381)**

○释奠于先师孔子
○赐楚昭王桢经书
○命礼部申明乡饮酒礼
○颁《五经》、《四书》于北方学校
○府州县社稷时令三献皆以文职长官,武官不与
○访明经夙儒
○傅藻为河南按察使
○洪武初,征刘永之
○宋濂卒
○遣官释奠于先师孔子
○太祖引用《论语》晓谕行人
○太祖召四辅官用《尚书》晓谕之
○赵新致仕
○连伯聪进呈《礼记集传》
○方孝孺完成《周礼辨正》
○吴源卒,有《中庸传》

**洪武十五年　壬戌(1382)**

〇李仕鲁因为辟佛致死

〇诏天下通祀孔子

〇以儒士吴颙为国子监祭酒

〇设云南各路儒学

〇吴颙为国子监祭酒

〇国子监文庙成,太祖诣国子学行释菜礼

〇刘仲质详议释菜礼

〇太祖幸国子监,亲讲《尚书》

〇明太祖敕谕国子监生以孔子之道修身务学

〇遣行人访经明行修之士

〇征王逢,不就

〇颁布释奠先师孔子仪注于天下府、州、县学

〇明太祖与宋讷论《尚书》

〇杨璟卒

〇明太祖命国子监祭酒吴颙释奠于先师孔子

〇复设科取士,三年一行,为定制,征至秀才分六科试用

〇桂彦良上《太平治要》,要求开经筵

〇明太祖遣行人访经明行修之士

〇征王廉至

〇命礼部颁布《说苑》、《新序》于天下学校

〇宋讷超迁翰林学士

〇明太祖命礼部臣修治国子监旧藏板

〇太祖召见方孝孺

〇命翰林侍讲火原洁等编类《华夷译语》

〇苏伯衡作《周书补亡三首》

〇征戴良至,有《春秋三传纂玄》

### 洪武十六年　癸亥(1383)

○国子监祭酒吴颙还乡

○太祖以《诗经》晓谕中山王察度

○命天下学校岁贡士于京师

○东阁大学士吴沉等进《精诚录》

○谏官建议选拔生员新政策

○明太祖用《尚书》晓谕刑部尚书

○臣子论明太祖有功于经学

○以《春秋》定妻妾之礼

○明太祖与吴沉通过《尚书》讨论治国之道

○吴沉进《六经师律》

○设置建昌府儒学

○梁寅《诗演义》成

○鲍恂拜文华殿大学士,未任

○定国子监凡通《四书》者居正义崇志广业堂

○黄子澄进太学

○桂彦良卒,卒前一日,读《诗经》如故

○全思诚致仕

○周南老卒

### 洪武十七年　甲子(1384)

○孔讷封衍圣公

○孔讷封衍圣公,宋讷作《袭封衍圣公神道碑》

○颁科举取士式

○明太祖与侍臣讲论《大学衍义》

○刘炳作《告先圣文》

○明太祖与侍臣论礼乐和刑法之关系

〇明太祖遣宋讷释奠于先师孔子

〇明太祖以箕子居朝鲜，力主建立辽东学校

〇明太祖引用《论语》之语表达渴望贤臣之诚意

〇明太祖召见汪睿，命讲《西伯戡黎》

〇曹端初读《忠》、《孝》经

〇滕克恭典试河南乡试，后卒于家

**洪武十八年　乙丑(1385)**

〇召刘三吾至

〇陈张应要求整顿民间风俗，且论浮屠之惑

〇诏选小秀才编类经籍，命刘三吾等刊定制作敕修诸书

〇复开进士科，宋讷执教太学成绩显著

〇将《尚书》陈氏、蔡氏二传并古注疏，编成新书

〇定《五经》博士官制

〇黄子澄授翰林院修撰

〇林逊中进士

〇授宋讷为国子监祭酒

〇朱善擢文渊阁大学士

〇朱善进讲《心箴》

〇明太祖与朱善论《周易》之《家人》卦

〇朱善卒

〇诏圣贤后裔输作者皆免

〇陈雅言卒

〇曹端初读《四书》

**洪武十九年　丙寅(1386)**

〇明太祖与使臣论仁智

〇复赐北方郡县学校《五经》、《四书》

〇吴沉致仕

〇曹端初读《尚书》

〇诏举经明行修、练达时务之士

〇是年左右,刘驷谪云南

〇吴沉卒

**洪武二十年　丁卯(1387)**

〇明太祖躬耕籍田,遣官享先农

〇明太祖御注《尚书·洪范》成

〇迁南方名师于北方学校

〇曹端初读《毛诗》

〇王叔英以蔡氏《尚书》授徒

〇张纨引用《尚书》、《诗经》作《云南机务抄黄序》

**洪武二十一年　戊辰(1388)**

〇福建布政司进《礼记注疏》

〇胡俨任华亭县学教谕

〇明太祖论灾异

〇解缙举进士并奏请上溯唐、虞、夏、商、周、孔,下及关、闽、濂、洛,根实精明,随事类别,勒成一经

〇曹端初读《礼记》

**洪武二十二年　己巳(1389)**

〇明太祖御谨身殿,与侍臣论《大学》以修身为本

〇薛瑄出生

〇梁寅卒

○蜀献王朱椿聘方孝孺
○曹端初读《周易》
○刘三吾撰《御制洪范注后序》

**洪武二十三年　庚午(1390)**

○宋讷卒
○刘安寿进禁书,遭到禁止
○刘三吾授晋世子经
○曹端初读《春秋》
○洪武间,高颐为海盐县知县
○张洪除靖王府教授
○刊行《洪武通韵》
○程通引用经书上《封建策》

**洪武二十四年　辛未(1391)**

○明太祖命礼部清理释道二教
○明太祖引用《诗经》论孝
○太祖用《诗经》戒皇子
○曹端初读《通鉴纲目》、《仪礼》、《周礼》、诸子等书
○吴与弼出生
○颁书籍于北方学校

**洪武二十五年　壬申(1392)**

○方孝孺为汉中教授
○曹端遍读《五经》
○石光霁《春秋书法钩元》完成
○周敬引《周易》上疏

## 洪武二十六年　癸酉(1393)

〇明太祖命以大成乐器颁给天下府学

〇召门克新问经史

〇罗公恢上疏言,孔子庙廷从祀者,当以道学论

〇孙蕡卒

〇授郑济为左春坊左庶子,有《大学正文》一篇,方孝孺序之

## 洪武二十七年　甲戌(1394)

〇黄绍烈中进士

〇征天下宿儒订正蔡氏《书传》,称为《书传会选》

〇熊钊参与《书传会选》

〇王叔英用《尚书》、《论语》作《送友生郑允廉教授潮州序》

〇订正蔡氏《书传》完成

〇赵撝谦作《造化经纶图说》

〇诏修《孟子节文》

## 洪武二十八年　乙亥(1395)

〇曹端初读《辨惑编》

〇曹端《性理文集》成

〇赵谦卒

〇《尚书会选》、《孟子节文》刻板完毕

〇明太祖与侍臣论礼乐

〇校定经书刻板给天下学校

〇诏国子生须明《春秋》

〇侍臣进讲《尚书·无逸》

〇《礼制集要》成

**洪武二十九年　丙子(1396)**

〇诏祀董仲舒

〇门克新卒

〇征方孝孺，典应天试

〇曹端辞辟释教

〇张美和卒

**洪武三十年　丁丑(1397)**

〇刘三吾因为“南北榜”问题戍边

〇帝用《尚书》之语晓谕撒马儿罕

〇王绅为方孝孺《逊志斋集》作序

**洪武三十一年　戊寅(1398)**

〇洪武中，汪有训有《周易句解》

〇洪武中，王经为陇西令

〇明太祖卒

〇李衡有《春秋释例集说》

〇建文帝以《周礼》办明太祖丧仪

〇朱伯清致仕

〇秋七月，召汉中府教授方孝孺为翰林院侍讲，受重用

〇刘有年上《仪礼》十八篇

〇诏举贤才

〇洪武间朱谧有《易学启蒙述解》、《四书述解》、《正蒙直解》

〇张复有《春秋中的》

〇刘醇有《四书解疑》

〇洪武中儋州学正郑济著有《书经讲解》、《四书讲解》

〇刘朴举明经，有《书义精要》

○洪武中,屡征傅淳,不出
○林子奂作《豳风图》
○洪武初,张翥举明经,有《中庸句解》
○洪武初,萧歧至京
○洪武中,包文举为国子学助教
○洪武中,金居敬有《春秋五论》
○洪武中,征徐原为翰林院待诏
○洪武初,朱谧任邳州学正
○洪武中,杨范著《四书直说》

## 建文元年　己卯(1399)

○建文帝改元
○修《太祖实录》,杨士奇与焉
○帝与方孝孺讨论《周官》法度
○高巍用《诗经》、《尚书》上疏
○燕王朱棣引《礼》上书,责建文不以礼葬太祖
○郑旭为高安县学训导,卒

## 建文二年　庚辰(1400)

○赵友士为同考官
○金幼孜中进士
○王艮等人中进士
○胡广中进士
○高贤宁作《周公辅成王论》
○王艮等类次秘阁书目
○孔鉴袭封衍圣公

**建文三年　辛巳(1401)**

〇《礼制》成,颁行天下

**建文四年　壬午(1402)**

〇重刊朱善《诗解颐》

〇方孝孺卒

〇周是修卒

〇解缙、编修黄淮入直文渊阁

〇修《太祖实录》

〇郭元亮有《尚书该义》

〇朱棣掌握明代政权

# 后记

拙著是笔者2006—2009年在山东大学攻读中国古典文献学博士学位时的学位论文。笔者曾经在读博士期间参与郑杰文师主持的《中国经学学术编年》的撰写,笔者负责明代卷。相对《明代经学学术编年》而言,本书所讨论的仅是明代经学开端部分,所讨论的时间也仅仅局限在1358年至1398年。永乐朝的经学以及阳明学兴起后的经学思潮已经得到了学界足够的重视,并有相关厚重的成果发表,洪武一朝的经学思想反而显得寂寞得多。较之学位论文,此次出版,替换了部分参考文献,改掉了一些明显的错误。至于结构、大纲、观点则改动不大,是为笔者对明初经学一点肤浅思考的忠实纪录。

笔者是山东齐河人,从来没有想到会来山西临汾工作。一切都是偶然性因素造成的,但事后觉得都是一种必然。既来之则安之,在山西师范大学工作至今,所结识的朋友大多局限在戏剧与影视学院这一个小小的学院中间,但是已经足够了,感谢这个学院给我的温暖。

感谢高中时代的孙德奎师、研究生阶段徐振贵师、博士阶段郑杰文师、博士后阶段的邵炳军师,他们是我生命中的贵人。感谢范春义师兄多年以来对我的学术的指导!感谢挚友王永超题签。

感谢内子王宁对我、对整个家庭的照顾照料。我不善于理家,家中的大小事情都由她处理。有时候学院交代给我的突击任务,尤其是一些表格、数字,也都由她协助帮忙。特别感谢我的父母,从老家山东来到山西帮忙照顾我和内子以及两个孩子,让我再一次感受到家庭的温暖和作为“孩子”身份的温馨。

著作得到了山西师范大学副校长车文明先生领衔的山西师范大学“文化创意产业学科群”、戏剧与影视学院院长延保全先生领衔的“学科攀升计划”出版经费支持,特在此鸣谢。

感谢凤凰出版社的汪允普编辑。汪编辑责任心强,工作干练,为本书的出版付出了艰辛的劳动,是本书得以出版的有力推动者。

齐河甄洪永书于《中华戏曲》编辑部

2019 年 11 月 22 日